生态学重点学科丛书
北京市生态学重点学科建设项目

Ecological Economics

生态经济学

第二版

赵桂慎　主编
于法稳　尚　杰　副主编

化学工业出版社
·北京·

内 容 简 介

本书是《生态学重点学科丛书》中的一个分册。全书共十二章,主要内容包括导论,生态经济学的理论基础,生态经济与其他理论的关系,生态经济系统的组成、配置与功能,生态经济系统的物质转化和能量流动,生态产业,绿色GDP核算理论及方法,生态经济系统能值分析,生态足迹核算,生态系统服务价值的估算,生态经济规划原理与方法,生态经济管理与政策。

本书具有较强的知识性、系统性和应用性,可作为高等学校生态学、环境科学、经济学、化学化工及相关专业师生的教材,也可作为生态学、环境科学、经济学等领域科研人员和管理人员的参考书。

图书在版编目(CIP)数据

生态经济学/赵桂慎主编. —2版. —北京:化学工业出版社,2021.4(2023.1重印)
ISBN 978-7-122-38982-4

Ⅰ.①生… Ⅱ.①赵… Ⅲ.①生态经济学 Ⅳ.①F062.2

中国版本图书馆CIP数据核字(2021)第072499号

责任编辑:刘兴春 刘兰妹　　　　　　　文字编辑:白华霞 林 丹
责任校对:赵懿桐　　　　　　　　　　　装帧设计:韩 飞

出版发行:化学工业出版社(北京市东城区青年湖南街13号 邮政编码100011)
印　　装:北京科印技术咨询服务有限公司数码印刷分部
787mm×1092mm 1/16 印张21¾ 字数526千字 2023年1月北京第2版第3次印刷

购书咨询:010-64518888　　　　　　　售后服务:010-64518899
网　　址:http://www.cip.com.cn
凡购买本书,如有缺损质量问题,本社销售中心负责调换。

定　价:68.00元　　　　　　　　　　　　　　　　　　　　　版权所有　违者必究

《生态学重点学科丛书》编写委员会

主　　任　吴文良
副 主 任　李　季　孙振钧
编委会成员（按姓名汉语拼音排序）
　　　　　　曹福存　曹志平　陈　健　李　季　刘云慧
　　　　　　刘正恩　马祥爱　门明新　乔玉辉　尚　杰
　　　　　　孙振钧　王　冲　王宏燕　吴文良　许　艇
　　　　　　杨喜田　于法稳　宇振荣　张洪军　赵桂慎
　　　　　　周建勤

《生态经济学》（第二版）编写人员

主　　编　赵桂慎
副 主 编　于法稳　尚　杰
编写人员名单（按姓氏笔画排序）
　　　　　　于法稳　中国社会科学院
　　　　　　尹希果　重庆大学
　　　　　　张　颖　北京林业大学
　　　　　　尚　杰　东北林业大学
　　　　　　赵桂慎　中国农业大学
　　　　　　梁　龙　贵州财经大学

前 言

生态经济学是伴随着对工业革命"功"与"过"的深刻反思而产生的一门新兴学科，其核心是解决生态与经济的协调发展问题。在经历工业文明之后，人们普遍认为当前人类已跨入后工业文明或生态文明时代，生态文明建设本质上是重塑人与自然之间的关系，建立人与自然生命共同体，实现人与自然的和谐共生以及人类经济社会的可持续发展，尽管中西方的语汇存在差异，但这些认识和观点已经成为全球的共识。

进入21世纪之后，新经济浪潮汹涌而来，其标志是人工智能、机器人工业、数字经济和生物经济的崛起，人类开始模仿"自身"，人类的"影子"——机器人将大量产生并应用到各个领域，信息、大数据、云计算、生命产业等新资源、新工具、新业态改变了传统经济模式，以"万物互联"为特征的智慧城市、智慧产业和智慧生活扑面而来，资源、产业已突破传统经济学的含义。毫无疑问，在这一新的历史时期生态经济学迎来了新的机遇、任务和挑战。

2015年，在联合国的后发展议程中，通过了2016~2030年全球可持续发展目标（Sustainable Development Goals，SDGs），意味着可持续发展将成为指导未来全球经济社会发展的核心理念，并继续引导全球解决社会经济与环境领域的突出问题。联合国设立一组集成的SDGs，从经济、社会和环境三个关键维度共17个目标和169个分目标来指导各个地区包括发达国家和发展中国家在未来15年（2016~2030年）的可持续发展，全球可持续发展迈入了更高的发展阶段。面对新经济迅猛崛起和生态环境制约的双重压力，生态经济学在生态文明时代如何发挥引领和指导作用，服务于人类经济社会更高阶段的可持续发展，比以往任何时候都更为迫切。

生态学与经济学"同根同源"，打破二者之间的学科"藩篱"，共建新的经济学研究范式十分必要。传统经济学是伴随工业革命不断发展完善起来的，为工业革命和现代经济发展提供了强有力的理论和方法体系支撑。然而，传统经济学在应对新经济时开始变得难以适应，演化经济学等非主流学派尽管取得了一系列重要进展，但离现实要求还有很长的路要走。生态经济学的产生和发展不过五十多年，但作为一股充满活力的新生力量，已逐渐发展成为指导新经济发展的重要学科之一，以人工智能、生命科学为代表的新经济具有新的特征、新的规律及不确定性，迫切需要新的经济理论与方法与之相适应，这是一个长期、艰辛而富有创造性的过程。生态经济学家在这一过程中应充分吸纳各个学科最新发展成果，特别是把复杂性科学、量子科学、互联网科技以及生命科学的前沿研究成果融入生态经济学学科体系，丰富生态经济学的研究内容，建立新的经济学研究范式，更好地服务于新经济的创新与发展，这应该是今后生态经济学的主要发展方向。

正是基于以上几点认识和体会，本书在第一版基础上做了相应的补充和修订。在理论部分增加了辨析生态文明与工业文明之间的关系，从哲学层面的本体论、认识论、方法论和价值论等方面系统介绍了二者之间本质上的区别和联系，阐述了生态文明建设的必要性和紧迫性，强调了智力资本在新经济中的核心作用。在产业部分增加了基于互联网技术的共享经济发展理论、模式及对可持续消费的影响，明确了"有序结构"的经济学价值。在生态经济系统评价方法部分补充了能值分析方法（EA）展望部分，碳足迹（CF）、氮足迹（NF）和水足迹（WF）的测算方法，生态系统生产总值（GEP）评估方法，新增了生命周期评价方法（LCA）等内容；更新了绿色 GDP 核算方法等，进一步丰富完善了生态经济系统的定量化评价方法。在管理与政策部分调整并增加了清洁生产和生态补偿等内容，尝试探索适应新时期绿色发展的制度设计和配套政策。全书结构按照"理论—系统—产业—评价—管理"这一主线做了相应调整，篇章由第一版的十章调整为十二章，同时考虑到作为本科生教材，每章增加了导读语、导读材料、学习重点或提示以及复习思考题等，便于学生在学习过程中对重点内容的理解、掌握和巩固。

《生态经济学》（第二版）由中国农业大学本科规划教材建设项目立项资助，并再次得到化学工业出版社的大力支持和帮助。本书由赵桂慎任主编，于法稳、尚杰任副主编，具体编写分工如下：第一章、第五章由尚杰（东北林业大学）、赵桂慎（中国农业大学）编写；第二章、第三章和第十章由于法稳（中国社会科学院）、赵桂慎编写；前言、第四章、第八章和第九章由赵桂慎编写；第七章由张颖（北京林业大学）编写；第六章、第十一章由尹希果（重庆大学）、赵桂慎编写；第十二章由梁龙（贵州财经大学）、赵桂慎、尹希果编写；研究生原燕燕、任胜男、付钰惠、孙欣然和王恺等参与了文献查阅及材料整理等工作；最后，由赵桂慎、于法稳对全书进行统稿和校订。在此，对所有参与本教材编写、审校和出版的同事和朋友们以及所有文献作者表达最诚挚的谢意。

限于编者编写时间及水平，书中不足及疏漏之处在所难免，恳请广大读者不吝指正。

赵桂慎

2020 年 10 月

前 言
(第一版)

生态学自诞生之日起就与经济学有着千丝万缕的联系，但在 20 世纪 60 年代之前，传统经济学和生态学像两条永远向前延伸的平行线，各行其是，互不相干。直到 1966 年美国经济学家肯尼斯·鲍尔丁（Kenneth E. Boulding）发表了《一门科学——生态经济学》的重要论文，人们才逐渐从工业文明中觉醒，关注由于全球经济增长所带来的气候变化、环境污染加剧、食物安全受到威胁、能源匮乏、土地污染与土地退化、生物多样性减少等生态环境问题，经济的外部性日益显现。

根据政府间气候变化专门委员会（IPCC）第四次评估报告（IPCC，2007），全球气候系统变暖已非常明确，最近 12 年中（1995~2006）有 11 年位列最暖的 12 个年份之中（1850 年以来），1906~2005 的 100 年间地球表面温度升高（0.74±0.18）℃，未来 20 年内仍将以每十年 0.2℃的速度增加，气候变化已成为人类目前面临的最重要的全球性环境问题之一。全球气候变化在极大程度上（超过 90%）与人类活动有关，这种变化已经打乱了人类与生态环境系统之间业已建立起来的相互适应关系，导致各种灾害性气候发生的频度加大，给包括我国在内的全球和地区经济与社会造成无法挽回的损失，对整个人类经济、社会的可持续发展构成严重威胁。2007 年 12 月，联合国气候变化大会在印度尼西亚巴厘岛举行，各方达成"巴厘岛路线图"，强调要加强国际长期合作，提升履行公约的行动，以充分、有效和可持续地履行公约，从而在全球范围内减少温室气体排放，实现公约目标。能源匮乏也是世界各国面临的难题之一，据世界可再生能源观测所得的最新统计表明，近 10 年来，风能、水力、太阳能等可再生能源发电量占全球总发电量的比例下降了 2.2%，而对石油、煤炭、天然气等石化燃料的发电量则以每年 3.24%的速度增长，但能源供给不足与需求增长过快之间的矛盾不断加剧，2008 年全球石油期货价格更是一度冲到了 136 美元/桶的高位。以我国为例，2004 年我国用电高峰期缺电的省份达到了 24 个，能源紧缺已成为影响我国经济增长的重要限制因素。工业革命以来，全球大约 35%的土地已经退化，而且面积还在不断增加。我国的土地污染及退化问题也很严重，据国土资源部的数据，截至 2007 年，全国受污染耕地约有 1000 万公顷，污水灌溉污染耕地 216.7 万公顷，固体废物堆存占地和毁田 13.3 万公顷，三项合计约占全国耕地总面积的 1/10 以上。此外，牧草地退化严重，1991~2001 年 10 年间牧草地完全退化为未利用地 217 万公顷；由于持续干旱、洪涝等自然灾害损毁和过度放牧，导致牧草地盐化、沙化、碱化严重，近 10 年来在中国境内频繁发生的沙尘暴除气候变化因素外，土地退化也是直接原因之一。全球气候变化、环境污染以及生物栖息地的破坏也导致物种多样性在不断减少，在2000年世界自然保护联盟（IUCN）的评估报告中，濒危物种在世界9946种鸟类中占1/8，在4763种哺乳动物物种中占1/4，在25000种鱼类物种中占1/3。物种灭绝，永不复生，不仅导致物种多样性所包含的经济价值和科学价值丧失，而且每个物种在自然生态系统中的特定作用和功能也随之消失，引起自然生态系统的稳定性降低和不确定性增加。以上都是经济的无限制增长对我们生存的地球生态系统所造成的诸多创伤，有些破坏甚至是永远不可逆转的。

经济系统是一个开放系统，而我们的地球是一个封闭系统，经济的增长不能超出自然生态系统的限制。毫无疑问，经济是环境的一个子系统，经济应归属于生态学理念，而并非像经济学家所理解的那样，一直把环境当作经济的一个子系统。但是，实践中生态学家和经济学家的观点和对世界的展望差别较大，生态学家担心自然的极限，经济学家则倾向于不承认任何这方面的限制；生态学家按照自然法则，以复杂系统为理论基础，从生物的、动态的、复杂的角度看待事物，而经济学家则以数学、传统物理力学理论为基础，从机械的、静态的、简单的角度看待事物；经济学家更关注迅速攀升的经济指标，而生态学家则看到没有人能预见到的气候变化和环境恶化可能带来的后果。事实上，不论观点如何，经济增长对自然生态系统造成的破坏，已经导致地球生态系统内部熵值的增加，低熵已经成为比任何经济资源更为稀缺的资源。跨学科的研究不是一件容易的事情，尤其是涉及生态学和经济学两大理论完全不同的学科，需要不断做出艰辛的努力和探索。令人欣慰的是，世界各国的经济学家和生态学家已经开始转变观念，冲破学科局限，正在探索一种能维系环境永续不衰的经济——生态经济。美国经济学家莱斯特·布朗认为，经济政策的形成要以生态学原理建立的框架为基础，生态学家与经济学家之间的关系，犹如建筑师与建造商，由生态学家为经济描绘蓝图，由经济学家制定经济政策并付诸实施，二者携手构建出一种有利于地球可持续发展的低熵经济。

研究生态经济学的意义就在于通过模拟自然生态系统"高效率、零污染"的运行方式，合理利用各种自然资源，实现人类经济的持续繁荣。自20世纪80年代以来，生态经济学研究进入了一个快速发展的新时期，诸多具有国际影响力的研究成果不断涌现，并被广泛接受和应用。比较有代表性的有美国著名生态学家H. T. Odum于20世纪80年代创立的能值（emergy）分析理论，该理论以太阳能值为统一衡量标准，解决了不同物质与能量不能加和比较的难题，能值理论被认为是连接生态学和经济学的桥梁，具有重大的科学意义。为了把资源耗减、环境保护和环境退化等问题纳入国民经济核算体系，联合国、欧洲委员会、国际货币基金组织、经济合作与发展组织和世界银行五大国际组织联合组织力量研究"绿色GDP"核算问题，并于1993年出版了《环境经济综合核算手册》，首次正式提出了"绿色GDP"的概念，建立了"环境经济综合核算体系（SEEA）"，并向所有会员国推荐使用。1996年，加拿大生态经济学家William Rees及其博士生Wackernagel提出了一种衡量人类对自然资源利用程度以及自然界为人类提供的生命支持服务功能的方法——生态足迹（ecological footprint，EF），该方法将全球人口、收入、资源应用和资源有效性汇总，形成一个简单、通用的可进行国家间比较的账户工具。1997年，美国生态经济学家Costanza等人在Nature杂志上发表题为《全球生态系统功能和自然资本的价值》一文，提出了17项生态系统服务功能，对全球主要的16种生态系统进行了分析，并测算出全球生态系统服务功能的总货币价值，成为生态经济领域影响较大的研究成果之一。此外，在经济生态、产业生态学、生态经济规划、低碳经济、经济福利分析和生态教育等方面也取得了一系列较有影响的研究进展。

本教材力求展现当前生态经济领域的最新研究成果，并做到理论、方法和实践有机结合。本书编写分工如下：第一章、第五章由尚杰（东北林业大学）编写；第二章、第三章和第八章由于法稳（中国社会科学院）编写；前言、第四章、第六章和第七章由赵桂慎（中国农业大学）编写；第九章、第十章由尹希果（重庆大学）编写；最后，由赵桂慎、李来胜对全书进行统稿和校订。

本书受北京市生态学重点学科项目资助，同时也得到化学工业出版社的大力支持和帮助。中国农业大学吴文良教授对本书给予很大关注，百忙之中仔细审阅初稿，并提出了宝贵的修改意见。周华宁、邓雪等同志在插图、文字校订等方面做了大量工作，付出了艰辛的劳动，在本教材的编写过程中查阅了大量文献，在文中都做了相应标注，由于时间仓促，参考文献中只列了主要文献，在此我们深表歉意，并对所有文献作者表示衷心的感谢。同时，对所有参与本教材编写、校审和出版的同事和朋友们表达最诚挚的谢意。

由于编写者时间和水平有限，不妥之处在所难免，恳请各位专家和同仁予以指正。

编者

2008 年 8 月

目录

第一章 导论 … 1

第一节 生态经济学的产生与发展 … 2
一、生态学的产生及发展 … 2
二、生态经济学的产生及发展 … 2
三、我国生态经济学的发展过程 … 5

第二节 生态经济学的内涵、性质与特点 … 5
一、生态经济学的内涵 … 5
二、生态经济学的性质与特点 … 8

第三节 生态经济学的研究对象、内容与方法 … 9
一、生态经济学的研究对象 … 9
二、生态经济学的研究内容 … 10
三、生态经济学的主要研究方法 … 11

第四节 生态经济学学科体系及其与相关学科的比较 … 13
一、生态经济学学科体系 … 13
二、生态经济学与相关学科的比较 … 13
三、生态经济学研究的任务 … 15

第五节 研究生态经济学的意义 … 15
一、为制定社会经济持续发展战略提供正确的理论指导 … 15
二、为设计和建设良性循环的生态经济系统提供科学依据 … 16
三、生态经济学为发展地区和企业经济提供基本指导思想 … 16

第六节 生态经济与生态文明 … 16
一、对生态文明的认识和生态文明的发展过程 … 16
二、我国生态文明建设和实践 … 18

第二章 生态经济学的理论基础 ⑳

第一节 生态学理论 ⋯⋯⋯⋯⋯⋯⋯⋯⋯⋯⋯⋯⋯⋯⋯⋯⋯ 21
一、生态学的基本概念 ⋯⋯⋯⋯⋯⋯⋯⋯⋯⋯⋯⋯⋯⋯ 21
二、与生态经济学相关的几个核心概念 ⋯⋯⋯⋯⋯⋯ 25
三、生态系统理论 ⋯⋯⋯⋯⋯⋯⋯⋯⋯⋯⋯⋯⋯⋯⋯⋯ 26

第二节 经济学理论 ⋯⋯⋯⋯⋯⋯⋯⋯⋯⋯⋯⋯⋯⋯⋯⋯⋯ 33
一、经济学的几个重要概念 ⋯⋯⋯⋯⋯⋯⋯⋯⋯⋯⋯ 33
二、经济学的主要原理 ⋯⋯⋯⋯⋯⋯⋯⋯⋯⋯⋯⋯⋯⋯ 35

第三节 系统论与热力学定律 ⋯⋯⋯⋯⋯⋯⋯⋯⋯⋯⋯⋯ 36
一、系统论 ⋯⋯⋯⋯⋯⋯⋯⋯⋯⋯⋯⋯⋯⋯⋯⋯⋯⋯⋯ 36
二、热力学定律 ⋯⋯⋯⋯⋯⋯⋯⋯⋯⋯⋯⋯⋯⋯⋯⋯⋯ 41

第四节 环境伦理学与生态哲学 ⋯⋯⋯⋯⋯⋯⋯⋯⋯⋯⋯ 42
一、环境伦理学 ⋯⋯⋯⋯⋯⋯⋯⋯⋯⋯⋯⋯⋯⋯⋯⋯⋯ 42
二、生态哲学 ⋯⋯⋯⋯⋯⋯⋯⋯⋯⋯⋯⋯⋯⋯⋯⋯⋯⋯ 43

第三章 生态经济学与其他理论的关系 ㊿

第一节 生态经济学与环境经济学 ⋯⋯⋯⋯⋯⋯⋯⋯⋯⋯ 51
一、生态经济学与环境经济学之间的联系 ⋯⋯⋯⋯⋯ 51
二、生态经济学与环境经济学之间的区别 ⋯⋯⋯⋯⋯ 51

第二节 生态经济学与资源经济学 ⋯⋯⋯⋯⋯⋯⋯⋯⋯⋯ 53
一、资源经济学与生态经济学的内涵 ⋯⋯⋯⋯⋯⋯⋯ 53
二、资源经济学的研究方法 ⋯⋯⋯⋯⋯⋯⋯⋯⋯⋯⋯ 54
三、资源经济学的学科体系 ⋯⋯⋯⋯⋯⋯⋯⋯⋯⋯⋯ 54

第三节 生态经济与循环经济 ⋯⋯⋯⋯⋯⋯⋯⋯⋯⋯⋯⋯ 56
一、生态经济与循环经济的共性 ⋯⋯⋯⋯⋯⋯⋯⋯⋯ 56
二、生态经济与循环经济的区别 ⋯⋯⋯⋯⋯⋯⋯⋯⋯ 57
三、循环经济的几点特性 ⋯⋯⋯⋯⋯⋯⋯⋯⋯⋯⋯⋯ 58

第四节 生态经济学与产业生态学 ⋯⋯⋯⋯⋯⋯⋯⋯⋯⋯ 59
一、生态产业的宏观特征 ⋯⋯⋯⋯⋯⋯⋯⋯⋯⋯⋯⋯ 59
二、生态产业研究的发展过程 ⋯⋯⋯⋯⋯⋯⋯⋯⋯⋯ 59
三、技术升级和产业升级：生态产业崛起的内在动力 ⋯⋯ 61

第五节 生态经济学与其他学科的关系 ⋯⋯⋯⋯⋯⋯⋯⋯ 62
一、生态经济学与人类生态学 ⋯⋯⋯⋯⋯⋯⋯⋯⋯⋯ 62
二、生态经济学与国土经济学 ⋯⋯⋯⋯⋯⋯⋯⋯⋯⋯ 63
三、生态经济学与经济生态学 ⋯⋯⋯⋯⋯⋯⋯⋯⋯⋯ 64

第四章　生态经济系统的组成、配置与功能　66

第一节　生态经济系统的基本含义 …………………………… 67
　　一、生态经济系统的概念 ……………………………………… 67
　　二、生态经济系统的特性 ……………………………………… 67
　　三、生态经济系统的分类 ……………………………………… 69
第二节　生态经济系统的组成 …………………………………… 70
　　一、人口要素 …………………………………………………… 70
　　二、环境要素 …………………………………………………… 71
　　三、科技与信息要素 …………………………………………… 71
第三节　生态经济系统的要素配置及其评价 ………………… 72
　　一、生态经济系统的要素配置 ………………………………… 72
　　二、生态经济要素配置结构的评价 …………………………… 73
第四节　生态经济系统的配置方法 …………………………… 74
　　一、同类要素的择定，相辅相成配置法 ……………………… 74
　　二、适度规模的限定，同域组合配置法 ……………………… 75
　　三、同步时序的确定，同步运行配置法 ……………………… 77
　　四、空间位置的划定，立体网络配置法 ……………………… 79
第五节　生态经济系统的组合功能 …………………………… 82

第五章　经济系统的物质转化和能量流动　85

第一节　物质转化和能量流动的基本理论 …………………… 86
　　一、物质转化的基本理论 ……………………………………… 86
　　二、能量流动的基本理论 ……………………………………… 89
第二节　生态经济系统的物质转化 …………………………… 91
　　一、生态经济系统的物质转化类型 …………………………… 91
　　二、生态经济系统中物质的良性循环 ………………………… 92
第三节　生态经济系统的能量流动 …………………………… 97
　　一、能量的流动 ………………………………………………… 97
　　二、能流的构成 ………………………………………………… 98
第四节　价值流、信息流、智力流的传递与转化 …………… 98
　　一、价值流 ……………………………………………………… 98
　　二、信息流 ……………………………………………………… 99
　　三、智力流 ……………………………………………………… 100

第六章　生态产业　101

第一节　生态农业 ………………………………………………… 102
　　一、生态农业的概念 …………………………………………… 102

二、生态农业的产生及其发展 …………………………… 103
　　三、生态农业的特点 ……………………………………… 104
　　四、生态农业的发展模式 ………………………………… 104
　　五、生态农业的管理 ……………………………………… 106
第二节　生态工业 …………………………………………… 107
　　一、生态工业的概念 ……………………………………… 107
　　二、生态工业的产生及其发展 …………………………… 107
　　三、生态工业的特点 ……………………………………… 108
　　四、生态工业的发展模式 ………………………………… 109
　　五、生态工业的管理 ……………………………………… 109
第三节　生态建筑 …………………………………………… 111
　　一、生态建筑的概念 ……………………………………… 111
　　二、生态建筑的产生与发展 ……………………………… 112
　　三、生态建筑的特征 ……………………………………… 113
　　四、生态建筑的理论与实践 ……………………………… 115
　　五、生态建筑的管理 ……………………………………… 117
第四节　生态旅游 …………………………………………… 119
　　一、生态旅游的概念 ……………………………………… 119
　　二、生态旅游的产生与发展 ……………………………… 120
　　三、生态旅游的特点及其与传统旅游的区别 …………… 121
　　四、生态旅游的规划与开发 ……………………………… 123
　　五、生态旅游的管理 ……………………………………… 125
第五节　生态服务业 ………………………………………… 130
　　一、生态服务业的概念 …………………………………… 130
　　二、生态服务业的特征 …………………………………… 130
　　三、生态服务业的管理 …………………………………… 131
　　四、共享经济——一种新型的环境可持续商业模式 …… 133

第七章　绿色 GDP 核算理论及方法　　141

第一节　生态经济核算的内涵及其发展过程 ……………… 142
　　一、生态经济核算的内涵及意义 ………………………… 142
　　二、生态经济核算理论的发展过程 ……………………… 143
第二节　生态经济核算方法 ………………………………… 145
　　一、绿色 GDP 核算 ……………………………………… 145
　　二、社会福利统计与核算 ………………………………… 145
　　三、投入产出核算 ………………………………………… 145
　　四、承载力计算 …………………………………………… 146
第三节　绿色 GDP 核算体系与方法 ……………………… 146

一、核算目标 ………………………………………………… 147
　　二、基本框架和关系 ………………………………………… 147
　　三、环境实物量核算框架及内容 …………………………… 148
　　四、环境价值量核算框架及内容 …………………………… 149
　　五、环境保护成本核算框架及内容 ………………………… 151
　　六、经环境调整的 GDP 核算 ……………………………… 151
第四节　绿色 GDP 核算的账户 …………………………………… 152
　　一、SEEA 的账户 …………………………………………… 152
　　二、实物和混合流量账户 …………………………………… 153
　　三、经济和环境交易账户 …………………………………… 155
　　四、实物和货币项中的资产账户 …………………………… 155
　　五、GDP 总量调整账户 …………………………………… 156
第五节　绿色 GDP 核算的估价方法 ……………………………… 157
　　一、基于成本的估价方法 …………………………………… 158
　　二、基于损害/受益的估价方法 …………………………… 160
　　三、不同估价方法的选择 …………………………………… 165

第八章　生态经济系统能值分析　167

第一节　能值分析的概念与原理 ………………………………… 168
　　一、能值的定义 ……………………………………………… 168
　　二、能值转换率 ……………………………………………… 168
　　三、热力学定律与最大功率原则 …………………………… 169
　　四、能量等级原理 …………………………………………… 170
　　五、Odum 的能量系统语言 ………………………………… 170
第二节　能值理论及分析方法的起源与发展 …………………… 172
　　一、能值分析的起源与发展 ………………………………… 172
　　二、能量分析与能值分析 …………………………………… 176
　　三、能值和能量的实质及关系 ……………………………… 178
　　四、自然资源财富生产与能值 ……………………………… 180
　　五、能值转换率与能值功率 ………………………………… 181
第三节　能值转换率与能值指标体系 …………………………… 182
　　一、能质与能值转换率 ……………………………………… 182
　　二、生态效率与能值转换率 ………………………………… 183
　　三、能量系统的太阳能值转换率 …………………………… 183
　　四、能值转换率的计算方法 ………………………………… 187
　　五、常用太阳能值转换率 …………………………………… 191
　　六、基本能值指标 …………………………………………… 192
　　七、其他常用的能值评价指标 ……………………………… 199

  八、系统可持续发展的能值综合指标 …………………… 201
  九、能值分析方法展望 …………………… 204
 第四节 能值计算方法及应用 …………………… 204
  一、绘制农田生态系统能值流动图 …………………… 205
  二、编制能值分析表 …………………… 205
  三、建立并分析主要能值指标 …………………… 207
  四、桓台县农田生态系统可持续发展建议 …………………… 208

第九章 生态足迹核算 211

 第一节 生态足迹核算基本理论与方法 …………………… 212
  一、生态足迹理论的提出 …………………… 212
  二、生态足迹的基本理论 …………………… 213
  三、生态足迹的计算步骤 …………………… 214
  四、生态足迹的应用 …………………… 215
 第二节 碳、氮和水足迹核算方法 …………………… 216
  一、碳足迹 …………………… 216
  二、氮足迹 …………………… 220
  三、水足迹 …………………… 224
  四、其他 …………………… 226

第十章 生态系统服务价值的估算 228

 第一节 生态系统服务价值的定义 …………………… 230
  一、生态资本的内涵 …………………… 230
  二、生态系统服务价值的概念 …………………… 233
  三、全球生态系统服务总价值 …………………… 234
 第二节 生态系统服务价值分类 …………………… 236
  一、生命支持系统功能的特点 …………………… 236
  二、生态服务价值的内涵及类型 …………………… 237
 第三节 生态系统服务价值的估算方法 …………………… 239
  一、常规市场评估技术 …………………… 240
  二、隐含/替代市场评估技术 …………………… 241
  三、假想市场评估技术 …………………… 241
 第四节 生态系统服务估算的实例分析 …………………… 242
 第五节 生态系统生产总值核算 …………………… 243
  一、生态系统生产总值的概念和内涵 …………………… 243
  二、生态系统生产总值核算框架和内容 …………………… 244
  三、生态系统生产总值核算实例——以贵州省为例 …… 246

第六节　生态系统服务研究的发展趋势 ………………… 251
　　一、开展生态经济综合研究，揭示生态和经济过程的
　　　　联系及其动态变化 ……………………………… 251
　　二、完善生态系统服务与自然资本评估的理论与经济
　　　　技术方法 ………………………………………… 251
　　三、建立生态-环境-经济综合核算体系 ……………… 252

第十一章　生态经济规划原理与方法　253

第一节　生态经济规划的基本原理 ……………………… 254
　　一、生态经济规划的概念 ……………………………… 254
　　二、生态经济规划的产生与发展 ……………………… 255
　　三、生态经济规划的原理 ……………………………… 258
　　四、生态经济规划的指导思想和原则 ………………… 264
第二节　生态经济规划的内容和方法 …………………… 265
　　一、生态经济规划的内容 ……………………………… 265
　　二、生态经济规划的方法 ……………………………… 266
第三节　生态经济建设的实践 …………………………… 274
　　一、国外生态经济规划的实践 ………………………… 274
　　二、国内生态经济规划的实践 ………………………… 275
　　三、案例——厦门马銮湾生态经济规划 ……………… 276
　　四、生态经济规划发展趋势 …………………………… 284

第十二章　生态经济管理与政策　287

第一节　生命周期评价 …………………………………… 288
　　一、生命周期评价的内涵 ……………………………… 288
　　二、生命周期评价的发展过程 ………………………… 288
　　三、生命周期评价的主要方法 ………………………… 289
　　四、生命周期评价的基本框架 ………………………… 289
　　五、案例——"五结合"生态温室生命周期评价及比较
　　　　分析 ……………………………………………… 295
第二节　清洁生产 ………………………………………… 301
　　一、清洁生产的含义 …………………………………… 301
　　二、清洁生产的原则 …………………………………… 303
　　三、清洁生产评价方法 ………………………………… 304
　　四、清洁生产审核 ……………………………………… 305
第三节　生态补偿与机制 ………………………………… 306
　　一、生态补偿的定义与内涵 …………………………… 306

二、生态补偿理论与方法 ……………………………… 307
　　三、生态补偿支付原则 ………………………………… 311
　　四、生态补偿交易方式 ………………………………… 312
　　五、生态补偿机制及实施路径 ………………………… 313
　　六、生态补偿的实践与模式 …………………………… 315
　第四节　生态教育及政策 ………………………………… 316
　　一、生态教育的概念 …………………………………… 316
　　二、生态教育的兴起与发展 …………………………… 316
　　三、生态教育体系建设的内容 ………………………… 317
　　四、生态教育体系建设的保障措施 …………………… 319

参考文献 321

第一章 导论

地球是一个相对封闭的系统,是人类在太空的唯一家园,生物圈是人类价值无限的"生命保障系统",因人类经济活动而破坏生物圈,无疑向生而灭。

——编者,2020

【导读材料】

"月宫 365"实验

"月宫一号"作为中国首个、世界第三个生物再生生命保障系统地基综合实验装置,以及世界首个成功的四生物链环(人—植物—动物—微生物)人工闭合生态系统,将为中国的载人航天工程与探月工程,提供重要支撑。一个生态系统中,物种数越多,其稳定性就越强,当然这也意味着技术复杂度也越高。美国和日本曾经尝试过四生物链环系统,但都以失败告终。"月宫一号"在 2013 年建成,并于 2014 年成功进行 3 人 105 天的长期密闭实验,系统闭合度达到了 97%,循环再生了 100%的氧气和水,55%的食物。这标志着中国的生物再生生命保障技术已经达到了世界领先水平。2018 年 5 月 15 日"月宫一号"开启舱门,志愿者走出"月宫",手里还拿着亲手在"月宫"种植的大豆、小麦、胡萝卜、番茄、草莓等。至此,"月宫一号"内进行的为期 365+5 天的、世界上时间最长的"月宫 365"实验获得圆满成功。

【学习重点】 重点了解生态经济学发展的科学背景,深刻理解"地球太空船"思想影响下"生态经济协调理论"的重要性。在一定的社会条件下,当现有的科学不能很好地阐明或解释现存的问题时,就会导致科学理论的重大变革。生态经济学的建立是生产力发展到一定程度的产物,是经济发展实践中生态与经济矛盾运动的结果。生态经济学有别于传统的经济学和生态学,也不是简单的生态学和经济学组合,而是一门由多学科相互交叉形成的边缘学科。作为一门边缘学科,本章将从生态经济学的产生与发展谈起,进而探讨生态经济学的内涵、特点、研究内容和研究方法等,使读者能够对生态经济学有一个比较完整和清晰的认识。

第一节 生态经济学的产生与发展

一、生态学的产生及发展

生态经济学的产生与生态学的发展关系十分密切。生态学的形成和发展经历了一个漫长的历史过程,其主要思想来源于古希腊的亚里士多德以及 18 世纪达尔文的进化论等。生态学这个词来源于希腊语,是住所或者栖息地的意思。早在 19 世纪中期,德国生物学家海克尔(E. Haeckel)于 1866 年在《有机体普通形态学》一书中,就提出生态学(ecology)一词。当时海克尔指出:生态学是研究生物有机体与无机环境之间关系的科学,生物与环境之间的关系主要是通过能量交换和物质转化来体现的。生态学作为研究自然的经济学并不包括人类的活动。生态学发展到 20 世纪中叶,工业的高度发展和人口的大量增多带来了许多全球性的问题,造成了对人类未来生活的威胁。这些问题的出现给今天生态学的发展带来了许多新的课题,并且其作为一门单独的学科也不可能解决这些问题。生态学和其他学科的结合成为其发展的必然趋势,而生态学和经济学融合成为生态经济学被认为是一种重要的尝试。生态经济学通过现代生态学结合人类活动对生态过程的影响,从纯自然的现象研究扩展到自然-经济-社会复合系统的研究。对生态经济学的产生有重大影响和帮助的是生态学中的一些原理和思想,其内容涉及自然生态系统中的能量转化和物质循环原理、生物物理理论(能量分析)、生态位理论、非平衡系统理论等,这些理论对于生态经济学的发展和完善有着很大的作用和影响。

二、生态经济学的产生及发展

生态经济学的产生应归功于生态学向经济社会问题方面研究领域的拓展。传统的生态学只限于研究生物与环境的关系,而不涉及经济社会问题。在 20 世纪 20 年代中期,美国科学家麦肯齐(Mekenzie)首次把植物生态学与动物生态学的概念运用到对人类群落和社会的研究上,提出了经济生态学的名词,主张经济分析不能不考虑生态学过程。真正结合经济社会问题开展生态学研究的,应首推美国海洋生物学家莱切尔·卡尔逊(Rachel Carson)。她在 20 世纪 50 年代日本、美国、英国等国家发生几起震惊世界的严重公害事件和环境污染的情况下,发表了《寂静的春天》,揭露了美国的农业和商业部门为追逐利润,滥用农药而造成生物和人体受害的事实;主张禁止使用对生物和人体具有长期危害的杀虫剂,并对另一些有选择地使用。

20 世纪 30 年代,英国生态学家坦斯利(A. G. Tansley)在长期对植物群落研究的基础上,总结了前人的研究成果,于 1935 年提出了生态系统(ecosystem)的概念。坦斯利认为:地球上的生物不是单独存在的,而是通过各种渠道、各种方式,彼此相互联系在一起,组成一个生物群落,它们之间相互依存,彼此制约,共同发展形成一个不可分割的自然整体。20 世纪 40 年代,苏联科学家斯德鲁·米林曾把生态环境、自然资源及社会经济等要素结合起来研究,提出了具有生态经济体系内容的"经济观"。

生态经济学作为一门科学,产生于 20 世纪 60 年代后期。美国经济学家肯尼斯·艾瓦特·鲍尔丁（Kenneth Ewert Boulding）在他的重要论文《一门科学——生态经济学》中首先正式提出了"生态经济学"的概念，标志着这门新兴学科的诞生。在反传统经济学思想的基础上，鲍尔丁明确阐述了生态经济学的研究对象，首次提出了"生态经济协调理论"，并对利用市场机制控制人口和调节消费品的分配、资源的合理开发利用、环境污染以及用国民生产总值衡量人类福利的缺陷等做了富有创见性的论述。

对生态经济学的产生影响最大的是鲍尔丁关于地球太空船的思想，他在1966年所写的一篇著名的论文《即将到来的宇宙飞船经济学》中认为，地球是一个封闭的系统，或者更准确地说，是只能够接收外界能量的输入（太阳能）和对外界进行能量输出的封闭系统。但是就物质而言，地球是一个纯粹的封闭系统，他将整个地球的生态系统比作一艘在太空中的飞行器，这样地球被认为是孤立的，没有任何可以无限储备的物质。在飞船里，如果人们想要无限制地生存和发展下去，就必须在不断再生的生态圈中找到自己的位置。物质的使用仅限于在每个时段里能够循环的物质，而这些物质又受到飞船接收的太阳能的限制。在他的论著中可以得出这样的结论：在一定程度上把价格机制以某种方式引入到外部不经济性问题中，就能够处理宇宙飞船地球转化的问题。他认为有必要用以市场为基础的激励手段矫正这种不经济性，但他同时指出这些手段仅能处理这些问题的一小部分。

在肯尼斯·艾瓦特·鲍尔丁提出"生态经济学"这一概念前后，一些关心生态经济问题的学者、专家先后对生态经济问题进行了深入、广泛的研究，并发表了一系列与"生态"和"经济"相关联的专著和论文，生态学从此开始了"边缘学科"的新时代，它与社会经济问题密切结合，交叉发展，产生了公害经济学、污染经济学、环境经济学、资源经济学，最终分离出一门新的边缘学科——生态经济学。这不但推动了生态经济学的建立，而且为其进一步发展创造了良好的条件。

自1968年"罗马俱乐部"宣告成立，在西方资本主义国家便出现了世界性的生态大辩论，其辩论的焦点不仅在于生态危机的广度和深度，而且还揭示了资本主义社会中的许多经济理论和现实问题，如社会制度与自然界相互关系的理论、经济活动与资源稀缺性之间的关系、"生态政策"与环境保护的关系、环境污染与环境管理的手段问题等。出现了各式各样的学派，他们各持己见，众说纷纭，归纳起来，基本上可分为下述三派。

(1) 悲观派　这一学派的主要代表人物有：美国麻省理工学院教授米都斯，其主要代表作是《增长的极限》；美国经济学家肯尼斯·艾瓦特·鲍尔丁，其代表作是《宇宙飞船经济观》；美国生态学家哥尔德·史密斯，其代表作是《生存的蓝图》等。悲观派学者认为经济增长和人口增长是生态危机的主要原因，他们的口号是"反增长""反现实""零速增长"，反对第三世界国家发展工业和实现现代化。甚至出现有人呼吁"返回到手工业时代""返回到原始自然生活中"去的复古主义思潮，并认为唯一有效的办法是停止增长。

(2) 乐观派　这一学派的代表人物有：美国赫德森学院美国未来研究所所长康恩(Herman Kahn)，其代表著作是《即将到来的繁荣》；朱利安·西蒙(G. Simmons)，其代表作是《最后的资源》。这一派学者认为，工业发展、经济增长不能停滞，必须保持增长的势头。他们反对悲观派采用数学推导的方法看待未来世界，主张用历史分析的方法来解释和预测未来。他们认为，现在人类正处于1800～2200年这个"伟大转折"的中期，这个时期是人类由贫困到富裕的过渡时期，目前的人口、粮食、能源、污染等世界性问题只不过是过渡时期的问题，是从世界性贫困迈向世界性繁荣之间的暂时性问题，随着科学技术不断进步和发展，人类资源是没有尽头的，生态环境将会日益好转，人口将自然而然地达到平衡。

(3) 现实派 这一派的主要代表人物有：世界未来学学会主席柯尼什，其代表作是《环境经济学》；美国社会学家阿尔温·托夫勒，其代表作是《第三次浪潮》。托夫勒认为，世界并没有面临末日，人类的历史才刚刚开始，人类未来的社会蕴藏着惊人的希望和前景。现实派主张：人类应积极正确地运用行政、经济、法律等手段干预生态经济，引导技术革命，使经济增长、资源开发、人口控制、环境保护朝着生态与经济和谐发展的方向前进，在不破坏生态环境的基础上，追求社会经济的持续稳定增长。

20世纪70年代初期，以英国生态学家哥尔德·史密斯为首的一批科学家发表了生态经济学名著《生存的蓝图》(1972)，随后，日本科学家坂本藤良的世界第一部《生态经济学》专集出版（1976），同一时期学者们还发表了《增长的极限》《封闭的循环》《只有一个地球》《2000年的忧虑》等生态经济学方面的专著。这些论著震动了世界，并得到了世界各国的高度重视和支持，许多国家为此建立了诸如环境质量委员会、环境厅、环境部、环境保护部等公害防治机构，并相应地颁布了一系列的环境保护法。1979年英国生态学家哥尔德·史密斯再次明确提出，我们需要一种新的经济学——生态经济学。

生态经济学研究的真正兴起是在20世纪80年代，1980年由世界自然保护同盟等组织、许多国家政府和专家参与制定的《世界自然保护大纲》第一次明确地提出了可持续发展的思想。这一思想为今天的可持续发展概念奠定了基本的轮廓。对可持续发展理论的形成和推行起到关键性作用的是1983年成立的世界环境与发展委员会（World Commission on Environment and Development，WCED）。该组织在挪威前首相布伦特兰夫人（Mrs. Brundtland）领导下，经过世界范围专家整整九百多天的工作，于1987年向联合国提出了一份题为《我们共同的未来》的报告，该报告对可持续发展的内涵做了界定和详尽的理论阐述，强调了今天大大恶化了的自然环境对人类持续发展影响的严重性。许多学者认识到环境政策的改善和管理以及保护我们子孙后代的福利需要综合各种不同的思想。随后，有许多经济学家和生态学家致力于生态经济的研究，其中一个里程碑的事件是1989年国际生态经济学会（International Society Ecological Economics）的成立以及《生态经济》杂志的创刊。自那以后，成立了两个著名的生态经济学研究机构，一个是位于美国马里兰大学的国际生态经济学研究所（International Institute for Ecological Economics），另一个是位于瑞典斯德哥尔摩的瑞典皇家学会的北界国际生态经济学研究所（Beijer International Institute for Ecological Economics）。这两个研究所及学会会员的研究大体代表和左右着西方国家生态经济学界的动向。政府及非政府组织都开始加强该领域的研究，且他们的研究进展对世界生态经济的影响不容低估。

进入20世纪90年代以后，人们在面对经济问题时，已知道应从单纯的经济观点中解脱出来，并已经开始将生态观点与经济理论、方法结合起来去进一步扩大生态经济学原有的研究领域，一系列有关生态管理、生态工业、绿色营销等方面的论著相继问世。这说明多数人已经接受并承认现代经济过程是一个生态经济有机体——生态经济系统，这正是生态经济学所涉及的研究对象。美国著名生态经济学家莱斯特·布朗2002年出版了《生态经济——有利于地球的经济构想》一书，书中提出必须把经济视为地球生态的子系统，以环境中心论取代经济中心论，亟需一场环境革命加速实现传统经济向生态经济的转换，经济学家与生态学家携手共建有利于地球的经济模式——生态经济。虽然生态经济学在其概念提出后的近五十年中取得了飞速的发展，但其毕竟是一个新兴学科，无论是理论体系，还是名词、概念，都还需要完善与规范，这些都有待于今后的探索与努力。

三、我国生态经济学的发展过程

与整个学科发展相比较，我国生态经济学的研究开展得要晚一些，至今不过40年，但发展较快，无论是基本理论还是专门问题的研究都取得了一批可喜的成果。1980年8月，我国著名经济学家许涤新先生在青海省西宁市召开的全国第二次畜牧业经济理论讨论会上，提出"要研究我国生态经济问题，逐步建立我国生态经济学"的倡议，这是关于建立我国生态经济学的首次倡议。同年9月27日和10月4日，由许涤新主持，在北京由中国社会科学院经济研究所和《经济研究》编辑部联合召开了我国第一次生态经济问题座谈会。会后，由《经济研究》等单位编辑出版了我国第一本生态经济学论文集《论生态平衡》。1982年11月在南昌市，由中国社会科学院经济研究所、农业经济研究所、城乡建设环保部环境保护局、中国生态学会和中国人与生物圈国家委员会共同召开了全国第一次生态经济讨论会。1984年2月，在北京又成立了中国生态经济学会，时任国务院副总理的万里同志在会上做了重要讲话，他强调指出生态经济问题是我国重大问题之一，强调了要用生态与经济协调发展的观点指导中国社会主义经济建设的重要性。1985年6月，云南省生态经济学会创办了世界上第一本《生态经济》杂志。1987年我国第一本《生态经济学》专著出版，代表了当时我国在该领域的研究水平，标志着我国生态经济学这一新兴学科理论体系的初步建立。经过总结概括生态经济实际工作的经验，1997年出版了《走向21世纪的生态经济管理》专著等。特别是进入21世纪后，国内经济学家、生态学家、环境学家以及全国从事这方面研究的专家和学者也分别结合各自的研究和实际，发表了大量的研究专著和论文，取得了一系列重要研究成果，对世界生态经济学学科的发展与创新做出了中国贡献。

第二节　生态经济学的内涵、性质与特点

一、生态经济学的内涵

（一）国外学者对生态经济学含义的理解

美国经济学家肯尼斯·艾瓦特·鲍尔丁（Kenneth Ewert Boulding）在他的重要论文《一门科学——生态经济学》中首次正式提出"生态经济学"的概念。通过对传统经济学和生态学的研究，他认为经济系统与生态系统的相互作用构成了一个生态经济系统，生态系统的运行机制是"稳定型"的，而经济系统的运行机制是"增长型"的，这样经济系统对于自然资源需求的无止境性就与生态系统中资源供给的相对稳定性之间产生了矛盾。在此基础上提出了"生态经济协调理论"，指出现代经济社会系统是建立在自然生态系统的基础上的巨大开放系统，以人类经济活动为中心的社会经济运动都在大自然的生物圈中进行。首先，任何经济社会活动都要有作为主体的人和作为客体的环境，这两者都是以生态系统运行与发展作为基础和前提条件的；其次，任何生产都需要来自生态系统的物质和来自太阳的能量；再次，在生态系统和经济系统的矛盾中，人既有自然属性又有社会属性，因此人类只有积极促进生态系统与经济系统的协调发展才能实现人类经济社会的可持续发展。

著名的生态经济学家 Robert Costanza 认为生态经济学是一门全面研究生态系统与经济系统之间关系的科学,针对目前存在的诸如可持续发展问题、财富分配问题、物种消失问题等,现有的研究均不能很好地解决。他认为目前人类社会经济亚系统是整个地球生态系统的一部分,而且这个亚系统的存在和发展是以生态系统为基础的,所以人类的经济系统必须要和生态系统保持相协调,包括它们之间的物质循环和能量的流动,以及规模和尺度的互相协调。

生态经济学既包括利用经济学方法研究经济活动对环境与生态的影响,也包括用新的方法研究生态系统与经济系统之间的联系(Costanza,1989)。Costanza 等(1991)又将生态经济学定义为"可持续性的科学和管理",生态经济学将人类经济系统视为更大的整体系统的一部分,其研究范围是经济部门与生态部门之间相互作用的整个网络。它们的共同点就是对于目前人类经济系统所产生问题的关注,认为以前所有的单一学科都不能很好地解决这些问题,而综合各种学科思想的生态经济学被认为是解决这些问题所进行的一个重要尝试。

Herman Daly 在 1974 年提出的"稳态经济"的思想中已经具有生态经济的含义,他的表述是:稳态经济就是稳定的物质财富(人造物)和稳定的人口,每一种都保持同样的选择,需要低的通量水平。基于热力学基本定律中物质能量既不能被创造也不能被消灭的结论,他认为效率注定会损失而不是获得,必须选择稳态经济中的存量水平,但是从大量的可以利用的存量中进行选择是很难的事情,这包括要考虑经济的、生态的和伦理的原则。由于对最优存量水平选择的不可能性,实际上应当设法在现有的存量水平或者接近现有存量水平上维持稳态。他曾经提出了一个目标-手段图谱(图 1-1),显示了生态经济学所要研究的问题和人类所要达到的目标。

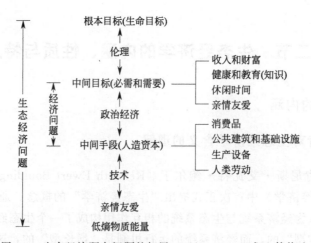

图 1-1　生态经济研究问题的拓展(Daly,1973,尤飞等修改)

人类建立社会和经济系统的目的一般被认为是为了满足人类自身的需要。但是,社会和经济系统并不能完全提供人类的需要,因为有很多,特别是生命支持的服务,基本上是依靠来自生物圈和自然资本的直接服务。保持社会和经济系统现有的人造资本的水平,就需要持续不断的低熵物质-能量流的输入。低熵物质构成了生态系统的基本问题,低熵物质和能量构成了生态经济系统的根本手段。人类的根本目标具有内在完美性,不因社会和经济目标而动摇。正是由于对于根本目标的认识不足,才使得社会经济的发展出现种种问题,并偏离生态经济系统整体演化稳定健康的方向。

Herman Daly 认为生态经济所要达到的是人的根本目标，为了达到这个目标，我们的研究重点应该由传统的经济问题转到更大范围的研究（即生态经济问题的研究），这是达到整个地球生态系统可持续发展的唯一手段。

（二）我国学者对生态经济学含义的理解

生态经济学在我国得到了迅速的发展，出现了一大批研究学者，引起了不同行业的关注，尤其是引起了政策制定者的关注。中国已经将保护生态环境和资源作为基本国策。中国生态经济学家对生态经济学的观点大体上是一致的。

中国对生态经济学最早的研究是由著名的经济学家许涤新发起的，后来经过许多学者的补充和逐步完善，发展形成了中国的生态经济学研究。中国的生态经济学家王松霈认为生态经济学为可持续发展提供了理论基础。在其所著的《生态经济学》一书中，他认为当代世界范围内所产生的各种生态经济矛盾，实质上是经济问题。

王松霈认为生态与经济协调理论是生态经济学的核心理论，生态与经济协调理论是在工业社会向生态社会转变的过程中产生的，它的提出体现了生态时代人们改变经济发展中生态与经济严重不协调现状的客观要求，决定了整个生态经济学理论体系的建立和学科基本理论特色的形成。生态与经济协调理论是应新的生态时代要求而建立的，是以兼顾生态与经济两个方面的要求和指导实现生态与经济协调发展为基本特色的理论。

我国著名的生态经济学家腾有正认为，生态经济学是研究生态经济系统的运动发展规律及其机理的科学，是一门兼有理论和应用二重性的科学，就其基础部分来说，属于理论科学。他认为生态经济学是一门具有边缘性质的经济科学，与一些相邻的学科存在许多共有范畴或概念，如经济系统、生态系统、环境、资源、人口、自然生产力、社会生产力等。但是生态经济学也有自己的范畴，具体包括：关于生态经济系统状态的范畴，关于生态经济运行机制的范畴，关于系统调控管理的范畴，关于研究方法的范畴。

还有一些学者认为，生态经济学不是一般地研究生态系统和经济系统的相互关系，而是研究作为整体的生态系统和经济系统统一有机体运动发展的规律性。社会物质资料生产和再生产的运动过程是人类和自然之间进行物质交换的运动过程。因此，社会物质资料再生产运动不断进行，人类不断占有自然物质的有用形态，同时不断将废弃物和排泄物返回自然，人类就是这样不断往复循环地和自然进行物质交换。这是人和自然最基本的关系，也是经济系统和生态系统最本质的联系。这种相关的联系以物质循环、能量流动、信息传递和价值增值为纽带，把生态系统和经济系统耦合成为生态经济有机整体。这一有机整体的运动发展是生态经济系统运动发展的表现，在此基础上就构成了生态经济学的研究对象。因此也可以说，生态经济学是研究社会物质资料生产和再生产运动过程中经济系统与生态系统之间物质循环、能量流动、信息传递、价值转移和增值以及四者内在联系的一般规律及其应用的科学。

根据以上国内外学者的表述与研究，唐建荣总结为，生态经济学是综合不同学科（包括生态学、经济学、生物物理学、伦理学、系统论等）的思想，通过目前人类经济系统所产生的问题及其对地球生态系统的影响而研究整个地球生态系统和人类经济亚系统应该如何运行才能达到可持续发展的科学。这是从生态经济学的目的来定义的。其所要达到的最终目的就是人类经济系统和整个地球生态系统的可持续发展，当然这需要充分地了解人类的经济系统和生态系统之间的相互作用关系,以及社会经济系统对生态系统的影响。

本书笔者认为,生态经济学是建立在复杂系统科学、量子力学及生命科学基础上,以维护地球生物圈安全为底线,通过不同形式的系统优化获得非线性增量来满足人类需求无限增长的一门科学。具体来说,生态经济学是应用生态复杂性原理和现代科学技术方法,在生物圈承载力限度内,通过调控经济系统内部的相互作用关系,以较少的物质和能量获取更多效用,以满足人类不断增长的需求的一门学科,是主流经济学的最终归宿。

二、生态经济学的性质与特点

生态经济学是一门跨越自然科学和社会科学的新的独立学科(姜学民,1984)。这门独立的新学科主要是为了解决关于人类社会和地球生态系统的可持续发展而产生的,即人类作为这个星球上唯一具有高级智慧和创造力的物种应该采取什么发展策略和政策才能达到可持续发展。因此生态经济学可以看作是一门由理论指导实践的应用科学。就目前来说生态经济学还处于发展阶段,作为一门独立的学科,生态经济学有其自己的特点。

1. 综合性

生态经济系统是一个多层次、多序列的综合结构体系,它既研究生态系统和技术系统,也研究经济系统和社会系统,特别是系统之间的综合。同时生态经济系统还不能脱离社会、政治、国家、意识形态等因素孤立地加以考察。生态经济学涉及人、社会和自然之间相互联系、相互作用的各个方面。生态经济学把基础理论研究、发展战略研究和应用技术研究融为一体。对基础理论研究强调综合生态学、经济学、系统学、伦理学、技术学等各种学科;在政策和战略方面,强调以各种类型的生态系统为基础,将各种生态经济学的研究予以结合,同时融合各国的政治体制、人们的风俗习惯以及对未来的预测等。对生态经济学研究成果的评价,必须联系其对社会环境的影响,综合考虑其经济效益、生态效益和社会效益。因此,生态经济学是一门综合性很强的学科。

2. 整体性

生态经济系统的整体性,是指生态经济系统是生态系统和经济系统的有机统一整体。在这个统一体中的各个子系统之间、子系统内各个成分之间都具有内在的、本质的联系,这个系统中的每一个要素都担负着特殊的作用,都是系统不可缺少的组成部分。基于这一点,生态经济学反对用孤立的、片面的观点去看自然生态与社会经济的相互关系,而要求从整体上看待生态经济问题。生态经济学的整体性特点包括3个层次的含义。

(1) 生态经济学强调将生态环境与经济学统一起来研究　生态经济系统内的各种要素不仅具有生态与经济两个方面的特性,而且也反映了生态与经济要素之间的相互依存和相互制约的对立统一的运动规律。在这个系统中如果一个环节发生变化,就会引起一系列的连锁反应,离开某一要素系统的功能就要受到影响,原有的系统就会受到质的影响。生态经济学将地球看作是一个大的生态系统,人类对于自然环境与经济发展的整体性认识,是在漫长的历史演进中逐渐总结出来的。尤其是伴随着工业化、现代化的大发展而产生的资源耗竭、环境恶化、海平面上升、森林缩减、土壤侵蚀、生物多样性减少等环境问题,都迫使人类进行深刻反省。约在20世纪60年代后期,由于将系统思想引入人与自然经济之间关系的研究,生态经济学的整体性观念才逐渐成熟起来。

（2）生态经济学强调系统内的各子系统统一　就经济与生态这两个子系统来看，一个良好的经济系统必然要求一个良好的生态系统与之相适应，二者相互促进，构成一个良性循环的整体。地球生态系统中的各个要素通过能量流动、物质循环和信息流维系在一起，形成复杂的统一整体。这种物质、能量和信息流动，如果某一流通环节出现故障，势必影响其他要素功能的正常发挥。那么或迟或早必然要带来经济结构的失调，反之亦然。系统之间都存在着内在的本质上的必然联系，各子系统均承担着不同功能，均是整体稳定性所不可缺少的。

（3）生态经济学强调系统各个组成部分的整体性　生态经济学本身又是一个多学科交叉、多系统融合的综合体，各学科、各个子系统又是各自研究范围内的综合体。举例来说，环境保护系统是生态经济系统的一个组成部分。对这一部分的研究，也必须把它看成涉及社会制度、经济、法律、环境管理、环境教育、技术进步等多种因素的一个整体，各因素之间是相互依存、相互制约的，每个因素担负着不同的功能，均是系统的稳定所不可缺少的。系统的特点是把研究对象看作一个整体，把它们联系起来加以考察研究才能正确地认识系统。

3. 战略性

战略问题一般是指带有全局性和长远性的主导问题，生态经济学作为一门新兴的交叉学科，所研究的经济、技术、社会和生态问题，一般来讲都具有这一特征。生态经济产生的历史条件和目的决定了这门学科必须要有很强的前瞻性，也就是对人类目前的经济政策和经济行为要有一定的事前分析和预测，要积极地面对所产生的问题。作为可持续发展的一种手段和方法，要从长远的观点来研究人类社会经济发展规律及其与自然生态系统的相互关系，人类社会要想持续、稳定、协调地发展，必须有正确、全面的持续发展战略，即在发展中积极地解决生态环境问题，既要推进人类发展又要促进自然和谐。从某种意义上讲，这种发展战略就是生态经济发展战略，而这一战略的核心就是协调生态经济基本矛盾。

4. 实用性

生态经济学的产生来源于现实经济发展产生的问题与需求，反映了 20 世纪 60 年代以来社会经济发展与自然生态系统之间矛盾的尖锐性和紧迫性，标志着人类社会已进入经济繁荣与改善环境协调统一的新的认识阶段。同时，它又应用于经济发展的实践，指导经济发展的实践过程。一方面，对过去经济学研究中已经涉及的，但是由于没有和生态规律结合起来研究所产生的问题进行研究；另一方面，由于将经济学和生态学孤立研究，两者结合存在大量亟待解决而无法用固有理论解决的问题，生态经济学应运而生。它的研究对社会经济的发展有着重大的指导意义，它是发展经济、保护环境的理论基础，是制定国民经济方针政策的科学依据，是制定工农业发展规划乃至国际政策的指导思想，是解决严重生态、环境问题的有效方法。

第三节　生态经济学的研究对象、内容与方法

一、生态经济学的研究对象

自从有了人类经济活动就有了生态经济系统。人口的剧增，形成了内在的巨大社会需

求。这种需求转变将对资源的现实开发利用和生态环境产生巨大的压力,随着人类经济活动的日益扩大与深化、科技手段的滥用和治理环境能力的有限性,产生了环境质量下降、生态状况恶化、生产不能持续发展等问题,使得生态供给与经济需求、人口剧增与资源短缺以及资源开发与生态破坏的矛盾更加尖锐化。要消除这些矛盾,只能将生态和经济系统作为有机的生态经济系统,使之成为协调的整体。这一协调的整体,即生态经济系统的重构,不仅是生态经济学的研究对象,也是人类经济社会发展所应关心的永恒主题。

关于生态经济学的研究对象,虽然由于研究的侧重点不同,不同的学者对此有不同的看法,但国内外学者对此有一个基本共识,即认为生态经济学研究的是生态经济系统,主要是人类社会经济系统和地球生态系统之间的关系。它是从生态学和经济学的结合入手,以生态学原理、经济学理论为基础,以人类经济活动为中心,围绕着人类经济活动与自然生态之间相互发展的关系这个主题,研究生态系统和经济系统相互作用所形成的生态经济系统。

生态经济学所观察思考的客观实体是由生态系统和经济系统组成的有机统一体,因此生态经济学研究的对象是生态经济系统,但它不是一般地考察生态系统和经济系统,也非简单地把生态系统和经济系统加和,而是研究生态系统和经济系统的内在联系,即内在规律性。研究生态经济学的目的在于协调人类社会经济活动和自然生态之间的相互关系,寻求生态系统和经济系统相互适应与协调发展的途径。从物质、能量和价值的循环、转化和增值效率上讲,实际上是生态经济良性循环,这一良性循环只能在生态经济系统的整体上实现,所以生态经济学的研究对象只能是生态经济系统。达到良性循环目标的实质是对生态经济系统结构重新优化,以增强其生态经济功能;对生态、经济、技术和社会要素重新组合,以达到新的生态经济平衡状态。所以,从生态经济应用目标来看,生态经济学的研究对象也是生态经济系统。

由于对生态经济学研究侧重点不同,学术界对于生态经济学的研究对象也有不同的看法,概括起来主要存在以下几种观点。

① 强调生态系统的经济方面。这种观点认为生态经济学以生态经济这个复合系统为研究对象,从中探索人类经济活动和自然生态之间的相互关系。其特点是以经济系统为主,对这一复合系统进行研究。

② 强调生态经济学应该研究生态变化的社会经济因素。这种观点认为,生态经济学把生态系统和社会经济系统作为一个整体来研究,从生态系统来看待社会经济问题,研究生态变化的社会经济因素,用生态方法来计量经济效益。

③ 强调生态经济系统的矛盾运动。这种观点认为,生态经济系统是生态系统和经济系统的矛盾统一体。生态经济学不是一般地研究这个复合系统,而是以统一体内部矛盾运动的规律为对象,着重研究人类需求的无限性与自然生态系统的有限性之间的矛盾运动规律。生态系统与经济系统之间的矛盾联系虽然多种多样,但最本质的联系是两者之间存在的物质、能量、价值、信息、智力等的循环与转化,生态系统与经济系统的联系需要一个中间环节,即由各种技术手段组成的技术系统(姜学民,1984)。

所以,生态经济学的研究对象可以概括为生态系统、技术系统和经济系统所构成的复合组织的结构、功能、行为、运行机制及其规律性。

二、生态经济学的研究内容

生态经济学作为一门新兴学科,目前对其进行的研究还不够成熟,针对它的研究也在实践中不断地摸索、归纳、总结和完善。生态经济学的研究,不仅要重视理论体系的建立,还要兼顾把理论运用于经济建设当中。由于生态经济学是高度综合的学科,涉及生态、经济等很多方面,具有研究方法多的特点,因此生态经济学的内容应包括三个重要的组成部分,即理论研究、应用研究和方法论研究。

1. 理论研究

理论来源于经验与丰富的实践,是在不断丰富的实践中逐渐完善的。生态经济学的研究就是在不断的实践中获得完善的,同时它也综合借鉴了其他一些学科的理论。生态经济学理论研究包括:生态经济学的性质及学科体系;生态经济系统的结构、功能、目标及生态经济模型的理论;经济学中的资源配置理论和分配理论;生态学中的物质循环和能量流动理论;生态平衡与经济平衡、生态规律与经济规律、生态效益与经济效益的相互关系,生态系统的物流、能流、价值流与经济系统的物流、能流、价值流的关系;可持续发展理论研究以及技术系统在其中所起的作用研究等。

2. 应用研究

基于生态经济学研究的重点和研究方法的不同和现实生活中存在问题的差异性,学术界对于生态经济学在应用上的研究也各不相同,在应用生态经济学原理或其他一些相关理论来解决社会经济发展过程中遇到的种种问题时要区别对待。应用研究涉及各级政策的设计与执行、国家政策与立法、国际组织与协议的制定等。包括:建立高效率、低能耗、无污染的良性循环系统;运用生物物种间相生相克的原理,建成多种群共栖共生的立体农业结构;运用自然生态系统的物质循环原理和食物链法则,建立农、林、牧、渔综合发展的生态农业体系;选择符合中国特点的技术体系、技术政策;对生态系统的结构、功能、目标进行生态效益、经济效益评价;建立既有利于经济发展又有利于生态平衡的决策机构;制定符合生态经济原理的政策和法令;利用生态经济学的价值理论,对国际贸易、纠纷及冲突进行评估,建立可持续发展的世界新秩序等。

3. 方法论研究

生态经济学还处于摸索完善阶段,方法论研究将影响其理论研究与应用研究的质量和可靠性。同时由于生态经济学具有综合性、实用性和跨学科性的特点,所以方法论的研究对于完善生态经济学的理论有很大的帮助。生态经济学有其独立的方法论,但也借鉴了其他相邻学科较为成熟的方法,诸如环境经济学中解决环境外部性的经济方法,相关的法律方法,哲学和伦理学的方法,系统科学的方法,控制论方法等。

三、生态经济学的主要研究方法

方法论决定着科学研究路线,而研究路线是科学方法论的灵魂。科学研究最根本的属性是实事求是,客观地揭示事物发展的本来面目。要达到这一根本目标,起决定作用的是科学研究的思想路线,而不是具体方法本身,科学研究的思想路线蕴藏在科学方法论中。只有当思想路线与事物发展的大方向相一致时,才能自然地而不是人为地、从必然联系中而不是牵强附会地认识事物的本来面目。从这个意义上讲,科学方法论就是科学研究的思想路线。生态经济学的产生是社会发展、经济增长以及满足人类全面需求与地球生态空间之间对立统一的产物。不管它是经济学的分支也好,还是经济学发展的新阶段也好,由于研究对象、产生背景的特殊性,以及学科"远缘杂交"这一综合特性,它几乎包容了全部经济信息、社会信息、环境信息、技术信息和生态平衡信息,对它的研究就更不能局限于经济学概念与方法、生态与环境科学方法等这些微观、中观和一般宏观意义的研究方法和基本概念,而应从更宏观的科学方法论上找出路。正确的方法论的确立可以促进生态经济学理论体系的建立,经过研究总结国内外学者的基本思路,认为生态经济学的研究方法主要有以下几种。

1. 唯物辩证法

唯物辩证法是一切科学的最重要的方法论,也是生态经济学最基本的研究方法。只有在唯物辩证法的指导下,才能从事物普遍联系的观点,发现组成生态经济系统的各事物之间的相互联系、相互依存、相互制约的辩证关系;才能正确理解生态经济平衡是一种动态的平衡,是不断打破旧的平衡又不断建立新的平衡的辩证过程;才能深刻认识生态经济效益是经济效益和生态效益的统一。作为唯物辩证法的精髓的矛盾分析法,更是贯穿于生态经济学研究的始终。从某种意义上说,生态经济学就是在发现和分析生态与经济的矛盾基础上产生的,从对立统一的辩证关系中揭示生态经济矛盾运动产生和发展的规律,这是生态经济学理论的基石。总之,离开了唯物辩证法,要研究好生态经济学是不可想象的。

2. 系统分析法

生态经济学的研究对象是一个整体,即生态经济系统,对这一系统的各个层次、各个组成部分的研究可以采用各种具体的研究方法。但具体方法的运用是为了说明系统整体运行发展关系的,生态经济学的整体性排斥了孤立使用某种方法然后加以综合的研究方法。生态经济学以生态经济系统作为自己的研究对象,根据系统整体性原则,从生态、经济、社会的综合效益出发,以系统理论为基础,采用系统分析、综合分析的思维方法和研究方法,把生态经济系统的目标性、整体性、相关性、适应性等视为一个整体、一个系统,并对该系统中的要素、层次、结构、功能、外部条件与外部环境,进行定性与定量的综合分析,整个研究过程也就是系统分析过程。系统分析着眼于整体与部分之间的相互联系,整体的性质和行为取决于各组成要素的相互联系和相互作用,从整体与部分、部分与部分之间相互依赖、相互制约的关系中揭示系统的特性和运动规律。系统分析法充分体现了生态经济学研究的基本出发点。生态经济学的基本思想把经济过程和生态过程看作是相互联系、有机结合的统一的生态经济过程,由此可见系统分析方法是生态经济学研究不可缺少的重要方法。

3. 系统模拟法

系统模拟法是在系统分析的基础上,对生态经济系统进行简化和抽象,通过模型来仿制生态经济系统的内部运行状况,反映和描述原生态经济系统,间接证实生态经济系统的最优组合。模拟方法是生态经济学研究中常用的方法,在观察、实验、社会调查、统计分析等基础上,经过理性分析、科学分析把事物运动的本质抽象出来。无论在自然界还是在社会经济中都有现象与本质问题,生态经济学要揭示生态现象与社会经济发展的内在的、必然的联系(即规律性),就不能不运用科学抽象进而模拟系统这一基本研究方法。例如,生态学中单一生物种群的无阻滞增长模型以及单一种群的阻滞增长模型。另外,在研究人口增长时,有时假设在不加控制条件下人口增长的规律,也要用到这类模型。

建立生态经济模型必须从实现良性循环的目的出发,选择合适的模型类型,要求模型能够如实地反映生态经济系统这一客观实体，同时尽可能做到简单、明了、便于掌握。

4. 效益论证法

生态经济问题，在一定意义上来说，它是一个更为复杂、可变因素更多的技术经济问题，它涉及一系列生态效益的定量研究、经济效益的定量计算问题，涉及综合效益评价研究问题等。如自然资源开发利用的综合效益论证、恢复生态平衡的多种效益论证、再生资源更新方案的效益论证、非再生资源开发技术方案的效益论证、生态经济技术方案的效益论证等，都需要从生态系统与经济系统两个方面（包括宏观与微观的，近期与远期的）进行综合效益论证才能最后确定。因此，这一方法无疑也将成为生态经济研究的一种借用方法。

5. 边际分析

所谓边际（marginal）就是额外或增加的意思，即所增加的最后一个单位或可能增加的下一个单位，这种边际的概念常用来分析两种或两种以上可变因素的关系。借用这一概念的边际分析（marginal analysis）就是分析经济中一种可变因素的增量对另外一种可变因素会造成什么样结果的分析方法。西方经济学家十分重视边际分析方法，认为"对边际分析的理解是理解经济理论的核心"。

生态经济学的分析方法还有很多，例如，经济学中的实证分析与规范分析、均衡分析与过程分析、静态分析与动态分析等；管理工程学中的目标规划法、信息论、系统论、控制论等；还有历史比较法、专家评分法等。总之，关于生态经济学的研究方法还处于研究摸索阶段，在理论界看法还不一致。

第四节 生态经济学学科体系及其与相关学科的比较

一、生态经济学学科体系

综合生态经济学的研究内容，生态经济学的学科体系可分为四类（图1-2）。

（1）理论生态经济　从总体上研究人类社会经济活动和自然生态环境的统一运动，揭示生态经济发展的总体规律，即研究生态经济理论和实践的共性、全局性问题，为各门应用生态经济学提供基础理论，如生态经济学、生态经济学说史等。

（2）部门生态经济　研究国民经济某一个部门的生态经济发展状况及其运动规律，如工业生态经济、农业生态经济、运输生态经济、基本建设生态经济、旅游生态经济等。

（3）专业生态经济　研究国民经济某一个行业的生态经济状况及其具体规律，就构成了专业生态经济，如能源生态经济、人口生态经济、水利生态经济等。

（4）地域生态经济　研究某一自然地理区域的利用、改造和保护。生态经济总是同一定地域相联系，因而具有明显的区域性特征，如山地生态经济、流域生态经济、海域生态经济、水体生态经济、城郊生态经济、庭院生态经济等。

二、生态经济学与相关学科的比较

生态经济学是一门新的跨领域学科，旨在由广义角度探讨生态系统和经济系统间的关系

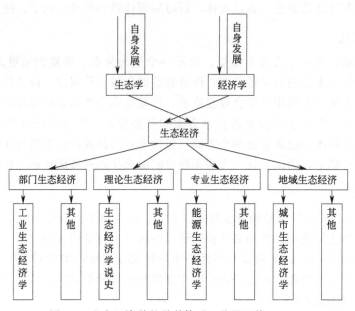

图 1-2　生态经济学的学科体系（姜学民等，1985）

及这一复合系统的矛盾运动规律。生态学中物质循环和能量流动的理论、非平衡系统理论以及经济学中关于资源的配置和分配的公平问题等，和生态经济学的理论既有联系又有很大的区别。

表 1-1 为生态经济学与传统经济学以及传统生态学的比较。传统经济学的世界观是以人为本位，认为人类的偏好是主宰经济行为的动力。由于对科技进步抱有极端乐观的态度，因此传统的经济学视资源为无限量之供给，且同因素间具有可替代性。而生态经济学的世界观则较广义，认为人类偏好、科技与组织是与自然生态系统所提供的机会（opportunity）与约束（constraint）协同进化的。在研究的时间、空间以及生物种方面，生态经济学所涵盖的范围较传统经济学与传统生态学广。由于传统经济学所探索的问题以静态的为主，因此时间尺度为短期的。而传统的生态学所研究的时间尺度视学科而定，最长可至代（千万年）。生态经济学的时间尺度类似生态学，但又强调不同时间尺度之间的互动，例如短期开发行为的长期影响。在空间尺度方面，生态经济学更强调建立在全球性观点基础上的生态与经济之间相互作用与互相依存的关系。生态经济学的总体目标是追求生态经济系统的可持续性并把握生态经济系统的规律。

表 1-1　生态经济学与传统经济学以及传统生态学的比较

比较项目	传统经济学	传统生态学	生态经济学
基本世界观	机械式的、静态的	进化的、原子论的	动态的、系统的、进化的
时间考虑	短期1~4年,最长50年	日至代,不同分支学科有别	日至代,组合式
空间考虑	地方-国际	地方-区域	地方-全球
生物种	人	人以外之物种	包括人类的整个生态系统
主要的总目标	国家经济增长	物种生存	生态经济系统的永续性
主要的个体目标	收益极大化(厂商)、效用极大化(个人)	物种繁衍极大化	个体必须适应系统的总目标
对科技进步的假设	非常乐观	悲观或无意见	怀疑态度
研究重点	偏重数学工具	偏重技术与器材	偏重问题的探讨

注：资料来源于 Costanza, et al, 1991。

三、生态经济学研究的任务

生态经济学的研究任务从根本上讲,在于建立一个理想的可持续发展的生态经济系统。即通过生态经济学的研究,促使建立一个兼顾较高经济效益,又能进行良性生态循环的生态经济系统;既能保持持久繁荣,又有一个满足人类社会生存和发展的良好环境。在对研究任务的表达上,中国生态经济学界有着不同的看法。

1. 建立一个理想的生态经济系统

江爱良、孙鸿良等认为,生态经济学的研究任务旨在建立一个高效、持久、稳定和协调的生态经济系统。所谓高效,包括产量高和经济效益高。所谓持久,指能经历多年而不退化。所谓稳定,一是指生态系统受到一定程度的干扰或冲击时,能通过本系统功能的反馈调节而维持平衡;二是指逐年之间的产出大体上保持一个稳定的水平。所谓协调,是指本系统内各组成部分之间呈现协调的关系。

2. 建立生态经济的良性循环

郭慧光提出,生态经济学的研究任务就是要协调生态和经济的最优化发展,要同时建立两个良性循环:一是稳步上升的良性经济循环,不仅要谋求近期最大的经济利益,更要求得远期的经济利益;二是资源和能源合理利用、更新、繁衍的良性物质循环,不仅要谋求近期最多的物质利益,更要求得远期越来越多的物质利益。

3. 进行效益评价,争取更大的经济效益

吴传钧认为,生态经济学的研究任务包括3个方面:

① 综合应用生态观点、经济观点和社会观点,研究生产建设、经济发展和生态环境的关系,并评价人类经济活动干预生态环境后的经济效益、生态效益和社会效益;

② 研究生态经济和计划经济的结合;

③ 生态经济学应成为制定有关保护和改进生态环境法令和方针政策的基础。

第五节　研究生态经济学的意义

生态经济学注意将经济建设中的生态问题和经济问题结合起来进行研究,因此它是一门实践性、应用性很强的学科,它的研究对社会经济的发展有着重大的意义。生态经济学的作用表现在:它是发展经济、保护环境的理论基础,是制定国民经济方针政策的指导思想,是解决严重生态环境问题的有效方法。

一、为制定社会经济持续发展战略提供正确的理论指导

传统经济学片面地强调经济增长,忽视了经济增长中的生态问题。生态经济学主张从生态与经济的结合上研究和树立社会经济的产值观、资源价值和发展战略观,认为现代经济社

会是一个生态经济有机整体，社会再生产是包括物质资料再生产、人口再生产和生态环境再生产的生态经济再生产，人类的需求不仅仅是物质、文化的需求，而且包括对优美舒适的生态环境的需求。因此，经济社会发展战略应该是经济—社会—生态同步协调发展战略，在目标选择上注重不断改善生态条件和提高环境质量，并通过完整的多元指标体系来保证这一目标的实现。生态经济学这一重要的战略观点，为制定全面正确的社会经济发展战略提供理论指导，对于国民经济建设方针及政策的制定、国土资源开发整治、编制国家经济发展规划和国民经济管理等都具有重要意义。

二、为设计和建设良性循环的生态经济系统提供科学依据

生态经济学的重要任务之一，就是通过对生态经济系统的结构和功能机制的研究，揭示生态经济运动的规律，为设计和建立良性循环的生态经济系统提供科学依据。近几年来，人们在应用生态经济学原理建设高质量的生态经济系统方面，进行了有益的尝试，如上海、大连、广州、厦门等城市进行了生态建设试点工作，均取得了很好的效果。

三、生态经济学为发展地区和企业经济提供基本指导思想

生态经济学是一门理论性和应用性都很强的新兴经济科学，它为实现可持续发展服务的作用既表现在城市、农村等多个经济领域，也表现在宏观、微观等多个层次上，而这些又大都需要通过地区和企业经济的可持续发展来实现。从近年来我国经济发展的实际经验看，用生态经济学理论指导地区和企业可持续发展经济，其作用分别表现在三个层次上：从基本理论层次上为地区和企业提供思想指导；从应用理论层次上为它们提供战略指导；从管理理论层次上为它们提供对策指导。

第六节　生态经济与生态文明

生态文明（Ecological Civilization）是继原始文明、农业文明、工业文明之后的一种新的文明形态，其内涵博大精深，涉及哲学本体论、认识论、方法论和价值论等，并深刻影响产业体系、社会制度及文化艺术等各个方面，是对工业文明的一次全新的变革。而生态经济学是生态文明体系下的经济学，它服务于生态文明建设。正确理解生态文明的科学内涵及价值，建立系统完整的生态经济学学科体系、理论体系和方法体系，对指导现代产业生态化和全球生态文明建设至关重要。

一、对生态文明的认识和生态文明的发展过程

"生态文明"概念最早由德国学者——伊林·费切尔（Iring Fetscher）于1978年提出并借此概念批判工业文明弊端。在美国学者罗伊·莫里森（Roy Morrison）1995年出版的《生态民主》（Ecological Democracy）一书中提及"生态文明"并将"生态文明"称为是

"工业文明"之后的又一种文明形式。传统的发展就是通过工业生产创造物质财富,而物质财富的创造又往往以牺牲环境为代价。在认识到工业文明的不可持续性后,许多西方学者便开始了对"生态文明"的探索。西方国家对人与自然和谐共生的追求由来已久,尤其强调人与自然之间的平等地位。例如,美国哲学家保罗·沃伦·泰勒(Paul W. Taylor)建立了以生物为中心的生态伦理,其核心即为尊重自然。泰勒认为,相较于其他生物,人类并没有天生的优越,而人类对优越感的摒弃就是对物种平等观念的接受。深层生态学创立者阿伦·奈斯(Arne Naess,1912—2009)认为坚持生物平等主义是其理论的最高准则之一,并指出"每一种生命形式都有生存和发展的权利",这其中就蕴含了人与自然和谐共生的发展观。就生态环境的价值来看,美国"环境伦理学之父"霍尔姆斯·罗尔斯顿(Holmes Rolston,1932—)提出了"自然价值论"思想,认为自然是具有经济价值的,而且作为自然环境的固有属性,其价值是客观存在的,人类行为并不能改变其价值,而只能推动或阻碍这种属性的发展。这一观点从自然价值论出发,指出了人类对自然环境的责任和义务,是对传统人类中心主义的颠覆。西方国家对良好生态环境的追求在文学作品中表现得尤为突出。例如,美国哲学家、超验主义代表人物亨利·大卫·梭罗(Henry David Thoreau,1817—1862)在其《瓦尔登湖》(Walden)中就表达了自己对良好自然环境的向往。在目睹了19世纪上半叶美国经济迅速发展对其自然环境所造成的破坏之后,梭罗结合自己在瓦尔登湖的生活经历提出了回归自然的主张,反映了作者对原生态生活方式的追求;该书所引起的社会反响也从侧面反映出了工业革命之后人们对良好生态环境的向往。西方社会对生态文明法治观的探索是随着其城市规模的不断扩大以及城市工业的发展而逐渐兴起的。第一次工业革命所造成的环境污染问题虽然在一定程度上引起了西方国家的关注,但在促进环境立法方面收效甚微。然而,随着第二次工业革命的到来,生态环境污染问题日趋严重,工业国家环境立法的高潮也随之出现。作为当时的工业大国,英国先后出台了《工业发展环境法》《制碱工业法》《煤烟防治法》和《公共卫生(烟害防治)法》等;美国也迅速形成完备的环境污染防治立法体系,先后出台了《矿业法》《木材种植法》《沙漠土地法》和《国家环境政策法》等。法律和法治也是文明的产物,标志着文明进步的程度,同时也是维护和推进文明的手段。因此,随着人类对生态环境认识的不断深入,各国都针对其专门的环境问题制定了相应的生态环境法律法规,逐步完善了生态环境保护的法律机制,以保障其城市化和工业化进程的顺利推进。西方国家对生态文明系统观的研究在保罗·沃伦·泰勒的生物中心论中体现得尤为突出。泰勒提出,生态自然界中的生命体在功能上相互依赖,构成了有机的生态系统。其"物竞天择,适者生存"的自然规律是这一有机系统的自我调节机制,使其可以始终保持相对稳定的动态平衡,并逐步向前发展。由此可见,保障整个地球生物圈的完整性,就是保障人类的可持续发展。同样,美国生态学家、环境保护主义者、新环境理论的创始者奥尔多·利奥波德(Aldo Leopold,1887—1948)的生态整体主义也充分体现了其对生态系统观的追求,标志着人类终于超越了自身的局限,开始从生态整体的宏观视野来思考问题。《寂静的春天》(Silent Spring)揭示了因过度使用化学药品和肥料而导致的环境污染以及生态破坏对人类的影响,进而呼吁人们重新思考人类社会经济发展与生态环境之间的关系,该书被认为是环境经济学研究的奠基石。随后,在罗马俱乐部的资助下,麻省理工学院系统动力学小组利用系统动力学建模技术对地球生态系统和经济增长之间的动态关系进行了定量研究,并于1972年发表了《增长的极限》(Limits to Growth)报告,对人类社会的发展模式进行了探讨。自进入20世纪以来,世界发达经济体为解决自身的生态环境问题,纷纷实施生态帝国主义行为，采取产业梯队转移，将高耗能、高污染的产业转移至第三世界国家，在不降低生活水准的前提下，实现了自身的局部绿化。然而这一做法对解决全球生态问题毫无意义。"共谋全球生态文明建设"为人类生态文明建设的未来发展指明了方向，其根本目的是改革现有单一的生态环境治理体系，推动全球共同参与生态文明建设，实现全球可持续发展（廖茂林，2020）。

二、我国生态文明建设和实践

20世纪80年代，我国著名生态经济学家叶谦吉教授就提出了"生态文明"的概念。在1987年6月召开的全国生态农业研讨会上，他针对我国生态环境趋于恶化的态势，呼吁要"大力提倡生态文明建设"，引起了与会者的共鸣。他说："所谓生态文明，就是人类既获利于自然，又还利于自然，在改造自然的同时又保护自然，人与自然之间保持着和谐统一的关系。"他认为，21世纪应该是生态文明建设的世纪。生态文明是人与自然和谐双赢的文明，生态文明建设就是要使经济文明在当代的发展由以资本为主导，追求经济利益的最大化向追求经济与生态环境双重利益的最大化与最优化方向转变，使经济建设、经济发展与生态环境之间形成正常的健康的有序的物质交换关系或新陈代谢关系，从而实现人类文明的可持续发展与高质量、高水平发展（戴圣鹏，2020）。

2007年，"生态文明"一词首次写入党的十七大报告，提出了"建设生态文明，基本形成节约能源资源和保护生态环境的产业结构、增长方式、消费模式"，强调"循环经济、可再生能源和污染物控制"。我国生态文明建设既要保持经济社会持续稳定发展，创造更多物质财富和精神财富，满足民众美好生活需要，也要确保生态系统健康、环境质量良好、资源利用可持续，能够提供更多优质生态产品，满足民众日益增长的优美生态环境需要。受客观历史条件所限，传统工业化发展模式较为粗放，经济增长过度依赖于资源能源投入，导致资源开发利用方式不合理，是当今生态、环境、资源问题日趋尖锐的直接原因。资源开发过度，超出了自然生态系统承载能力，其自我恢复、演替的循环被打破，造成生态系统退化。资源利用不合理且环境治理能力偏弱，产生的大量废弃物未加利用、处理便肆意排放，污染了人类赖以生存的环境。我国作为当今世界第二大经济体，与先进国家的经济差距已不断缩小，生态环境差距却有扩大趋势，环境污染问题已上升为民众反映强烈的突出问题，成为制约我国全面建成小康社会的关键短板和经济社会持续发展的瓶颈。我国生态文明建设应重点加大生态保护与修复力度，增强生态系统活力；合理开发利用资源，减轻资源消耗对生态环境产生的影响；提高环境治理能力，尽快改善环境质量，补齐生态环境短板。当然，建设生态文明是一项长期、复杂的系统工程，还有赖于严格的制度和严密的法治体系作保障，以及文化价值观念层面的根本变革。

基于2012~2017年数据，吴明红等（2019）从资源合理利用、环境质量改善、生态系统保育三个领域构建生态文明建设绩效评价，总结了我国生态文明建设的主要进展，结果显示：我国生态文明建设取得积极进展，累计进步幅度16.49%，其中，环境质量改善幅度为19.64%，生态系统保育进步11.15%，资源合理利用提高18.13%。由于我国生态环境基础脆弱，民众对生态文明建设成效的获得感不强，不同地区生态文明建设各领域发展尚不均衡，个别区域某些具体方面还存在较大隐忧。我国生态文明建设还存在以下四个方面的挑战：一是经济社会发展与生态环境改善矛盾突出；二是资源利用优化还未转化为环境质量改善的直接动力；三是城镇化的推进短期内将加大生态、环境、资源压力；四是重环境保护与资源节约，轻生态保育现象仍然存在。总之，我国在加快完善生态文明顶层设计，加强制度、法治建设等领域，开展了一系列开创性、根本性、长远性工作，推动了生态文明建设取得积极进展，资源利用模式不断改善，环境质量持续好转，生态系统活力逐步恢复，但随着经济社会发展对资源能源需求增加，生态文明建设将面临严峻挑战。我国应继续优化生态文明建设顶层设计，完善生态文明制度、法治以及宣传教育体系，树立生态立国理念，坚持生态优先，尊重生态规律，协同推进生态系统保育、资源合理利用和环境污染防治，要在夯实生态基础的同时，抓住城镇化建设的契机，依据生态环境承载能力，调整国土空间布局，倒逼经济发展方式转型，利用后发优势，探索比发达国家资源能源消耗和污染物排放水平更低的资源利用模式，形成绿色发展方式和生活方式，实现人与自然和谐共赢发展。生态文明的出现将克服工业文明带来的种种危机，并在工业文明基础上将人类社会推向一个新的文明高度。

【复习思考题】

一、名词解释

1. 生态经济
2. 稳态经济
3. 边际分析
4. 生态文明

二、简答题

1. 简述生态经济学的性质和特点。
2. 简述生态经济学的研究内容。
3. 简述生态经济学与经济学和生态学的联系与区别。

三、论述题

1. 请论述生态经济协调理论的基本内涵与现实意义。
2. 请论述生态经济学与生态文明建设的内在关系。

第二章

生态经济学的理论基础

人类经济发展的内在驱动力来源于协调人类需求的无限性与资源稀缺性之间的矛盾。自然生态系统进化了45亿年,人类出现100万年,工业革命至今不足300年,"经济"与"生态",离"门当户对"还有很长的路要走。

——编者,2020

【导读材料】

"一件大事"

生态经济学家通常不被主流经济学家重视的主要原因是:他们不能像正统经济学家那样构建数学模型,而只能提出大的概念。但并不意味着生态经济学家是错的,而主流经济学家是对的,不应因其缺乏数学模型而否认其思想价值。一位古希腊诗人说:狐狸知道很多事,但是豪猪知道一件大事。20世纪英国著名思想家以赛亚·伯林(Isaiah Berlin)在他的寓言故事中把人分为两类:狐狸式的与豪猪式的。加勒特·哈丁(Garrett Hardin)说,"做一只摆弄统计资料的狐狸或许比做一只寻找凤毛麟角的大概括(本质性问题)的豪猪更舒服",但没有大概括我们就无从发现"过多琐碎事实"的重要意义。今天的生态经济学家是豪猪式的经济学家,他们知道"一件大事":人类经济系统只是地球生态系统的子系统,人类的经济活动不能只顺从"市场规律",它还必须服从生态规律。忽略了这一件大事,经济学越发达,经济系统或许越有"效率"(不是生态效率),但越有效率的经济活动会越快地破坏生态系统,从而越快地把人类文明推向毁灭的深渊。

(资料来源:卢风,《非物质经济、文化与生态文明》,2016,稍做修改)

【学习重点】 生态经济学作为一门新的跨领域学科,从广义的角度探讨了生态系统和经济系统之间相互联系和相互作用的关系,以及由这两个系统所组成的复杂系统的运动规律。生态经济研究为人类经济发展提供了一个新的视野,转变了人类传统的经济发展思想。除了经济学理论之外,生态学理论、管理学理论、非平衡系统理论以及伦理学理论也都是生态经济理论形成和发展的重要基石。

第一节　生态学理论

一、生态学的基本概念

生态学是探讨生物与环境因子之间相互关系的学科，这门科学一经问世便取得了迅速进展。特别是英国生态学家坦斯利（A. G. Tansley）于1935年提出的生态系统学说，极大地丰富了生态学的内容，为后来生态经济学的产生奠定了自然科学方面的理论基础。生态经济学是以生态经济系统及其运动规律为研究对象的科学，正是由于生态系统思想的产生，人们才有可能把生态系统与经济系统作为一个整体加以研究。

（一）生物的环境

环境是指某一特定生物体或者生物群体以外的空间，以及直接或间接影响该生物体或生物群体生存的一切生物的总和。环境总是针对某一特定主体或中心而言的，是一个相对的概念，离开了主体就无所谓环境了，因此环境只有相对的意义。在生物科学中，环境是指生物栖息地以及直接或间接影响生物存在和发展的各种因素。而在环境科学中，人类是主体，环境是指围绕着人类的空间以及其中可以直接或间接影响人类生活和发展的各种因素的总体。

对于不同生物来说，环境有大小之别。例如对于地球来说，整个太阳系就是地球生存和发展的环境；对于某个具体的生物群体来讲，环境是指该群体所在地段上影响其发展的全部无机因素（光、热、水、土壤、大气、地质地貌等）和有机因素（动物、植物、微生物以及人类）的总和；对于人类来说，环境就是地球上除了人类以外所有有机因素和无机因素的总和，地球以外的太阳也是人类的环境。总之，环境是相对的概念。

对于一切环境而言，其主体都是必不可少的因素。

首先，环境供给主体生存的空间。没有合适的环境，任何生物主体都不可能生存下来。例如南极和北极就没有定居的人类；恐龙的灭绝就是因为环境的突变引起的。在整个生物的进化中，生物和环境是在共同进化的，每一种生物总是在适于其生存的环境中生存，当环境发生变化时，根据达尔文的适者生存理论，生物必定要进化，那些因为不适应这种环境而不能进化的生物，要么迁往别处合适的环境中，要么走向灭绝。因此，保持环境的相对稳定是维持人类生存的首要条件。但是，从全球范围来讲，工业的高速发展已经严重地影响了人类赖以生存的环境。空气污染、水质变坏、森林减少、土壤侵蚀、臭氧层空洞以及由温室气体的大量排放引起的全球气温上升等，都可以看作是环境的变化。全球对环境变化的研究已经成为科学家研究的热点之一。而对自然的生物而言，因为有其自我调节机制，它们和环境之间达成了一种和谐，除非外界发生重大自然事件或灾害，否则生物和环境之间会一直和谐地发展下去，这一点是人类所欠缺的。

其次，环境给生物提供了必不可少的资源。地球从形成到现在能够适合于各种生物生存可以说是一个奇迹，在这个环境中，由太阳提供的光热资源正好适合生物的生存和生长。对于生物而言，必然要有外界的物质和能量的输入才能生存，太阳能正是这样的能源。对于人类来说，一方面，岩石圈提供了大量的矿产资源；另一方面，由岩石圈形成的土壤为植物生产提供了必不可少的营养元素和支撑作用。洁净的空气和水是生物生存不能缺少的，对于人类来说更是如此。

环境除了以上的作用以外，还具有调节的功能，这是环境整体性的反映。自然界的各种要素，无论是生物圈、水圈还是大气圈或岩石圈，都是变化的动态系统和开放系统，各系统间都存在着物质和能量的变化及交换，都有外部物质的输入和内部物质的输出，环境的这种动态变化构成了环境的整体性。在一定的时空尺度内，环境的输入和输出是相等的，是一个动态的平衡过程，人们称之为环境平衡或者生态平衡。此外，环境还提供许多生态服务，如气候调节、净化环境、减缓灾害、为人类提供休闲娱乐场所等。

但是环境作为一种系统，其各个要素间存在着紧密的相互联系、相互制约的关系。局部的环境变化可以对其他区域的环境甚至全球环境产生影响。同时，环境所提供的资源也是有限的，这种有限性对于自然界的生物来说可以很好地适应，其通过自我调节实现了和环境的相适应。但是，对于人类来说，这种环境资源的有限性因为没有具体的价值评估，人类在经济发展过程中可以无限制地获取，其结果使得环境资源的有限性越来越明显。时至今日，资源约束已经成为当代人类经济发展的主要制约因素，因此人类在发展经济的过程中要充分考虑环境和资源的限制性，及时调整经济发展的方式。从20世纪80年代开始，人类对环境资源功能的认识有了很大的进步，人们开始认识到环境价值的存在。到20世纪90年代，环境资源价值性的研究成为环境科学的热点，这是现代环境科学的一个重要标志。它的意义在于：首先，人们认识到环境资源并非是取之不尽、用之不竭的，从而树立了珍惜资源的意识，促进了科学技术的发展，增强了环境保护的意识；其次，人类已经充分认识到良好的生态环境条件是社会经济可持续发展的必要条件。

（二）生态因子

生态因子是指环境中对生物生长、发育、行为和分布有直接或间接影响的环境要素，例如温度、湿度、食物、氧气、二氧化碳和其他相关物质等。生态因子中生物生存所不可缺少的环境条件有时又称为生物的生存条件。所有的生态因子构成生物的生态环境。具体的生物个体和群体生活地段上的生态环境称为生境，其中包括生物本身对环境的影响。

生态因子对生物的影响作用有以下一些特点。首先，这种影响不是孤立存在的，而是彼此联系、互相促进、互相制约的，任何一个单因子的变化都必将引起其他因子不同程度的变化及其反作用。生态因子所发生的作用虽然有直接和间接、主要和次要之分，但是它们在一定条件下又可以相互转化，这是由于生物对某一个极限因子的耐受限度会因其他因子的改变而改变，所以生态因子对生物的作用不是单一的，而是综合的。其次，是主导因子作用，所谓主导因子作用就是在诸多环境因子中有一个对生物起决定性作用的因子。主导因子的变化会引起其他因子也发生变化，例如以土壤为主导因子，可将植物划分成多种生态类型，有喜钙植物、盐生植物、沙生植物等。另外，生态因子对生物的作用还可以分为直接作用和间接作用。环境中的地形因子，其海拔、坡向和经纬度等对生物的作用不是直接的，但是它们能影响光照、温度、水分状况等，而这些可以对生物类型、生长和分布起直接作用。最后，生态因子的作用是不可替代的，各种生态因子对生物的作用虽然不同，但是各具重要性，尤其是具有主导作用的因子，如果缺少就会影响生物的正常发育，甚至造成其生病或死亡。所以从总体上来说，生态因子是不可代替的。在生态经济学中生物多样性的保护就是这种情况，各种生物的存在都对生态系统的稳定和平衡有着不同的作用,虽然有时候这种作用没有显示出来,但确实存在,而且它们所起的作用是其他物种不可代替的。

生态因子对生物的生长和发育有限制作用,这些限制性作用体现在以下几点。

1. 限制因子

生物的生存和繁殖依赖于各种生态因子的综合作用,其中限制生物生存和繁殖的关键因子就是限制因子。任何一种生态因子只要接近或超过生物的耐受范围,它就会成为这种生物的耐受限制因子。限制因子的概念使得生态学家掌握了关于生物与环境的复杂关系,因为各种生态因子对生物来说并非是同等重要的,一旦找到限制因子就意味着找到了影响生物生存和发展的关键因子。这对于生态经济学来说是很重要的,对于人类的经济系统来说,能源是限制因子,20世纪70年代石油危机的出现就是这样。

2. Liebig 最小因子定律

这是由德国化学家李比希(Liebig)在分析土壤与植物生长关系时发现的,他认为每一种植物都需要一定种类和数量的营养元素,并阐明了在植物生长所必需的元素中,供给量最少的元素决定着植物的生长和产量。

3. 生态位的概念

生态位主要指在自然生态系统中一个种群在时间、空间上的位置及其与相关种群之间的功能关系,可以理解为有机体对环境综合适应性的表现。生态位的概念不仅包括生物占有的物理空间,还包括它在群落中的功能,它们在温度、湿度、土壤和其他生存条件的环境变化梯度中的位置(E. P. Odum,1971)。不同的生物种在生态系统中的营养与功能关系上各占据不同的地位,由于环境条件的影响,它们的生态位也会出现重叠与分化,比较不同物种的资源利用情况,就可以全面分析生态位的重叠和分离情况,探讨竞争与进化的关系以及某些资源是否得到充分利用。生态位狭窄的物种,其激烈的种内竞争将促使其扩展资源的利用范围,这样将导致两个物种的生态位靠近,重叠增加,种间竞争加剧。另外,生态位的接近、重叠越多,种间的竞争越激烈,按照竞争排斥的原理,将导致某一物种灭亡,或者通过生态位的分化而得以共存。在一个稳定的群落中,由于各种群在群落中有各自的生态位,种群间能避免直接的竞争,从而又保证了群落的稳定。在一个具有生物多样性的种群中,其生态位是分化的,各个种之间又有着相互作用。其种群在群落的时间和空间及资源的利用方面,都趋向于互相补充而不是直接竞争。因此,有多个种群组成的生物群落,要比单一种群更能有效地利用环境资源,维持长期高效的生产力,具有更大的稳定性。多个种群在维持生态系统的稳定性和资源的最佳利用方面都有重要的帮助,这也是人类要保护生物多样性的原因。

在人类的经济系统中,目前的经济规模已经发展到一个相当大的水平,人造资产的规模和数量已经超过了自然资源的数量。包括能源、矿产等在内的自然资源已经逐渐成为人类经济发展的重要限制因子,例如2004年夏天中国用电高峰的提前到来使得多个城市不得不对一些用电量大的企业进行限制,同时出现了号召市民节约用电的现象。可以预见,在未来随着我国经济规模的继续扩大和经济发展速度的加快,资源尤其是能源问题将成为限制经济发展的一个主要约束条件。尽管如此,人类在利用资源方面却存在很大的浪费和不经济,没有合理地对其进行利用,这就更加需要在以后的发展中注意提高资源的利用效率,转变经济发展方式,以一种生态的思想来看待人类的经济发展。

（三）生物群落演替

在生态学中还有一个重要的理论就是群落的演替。所谓演替就是一个群落代替另一个群落的过程，是朝着一个方向连续变化的过程。按照不同的标准，群落演替可以有许多种划分，例如：按时间分为世纪演替、长期演替、快速演替等；按起始条件可以划分为原生演替、次生演替；按控制演替的主导因素可以划分为内因性演替、外因性演替；按群落的代谢特征可以划分为自养性演替、异养性演替等。但不管是哪种划分方法，群落的演替都是一种群落被另外一种所取代，这种变化不管是哪种原因所引起的，都是群落向着适合其周围环境的方向发展直到和环境相适应。在演替达到终点时，称这个群落为演替顶级群落，在顶级群落中的种群处于稳定的状态，达到演替趋向的最大值，即群落总呼吸量与总第一性生产量的比值接近1。另外，此群落与生态环境的协同性高，相似的顶级群落分布在相似的生境中。除此之外，顶级群落在同一区域内具有最大的中生性，不同形式的干扰所导致的不同演替系列都向类似的顶级群落汇聚。

在群落演替过程中，群落的结构会发生变化，其功能也随之发生变化。例如美国Hubbard Brook对北方阔叶林的研究表明，在一个森林演替中，当森林皆伐之后，其内部的生态学过程发生了明显的变化，其能流、生物地球化学和水文学的生物调节作用明显丧失。具体表现为：蒸腾作用消失，生物地球化学循环变化，土壤的可侵蚀性增加等。在植被恢复过程中，埋藏种子对植被的恢复起着重要的作用。由于伐林的原因，促进了埋藏种子的发芽，其幼树迅速生长，形成大致同龄的不同种群。随着时间的推移，上层树木的树种逐渐从寿命较短、生长较快的阳性树种过渡到寿命较长、生长较慢的阴性树种。生物调节的恢复主要依赖于第一性生产力的恢复。当生态系统中第一性生产力超过呼吸作用时，即出现生物量的积累时，积累速率受外部因素（太阳能、降水、气温及养分输入）以及内部因素（积累、成本、竞争等）的共同影响。一般而言，在生态系统积累期有稳定的生物量积累趋势，蒸发与蒸腾量变化范围较小，溶解物质净输出量变动也较小，侵蚀物质输出量小，这就是具有高度调节的系统。

生态系统的演替是利用其获得的能量以发展结构和过程的自组织过程。其结构的变化加强了系统利用资源方面的适应性。演替的程序变成系统本身信息结构的一部分，为系统提供了适应外界变化的机制。不同大小和能量等级的类群存在不同的机制。当演替系统达到稳定状态时，演替就终止。在演替过程中还有一个关于规模的问题，这就是从空间或时间上来看每一个稳定的格局显然是由脉动的组分构成的，较大的空间意味着较长时期的演替群体。例如在森林中，树木生长而后死亡，每棵树都有其生长期和死亡期，但是当考虑较长时期时，其平均值就是稳定的，短时间的演替和顶级群落是较长时期脉动稳态系统的一部分。

演替还被认为是进化路线上形成的生命格局。这是因为，自组织过程利用多维的信息输入，系统依据这些信息做出选择，新的组合由系统产生，继而又形成新的选择。许多复杂的信息程序由生活机体产生或者携带。生物界的自组织、自维持以及系统生存无穷无尽地重复，这种重复所形成的变化顺序就称为进化。换句话说，进化也可以被认为是演替轨迹上形成的生物界。在进化中生物生存要求一个物种不断地寻找新的、可能成功的生态系统，只需要改变一下，以使系统具有永远存在的竞争力，确保其作为从过去到将来生态系统信息的携带者存在连续性，Margalef（1961）正确地将进化比作从过去到将来在管道中传达的信息，而生态系统提供了这样的管道。

生态系统的演替既包括生长也包括衰退、组织变化、新的自我设计以及适应环境变化的重复过程。早期演替是原始储存驱动趋势占优势，但是后来的演替则适应于可更新的或重复出现的资源。当考虑长时间或较大空间时，每一个演替格局都是大的稳定状态的一部分。同理，每一个稳定状态都是由在时间上以及空间上演替的组分构成的。就广泛意义而言，演替包括平衡失调状态的恢复。演替的优先次序是：通过利用资源以产生新的结构，从而获得更多资源的相对效应、结构的增加、储存的增大、与外界系统的交换、多样化及时间程序。

演替理论可以用于整个地球生态系统或者生态经济系统的发展进化上，只要有一定的外界能量输入，这个系统就会出现组织变化、新的自我设计以适应新的环境。在这个过程中，现存的状态不和谐，不能适应系统的发展，就会产生演替和进化的需求。加上人类是有智慧的生物，在人类科学技术水平不断提高的过程中，会出现许多新的驱动刺激，进而出现演替。人类现在就是要找到这种包括人类社会在内的地球生态系统的演替规律，采取适当的政策手段，达到生态经济系统的可持续发展。

二、与生态经济学相关的几个核心概念

生态学的基本研究对象是生态系统，这个系统是一定空间范围内的生物成分和非生物成分通过物质循环和能量流动相互作用、相互依存而构成的一个生态学功能单位。20世纪的"国际生物学计划"以自然生态系统的物质、能量为主要对象，着重于系统的层次结构、共生互生等复杂关系的整体性研究，以及系统演化、交替、协调、重建等物理、化学、生物共同作用的动态过程研究。20世纪70年代的"人与生物圈计划"强调了人类活动对自然生态系统以及生物圈的作用。20世纪80年代开始的"国际地圈与生物圈计划"深刻意识到了人类活动已经严重威胁到人类生存的自然系统。如何协调人与自然的关系和改善人类生存环境，成为20世纪90年代生态学研究的重要内容，并与可持续发展思想紧密结合而成为可持续发展的理论基础。

1. 生态平衡与过程稳定性

自然生态系统依靠自身的自组织机制趋向于达到一种稳态或平衡状态，使系统内所有成分相互协调。这种稳定状态包括结构上的稳定、功能上的稳定和能量输入和输出上的稳定。当生态系统达到动态平衡的最稳定状态时，它能够自我调节和维持自己的正常功能，并能在很大程度上克服和消除外来的干扰，保护自身的稳定性。如果人类活动超过了生态阈值，就会引起生态失调，甚至导致生态危机。人类目前所面临的食物、人口、能源、自然资源、环境保护等一系列重大问题，都与生态平衡过程中的稳定性密切相关。

2. 生态效率与生态环境

自然界中的不同物种之间通过复杂的食物链关系，形成丰富多彩的营养级和生态金字塔。生态效率反映的正是各种能流参数中的任何一个参数在营养级之间或者营养级内部的比值关系。生态系统具有控制系统的特性，系统内的信息网络能把系统的各组成元素连接成为一个整体，使其具有自组织功能。人类对它的干预要特别谨慎，不可一味追求生态效率而随意改变食物链结构。由于生态系统的开放性和生物的能动性，孤立型的生态系统的边界常常很难确定。生态系统内部结构和功能的和谐统一与外部环境的影响有着密切关系，环境对生

态系统有孕育、促进、稳定和抑制作用。按照"生态库"观点，生态库提供、储存和运输物质、能量和信息的能力是有限的，如果主体生态系统对生态库的使用达到或者超过生态库的最大服务容量，"生态库"将会因为过度利用而降低其服务能力，从而主体生态系统功能得不到正常发挥。

3. 生态资源与生态价值

一切能被生物的生存、繁衍和发展所利用的物质、能量、信息、时间、空间都可以视为生态资源。生态过程的实质就是对生态资源的攫取、分配、利用、加工、储存、再生及保护的过程。生物多样性揭示了地球上存在着丰富的生物生态资源，但所有的生态资源都是有限的，资源稀缺性和开发利用成本决定了它们的使用价值。生态价值不仅包括生态资源开发利用所获得的收益，也包括了储备它们所应获得的预期收益，而且还应包括开发利用时的消极影响。

三、生态系统理论

生态系统就是在一定空间中栖息着的所有生物（即生物群落）与其环境之间由于不断地进行物质循环和能量流动过程而形成的统一整体。在对生态系统的研究中，人们对其范围和大小并没有严格的限制，小至动物有机体内消化道中的微生物系统，大至各大洲的森林等生态系统，甚至这个地球上的生物圈或生态圈，其范围边界是随研究问题的特征而定的。生态系统研究包括对生物群落及其无机环境的研究，它强调的是系统中各个成员的相互作用，所以生态系统几乎是无所不包的生态网络。地球上大部分自然生态系统有维持稳定、持久、物种间协调共存等优点，这是长期进化的结果，也是由生态系统所具有的结构和组成部分所决定的。遵循自然生态系统的规律和原理，以实现人类社会经济系统和自然生态系统之间的和谐共存而实现可持续发展是生态经济学研究的最终目的。下面从生态系统的组成结构和功能以及其平衡稳定方面具体论述生态系统在生态经济学研究中的作用。

（一）生态系统的概念

英国学者坦斯利（A. G. Tansley）于1936年提出生态系统的概念，强调在一定自然地域中生物与生物之间、生物有机体与非生物环境之间功能上的统一。一个生态系统，包括生物有机体及其周围一切空间和所有直接或间接影响生物有机体的环境。对生物的生长、发育、繁殖、形态特征、生理功能和地理分布等有影响的环境条件，即生态因子。生态系统的规律可以总结为整体、协调、循环、再生等，这些生态规律已经被应用于农业、工业等领域的循环经济实践中。

生态系统的类型是多种多样的，这是因为自然界中不论森林、草原、荒漠、农田、草地还是河流、湖泊、池塘等都是由植物、动物、微生物等生物因素以及光、热、水、土、气等环境因素所组成的，并且每个因素之间不是孤立存在的，而是相互联系、相互依赖、相互制约地形成一个统一的、不可分割的整体。

自然界是由无数个结构简单或复杂的生态系统所组成的，尽管这些生态系统大小不一，但它们表现出以下共同的特性。

① 每一种生态系统都是由生物群体和所栖居环境两部分组成的。其中，生物群体中的植物是生产者，它可以把太阳能、无机物转化为有机物；动物是消费者，它可以利用植物制造的有机物进行能量转换；而微生物则是分解者，它能把动植物的残体分解成简单的无机物，使其回到土壤中。

② 每种生态系统都有一定的食物链，即生态系统中生物群体之间存在捕食与被捕食的关系。

③ 每种生态系统都具有物质循环和能量转化的功能，从而形成生物与环境之间的相互作用、相互制约的因果关系。因此，整个自然界就是在无数生态系统的物质循环和能量流动中不断变化和不断发展的。地球上所有生态系统的最初能量来源于太阳能，绿色植物通过光合作用把太阳能转化为化学能存于体中，化学能沿食物链营养级方向流动并在流动中以热的形式损耗。因此，生态系统必须不断地从外界获取能量，才能保持系统的稳定性。

④ 生态系统自身调节恢复能力的大小，有赖于系统内部要素的多样性和结构的复杂性。这是因为，生态系统内部组成要素越多，结构越复杂，相互间的调节和补偿作用越强，则生态系统的稳定性也就越强。但是，生态系统的自身调节恢复能力是有限的，超出了生态系统的负荷能力，系统的结构和功能就会遭到破坏，从而导致整个生态系统的崩溃。

（二）生态系统的组成和结构

生态系统由非生物环境、生产者、消费者和分解者四个主要部分组成。非生物环境包括参加物质循环的无机元素、非生物成分的有机物质以及其他气候、物理或化学条件等；生产者是能以简单的无机物制造食物的自养生物；消费者是针对生产者而言的，即它们不能从无机物中制造有机物质，而是直接或间接依赖于生产者所制造的有机物质，属于异养生物；分解者也是异养生物，其作用是把动植物残体的复杂有机物分解为生产者能重新利用的简单化合物，并释放出能量，其作用正好与生产者相反。

地球上的生态系统有很多类型，一般包含三个亚系统，即生产者亚系统、消费者亚系统和分解者亚系统。生产者通过光合作用合成复杂的有机物质，使生产者的生物量增加，称为生产过程；消费者摄取植物生产的有机物，通过消化、吸收再合成为自身所需的有机物质，增加动物的产量，所以也是一种生产过程；分解者的主要功能和光合作用相反，它把复杂的有机物分解为简单的无机物，这个过程称为分解过程。由生产者、消费者和分解者这三个亚系统的生物成员与非生物环境成分通过能流和物质循环而形成的高层次的生物组织，是一个物种之间、生物与环境之间协调共生能维持持续生存和相对稳定的系统，是地球上生物与环境、生物与生物长期共同进化的结果。向自然生态系统寻找这些协调共生、持续生存和相对稳定的机制，能给人类如何科学地管理好地球以启示，最终达到可持续发展的目的。

（三）生态系统的特征

任何"系统"都是具有一定结构、各组分之间发生一定联系并执行一定功能的有机整体。从这种意义上说，生态系统与物理学上的系统是相同的。但生命成分的存在决定了生态系统具有不同于机械系统的许多特征，这些特征主要表现在以下几个方面。

1. 生态系统是动态功能系统

生态系统是有生命存在并与外界环境不断进行物质交换和能量传递的特定空间。所以，生态系统具有有机体的一系列生物学特性，如发育、代谢、繁殖、生长与衰老等。这就意味着生态系统具有内在的动态变化的能力。任何一个生态系统总是处于不断发展、进化和演变之中，这就是所说的系统的演替。人们可根据发育的状况将其分为幼年期、成长期、成熟期等不同发育阶段，每个发育阶段所需的进化时间在各类生态系统中是不同的。发育阶段不同的生态系统在结构和功能上都具有各自的特点。

2. 生态系统具有一定的区域特征

生态系统都与特定的空间相联系，包含一定地区和范围的空间概念。这种空间都存在着不同的生态条件，栖息着与之相适应的生物类群。生命系统与环境系统的相互作用以及生物对环境的长期适应结果，使生态系统的结构和功能反映了一定的地区特性。同是森林生态系统，寒温带的长白山区的针阔混交林生态系统与海南岛的热带雨林生态系统相比，无论是物种结构、物种丰度或系统的功能等均有明显的差异。这种差异是区域自然环境不同的反映，也是生命成分在长期进化过程中对各自空间环境适应和相互作用的结果。

3. 生态系统是开放的"自维持系统"

物理学上的机械系统，如一台机床或一部机器，它的做功需要电源，它的保养（如部件检修、充油等）是在人的干预下完成的，所以机械系统是在人的管理和操纵下完成其功能的。自然生态系统则不同，它所需要的能源是生产者必需的光能，消费者取食植物，而动、植物残体以及它们的代谢排泄物通过分解者的作用使结合在复杂有机物中的矿质元素又归还到环境（土壤）中，重新供植物利用，这个过程往复循环，从而不断地进行着能量和物质的交换、转移，保证生态系统发挥功能并输出系统内生物过程所制造的产品或剩余的物质和能量。生态系统功能连续的自我维持基础就是它所具有的代谢机能，这种代谢机能是通过系统内的生产者、消费者、分解者三个不同营养水平的生物类群完成的，它们是生态系统"自维持"的结构基础。

4. 生态系统具有自动调节的功能

自然生态系统若未受到人类或者其他因素的严重干扰和破坏，其结构和功能是非常和谐的，这是因为生态系统具有自动调节的功能。所谓自动调节功能是指生态系统受到外来干扰而使稳定状态改变时，系统靠自身内部的机制再返回稳定、协调状态的能力。生态系统自动调节功能表现在三个方面，即：同种生物种群密度调节；异种生物种群间的数量调节；生物与环境之间相互适应的调节，主要表现在两者之间发生的输入、输出的供需调节。

（四）生态系统的功能

生态系统一个最显著的特征是系统中的物质循环和能量流动。物质循环是一个系统维持和运行的前提，而能量流动则推动和促进物质循环。没有外界能量的不断输入，物质循环就不可能进行下去。因此，物质循环和能量流动是生态系统中的两个基本过程，正是这两个过程使生态系统各个营养级之间和各种成分之间组成一个完整的功能单位。

生态系统维持和运行的能量来自太阳能。绿色植物通过光合作用获取太阳能把无机物转化为有机物并合成自己的躯体，同时也把太阳能转化为化学能储存在有机体内。此后，植物被动物逐级消费，能量也就随着物质的流动而流动。最后，通过微生物作用，把复杂的有机物分解成可溶性的化合物或元素，同时以热能形式释放出有机物中储存的全部能量。能量从绿色植物摄取太阳能开始，到分解者分解有机物释放热能并将之散发到生态系统以外为止，是按照一定的方向流动的。因此，一个生态系统必须不断得到太阳能的补充，否则"运行"就终止，系统就崩溃和消亡。

生态系统能量流动的渠道是食物链，不同生物之间通过取食关系而形成的链索式单向联系称为食物链。生态系统的能量流动符合热力学基本规律，能量是守恒的，它既不能凭空产生，也不会凭空消失，只能从一种形式转变为其他形式或从一个体系转移到别的体系中。根据美国生态学家林德曼的实验，在能量流动过程中，能量在各营养层次间的转化效率平均为10%。描述能量转化效率采用"生态效率"的概念，也就是生物生产的量与为此所消耗的量的比值。能量在生物间每传递一次，大部分的能量就会转化为热而损失掉，因此食物链不能无限地增加。这个理论在社会经济系统中也具有很重要的现实意义，即在人类的各种生产过程中，必然要利用各种能量。目前人类主要使用的是地质历史时期形成的化石燃料能源，这对于人类来说是不可再生能源，如何最佳地使用这些能源并且在利用过程中将利用效率提高以减少损失，可以说是人类未来经济发展要解决的主要问题。

生态系统中的物质循环是指化学物质由无机环境进入到生物有机体，经过生物有机体的生长、代谢、死亡、分解，又重新返回环境的过程。物质循环可以在三个层次上进行：生物个体层次，在这个层次上生物个体吸取营养物质建造自身，经过代谢活动又把物质排出体外，最终经过分解者作用归还于环境；生态系统层次，在初级生产者代谢的基础上，通过各级消费者和分解者把营养物质归还于环境之中，称为生物小循环；生物圈层次，即物质在整个生物圈各个层之间的循环，称为生物地球化学循环。生物地球化学循环又可以分为水循环、气体循环和沉积循环三大类型。生态系统中所有的物质循环都是在水循环的推动下完成的，没有水循环，就没有生态系统的功能，生命也将难以维持。在气体循环中，物质的主要储存库是大气和海洋，循环明显具有全球性，而且性能最为完善，物质主要以分子和气体的形式参与，其循环速度较快，物质来源充沛，不会枯竭。沉积循环的主要储存库是与岩石、土壤和水相联系的，如磷、硫的循环，其循环的速度较慢，参与循环的物质其分子或化合物主要通过岩石的风化和沉积物的溶解转变为可被生物利用的营养物质，而海底沉积物转化为岩石与其他成分则是一个相当漫长的过程。

在自然状态下，生态系统中的物质循环一般处于稳定的平衡状态。也就是说，对于某一种物质，在各主要库的输入和输出量基本是相当的。大多数其他型的循环物质，如碳、氧和氮的循环，由于有很大的大气蓄库，它们对于短暂的变化能够进行迅速的自我调节，以重新达到平衡。但是硫、磷等元素的沉积物循环则易受人为活动的影响，这是因为与大气相比，地壳中的硫、磷蓄库比较稳定和迟钝，因此不容易被调节。因此如果再循环中这些物质流入蓄库中，则它们将成为生物在很长时间内不能利用的物质。人类的工业文明对地球上生物水平和生物地球化学循环产生了重大影响，这些影响又反过来影响生态系统的正常运行和人类的经济发展。在人类的经济系统中，目前生产面临的主要问题是物质循环被人类扰乱，人类从自然界中获取各种物质后经过生产和消费后又排放到自然环境中，这些经过了消费和加工而回到自然的物质在很多情况下性质会发生改变，因而也就不会按照原来自然系统中的那种物质循环方式进行循环，或者是延续循环或加快循环，而这些都将破坏整个自然系统的正常运行。生态经济学根据生态系统的物质循环原理来寻求人类经济系统中的最佳物质循环方式，即按照自然生态系统中的物质循环方式来进行人类的经济活动，因为自然生态系统的物质是完全循环的，不存在废弃物之说。

物质循环和能量流动是生态系统中的两个基本过程，这两个过程是生态系统运行的前提，这种运动一旦阻断，这个系统将不复存在。物质循环和能量流动不只是在自然生态系统中存在，在人类经济系统中甚至整个地球生态系统中也存在。能量流动推动物质循环，物质循环伴随着能量的流动，这样才使得系统得以正常运行。自然生态系统在漫长的进化过程中，其物质循环和能量流动是比较合理的，是可延续的。人类经济活动中的物质循环和能量利用产生了诸多问题，这些问题如不引起重视，其后果将不只是危害自然生态系统，对人类来说也将产生严重的后果。因此，人类要研究自然生态系统中的物质循环和能量流动，以使人类社会的发展以更加可持续的方式进行。

（五）生态系统的平衡与调节

生态平衡问题是生态学研究的主要问题之一。这里所指的生态平衡指生态系统的平衡，对于生态系统的平衡，国内外学者提出了各种定义。坦斯利认为生态平衡存在于顶级群落，也就是生态系统的成熟期。我国生态学家马世骏认为，生态平衡是指在一定时间和相对稳定的条件下，生态系统各部分的结构与功能处于相互适应与协调的动态平衡之中；侯学煜认为，当一个生态系统中能量流动和物质循环过程在一个相当长时期保持稳态时，该生态系统中的有机体种类和数量最多，生物量最大，生产力也最高，这就是平衡状态的标志。关于生态平衡，应该首先理解为一种动态的平衡，另外平衡的表述应该反映不同的层次和不同的发育期。总之，在各类生态系统或同一生态系统的不同发育阶段，在没有人为严重破坏的条件下，只要与其存在的空间条件要素相适应，系统内各组分得以正常发育，各种过程得以正常运行，这样的生态系统就可称为是生态平衡的系统。

在自然条件下，只要给予足够的时间，外部环境又保持相对稳定，生态系统总是按照一定的规律朝着种类多样化、结构复杂化和功能完善化的方向发展，直到生态系统达到成熟的最稳定状态。当生态系统达到一定的成熟期时，经过自然选择和适应，各种生物都占据有一定的生态位，彼此间关系比较协调而且依赖紧密，并与非生物环境共同形成结构较为完整、功能比较完善的自然整体，外来生物种的侵入比较困难。此时，还由于复杂的食物网结构使能量和物质通过多种途径进行流动，一个环节发生了损伤，可以由其他方面来调节或缓冲，不至于使整个系统受到伤害。所以，自然生态系统的生物多样性程度高，食物网和营养结构复杂，系统就比较稳定。E. P. Odum 的研究表明，生态系统的平衡常有一系列的指标，这些指标包括生态能量学指标、营养物质循环特征、生物群落结构特征、生态系统的调节能力以及选择压力等。成熟期的生态系统中食物网关系复杂，由环境输入的物质量与还原过程向环境输出的物质量近乎平衡；生物群落结构多样性（包括物种多样性、有机物的多样性和垂直分层导致的生境的多样性）增大；成熟的生态系统的稳态主要表现在生态系统内部生物的种内和种间关系复杂，共生关系发达，抵抗干扰能力强，信息量多，熵值低。

生态系统的反馈调节表现在其反馈机制、抵抗力和恢复力上。所谓的反馈机制包括正反馈和负反馈。正反馈可以使系统远离稳定，负反馈可以使系统通过自身功能减缓系统内的压力以维持系统的稳定。抵抗力是生态系统抵抗外来干扰并维护系统结构和功能原状的能力，对维持生态平衡非常重要。抵抗力与系统的发育有关，系统发育越成熟，生物多样性越高，结构越复杂，抵抗力亦越强。环境容量和其自净能力都是系统抵抗力的表现。恢复力是指系统遭受外来干扰破坏后，系统恢复到原状的能力。生态系统对外界干扰具有调节能力，但是这种调节能力不是无限的，生态平衡失调就是外界干扰大于生态系统自身调节能力的结果。一个稳定的生态系统必须满足以下几点：第一，维持生态系统的多样性和物种的多样性；第二，维持生命元素循环的闭合，因为一个相对较闭合的循环才能使较少的营养元素流失到系统之外，不然将会导致系统的退化甚至崩溃；第三，维持生态系统结构的完整性，因为复杂的系统结构和空间分布是生态系统长期演替的结果，其本身具有天然的合理性，破坏这种结构必然会导致系统的退化甚至崩溃；第四，维持生态系统生物与非生物环境的平衡。

生态学的本质是研究生命系统的生存问题，现在的发展热点是研究人类的适应与生存问题。生物生存的特点和对于环境的生存适应主要表现为生物的存活和繁衍，即适合度大小的问题。当环境变化时，生物会调节自己的各种机制以求获得最大的适合度，同时也会不断地改造环境，创造适宜生存的小环境，如此长期作用就形成了生物与环境相互依存、互相创造、协调进化的密切关系。而人类作为一种具有最高级智慧的生物，其群体已经过大，所以对其他生物和环境的作用力超过了其他任何生物，这种作用力在很多时候已经超过了自然的调控能力，具体表现在人类使系统高度复杂化，由纯自然系统变为自然—经济—社会的复合系统。系统还受到人类利益和意志的支配，系统的能流和物质循环因此产生了巨大的改变，处于高度的开放状态。但是，人类毕竟也是一种生物，其各种活动必然要受到自然规律的制约，而且人类的经济系统也是建立在自然系统基础之上的，人类也必须有合适的生存环境，因此，人类的经济社会活动必须同自然生态系统相协调才能使地球可持续地发展下去。

专栏 2-1：深层生态学及其行动纲领

深层生态学是现代生态哲学的一个最重要的成果，是西方环境哲学的一个主要流派，是一种后现代哲学世界观，它批判了机械论、二元论和还原论的世界观。1973 年，挪威著名哲学家阿伦·奈斯（Arne Naess，1912～2009）发表《浅层生态运动和深层、长远的生态运动：一个概要》一文，提出"深层生态学"概念。他指出，"深层"这一形容词的含义，是指在生态问题上，对"为什么""怎么样"这一类问题的"深层追问"。深层生态学强调的这种追问的"问题的深度"，从而揭示环境问题的根源和解决途径。深层生态学包含丰富的思想，部分主要观点摘录如下：

（1）在自然观方面，浅层生态学认为：①人与自然是分离和对立的；②我们能够支配自然使它为人的利益服务；③我们能够也应该用自然规律（即科学定律）来开发利用自然。

深层生态学认为：①人是自然的一部分，人与自然不是对立的；②我们必须尊重和保护自然，自然自身有价值，而不只是它对人有价值，人要与自然和谐相处；③必须服从自然规律，例如环境承载能力规律，它意味着地球支撑人口的数量是有限的。

（2）在价值观方面，浅层生态学认为：①自然界的多样性作为一种资源，对人类来说是有价值的；②离开人类自然界无所谓价值可言；③植物物种由于对农业和医药有遗传资源的价值，因而应当受到保护；④人天生具有侵略性和竞争性；⑤人类社会天生就是等级社会，也必须如此；⑥可用物质财富衡量社会地位，社会的进步主要体现在人们拥有更多的财富和发明更复杂的技术上；⑦逻辑与理性比情感和直觉更有效、更可靠，只能相信事实和科学证据。

深层生态学认为：①自然界的多样性具有自身的（内在）价值；②把价值等同于对人类的价值是极大的偏见；③植物物种由于具有内在价值而应受到保护；④人天生具有合作性；⑤社会等级是反自然的、令人厌恶的和可避免的；⑥生活中的精神质量和爱的关系比物质财富更重要，我们拒斥后者，主张简朴的生活；⑦情感和直觉至少与其他知识同等重要和有效，无论怎样都不可能有客观的"事实"。

（3）在经济观方面，浅层生态学认为：①"资源"是人类的资源；②如果威胁到经济增长，那么污染应当减少；③生产与服务的主要目的是使资本投向更多的产品生产和服务中，最终使每个人受益；④降低产品和服务成本，提高生产过程和经济"效益"；⑤经济增长就是好的，永远如此，它未必会影响环境；⑥为了增长的最大化，必须对物质循环和控制污染的程度加以限制；⑦经济计划通常不超过5~10年，因为投资者要看到合理的回报，否则工业将是非竞争性的；⑧国家和地区通过建立贸易而发展和进步；⑨用中央控制和生产线技术大规模制造产品是更好更有效的方式；⑩采用机械化、自动化生产，废除讨厌的工作，是更好更有效的方式；⑪充分就业是一种理想。

深层生态学认为：①"资源"是生物的资源；②减少污染优先于经济增长；③我们为社会需要而生产和服务，而不是看它们是否可获利；④经济"效益"应当以提供充分的环境良好的工作，用尽可能少的资源满足人的适度的物质需要（如衣食、交通、交流和娱乐等）为标准，社会和环境被损坏，经济就没有效益；⑤不加区别的经济增长是"坏"的，会因耗尽了有限的资源和产生污染而不能持续；⑥所有生产应当是最小的物质消耗和循环利用，从长远看这是最有效的；⑦经济计划的跨度应该是几百年；⑧国家和地区间的贸易应当减少，全球应当是自给自足的地区和共同体；⑨用小规模的、局部控制的和手工生产制造产品是更好更有效的方式；⑩让劳动者返回工作岗位，使他们消除厌恶心理，为了满足生活需要我们都需要劳动，是更好更有效的方式；⑪每个人都应当有活干，但这不必是常规的工作。

（4）在技术方面，浅层生态学认为：①科学技术能够解决环境问题，必须不断完善科学技术；②正是技术进步在很大程度上决定社会和经济变革，而我们的控制能力却是十分有限的；③大规模的高技术（如核动力）是进步的标志；④通过分析→把问题分解为若干部分→来解决它。

深层生态学认为：①不能依赖科学技术，必须寻求解决环境问题的其他途径；②按我们的要求改变社会和经济，技术应是"仆人"而不是"主人"，不是必须拥有伤害我们的技术；③中间的、适宜的和民主的技术（如可再生能源技术）是进步的标志；④通过综合，把所有部分看作一个整体，部分相互之间是一种关系，应持有一种整体观念，人对自然和社会的认识，整体观更深刻。

深层生态学的两个基本准则：一是，原则上每一种生命形式都拥有生存和发展的权利；二是，若无充足理由，我们没有权利毁灭其他生命。

深层生态学的两个基本原则：一是，"自我实现"，奈斯明确指出"最大限度的自我实现就需要最大限度的多样性和共生，多样性是一条基本原则"。从系统而非个体的观点看，最大化的自我实现意味着所有生命最大的展现。由此引出的第二个术语是"最大化的（长远的、普遍的）多样性"，一种必然结果是：一个人达到的自我实现的层次越高，就越是增加了对其他生命自我实现的依赖。自我认同的增加即是与他人自我认同的扩大。"利他主义"

是这种认同的自然结果。由此我们得出"一切存在的自我实现"这一原则。从原则"最大化的多样性"和最大多样性包含着最大的共生这一假定，我们能得到原则"最大化的共生"。进而，我们为其他生命受到最小的压制创造条件。二是，"生态中心主义平等"，是指生物圈中的一切存在物都有生存、繁衍和充分体现个体自身，以及在"自我实现"中实现自我的权利。奈斯认为，自我决定有利于发挥自我实现的潜能，而无等级社会所赋予的人人平等的权利观也为所有人寻求自我实现的过程提供了保障。相反，等级社会否认这种平等的权利，因而不能避免征服和掠夺。而征服和掠夺将会减少或消除自我实现的潜能。

1984年3月，深层生态学的两位代表人奈斯和塞申斯在对深层生态学发展进行总结的基础上，起草了一份深层生态运动应遵循的原则性行动纲领，共分为八条。①地球上人类和非人类生命的健康和繁荣有其自身的价值（内在价值或固有价值），就人类目的而言，这些价值与非人类世界对人类的有用性无关。②生命形式的丰富性和多样性有助于这些价值的实现，并且它们自身也是有价值的。③除非满足基本需要，人类无权减少生命形态的丰富性和多样性。④人类生命与文化的繁荣与人口的减少不矛盾，而非人类生命的繁荣要求人口减少。⑤当代人过分干涉非人类世界，这种情况正在迅速恶化。⑥因此我们必须改变政策，这些政策影响着经济、技术和意识形态的基本结构，其结果将会与目前大有不同。⑦意识形态的改变主要是在评价生命平等（即生命的固有价值）方面，而不是坚持日益提高的生活标准方面。对数量上的大（big）和质量上的大（great）之间的差别应当有一种深刻的意识。⑧赞同上述观点的人都有直接或间接的义务来实现上述必要改变。

至今为止，深层生态学的思想和观点由于过于强调"生态"而饱受争议，但更多的是奠定了我们对"现代性"进行反思和重塑的理论基础。

［资料来源：雷毅，《深层生态学研究》（博士论文），1999；雷毅，《阿伦·奈斯的深层生态学思想》，世界哲学，2010，稍做补充修改］

第二节　经济学理论

经济学在生态环境问题上起着重要的作用。因为许多环境问题从根本上看似乎就是经济问题，这些问题很容易用经济术语来表述，如稀有资源的分配、风险和效益的分配、竞争利益等；另外，许多环境破坏也源于经济因素，现在大家都知道环境的改善需要消耗更多的资源并需要付出更大的牺牲。

经济学和生态学来自古希腊语的同一词根，原意是管理好一个家庭，现代引申过来的经济学是指研究社会如何利用稀缺资源生产有价值的商品，并将它们分配给不同的人的学科。在这个定义中包含了经济学的两大核心思想，即：物品是稀缺的，社会必须合理地利用它们。正是因为稀缺性和追求效益的愿望，经济学才成为一门重要的学科。

一、经济学的几个重要概念

经济系统是一个复杂的社会生产系统，它是在生态系统物质循环、能量转换、信息传递、使用价值创造、价值形成和增值的整个循环运动中的各种经济要素、各个经济部门、各类经济成分及其再生产各个环节所组成的国民经济有机体系。

1. 公平与效率

公平与效率是人类社会所面临的最基本、最重大的问题。经济学意义上的公平，是市场经济、公正原则的体现，从生态经济学可持续发展的角度看，就是人类在分配资源和占有财富上的"时空公平"。具体表现为国家范围内的同代人之间的公平、发达国家和发展中国家之间的公平、代际之间的公平。效率就是以最小的代价、最少的努力和最低的消耗进行活动。面对有限的资源和无穷的欲望，生产越有效率，用同样的资源生产的物质产品越多，因而满足的欲望也越多；或者是维持原有的物质产品，人们却获得更多的闲暇和更多的文化生活时间。在市场经济中，经济效率和经济公平能够达到传统发展意义上的和谐，因为市场经济能有效地配置资源，并能在等价交换、公平交易、机会均等、平等竞争的前提下，实现市场经济中经济公平的基本内容。尽管市场经济能有效地体现经济效率和经济公平，但它把效率作为最高的追求目标，不可避免地导致公平假象。生态经济学则要求建立一种新型的公平与效率机制，既能实现经济效率又能实现经济公平。显然，经济系统的公平与效率必须以生态系统的公平与效率为前提，同时还必须与社会系统的公平与效率相结合，才能得到完美的实现。

2. 价值与财富

重商主义者认为货币是财富的唯一代表，从而把金银和社会财富完全等同起来。重农主义认为货币不是实际的财富，只不过是交换的媒介，财富只能来自生产领域，经济增长的唯一源泉是农业，"土地是财富之母"。当代传统经济学的发展观认为，经济增长必然带来物质财富的增长和人类社会福利的增加，衡量经济发展和国民财富增长的唯一尺度是国民生产总值。这种价值观和财富观带有浓厚的工业文明的色彩，它对人类的一切经济活动都是以经济无限增长、充分满足人类的物质财富的需求程度作为判断标准的，不惜以生态系统破坏和环境污染为代价，造成了人与自然的严重对立，损害了人地关系的和谐共生。生态经济学的经济价值和财富观标准是要实现人和资源和谐共生、生态与经济协调发展，把人对物质财富的基本需求作为现代经济发展的目的，本质上是生态文明的价值观和财富观。它要求经济发展与生态演化构成一个完整的有机体，从而使人和资源、生态与经济在新的更高层次上协调发展。它标志着价值观和财富观从农业文明向工业文明，继而向生态文明的重大转折。

3. 外部性

外部性是经济政策理论中的一个很重要的概念，只是到最近才有一些学者试图给出一个严格的定义。简单来说，外部性（externality）是一种没有通过价格在经济体系中体现的成本，或正或负。例如，如果一家工厂无需付费即可向一条河流中倾倒有毒物质，这种行为就造成了不是由工厂本身而是由社会来承担费用的负外部性——河流下游的鱼类死亡，当地渔民遭受巨大经济损失，可是由工厂为倾倒废物而付出的费用并没有包括这种成本（渔民的损失）。

环境管理的主要目的就是减少外部性。同单纯的价格调整措施相比，环境法规和管理减少外部性的效果往往要差一些。例如，有关回收消费后产品的法规可以看成是促使生产商将消费后产品环境影响的管理成本内部化的一种尝试；规定了某些具体治理技术的清洁空气法规，可以认为是使企业将大气污染物排放的治污成本内部化的措施；在政府采购合同中明确环境要求，是要把外部性纳入市场体系中的另一种政策。

虽然将外部性内部化（internalization）是可取的，但在实际操作中却有许多障碍。将原先并不包含的成本内部化将改变价格结构，这将不可避免地损害某个群体的利益，因此会受到他们的阻挠。所以，通过取消对破坏环境行为的不当补助，并对这些行为征税，从而使外部性内部化，虽然能使商品的市场价格更准确地反映其全部成本，但在政治上总是很难实施。例如，在美国任何试图提高汽油税以便使汽油价格更准确地反映社会成本的努力，在政治上都行不通。

二、经济学的主要原理

如果能无限量地生产出各种物品，或者如果人类的欲望能够完全地得到满足，那么人们拥有了一切想要的东西，也就不担心花光其有限的收入了，企业则不必为劳动成本和医疗保险而犯愁，政府也不必再为税收和支出而争斗，因为谁都不会在乎。另外，由于所有人都能随心所欲地得到想要的东西，因而也就没有人会关心不同人或阶层之间的收入分配问题。在这样的社会中，不存在经济产品的稀缺，所有的物品都是免费的，像沙漠中的沙和海岸边的海水，价格和市场互不相关。但是任何社会都不可能达到物品无限供应的情况，因为地球上的资源是有限的，而需求却是无限的。这就是美国在经历了两个世纪的经济增长后，其生产能力并未满足所有人欲望的原因。如果把所有的需求加总的话，马上会发现物品和劳务甚至无法满足每个人消费欲望的一小部分。他们的国民产出必须扩大好多倍才能使普通美国人达到医生或律师的平均生活水平。更何况，在美国以外的其他国家，特别是在非洲和亚洲，还有千百万人遭受着饥饿和物资匮乏的折磨。因此由于资源的稀缺，人类必须要对其进行更合理和有效的利用，以达到可持续的经济发展。

经济学的根源在于承认稀缺性的现实存在，并研究人类如何进行组织，以便最有效地利用资源。亚当·斯密通常被认为是微观经济学的创始人，其研究的重点是市场、企业、家庭等单个实体的行为。在国富论中，亚当·斯密考察了如何确定单个价格以及土地、劳动与资本的价格问题，并探求了市场机制的优点和缺点。最重要的是，他指出了市场的效率特征，并认为经济利益来源于个人的自利行为，所有这一切在今天仍有重要的借鉴意义。

资源的有效配置是微观经济学研究的核心，社会资源配置的效率也就是整个社会的经济效率。对于微观经济学来说，资源配置的效率和社会经济制度以及市场结构是密切相关的，传统的经济理论家们赞同自由竞争的社会制度，认为它能达到较高的经济效率。而计划经济或垄断竞争市场，一般很难达到资源的最优配置。根据福利经济学配置，达到资源的最优配置应该满足3个必要条件：①商品在消费者之间达到最佳分配，即要求任何两种商品的替代率对于每一个消费者来说都是相等的，而且也应该等于两种商品的价格比；②生产要素在生产者之间达到最佳的分配；③必须使生产要素在各行业间的最佳分配和商品在消费者之间的最佳分配同时实现。

经济学的另一个重要分支是宏观经济学，它研究经济的总体运行。凯恩斯于1935年发表的革命性巨著《就业、利息与货币通论》是宏观经济研究建立的标志。当时，英美尚未走出20世纪30年代的大萧条，失业者超过了美国劳动力总数的1/4。凯恩斯的新理论分析了失业增加和经济下降的原因，投资与消费的决定，中央银行货币和利率的管理，还有为什么一些国家经济繁荣，而另一些国家却停滞不前等问题。凯恩斯还指出了政府在抚平商业周期波动方面所具有的重要作用。尽管今天的宏观经济学已经进步并远远超越了凯恩斯的初创性见解，但凯恩斯所提出的议题仍是今天宏观经济学的基本范畴。

在资源的有效配置理论中存在着几个重要的问题，那就是"生产什么""生产多少""如何生产""为谁生产"。这几个问题明确包涵了经济学的主要目的和任务。生产什么、生产多少是说在资源稀缺的条件下，生产一种商品必然导致生产其他产品机会的减少，也就是说必然会发生机会成本问题。在生产多少中市场价格起了重要的作用，因为价格可以很好地反映市场上商品的供求关系。而如何生产是说同一种商品可以用不同方式生产，例如农业生产，澳大利亚可以采用高度的机械化生产，在中国则是一家一户的小规模生产。这是由不同的国情和技术决定的，这种生产当然有一定的效率差别，但是选择如何生产很大程度上是由生产者的决策行为决定的。为谁生产就是产品的分配问题。由于稀缺性限制，不能保证每个社会成员都能获得他们希望得到的所有商品与劳务，所以每个社会都必须形成一套机制对生产出来的产品和财产进行分配。

传统的微观经济学关注个体的生产和消费行为，宏观经济学关注整个国家或者区域的就业、通货等问题。经济学的主要目的是关注社会如何利用稀缺的资源以生产有价值的商品，并将它们分配给不同的个人。这些理论对生态经济学来说是主要的理论基础，这是因为：一方面，生态经济学关注地球相对于人类经济规模而言的限制性或者承载力问题，也就是资源的稀缺性问题；另一方面，资源的有效配置和分配也为生态经济学提供了很多理论依据。这些理论或观点都是以人类为中心的经济学，在各种经济活动中很少考虑到人类社会之外的事情。但是，人类的经济活动随着工业革命进程已经严重影响到了自然界，或者说经济活动和自然生态系统之间一直存在着人类所无法回避的重要关系，也就是人类的社会经济活动是建立在自然生态系统基础之上的，没有自然生态系统的健康运行，人类的经济活动就不可能正常运行。目前的经济学过分地强调市场和价格的作用，认为价格机制可以解决一切问题，包括资源的稀缺，但是目前经济发展中所面临的众多问题（如环境污染、资源的耗竭等）是市场和价格所解决不了的，人类必须要改变目前这种经济发展和消费方式，以寻求一种可持续发展的道路。

第三节　系统论与热力学定律

一、系统论

生态经济学的研究对象是由生态系统和经济系统耦合而成的生态经济系统，或者说是包括人类社会经济系统的地球巨系统。因此，系统论的知识也是生态经济学的理论基础之一。所谓系统就是由若干相互联系和相互作用的部分（要素、过程）所构成的具有特定功能的一个整体。任何一个系统都具有一定的结构和功能，并且是在不断演化和发展的。

（一）系统的结构和功能

系统一般包括两个以上相互作用和相互影响的部分，这些部分之间有着自己特有的结合方式或构成形式,这种系统内各个要素之间的组织形式称为系统的结构。在系统内部各部分之间存在着错综复杂的相互影响,存在着信息流、能量流和物质流的交换,这种关系不仅是多元的而且是多层次的交叉和反馈,例如人体内部神经系统、血液系统、呼吸系统等各子系统之间就存在着极其复杂的相互作用。而所谓系统的功能就是结构系统在特定环境下所能发挥的作用和能力,具体体现为系统对输入的响应能力(即输出)。结构反映了系统内部要素的分布关系,功能反映了系统内部各要素之间的活动关系。

1. 结构和功能相互依存

系统结构是系统功能的基础,系统功能是系统结构的外在表现。一定的系统结构都表现为一定的功能,一定的系统功能总是由一定的系统结构产生的。没有结构的功能不存在,没有功能的结构同样也不存在。也就是说两者任何一方的存在都以另一方的存在为条件,彼此相互依存,不可分割。

2. 结构决定功能

由于系统结构是系统功能的基础,所以在它们的关系上必然表现为结构决定功能,例如金刚石和石墨两者都由碳原子组成,但由于结构不同,两者的功能差异相当大。

3. 功能反作用于结构

功能与结构相比,功能是相当活跃的因素,结构是相当稳定的因素。在环境发生一定变化的情况下,系统结构虽未变化,但是功能首先不断地发生变化,最终可引起系统结构的改变。这一点可以从植物群落结构变化中得到证明,开始时一定的外界环境决定着植被的类型,随着植被的生长,这些植被又可以通过各种作用来影响环境,比如形成土壤、减少土壤的侵蚀、吸收太阳能量进行光合作用、形成当地小气候等,这样就影响了整个系统的结构。

(二)信息和熵

现代科学研究表明,物质、能量和信息是构成世界的三大基本要素,在系统内部各要素以及系统与环境相互作用过程中不仅存在着物质和能量的交换,而且存在着信息的交换。在一定的条件下,信息交换对系统的组成、结构和功能以及系统的演化起着决定性的作用,是人类对系统实施干预和控制的基本手段。熵是热力学和系统科学中的一个重要概念,系统中熵的状况规定着系统的存在状态(结构和功能),可以帮助人类认识系统的动态变化规律。

信息是一个抽象的概念,广义来说就是事物运动的状态以及关于这种状态的知识和情报。最具权威的定义由申农于1948年提出,他认为信息是用来消除不确定性的东西。

信息作为一个抽象的概念,具有以下属性:信息是表征事物存在和运动变化状态的一种基本形式,它反映着事物存在和运动变化的状况,与物质和能量一样是事物固有的属性之一;它不能以游离形式存在,它的存储和传递必须以物质为载体;信息还可以被复制,不遵循守恒定律,可以增加或减少。

在社会经济发展中,除了物质和能量具有重要的作用之外,越来越多的人认识到信息也可以作为一种资源,即信息资源。因为地球的物质资源要依靠自然界发出的信息去发现和开发,各种能量流与物质流的最优组合、最合理的利用、最适度的开发,都以信息流量最及时、最正确的传输、反馈和控制为前提。另外,在经济高速发展的时代,人们对于自然的认识还存在很多的未知，只有在信息充分的条件下才能对各种资源进行高效利用，并且信息的增多可以减少系统熵的量。

熵不仅可以描述某个系统的存在状态，而且熵的变化还可以表征系统演化方向。在具体说明这个方面之前先引入几个概念。

第一是平衡态和非平衡态，所谓平衡态和非平衡态是表征系统所处状态的一对概念。平衡态是指系统内部到处均匀一致、长时间不发生任何宏观过程的系统状态。相反，系统内部不是均匀一致，有宏观过程发生的系统状态叫非平衡态。第二是有序和无序，有序和无序是针对系统大量的各种各样的困难状态而言的。可能的微观状态数目越多，系统越混乱，越无序；相反，可能的微观状态数目越少，系统就越有序。第三是可逆过程和不可逆过程。当系统发生某个过程后，系统能按照原来的路径恢复到原有系统所处的状态，而不在环境中留下任何永久性变化的过程叫可逆过程；相反，当系统发生某个过程后，系统不能按照原来路径恢复到原有的状态，而在环境中留下了永久性变化的过程叫不可逆过程。第四是状态和状态函数。系统的状态是某一时刻系统内部各种性质的综合表现。当系统的性质都具有确定的数值时，系统就处于确定的状态；如果系统的某一性质发生了变化，那么系统的状态也发生变化。当系统由一种状态变化到另一种状态时，系统的性质也要相应地发生改变，有些系统性质仅与系统的初始和终了状态有关，而与系统具体的变化过程或路径无关，在热力学中把具有这个特性的系统性质叫作状态函数。

因此，由熵来描述系统具有以下几个特点：首先，熵是一个状态函数，是一个描述系统状态的量，它与过程无关，只要两个状态确定了，熵的改变也就确定了；其次，熵的数值具有相对性，两个状态确定以后，它们之间的差是确定的，但是单独指定一个状态，其熵的具体数值大小是不确定的，要确定系统熵的具体数值，必须要提前选择一个熵的零点值；最后，对于一个复杂的系统，熵概念具有层次性。一个复杂的系统具有多个层次，子系统并不简单地直接组成一个系统，每一个系统也不是同时以同样的形式和特点与其他所有子系统进行相互联系的。在多个层次中，每指定一个层次，对于其下一个更小的子系统组成就有一个不确定性，从而可以得到一个熵值；选定系统的另一个层次又可以再得到一个熵值。

对于一个简单的热力学系统，在与外界有物质、能量交换条件下演化时，其熵值的变化 dS 可以分成两个部分：

$$dS = d_i S + d_e S$$

式中，$d_i S$ 为由于系统内部子系统相互作用，系统自发进行"反应"所引起的熵的改变；$d_e S$ 为由于系统与外部环境相互作用引起的熵的改变。

对于孤立的系统而言，由于与外界环境不存在物质、能量交换而引起的系统熵的改变，因此 $d_e S = 0$，故有 $dS = d_i S$。

（三）资源开发、经济发展和环境污染的熵分析

地球上各种自然资源都不是孤立存在的，而是相互联系、相互制约的，共同构成一个有机整体。一定空间范围内各种自然资源相互联系所构成的统一整体称为自然资源系统。其状态及其变化可以用自然资源系统熵来表示，也就是指某一自然资源系统内部各种自然资源不能被利用程度的综合指标，其熵值低表明该资源系统开发利用比较合理，无用消耗较少；反之，则说明自然资源开发利用不甚合理，无用消耗较多。所以，自然资源系统熵是标志某一

地区自然资源开发利用是否科学合理的重要参数，可用于自然资源综合评价及资源决策。

经济过程是人类利用自然资源生产出产品供人类消费的过程，该过程包括很多人类活动的环节，而且彼此发生联系，共同构成一个有机整体，即经济系统。经济系统是一个十分复杂的系统，包括生产、流通和消费三个子系统。生产子系统将原料加工生产成可供人类使用的产品，输入系统的物料资源属于高熵物质，在生产过程中产生的废物是正熵物质，将增加系统的熵值；产品的流通和消费过程也是熵增的过程。总之，经济系统的每一个环节都伴随着熵的增加，而且每个环节都要求把多余的熵排放到环境中去，否则经济系统的平衡就会被打破甚至崩溃。经济的快速发展必然以大规模的资源开发利用为前提，也必然给环境带来压力，导致环境的污染和破坏。但是在熵增的同时，还存在着熵减的过程。一方面，太阳辐射输入到地球的巨大资源，还有通过绿色植物的光合作用都可以使地球减熵；另一方面，地球系统不断地把废热向地球外层空间排放，抵消一部分地球系统熵的产生。人类社会目前面临的关键问题是自然资源开发利用和经济发展规模太大，地球的熵减过程已不足以抵消地球生产的熵，这样就会使地球的总熵增加，其表现就是各种环境污染、生态破坏、资源短缺和能源危机。人类现在要做的就是应该重新选择发展方式，以使整个地球的总熵不会再增加，从而实现可持续发展。

（四）系统的演化

系统的结构、状态、行为和功能随时间推移而发生的变化称为系统的演化。演化是系统的普遍属性，只要在足够大的时间尺度上看，任何系统都处于或快或慢的演化之中。人们所了解的社会形态和社会制度的变更、地球圈层的分化、生物进化、土壤和地貌的发育、岩石的形成与风化、动植物残体的分解、燃料的燃烧、污染物的扩散等都属于系统演化的范畴。系统的演化与耗散结构以及自组织理论等都有密切的关系。

1. 开放与自然组织系统

根据前面所述，一个系统如果处于不变的外界条件下，经过一定时间后系统必将达到一个从宏观上看不随时间变化的状态，以后系统将长久保持这样的状态。这种状态称为"稳定态"或者"平衡态"。处于平衡态的系统，它的分子仍然在不停地进行热运动，但是系统的宏观观测值——一个物理量的平均值不变。"平衡态"的系统不会出现有序的"流"，它是一个最混乱最无序的状态，可以直观地理解为系统内各处都无区别地处于混沌状态或高度随机的状态，因而也是熵最大的状态。一个处于平衡态的系统是无序的状态，而热力学中的"非平衡态"则是一个有序的状态，其存在着规则的有一定方向的各种流动，比如物质流、能量流等。

如果系统演化可以随着时间的推移抵消增熵，使系统依然保持着一定的有序性，而且随着时间的推移，系统的有序度还会增加，例如由无序走向有序或由较低程度的有序走向较高程度的有序，这种系统就称为"自组织系统"。系统自己走向"有序结构"的过程就称为"系统的自组织"。系统的自组织只有在开放的条件下才能克服内部的熵增，进而保持自己的有序性或者进一步增加自己的有序性，走向自组织。开放是系统保持有序的前提。例如，生物是典型的自组织系统。任何一个生命有机体内部都存在熵增的趋势，并向热平衡态（混沌状态）趋近。要维持系统的有序性并不断进化，就必须从环境中不断吸取负熵。对于绿色植物而言，负熵元有太阳辐射、土壤中的养料和大气中的二氧化碳组成的热动力系统。对于任何动物来说，负熵元有食物、空气中的氧等。新陈代谢的本质就是有机体吸取环境中的负熵并成功地消除它自身或者是不得不产生的全部熵。综上所述，一个有序的系统之所以能维持或形成有序结构，关键在于系统必须从外界环境中吸取负熵，即需要不断地与环境交换物质、能量及信息等。

2. 耗散结构和协同理论

耗散结构理论是比利时布鲁塞尔学派领导人普利高津于1969年提出的。他提出一个远离平衡的开放系统通过不断地与外界交换物质和能量，在外界条件的变化达到一定程度、系统某个参数变化到一定临界值时，通过涨落发生突变即非平衡相变，就可能从原来的混沌无序状态转变为有序状态，这种在远离平衡的非线性区形成的新的有序结构需要不断与外界交换物质和能量才能维持，因此普利高津把它命名为"耗散结构"。他指出一个系统由混沌向有序转化成耗散结构至少需要四个条件。第一，系统必须是开放的系统。开放的系统才能通过与外界交换物质和能量，从外界输入负熵流，抵消自身的增熵，使系统的总熵逐渐减少。第二，系统必须远离平衡态。若系统处于离平衡态不远的近平衡区，即使与外界有物质和能量的交换，其自身发展趋势仍然是回到平衡态（混沌状态），不会产生有序结构。第三，系统内部各个要素之间存在着非线性的相互作用。通过非线性的相互作用使各个要素之间产生协同和相干效应，才能使系统由无序转向有序。第四，涨落导致有序。系统处于不同状态时，涨落起着不同的作用。当系统处于稳定状态时，涨落是一种导致无序的干扰，此时系统具有抗干扰能力，它迫使涨落逐渐衰减，回到系统原来的状态。当系统处于不稳定状态时，系统的某些小的涨落可以驱使系统从不稳定状态跃迁到一个新的有序状态。

在自然界和人类社会存在着大量形形色色的非平衡状态下的稳定结构——耗散结构。它们必须依靠周围环境不断提供能量和物质，即输入负熵，才能保持有序，增进有序。例如，产品生产过程是一个耗散结构，其输入原料资源和低熵资源，输出有序度高的产品和高熵的废物。一个生产系统（企业）还必须不断地输入各种科技和管理信息，这些也是负熵流。精神产品的制造过程也是减熵过程。

协同理论是由哈肯创立的，他指出系统内部各子系统之间相互关联的"协同作用"也可以使得整个系统从无序走向有序，这就出现了序参量。序参量之间的合作和竞争，最后导致只有少数序参量支配系统进一步走向协同和有序。协同作用左右着系统相变的特征和规律，实现系统的自组织。协同学采用动力学和统计学相结合的方法研究与外界环境有物质、能量交换的开放系统。系统中各个子系统的运动状态由子系统的独立运动和系统直接关联引起的协同运动共同决定。当前者居于主导地位时，系统便处于无序状态。而当作用于系统的外界使"控制变量"达到一定的界限时，子系统之间关联能量大于子系统独立运动能量，于是子系统独立运动受阻，必须服从于由关联形成的协调运动。

耗散结构和协同理论分别从不同方面论述了关于复杂系统的自组织理论，前者着重从系统之外的负熵输入来维持系统的有序来讲，而后者则认为系统内部子系统之间的相互关联也可以使系统发生从无序向有序的转变，这两者的相互补充和结合共同说明了系统自组织和演化的规律。人类的整个地球系统或者生态经济系统是一个非常复杂的巨系统，在当前的发展中，因为人类的影响这个系统的熵正在无序地增加，如果不采取措施或不改变目前这种经济发展方式，这个系统最终将走向无序而导致灭亡。所以现在所要做的就是根据系统的演化规律，利用协同理论从人类生态经济系统的内部各个子系统的相互关联来着手解决问题，以使整个生态经济系统达到可持续发展。

二、热力学定律

热力学是关于能量的科学。当物质的结构、物理或化学性质或位置发生变化时产生功。前面已经说过，一个"开放"的系统是与其环境有能量和物质交换的系统；而"封闭"系统与其环境存在能量交换但是没有物质交换；一个"孤立"系统与环境既没有物质交换也没有能量交换。

热力学第一定律认为，能量既不会凭空产生也不会凭空消失，只能从一种形式转化为另一种形式，例如从化学能转变为机械能，这就意味着能量是守恒的。同时因为物质和能量可以相互转移，因此能量和物质是守恒的。在地球环境中因为能量和物质转移可以忽略不计，因此又可以得出两个推论：纯能量的守恒和物质的守恒，后者可以认为是物质平衡规则。

热力学第二定律有时也可以说是"熵定律"，它是说热自然地从热的物体向冷的物体流动，但它不能100％转化为功，从一种能量形式转化成另一种能量形式时，所有的转化率都低于100％。也就是说并非所有的储存能量（如化石燃料等）均可以实现转化，其中一部分将以热的形式散发出去。熵是对不能实现转化的能量的度量，熵越高说明转化的效率越低。因此在能量转化中孤立系统的熵将会逐渐增加。同时能量转化是不可逆的，例如化石燃料燃烧就是不可逆的，所以系统中的熵会不断地增加。人类经济活动所处的环境就是这种系统。其实，一个封闭的系统也可以从外界接受太阳辐射形式的能量，使得这个系统能维持下去，使生命延续成为可能。

热力学与可持续发展问题有着密切的联系，经济学家 Georgescu Roegen 将热力学第二定律描述为"经济短缺的主根"。他认为，如果能量转化过程的效率是100％，一块煤就可以永远存在。物质转化需要做功，因此需要能量。因为接受太阳能的速率是一定的，因此依此基础进行的做功是有限的，在人类大多数历史时期，人口数量和物质消费水平就受到这样的限制。开采化石燃料不受这种限制，但是化石燃料是以往接受太阳能的积累、最初转化成生命组织并在地质作用中储存下来的物质。由于这样的原因，化石燃料的存量是有限的。总之，他认为如果缺乏与化石燃料相似质量的能源，以核聚变替代的话，人类社会可能回到工业革命以前的阶段，那么人类将完全依靠太阳辐射和其他能源。他还提出一个被称为"热力学第四定律"的论述：即使给予足够的能量，物质的完全循环原则上是不可能的。

热力学定律通常认为只要有足够的能量，物质的完全循环在理论上而言是可能的。在自然的生态系统中，物质的循环确实就是100％。Townsend等也认为，完全的物质循环也许是可能的，但是需要大量的能量输入。地球不是孤立的系统，有持续的太阳能输入，因此可以使物质达到完全循环。对于热力学定律和经济问题的关系分析，在历史上很多人做了研究。Kneese和其他人在均衡的框架内模拟了物质平衡规律。近年来，物质平衡也被用于研究工业的新陈代谢、物质产业链管理等。Perrings结合 Georgescu Roegen 的思想用输入—输出结构将物质平衡的理论推广到经济—环境系统。

关于物质平衡和能量流动的理论从产生以来就一直存在很大的争议。但是应该承认，将热力学定律和自然生态系统中物质循环和能量流动理论应用于人类社会经济系统的研究具有非常深远的意义。虽然目前在人类经济系统中，物质的完全循环是不可能的，但是随着科学技术的进步和人类思想的转变，人们可以尽量提高物质循环的效率和能量转化率，以达到整个系统的可持续发展。

第四节　环境伦理学与生态哲学

一、环境伦理学

伦理是指一般的信念、态度或指导惯例行为的标准，任何社会都有确定惯例的典型信念、态度和社会标准，因而任何社会都有其伦理体系。在伦理体系中存在两大主要派别：人本主义道德哲学和自然主义道德哲学。

自然主义以生态学为依据，从人的自然型出发考察人与自然的关系，主张伦理学的知识领域从人与人的社会关系扩大到人与自然的关系，认为所有生物都有价值主体和道德主体，自然物具有不依赖人的"内在价值"，包括人在内的生物物种之间的合作共生关系是一种权利与义务的关系，人类在生物圈中只是普通的一员，人类应当尊重自然物。评判人类行为的准则应该是看它是否"有助于保护生物共同体的和谐、稳定和美丽"。

人本主义的思想又可以分为自由道德主义哲学和功利主义。其中自由道德主义将个人权利不可侵犯看作是其核心原则。对经济和社会行为的评价是以其是否尊重个人权利为准则的，反对基于后果或结果的公正概念，认为结果本身在道德上不可能是好的或者是坏的。而功利主义是以结果评判行为准则的，主张结果的评价只能依照其对社会利益的贡献程度。对功利主义结果的衡量有两种：一种是采用喜悦或至少无痛苦作为唯一目的而评价"善"；另一种认为善即是幸福，来自欲望的满足，依此观点当人们拥有了想拥有的，欲望满足之后他就是幸福的。但是这也产生了疑问，那就是关于善的解释和度量问题。

总之，伦理学要人们通过反思自己的生活来反思自己该做什么，该怎么做，该成为什么样的人。对于目前出现的环境污染问题，如果只是乐观地期望科学能快速解决，那将和悲观主义没有什么区别，因为即使科学可以解决某些问题，但是如果不反思人类应该怎么做的话，新的问题仍会层出不穷。科学并不一定是价值中立的，从某种意义上说科学方法只不过是一种仔细的、详尽的、精确的和纪实的方法，而且机械主义的解释也扭曲了对生态系统的解释。但是，单纯的人为抽象的伦理学就能解决环境问题的观点也是错误的，人们现在所要做的就是把科学和伦理学放在同等重要的地位，将两者结合起来共同解决问题，正如一个古老的哲学格言说的"没有伦理学的科学是盲目的，而没有科学的伦理学是空洞的"。

环境伦理学希望人类对自然界的行为能够而且一直被道德规范约束着，其宗旨就在于系统阐释关于人类和自然环境间的道德关系。保罗·沃伦·泰勒（Paul W. Taylor）于1986年所著的《尊重自然》一书进行了有关生物中心伦理方面在哲学意义上最完全的论证。他认为每个物种都有不同的目的：生长、发展、持续和繁殖。泰勒的观点解释了所有生命皆具有道德身份的论断，并认为在固有价值意义上我们对其负责任。从尊重自然出发，泰勒提出了四个一般性责任：不危害法则，不干涉法则，忠诚于法则，重构公平法则。泰勒认为不危害责任是"我们对自然最基本的责任"。环境伦理学关于"对自然环境采取道德上负责任的态度"

对生态经济学形成也有积极影响。

二、生态哲学

生态哲学或生态学世界观,是运用生态学的基本观点和方法观察现实事物和理解现实世界的理论,又称之为新的自然哲学、绿色哲学与政策、可证实的地上伦理学、生态智慧、深层生态学、生态伦理学或环境哲学等,它主要包括生态哲学本体论、认识论、方法论和价值论等方面。

(一)生态哲学的发展根源

生态哲学起源于对现代工业文明体系下现代性哲学的反思、批判和生态文明的重构。众所周知,自工业革命以来工业文明在创造巨额财富推动社会进步的同时,也引起了资源枯竭、环境污染、生物多样性减少等严重的生态环境危机,破坏了人与自然的和谐关系,人类经济发展陷入了一片"沼泽地"而难以自拔。"工业文明发展到今天,从总体上讲,已经完成它的历史使命,正从兴盛走向衰亡,生态危机正是工业文明走向衰亡的基本表征,一种新的文明——生态文明将逐渐取代工业文明,成为未来社会的主要文明形态。"工业文明以"人是自然的主人"为哲学依据,通过发展科学技术不断增强人类对大自然的"控制"与"征服"能力,通过大规模的工业化生产无限度地索取和利用自然资源,发展经济,不断增加物质生产量,以最大限度地满足人的物质需求。生态文明则信奉"人是自然的一员"的哲学观,认为人对自然界具有根本的依赖性,人的一切活动都要充分尊重自然规律,人与自然应当和谐相处、协调发展。自然资源是有限的,人类对自然资源的利用应当以资源的增值为前提,否则自然资源必然会日趋衰竭,人类会因此而失去生存的基础。自然界是均衡与和谐的,但这种均衡与和谐又是脆弱的,人类活动应当限制在其后果与作用不使这种均衡与和谐被破坏到不能恢复的程度以内,否则必然会产生不利于人类的种种后果。生态文明要求工农业生产、人口生产、社会消费、科学技术发展等人类生产与生活的各项活动都建立在人与自然和谐相处、协调发展之基础上(申曙光等,1994)。

(二)中国古代哲学思想及启示

余谋昌(2000)在《生态哲学》一书中系统论述了中国古代哲学思想及其启示。中国古代哲学博大精深,孕育了生态哲学的核心思想。西方学术界认为,正是西方机械论充满征服感的意识和思维,致使人与自然界的分离;而中国古代哲学中的有机论审美情趣、意识和思维,可以使人与自然协调起来。余谋昌系统总结了中国古代哲学思想的主要观点,具体如下。

1. "天人合一"思想

"天人合一"是中国哲学的主干。它的思想起源于《周易》,称为"天、地、人,三才之道"。儒、道、释等各家流派都是基于"天人合一"思想或受其影响。道家老子认为,道为宇宙的本原,道生一,一生二,二生三,三生万物。庄子说"人与天一也""天地与我并生,而万物与我为一""天地万物，物我一也"。儒家对"天人合一"做出了重要贡献。孔子做《春秋》，上揆天之道，下质诸人性。朱子主张"赞天地之化育"，"赞，犹助也"，主张"人与天地万物为一体"的思想，发展了"天人合一"哲学。董仲舒明确提出"事物各顺于名，名各顺于天。天人之际，合而为一""天地人万物之本也。天生之，地养之，人成之。天生之以孝悌，地养之以衣食，人成之以礼乐。三者相为手足，合以成体，不可一无也"。"天人合一"的深刻含义是，人是天地生成的，人与天的关系是部分与全体的关系，而不是敌对关系，人与自然应该和谐相处。

2. "大"与"久"的统一

《周易》作为万经之首，系统论述了"大"与"久"。人类事业的发展谓之"大"，可以理解为主流经济学家所谓的"增长"，人类的可持续发展谓之久。《周易·大壮卦》："象曰：大壮，大者壮也。刚以动，故壮。大壮利贞；大者正也。正大，而天地之情可见矣。"发展是大，是正，就是正大。正大是天地之法则，是天地之情。

但是，只有"久"才能坚持发展，"象曰：恒，久也。刚上而柔下，雷风相与，巽而动，刚柔皆应，恒。恒亨，无咎，利贞；久于其道也，天地之道，恒久而不已也。利有攸往，终则有始也。日月得天，而能久照，四时变化，而能久成，圣人久于其道，而天下化成；观其所恒，而天地万物之情可见矣！"有恒才有成，利贞；恒久，坚持不已，无往不利；这是圣人之正道，是天地万物之情。

如何才能实现"久"和"大"，见"天地之情"？《周易》说："九二贞吉，以中也""中正以通。天地节而四时成，节以制度，不伤财，不害民"。也就是说，只有节制天下，具备中正的德性，才能"久"；圣贤要效法天地，建立制度，以节制人的无穷欲望，才不会造成伤害，才能实现"久"和"大"。

"大"和"久"的统一，是人类社会经济繁荣和可持续发展的总纲领。

3. "一阴一阳谓之道"，阴阳消长地持续发展

"阴阳"是中国古代哲学的一个最简单、最普遍、最基本的哲学概念。古代哲人用它说明世界。它有重要的可持续发展的意义。徐道一认为，阴阳概念是贯穿《周易》全书的一条主线（徐道一，1995）。

阴阳学说有非常丰富和深刻的内容，其中"阴阳消长"揭示了物质循环运动的规律。"象曰：复亨，刚反，动而以顺行，是以出入无疾，朋来无咎。反复其道，七日来复，天行也。利有攸往，刚长也。复其见天地之心乎？"阴阳反复是宇宙的自然法则。经过七个阶段，阳又会返回，这是阴阳消长的循环，这样世界才生生不息。古代哲人认为，"复"是亨通，是自然之道。但是在一个很长的时期内，"循环运动"曾被批判为是形而上学的，其实它是辩证法的。循环运动是世界事物运动的基本规律，任何事物的运动变化都采用循环的形式，都遵循这个规律。没有循环，就不可能有无限性，不可能有持续发展。

自然生态系统的演化是无限发展过程。它之所以能无限发展，是因为生态系统是物质循环系统，循环运动是它的基本特征。生命生生不息，因为生命现象从一个过程到另一个过程，最后一个过程又导致第一个过程，使生命成为自我保持系统。生物圈的物质运动是物质循环、转化、再生的过程，包括生命元素的转化和再生，营养物质的转化和再生，从而使环境资源转化和再生，整个生态系统的结构和功能转化和再生。生态系统的生存，进入生态系统的物质和能量，在一种有机体利用之后，转化为另一种有机体可以再利用的形式，在生态

食物链上没有废物，这是一个废物还原和废物利用的过程。循环是生态系统最基本的特征；循环使生态系统成为自我维持系统；没有循环，就不可能有生态系统的持续发展。循环是生态系统的"生存智慧"。

物质循环是物质运动的普遍形式。马克思说："事物在直进中没有无限性，在循环中则有。"人类社会的物质生产之所以出了问题，主要在于它是线性的非循环过程。它按照"原料—产品—废料"的模式，在直进中以排放大量废料为特征。这样造成了资源破坏和环境污染，出现了不可持续发展的局面。运用"阴阳消长"的规律，设计社会物质生产的物质循环利用系统，实现废物还原和废物利用，这是可持续发展的重要途径。

4. "三才之道"，可持续发展之道

"三才者，天地人"是《周易》在解说世界时，提出的世界结构模式。"三才"的天、地、人是世界最重要的三大要素。但是这三者并不是并列的，"有天地，然后有万物；有万物，然后有男女"（《周易·序卦传》）。人是天地万物的一部分，天、地、人既相互独立，又紧密联系；它们相互作用、相互依赖，构成和谐统一的整体。这是《周易》的世界结构模式。

"三才之道"研究天的法则、地的法则、人的法则，人类行为要效法大自然的规律，"天地变化，圣人效之"，行"三才之道"，是遵循自然法则，以实现人类的目标。这种思想是与现代生态学思想完全吻合的。按照现代生态学的观点，世界是"自然—经济—社会"复合生态系统。现代世界是自然、经济、社会三大要素相互作用构成的完整的生态系统。现在的问题是，这三者业已失去平衡，从而出现不可持续发展的局面。因而从生态哲学的观点出发，所谓"可持续发展"是指自然、经济、社会这三个相互联系不可分割的复合生态系统的持续发展，即生态可持续性、经济可持续性、社会可持续性，三者缺一不可。

"人与天地相参"，这就是自然、经济、社会三者的持续发展，这是人类社会发展的目标。

5. "和而不同"，生物多样性保护的思想基础

"和合"二字最早见于甲骨文、金文，表示和谐。张立文认为，和合是中国文化的精髓，也是被各家各派所认同的普遍原则。无论是天地万物的产生，人与自然、社会、人际关系，还是道德伦理、价值观念、心理结构、审美情感，都贯穿着和合思想（张立文，1996）。

和合作为中国古代哲学的重要概念，它不仅指和谐，而且包含天人之际的广泛内容。这里仅从它的"多样性"含义，认为它是当今人类面临的重要任务——保护生物多样性。西周末年，史伯提出"和实生物，同则不继"的深刻思想，主张世界是多样性的统一。"和，故能生万物"，这一思想为历代哲学家认同和发展。例如：《周易》的"太和"；孔子的"和为贵"；老子的"知和日常"；荀子的"天地合而万物生"；董仲舒的"和者天地之所生成也"；《吕氏春秋》的"凡乐，天地之和，阴阳之调也"；等等。

多样性是世界的基本特征。地球上人和所有生灵以生物多样性为持续生存的条件。一片森林只长一个树种，会造成虫害泛滥，它不可能持续发展；只有"杂"才能"丰长而物生之"。其他万事万物也如是。人类的持续生存是和其他生物紧密地联系在一起的，其他生物没有了，哪有人类的持续发展？

中国古代的"和合"哲学有助于人们认识生物多样性的意义，指导人们保护生物多样性的行动，维护可持续发展的条件。

6. "道法自然",可持续发展的方法论原则

"道法自然"是道家哲学的核心观点。老子以"道"表述对世界的看法,"道"先于天地存在,它产生了天地,是天地万物的根源;它是天地万物运行的规律;它又是人类追求的最高境界。老子认为世界有"四大":道大,天大,地大,人大;它们的关系是,人要依地的法则,地要依天的法则,天要依道的法则,这是"道法自然"。人要按照自然规律办事,而且只有"道法自然"才是符合道德的。

"道法自然""尊道贵德"是"道家自然哲学"。它表述了人类遵循自然界的法则,这既是客观规律,又是人类的"至德",也是人类可持续发展的哲学。

7. 其他重要古代哲学思想

中国古代哲学内容丰富深邃,覆盖人—自然—社会的各个层面。还有很多思想精髓可以为现代社会经济发展提供借鉴和启示。如佛教的敬畏生命,反对杀生;儒家的敬重生命,顺应自然;道家的"无为而治"等,都主张人与自然和谐相处。特别是老子在《道德经》中提到:"不贵难得之货,使民不为盗;不见可欲,使民心不乱""五色令人目盲;五音令人耳聋;五味令人口爽;驰骋畋猎,令人心发狂;难得之货,令人行妨""少私寡欲,见素抱朴"。"不贵难得之货"的观念是彻底反对物质主义的,直击现代工业文明的物质主义要害。物质主义是深深渗透在制度和大众积习之中的价值观,它告诉人们只有物质才是真实的,人生的根本意义就在于占有科技含量高、设计精美、装潢漂亮的商品(难得之货),就在于尽可能地进行高档次的消费。现代工业文明之所以在生态危机中越陷越深,就是因为这种价值观已深深渗透在制度和大众心理中,现代制度激励甚至胁迫人们拼命赚钱,及时消费。几十亿人拼命赚钱和及时消费的生产生活方式与资本逻辑相互成就,即"大量开发、大量生产、大量消费、大量排放"。这种生产生活方式和经济发展逻辑正日益污染着环境,破坏着地球的生态健康,不反思物质主义带来的生态危机,人类很难实现可持续发展。

人们应该从中国古代哲学思想中汲取营养和智慧,寻找解决现代工业文明造成的生态危机的根本途径。

(三)生态哲学的学科体系

生态哲学的学科体系包括本体论、认识论、方法论和价值论等,余谋昌(2000)、卢风(2016,2019)等都做了系统而精辟的论述,总结如下。

1. 生态哲学本体论

经典哲学认为世界的存在是物质的,物质是第一性的,因而以物质为本体。

传统哲学是牛顿-笛卡尔世界观,是建立在牛顿力学和数学基础之上的,涵盖机械论、二元论(主-客体)和还原论的观点和思维方式,其基本取向是以利用和征服自然为目标,不断实现人对自然的支配。

经典哲学认为客体是第一性的,而关系特征(relationships characteristic)是从属的,而从生态学的角度,生态关系决定了有机体(生物)的本性,而不是有机体的本性决定了生态关系。

生态哲学认为,世界是"人—社会—自然"复合生态系统,世界本原(本体)不是纯客观的自然界，也不是纯粹的人，而是"人—社会—自然"复合生态系统的整体。这是现代生态学的看法。生态哲学本体论主要进行生态观和生态学主要规律的研究。

生态学的基本观点是整体论，它认为世界是有机整体，生态系统是一个整体性存在，整体性是生态系统最主要的客观性质，包括和谐性、有序性和动态性。整体性是生态学的真谛，是生态哲学的基本观点。

2. 生态哲学认识论

传统哲学以机械论世界观为基础，认为世界是完全可知的，按照还原论把统一的世界分割为各种部件，人通过对这些部件的认识了解世界，科学不断朝分化的方向发展。主张"二元论"，认为主体与客体、心与物严格二分，一切非人自然物都是物理的，它的学科基础是经典物理学、数学，追求"自然的终极定律"，强调独断理性主义、科学万能论和决定论。

生态认识论是以生机论或生成论（有机论）为基础的，认为大自然是"一个活的整体（a living whole）"，是一个"忙碌的共同体"，它们无法还原为各个部分的总和。普利高津曾说："大自然确实涉及对不可预测的新奇性的创造，在大自然中，可能性比实在性更加丰富。"即大自然具有创造性，大自然是生生不息的，随时有新事物产生（涌现）。"天地之大德曰生。"它的学科基础是量子力学、生态学、复杂性理论（耗散结构理论等）等新兴学科。生态认识论强调关系先于主体，生态过程比生态结构更重要，认为人类认知存在有限性，人类永远不可能穷尽自然的所有奥秘，信奉谦逊理性主义，反对决定论。

生态认识论不仅研究人的认识，而且认为生物也有认识，即世界有"价值评价能力"：有价值评价能力的人类；有价值评价能力的动物；有价值评价能力的植物；有价值评价能力的物种；有价值评价能力的生态系统；有价值评价能力的自然界。人具有能动性，非人事物也具有一定的能动性。

3. 生态学方法论与生态学思维

经典哲学的方法论基础是还原论或分析论，认为对每一件事最好的理解是结构上的理解。

所谓生态学方法，是用生态学观点研究现实事物，观察现实世界的方法，又称生态学思维，即用生态学的观点思考问题。生态学方法强调"大自然就是变化，就是新事物的持续创生，是在没有任何先定模式、开放的发展过程中被创造的全体"，大自然中充满了"多样性和发展创造"。主要方法包括依据生态学和复杂系统原理进行的生态模型模拟、生态工艺、生态工程和生态设计等。

在所有与生命有关的领域，应用的生态观点主要是：生态系统各种因素相互联系和相互作用的整体性观点；生态系统物质不断循环和转化的观点；生态系统物质输入和输出平衡的观点。生命不能作为单个有机体来认识，生命有机体只是在它与环境相互联系和相互作用的过程中才能存在。这些观点说明与生命有关的现象及其发展变化，揭示各种事物和现象的相互关系和规律性，认识和解决与生命有关的问题。

科学的生态学思维是科学认识的生态学途径，即用生态学观点思考、认识和解决问题。它是在现代科学技术革命及其后果严重性的影响下形成的特殊的辩证思维，特别是生态学向人类生态学发展，它从自然科学发展为综合性科学，自然科学与社会科学的几乎全部新思潮都在这里得到鲜明的表现和现实化。

生态学思维的特点包括全面和辩证地把握所研究的对象的整体性，运用相互联系、相互作用的系统化和网络化的观点，从线性因果关系分析过渡到网络因果关系分析，注重概率统计方法和数学模型方法的应用。它既表示对人的目的、人的作用和人的未来的关切，又表示对地球生态系统、生命多样性和自然环境健康的关切。

生态学不仅仅是一门科学，而且还是一种先进的思想，一种先进的观点，一种先进的实践，具有普遍的意义。人们对自然的认识是基于生态的，由一种抽象的、还原式的和分析性的认识转向参与式的、整体的和综合性的认识。

4. 生态哲学价值论

传统哲学没有价值论，它认为离开人世界无所谓价值可言，发展了一种自然界没有价值的哲学和科学。

生态哲学认为不仅人有价值，生命和自然界也有价值，而且是非常重大的价值。认为可以用"事物的有序性"定义价值。创造价值的过程包括三类：社会物质生产劳动创造劳动价值；自然界的物质生产创造生态价值，生态系统的演化过程就是价值创造的过程；知识的创造和应用创造价值，这是未来社会经济价值的主要创造来源。

5. 从个体主义到整体主义

现代传统哲学强调个体主义的中心地位，否定人本身与其他事物有内在联系，个体主义的世界观有以下3个主要特点：①机械论和人类中心主义是个体主义的哲学基础；②强调个体独立于他人的重要性；③强调个人具有最高价值。个体主义的价值体系包括：①一切价值均以个人为中心，即一切价值都是由人体验的，但不一定是由人创造的；②个人本身就是目的，是具有最高价值的，社会（或其他事物）只是达到个人目的的手段；③一切个人从某种意义上说，在道义上是平等的，即任何个人都不可被作为他人谋取利益的手段。个体主义的主要危害有：个体主义把个人与其他事物孤立出来，把个人价值提高到最高高度，不存在任何公共价值，只有个人价值，允许个人为所欲为；个体主义的自由竞争使社会陷入困境，基于个人意志自由的信仰认为赚钱是唯一的价值，不顾资源和环境的价值，最大限度地消耗自然资源，最大限度地生产新产品，认为"消费更多的物资是好事""充分享受丰富的物质即为美""增加或消费更多的物质财富就是幸福"，发展了掠夺自然的生产方式、消费方式和享乐主义的生活方式，它造成的环境污染、生态破坏等已成为全球性问题，地球没有能力支持这种生产方式和生活方式的发展。

可持续发展要求从个体主义转向整体主义。整体主义以生成论或有机论和生态中心主义为哲学基础，强调人是自然界的一员，是"人—社会—自然"整体系统的一部分。强调整体主义的"自我实现"原则，即从个体主义的"小我"到整体主义的"大我"的转变。整体主义认为人的价值是由与他人、与其他存在的关系所决定的，"只有把个人融入集体，才能体现完整的自我价值"。这种自我认同和实现是人的潜能的充分展现，可使人进入真正的人的境界。"自我实现"原则能够引导人去自觉地维护生态环境，实现人与人、人与自然的和谐相处。

【复习思考题】

一、名词解释

1. 生态平衡

2. 外部性
3. 熵
4. 非平衡态
5. 耗散结构

二、简答题

1. 简述系统的基本结构及三种类型。
2. 简述生态系统的特性及规律。
3. 简述泰勒生物中心主义伦理的"四个一般性责任"及其意义。
4. 简述热力学第二定律与经济可持续发展之间的关系。
5. 简述中国古代"和合"哲学对自然界生物多样性保护与人类和平发展的作用与启示。
6. 简述耗散结构需要满足的四个条件。

三、论述题

1. 请论述传统哲学与生态哲学的区别与联系。
2. 请论述整体主义的"自我实现"原则的意义及价值。
3. 请论述生态哲学价值论的现实意义及指导作用。
4. 请论述生态经济学的基本原理及其根本任务。

第三章

生态经济学与其他理论的关系

从自然界演化尺度上看,代际公平的意义远大于代内公平。工业革命以来,人类向大自然索取的是不是太多了?未来能向子孙后代交接一个什么样的地球?从更长时间尺度上看,经济增长的意义到底是什么?

——编者,2020

【导读材料】

"不幸福的经济学"

巴西前农业部长、经济学家何塞·卢林贝格提出了"不幸福的经济学"假设,他曾举了一个非常有趣的例子。有两位母亲,原来各自在家中抚养自己的孩子,因为是自己的孩子,所以母亲尽心尽力,孩子们也充分地享受着母爱和幸福。但国民经济不会因为她们的劳动而产生任何变化。后来,这两位母亲来到劳动力市场,双双作为保姆到对方家里照管对方的孩子。她们的劳动因此而产生了经济效益,当地的国民生产总值也因此得到了相应的提高。但双方的孩子享受到的只是保姆而不是母亲的抚养。这不是"不幸福的经济学",又是什么?

同理,为了追求产量,人们向田里倾注大量的农药和化肥,这些化学物质不断地改变土壤的成分,最后的结果就是土地质量下降,作物无法生长。遭受损害的不仅是土地,还有人们自身的健康。同样,在现代城市中,生活的节奏越来越快,对都市人身心健康的损害就像果蔬的农药残留在人体内一样,慢慢累积。原本工作是为了生活,但当工作的压力直接威胁到生活的主体——人的身心健康时,那工作的意义又是什么呢?人们在关注经济的增长速度之时,是不是更应关注"幸福"的增长速度?

【学习重点】 重点了解生态经济学与其他关联学科的联系与区别。首先,生态经济学作为一门新兴的经济科学,有其独立的研究对象,在学科体系上要使其同其他相关学科区别开来。其次,由于它是边缘学科,就必然和其他相邻学科存在着一定的内在联系,但这种联系并不使它丧失独立性。因此,明确它与一些相邻学科的联系和区别,对于进一步弄清生态经济学的性质和特点是十分必要的。

第一节　生态经济学与环境经济学

生态经济学与环境经济学有着十分密切的关系，它们都是在现代生产力迅速发展、人口不断增加、资源急剧耗损、生态环境严重破坏的背景下产生的，是两门相互关联但不能相互替代的新兴学科。

一、生态经济学与环境经济学之间的联系

环境经济学研究经济发展与环境保护之间的关系，即研究环境与经济协调发展的理论、方法和政策，其研究重点是无法进行商品性开发的、以外部性为主要功能的环境资源（厉以宁，1995）。环境经济学和生态经济学之间的联系在于：第一，两者在研究理论上存在着对应性，如环境经济学将环境保护纳入宏观经济目标，纳入国民收入核算体系，进行环境-国民收入均衡分析，正是符合和体现了生态经济学的发展观，修正了以往单一的经济增长观。第二，在实践和应用上，生态经济规律的研究和认识程度往往决定了环境经济手段的研究和落实程度。如对农业生态经济模式的认识，经历了从自然农业、现代石油农业直到今天以生态农业为主的持续农业模式。在这期间，人们对农业的环境经济政策经历了从没有到制定、实施的过程。第三，生态经济学与环境经济学往往综合地应用在一起，即应用时表现出综合性。另外，生态经济学和环境经济学的联系，还表现在两者在学科发展上存在着相互延伸、促进和融合的特点。如有些生态经济学家研究了生态环境问题与通货膨胀的关系，提出了生态资本的观点，这显然涉及了商品经济、市场经济等具体问题。而环境经济学则也经常考虑经济系统与环境的关系，并直接利用生态经济学的一些观点（表 3-1）。

表 3-1　生态经济学与环境经济学的比较

比较项目	环境经济学	生态经济学
经济根源	以个体经济为基础的新古典学派	古典经济学
系统目标	经济增长	永续生存
系统范围	视环境为外部性	视环境为生产部门
系统特性	资源可代替性	资源的互补性
评价依据	个人主观偏好和意愿价格	具有生物物理基础的能量分析法

注：资料来源于严茂超，2001。

二、生态经济学与环境经济学之间的区别

从研究对象的侧重面来看，两个学科有明显的区别。生态经济学侧重于研究社会经济与生态系统、生态平衡的相互关系，而环境经济学则侧重于研究经济增长与环境保护的关系。两者不但研究的对象不同，而且分工侧重研究的细致程度也不同。例如，有些生态经济现象中既包含生态经济问题又包含环境经济问题。生态经济学主要从生态经济方面进行研究（其中包括某些环境的内容），环境经济学则主要从环境经济方面进行深入

研究。生态经济学与环境经济学是两门独立的经济学科，因此它们是不可相互取代的。

生态经济学比较偏重于古典经济学派，尤其以具有生物物理原则的生产理论为基础；环境经济学则以新古典理论为基础，偏重于个体经济。环境经济学对科技发展极其乐观，强调经济成长；生态经济学则强调地球资源是有限的，应维持生命支持系统，使经济发展建立在生态可持续发展的基础上。由于环境经济学是经济学的分支学科，因而其系统范围仍局限于经济系统，自然环境则被视为外部性；生态经济学则广义地涵括生态系统与经济系统，环境为整个生态经济的生产部门。在系统的生产过程方面，环境经济学假设生产要素间是可以替代的，以取得最佳资源配置；生态经济学则由生物物理观点，强调生产要素间具有互补性，不可相互替代。环境经济学以愿付成本方式来评价自然环境，生态经济学则认为其属于个人主观偏好判断。生态经济学在评价自然资产以及生态功能时，强调必须以生物物理为基础，以生态能量分析为最常用的综合分析生态系统与经济系统的方法。

生态经济学和环境经济学之间的区别在于：环境经济学最初的目的是在有市场机制条件下，对厂商或消费者进行管理，控制污染，实现经济与环境的协调发展。因此，其理论基础必然是西方经济学，特别是福利经济学，如效用理论、外部性理论等。使用的方法主要是边际分析方法、均衡分析法以及影子价格、机会成本等。环境经济学的研究对象，可以抽象为外部性问题，研究目的则是外部性的内在化，只有尽可能地实现内在化才可能实现市场经济条件下环境问题的有效解决。两门学科在性质上的区别是生态经济学具有边缘学科性质，它是生态学科与经济学科及其他学科相互渗透与交叉形成的边缘学科。环境经济学则不同，它是西方经济学对环境问题总的看法和认识，是由新古典经济学、福利经济学逐渐演化而来的，是西方经济学逻辑体系的自然延伸和组成部分。可见，环境经济学是西方经济学的一个分支。环境经济学适合于市场经济，而不适用于计划经济。计划经济下的环境问题应是一个技术问题。

生态经济学和环境经济学的区别最终表现在两者的理论体系和学术观点是不同的。生态经济学研究了生态经济系统的结构和功能，研究了生态平衡与经济平衡的关系，生态效益与经济效益的关系，生态供给与经济需求的矛盾；提出了生态经济系统演替的特征和生态经济持续发展的模型，并分析了生态经济不能持续发展的原因是生态系统存在着一个负反馈机制，而经济系统则存在一个正反馈机制，这样经济无限增长与生态供给的有限性决定了不可持续性的出现。生态经济持续发展的根本在于生态经济系统必然要形成一个负反馈机制。负反馈机制的实现既需要生态自动调节机制，也需要人类的自觉理性行动。在实践上生态经济学研究规划了从全球到区域生态经济系统的持续发展，工业、农业生态经济最优模式等。总之，生态经济学是研究生态经济系统内经济、技术、资源、环境、人口诸要素协调发展的学科。环境经济学则全然不同，它主要针对环境问题，特别是环境污染问题。依据西方经济学特别是福利经济学的理论，从微观上提出了环境问题的外部性特点，并认为环境污染控制的最优水平应该是社会纯收益最大化时的污染水平。环境经济学也分析了环境问题产生的经济学根源，分析了各种环境手段理论依据和特点，提出了环境问题防治的经济对策，提出了将环境价值货币化的方法，并进一步研究了环境工程的成本效益分析方法。从宏观上，环境经济学提出了考虑环境问题新的国民核算体系，分析了环境保护与市场经济的关系等。

第二节 生态经济学与资源经济学

资源经济学的研究给生态经济学提供了一定的帮助，生态经济学研究地球生态系统的物质、能量循环和流动以及如何才能达到可持续发展，资源经济学所研究的各种资源的利用和资源的跨代分配等问题正是可持续发展所关心的经济发展需要代际公平理论的重要内容。因此，从某种意义上说资源经济学可以包括在生态经济学之内，它是生态经济学研究内容的一部分。

一、资源经济学与生态经济学的内涵

资源经济学认为经济的本质是人将自然资源转换为生存资料。资源有社会资源和自然资源之别。社会资源包括人力、知识、信息、科学、技术以及累积起来的资本及社会财富等，其突出特征是累积性和可变性。自然资源包括土地、森林、草原、降水、河流湖泊、能源、矿产等，其本质特征是有限性，且其中一些类型的资源是不可再生的。与循环经济研究有关的资源经济学内容包括供求关系、价格和税收对供求关系的影响等。能否形成产业之间的"废物变原料"的联系，最终由资源经济学决定。

国内外在资源经济学研究对象的研究上，主要存在两方面的问题：一是在研究对象的外延和内涵上，没有划清资源经济学、环境经济学和生态经济学三者之间的界限；二是把资源经济学变成自然资源有效配置或最优利用的经济学。

资源经济学与生态经济学应该作为相互联系和平行的经济学分支学科，它们的共性是都以经济活动为研究对象。其个性特点表现在如下几个方面：一是资源经济学的研究对象是资源经济活动。这种经济活动是以营利为目的的资源企业从事的经营活动，追求的是企业经济效益，其产品为产权明晰的私人商品。二是生态经济学的研究对象是自然生态保护和破坏与恢复、建设经济活动，简称生态保建经济活动。这种经济活动是由国家出资或公共集资开展不以营利为目的的公益性经济活动，追求的是环境效益、生态效益和社会经济效益，其"产品"为公共物品。

自然资源的有效配置或利用是决定和制约国民经济发展的重要因素之一，以它为研究对象建立一门经济学分支学科，用以指导自然资源的配置和利用是很有意义的，但它不能代替"资源经济学"。而且，用这样的经济学来指导资源产业的经济发展，是远远不够的，应该建立名副其实的资源经济学。它的研究对象为资源经济活动，即资源的生产和再生产过程，包括相应的交换、分配（配置）和消费（利用）环节。这里的"资源"包括自然资源和资源品。从而，资源经济学的研究对象应该包括两大部分：一是自然资源的生产和再生产过程，包括相应的交换、分配（配置）和利用环节。这里的再生产过程为自然生产过程与社会生产过程的统一。对于不同种类的资源来说，将此过程纳入资源经济学研究的内容又有区别。如矿产资源再生产过程为矿产资源的勘查、评价、异地接替和可再生资源替代的循环往复过程。由于矿产资源的自然生产过程十分漫长，超出了经济学研究的时间尺度界限，一般不纳入资源（包括矿产资源）经济学的研究范围；耕地资源再生产过程为耕地保护、地力恢复和土壤改良等的循环往复过程；草地资源再生产过程为育草、防治退化、防治沙化、防治草害

等的循环往复过程等。其中的交换环节包括人与自然之间的交换和人与人之间的交换。二是资源品的生产和再生产过程。这两部分生产过程是首尾相接的，是整个资源生产过程的两个阶段。资源再生产过程又是物质效用再生产过程与生产关系再生产过程的统一过程。因此，作为资源经济学研究对象的资源经济活动，是资源生产力与生产关系的统一，或资源经济制度、资源经济运行和资源经济发展的统一。

二、资源经济学的研究方法

资源经济学是一门跨度大、综合性强、应用性强的边缘交叉学科，必须运用多层次多种类的方法体系来进行研究。这个方法体系大体分为以下三个层次。

第一层次是资源经济学的哲学基础或哲学意义上的方法论，即基本方法论。它是哲学思潮或流派影响（常通过潜移默化的方式）经济学家的意识，并内化为他们的思维方式或方法意识，再体现在他们的研究活动和理论之中的结果。它讨论的是资源经济学的价值观、真理观和科学观之类的根本性问题。主要内容有：对资源经济学研究对象的哲学思考或资源经济世界观；如何认识和判断资源经济学的科学性和真理性；如何看待资源经济活动主体（个人及其群体）；资源经济学和经济学家的价值标准是什么等。人们通常说的西方资源经济以功利主义、个人主义和自由主义（或统称为个人功利主义）为基础，马克思主义资源经济学以辩证唯物主义和历史唯物主义为基础，就是指它们分别以这两种哲学思潮作为各自的基本方法论。

第二层次是资源经济学的思维原理和方法，或者说是经济学家观察经济事实、从事理论研究、构建理论体系的方法。诸如归纳法、演绎法、抽象法、分析和综合法、总量分析法、结构分析法、规范分析法、实证分析法、动态分析法、静态分析法、存量分析法、流量分析法等。这些方法的具体内容在教科书上都可看到。唐咸正等用经济细胞方法来建立资源经济细胞价值理论（为一般经济细胞价值理论的特殊形式），以此理论作指导来认识资源经济社会中的各种关系或资源社会生产中的各种矛盾，用资源细胞演化方法（属于发生学方法的特殊形式）来建立资源经济学理论体系。该方法是唐咸正等在 20 世纪 70 年代研究《资本论》方法论时发现的，并在近 10 年来创立细胞价值理论过程中逐步完善起来。其基本内容为：①具有复杂结构的经济细胞，即两种形式的经济细胞；②经济细胞演化成社会经济器官和整个个体。

第三层次是资源经济学的技术性方法，即为了使资源经济学理论更趋完善和精确化而对特定研究对象或理论所采用的具有技术性质的具体方法。例如：数学方法、统计方法、心理分析法、边际分析法、投入产出分析法、成本-收益分析法、均衡分析法、时间路径分析法、逻辑框图分析法等。

三、资源经济学的学科体系

要构建资源经济学的学科体系，需要研究反映资源经济学研究对象——资源经济活动的众多概念之间的内在联系，即要研究此概念体系的逻辑结构。同时，还要研究此逻辑结构的表现形式——资源经济学的叙述结构或章节结构。

资源经济学的逻辑结构，即资源经济学的概念体系。它是一张全面反映资源经济活动的巨网，其中的每一个概念就是这张巨网上的一个网结。要编织成一张完整的网，需要解决四个问题。

（一）逻辑起点和起始范畴

资源是资源产业生产的财富。单个资源体是这种财富的元素形式。作为经济细胞的资源，包含资源经济社会的一切矛盾或矛盾的胚芽，资源经济这个社会经济有机体就是由资源经济细胞发育生长起来的。故资源经济细胞理论是资源经济学的逻辑起点，资源是资源经济学的起始范畴。

（二）核心范畴

资源和资源价值两个范畴都包含资源经济社会的一切矛盾和矛盾的胚芽，但资源范畴没能把资源（客体）对主体（所有者）的经济意义包含其中，而资源价值范畴包含了这一经济意义。研究经济意义是经济学不可或缺的任务。故比较这两个范畴，资源价值范畴更能担当核心范畴的重任。资源价值又有毛（总）价值与净价值之分，但又以资源净价值最能反映资源（客体）对主体的经济意义，故资源净价值是资源经济学的核心范畴，资源经济学的其他范畴、概念都受它的制约或主导，或者是它的展开，或者是由它引申出来的。

（三）理论主线

资源经济学的理论主线是资源价值规律，此规律可概括为：资源的价值由资源生产的产出和投入共同决定，资源的交换以价值为基础，由让渡的有用属性份额及其权利来规定交换比率。资源价值规律是社会根本矛盾——人类需要的无限性和可用来满足人类需要的各种资源的效用的有限性的矛盾——在资源经济领域的表现形式，它着重反映的是解决社会根本矛盾（即认识世界和改造世界）过程中产生的"得"和"失"的矛盾。这一资源价值的内在矛盾是贯穿资源经济学始终的逻辑主线。

（四）统一概念的方法

用来统一资源经济学概念群的方法是经济细胞方法。在运用此方法之前需要明确资源经济学的两个特点。其一，它是国民经济的构成部分。因此，如果把国民经济当作社会生物个体，那么资源经济（产业）就是这个个体的一个器官。故在构造资源经济学概念体系时，就不能生硬地按马克思用经济细胞方法构造《资本论》概念体系那样来构造资源经济学概念体系。其二，资源经济学还有一个不同于《资本论》的特点，对于《资本论》来说，资本是它的核心范畴，马克思用资本的生产过程、资本的流通过程和资本主义生产的总过程的三分结构来构造资本主义经济的逻辑结构。对于资源经济学来说，也不能把资源资本（或资产）当作资源经济学的核心范畴，用资源资本（资产）的生产过程、资源资本的流通过程和资源资本生产的总过程的三分结构来构造资源经济学的逻辑结构。因为不是所有的自然资源都能或都要转化为资本或资产，也不是所有的自然资源都能或都要进入市场，但这些不能或不要转化为资本或者进入市场的自然资源也需要成为资源经济学的客体研究对象。基于这两点认识，应该用二分法来构造资源经济学的逻辑结构：①资源的生产过程和资源价值的形成过程。这一部分主要分析两种形式的经济细胞（资源内涵模式和资源价值模型）是怎样形成的，以及又是如何由资源形式的细胞生长成资源企业和资源产（行）业的。②作为国民经济有机体器官的资源产业，通过提供资源供社会消费（利用）来发挥其社会功能。这一部分的中心任务是分析资源的优化利用，为此先要分析资源的优化配置，在此之前还要弄清资源家底，从实物量和价值量两个方面对资源进行核算，并分析地球自然系统的经济服务承载力。最后，分析资源的利用效果及如何把资源纳入《环境和经济综合核算》（SEEA）问题。

第三节　生态经济与循环经济

循环经济的理论基础应当说是生态经济理论。生态经济以生态学原理为基础，经济学原理为主导，以人类经济活动为中心，运用系统工程方法，从最广泛的范围研究生态和经济的结合，从整体上去研究生态系统和生产力系统的相互影响、相互制约和相互作用，揭示自然和社会之间的本质联系和规律，改变生产和消费方式，高效合理利用一切可用资源。简言之，生态经济是一种尊重生态原理和经济规律的经济。它要求把人类经济社会发展与其依托的生态环境作为一个统一体，经济社会发展一定要遵循生态学理论。生态经济所强调的就是要把经济系统与生态系统的多种组成要素联系起来进行综合考察与实施，要求经济社会与生态发展全面协调，达到生态经济的最优目标。

一、生态经济与循环经济的共性

循环经济以资源高效利用和循环利用为核心，以"3R"［即减量化（reduce）、再使用（reuse）、再循环（recycle）］为原则，以低消耗、低排放、高效率为基本特征，以生态产业链为发展载体，以清洁生产为重要手段，达到物质资源的有效利用和经济与生态的可持续发展。循环经济与生态经济既有紧密联系又各有特点。从本质上讲，循环经济就是生态经济，就是运用生态经济规律来指导经济活动，也可称是一种绿色经济，是"点绿成金"的经济。它要求把经济活动组成为"资源利用—绿色工业（产品）—资源再生"的闭环式物质流动，所有的物质和能源在经济循环中得到合理的利用。循环经济所指的"资源"不仅是自然资源，而且包括再生资源；所指的"能源"不仅包括一般能源（如煤、石油、天然气等），还包括太阳能、风能、潮汐能、地热能等绿色能源。注重推进资源节约、能源节约、资源综合利用和推行清洁生产，以便把经济活动对自然环境的影响降低到尽可能小的程度。循环经济与生态经济推行的主要理念如下。

（1）新的系统观　循环经济与生态经济都是由人、自然资源和科学技术等要素构成的大系统。要求人类在考虑生产和消费的同时不能把自身置于这个大系统之外，而是将自己作为这个大系统的一部分来研究符合客观规律的经济原则。要从自然—经济大系统出发，对物质转化的全过程采取战略性、综合性、预防性措施，降低经济活动对资源环境的过度使用及其对人类所造成的负面影响，使人类经济社会的循环与自然循环更好地融合起来，实现区域物质流、能量流、资金流的系统优化配置。

（2）新的经济观　　就是用生态学和生态经济学规律来指导生产活动。经济活动要在生态可承受范围内进行，超过资源承载能力的循环是恶性循环，会造成生态系统的退化。只有在资源承载能力之内的良性循环，才能使生态系统平衡发展。循环经济是用先进生产技术、替代技术、减量技术和共生链接技术以及废旧资源利用技术、"零排放"技术等支撑的经济，不是传统的低水平物质循环利用方式下的经济，要求在建立循环经济支撑技术体系上下功夫。

（3）新的价值观　　在考虑自然资源时，不仅仅将其视为可利用的资源，还需要维持良性循环的生态系统；在考虑科学技术时，不仅要考虑其对自然的开发能力，而且要充分考虑它对生态系统的维系和修复能力，使之成为有益于环境的技术；在考虑人自身发展时，不仅要考虑人对自然的改造能力，而且更应重视人与自然和谐相处的能力，促进人的全面发展。

（4）新的生产观　　就是要从循环意义上发展经济，按照清洁生产、环保要求从事生产。该生产观念要求充分考虑自然生态系统的承载能力，尽可能地节约自然资源，不断提高自然资源的利用效率，并且要求从生产的源头和全过程充分利用资源，使每个企业在生产过程中少投入、少排放、高利用，达到废物最少化、资源化、无害化。上游企业的废物成为下游企业的原料，实现区域或企业群的资源最有效利用，并且用生态链条把工业与农业、生产与消费、城区与郊区、行业与行业有机结合起来，实现可持续生产和消费，逐步建成循环型社会。

（5）新的消费观　　提倡绿色消费，也就是物质的适度消费、层次消费，是一种与自然生态相平衡的、节约型的低消耗物质资料、产品、劳务和注重保健、环保的消费模式。在日常生活中，鼓励多次性、耐用性消费，减少一次性消费，这是一种对环境不构成破坏或威胁的持续消费方式和消费习惯。在消费的同时还应考虑废弃物的资源化，建立循环生产和消费的观念。

二、生态经济与循环经济的区别

生态经济与循环经济的主要区别在于：生态经济强调的核心是经济与生态的协调，注重经济系统与生态系统的有机结合，强调宏观经济发展模式的转变；循环经济侧重于整个社会物质循环应用，强调的是循环和生态效率，资源被多次重复利用，并注重生产、流通、消费全过程的资源节约。生态经济与循环经济本质上是一致的，都是要使经济活动生态化，都是要坚持可持续发展。物质循环不仅是自然作用过程，而且是经济社会过程，实质是人类通过社会生产与自然界进行物质交换，即自然过程和经济过程相互作用的生态经济发展过程。确切地说，生态经济原理体现着循环经济的要求，正是构建循环经济的理论基础。

生态经济、循环经济理念的产生和发展，是人类对人与自然关系深刻认识和反思的结果，也是人类在社会经济高速发展中陷入资源危机、环境危机、生存危机之后深刻反省发展模式的产物。由传统经济向生态经济、循环经济转变，是在全球人口剧增、资源短缺和生态蜕变的严峻形势下的必然选择。客观的物质世界处在周而复始的循环运动之中，物质循环是推行与自然和谐发展、与新型工业化道路要求相适应的一种新的生产方式，是生态经济的基本功能。物质循环和能量流动是自然生态系统和经济社会系统的两大基本功能，处于不断的转换中。循环经济则要求遵循生态规律和经济规律，合理利用自然资源与优化环境，在物质不断循环利用的基础上发展经济，使生态经济原则体现在不同层次的循环经济形式上。循环经济在发展理念上就是要改变重开发、轻节约，片面追求GDP增长，重速度、轻效益，重外延扩张、轻内涵的传统经济发展模式，把传统的依赖资源消耗的线性增长经济，转变为依靠生态型资源循环来发展的经济。它既是一种新的经济增长方式，也是一种新的污染治理模式，同时又是经济发展、资源节约与环境保护的一体化战略模式。

三、循环经济的几点特性

随着时间的推移，以"资源—产品—废弃物"为主体的开环流程对社会造成的负面影响越来越大，循环机制再次得到关注。经济流程从闭环到开环，再从开环到闭环，绝不是简单的重复，而是建立在更高层次上的否定之否定。在循环方式上发生了五大变化，即从企业内的循环提升为企业间的循环，从农业内的循环提升为三次产业间的循环，从社区内的循环提升为区域间的循环，从小尺度的循环提升为大尺度的循环，从旨在经济效益最大化的循环提升为旨在人与自然最和谐的循环。实现自然和谐的循环难，实现经济和谐的循环更难，实现经济和谐与自然和谐有机统一的循环难上加难。现有的知识体系、政策体系和体制安排还不足以解决已经面临和将要面临的一些困难，所以循环经济的实现绝不可能一蹴而就。对此，必须要有清醒的认识，必须树立打持久战的决心，必须积极投身于旨在克服这些困难的理论与政策创新。概括起来循环经济具有以下特性。

（1）循环经济是一种理念　所谓循环经济，人们说的比较多的是将资源流程由开环转为闭环。其实，从更高、更远的含义上看，随着科技发展，应将经济和社会的可持续发展建立在可再生资源的基础上，建立在外部可再生能源的基础上。换言之，循环经济理念必须依赖于生物科技革命、资源利用技术革命和能源革命的支撑才能变为现实。

（2）循环经济是一种方法论　人类社会发展的螺旋式上升，就是不断递进的循环。从方法论上说，一是要认真地向自然学习，人们过去向自然学习，观察的对象是单个生物，今后要把生态系统定为观察对象，将对应于单个生物的仿生学提升为对应于生态系统的仿生学。二是要认真地向人类历史发展进程学习，通过否定之否定的跃迁，把经济和社会发展建立在可再生资源和可再生能源的基础上。三是要认真地反思自己的不足，不断地学习和改进，把事情做得好些、好些、再好些。

（3）循环经济是一项任务　作为一项贯穿于人类社会发展全过程的永久性任务，它的发展目标会随着社会的发展不断提升，它的发展阶段会随着经济的发展不断递进。对于一个国家或地区，循环经济能达到的水平取决于政府和人民对社会可持续发展的认识水平，更取决于这个国家或地区的经济发展水平。所以，发展循环经济要有高屋建瓴的战略构想，要有尽可能地拓展循环经济的发展领域的追求，同时又要认真识别亟待付诸实践的领域。在发展循环经济的第一阶段，应该着重于资源尤其是能源方面的产业，提高其使用效率，并循环利用。

第四节　生态经济学与产业生态学

产业生态学是模仿自然生态学建立起来的一门学科。1997年耶鲁大学和麻省理工学院合作出版了全球第一本《产业生态学杂志》。该期刊主编Reid Lifset在发刊词中提出："产业生态学是一门迅速发展的系统科学分支，它从局部、地区和全球三个层次上系统地研究产品、工艺、产业部门和经济部门中的能流和物质流，其重点是研究产业界在降低产品生命周期中的环境压力的作用。"产业生态学试图仿照自然界的物质循环，通过企业间的系统耦合，使产业链显示生态链的性质，实现物质循环利用和能量的多级传递、高效产出和资源的永续利用。在自然生态系统中，生产者的生产量、消费者的消费量和再生者是相对简单而稳定的，但生态工业系统无论是技术水平还是相互之间的联系，还远没有达到自然界的水平。

一、生态产业的宏观特征

最近十多年来，旨在克服资源与环境危机的生态技术创新，已呈星星之火可以燎原之势。在经济发展的过程中，特定的经济增长方式总是和特定的资源结构联系在一起的，并随着资源结构的变化而变化。具体地说，反映资源稀缺程度的价格水平的变化会诱发出旨在以相对丰富的资源替代相对稀缺的资源的技术创新，进而改变增长的资源基础。例如，由廉价的石油价格诱发出来的石油农业，正随着石油相对价格的上升而逐渐失去竞争力，并诱发出了旨在替代石油农业的生态农业。也就是说，已有的经济增长方式因资源稀缺性的动态变化而难以为继，是诱发技术创新进而增长方式变换的大背景。生态技术已经渗透到第一次产业、第二次产业和第三次产业。

生态产业作为一种已经出现的客观事物和可以实现的目标，在宏观上具有两个特征：一是在初始阶段，它对环境的负面影响不超过生态阈值；二是在发展过程中，它对环境的负面影响逐渐减缓，收敛于零。这种变化可以用单位产品的资源消耗、污染总量和污染浓度等指标的下降率加以度量。其微观上的特征是采用生态技术，包括以可再生资源替代不可再生资源的技术；以可再生能源替代不可再生能源的技术；通过能级（或物级）变换实现低级能源（或资源）替代高级能源（或资源）的技术；以及通过延长转换链提高能源（或资源）利用效率的技术。这一特征可以用收益与完全成本（生产成本＋环境成本＋使用者成本）趋于边际平衡和收敛于持续最大产量等一系列指标加以考核。

二、生态产业研究的发展过程

具体地说，研究生态产业是出于以下几点考虑。

① 资源与环境危机毕竟要靠行动来解决，不仅要讲清资源与环境正面临危机的道理，更要肩负起寻找环境保护和经济活动和谐的途径，实现环境保护和经济发展的有机统一。

② 初露端倪的生态产业需要进行理论上的总结。

③ 发展生态产业需要切实可行的政策。中国的生态产业，尤其是具有市场竞争力的生态产业，是市场化进程中的产物。

④ 生态经济理论的创新来自生态产业的实践。以剖析现实中协调生态与经济关系的案例为基础，才有可能真正为生态经济理论体系增砖添瓦，才有可能跳出依靠已有的科学组合"生态经济理论体系"的思维定式，尝试从"空想生态经济理论"到"科学生态经济理论"的跃迁。

资源耗竭与环境恶化是生态产业萌发的外在压力。

产业革命以来，人造资本的积累率超过了任何时期，所积累的人造资本总量也大大超过了以往历史的总和。与此同时，自然资源消耗加快和环境趋于恶化等问题也越来越突出。有关经济活动会受到资源承载力和环境容量制约的哲学思辨早就出现了。

例如，马尔萨斯（Malthus，1798）根据其掌握的某些史实和绝对稀缺等概念，归纳、演绎出了他的"人口论"。李嘉图（Ricardo，1817）以可用于生产的优等资源相对稀缺为依据，做出随着经济发展会把越来越差的资源纳入经济利用的范围的结论。穆勒（Muller，1857）分析了静态经济下的增长极限。戴利（Daly，1973）对这些历史文献做了系统的整理，为当代人了解这些思想做出了贡献。

然而，对经典经济增长方式进行全面的反思，把环境危机凸显在世人面前是始于20世纪中期的事情。其中，在社会上引起重大反响的有美国生物学家卡尔逊夫人在1962年出版的《寂静的春天》，梅多斯等于1972年出版的《增长的极限》等。他们的分析框架基本相似，即在自然资源存量已经基本查清和技术作用有限的假定下，利用典型事例和简化的模型（如只包括人口、自然资源、工业资本、农业投资和环境污染几大因子的世界模型），得出人类发展已经面临困境，只有降低甚至停止经济增长进而减少资源消耗量，方能扭转这种趋势的结论。例如，梅多斯等（Meadows et al，1972）根据估计的资源存量数据预测铝的供应将在未来31年内消耗殆尽（2003年），世界黄金只能持续9年（必须在1981年停止黄金生产）；并且认为不能祈望单靠技术的办法摆脱这种恶性循环，只有停止地球上的人口增长和经济发展才能维护全球性的均衡。概括地说，有关资源与环境危机的研究是循着如下线索进行的：20世纪70年代关注的重点是解决不可再生资源耗竭的问题；20世纪80年代关注的重点从耗竭性资源扩展到再生资源，尤其是生物多样性方面；接着，重点又从资源耗竭扩展到环境容量方面。这种变化同多年来的污染积累有关。人们发现，资源和能源的使用还不一定威胁到它们的稀缺性，但使用过程中产生的废气、废水、废物会超过环境容量而造成重大灾难，即环境接受"三废"的容量的有限性可能是最重要的约束条件。

需要指出的是，资源与环境状况恶化不仅会使人们产生忧患，它还会有力地推动旨在解决这些问题的科学研究和技术创新，以及为它们服务的资源与环境立法与管理。根据技术变迁和制度变迁都是由自然资源禀赋变化诱发出来的理论，可以做出以下假说：人类总是在保持其生存环境的前提下选择更为简单的自然资源利用方式，不愿舍易求难，而且人类的知识越有限，越有可能选择更为简单的资源利用方式。在自然资源中，矿物资源的总量是固定的，用一点就会少一点，生物资源可以更新，但保持它的总量不变也非常不容易，所以人口增长会引起人均资源禀赋的减少。人均资源禀赋的下降会使已选择的资源利用方式出现从适宜到不适宜的变化。另外，当人类选择的资源利用方式无法满足社会持续发展的要求之后，人类会进行技术和制度变革，以提高特定人均资源禀赋的承载能力，进而使资源禀赋、资源利用方式和社会持续发展三者继续保持协调。人口增长越快，由人均自然资源禀赋下降所诱发的技术变迁和制度变迁的频率就越高。换言之，资源结构与环境状况的动态变化是生态产业萌发必不可少的外在压力。

这种压力迫使越来越多的科学家将兴趣转移到具体的环境问题上，包括宏观层次的温室效应、酸雨等全球性、地区性的环境问题，微观层次上的城市或农村社区中各环境因子的承载力研究，以及同企业资源配置密切相关的清洁生产研究等。相比较而言，微观层次上的研究项目更为密集，进展更为显著，效果更为突出。

三、技术升级和产业升级：生态产业崛起的内在动力

最初的人类经济是资源承载能力之内的采集经济和狩猎经济。随着人口增长，这种经济越来越难以为继了，人们不得不种植采集来的植物的果实或种子，饲养和繁殖捕获到的动物，而不是马上食用它们，于是形成了原始种植业经济和游牧经济，将资源承载力提高了一大步。在单一的农牧经济中，可利用资源的范围是非常狭窄的。为了更好地满足人类持续增长的各种需要，人们对资源效用的探索越来越深入，完成的技术创新越来越多，纳入可利用资源范围的资源也越来越多。第二次产业和第三次产业是这样逐渐发展起来的，产业结构和技术结构也是这样升级的。例如，人类最初使用的是生物能源，鉴于生物能源的稀缺性逐渐提高以及生物能源的能级难以升级，人们不得不寄希望于利用新能源的技术创新，并先后把煤炭、石油、天然气、核能等纳入能源的范畴。20世纪90年代以来，有关太阳能能级升级的技术创新发展迅速，太阳能将会随着其能级升级技术的日趋完善而发挥越来越大的作用。

如果没有用相对丰富的资源（或能源）替代稀缺资源（或能源）的技术创新，已纳入利用范围的资源（或能源）用一点就会少一点，经济增长总有一天会无法持续下去。所以，只有不断地完成旨在用尚未纳入利用范围的、相对丰富的资源（或能源）替代纳入利用范围的、相对稀缺的资源（或能源）的技术创新，不断地扩大可供利用资源（或能源）的范围，才有可能实现持续的经济增长。从某种意义上讲，人类社会的发展过程就是在人口增长和人均自然资源禀赋下降的诱惑下，通过技术和制度变迁，实现相对丰富的自然资源（包括原先尚未利用的自然资源）对相对稀缺的自然资源（包括因利用过度而急剧减少或耗竭的自然资源）的替代，以及人造资本（包括物质资本和人力资本）对自然资源的替代，扩大可供利用资源的范围，确保社会和经济发展持续性的过程。

早在100多年前，马克思就从产业间技术创新的差异来认识和解释工农差异。他指出，物理学特别是机械学的率先发展，是工业发展领先于农业的主要原因。随着生物科学的发展逐渐赶上物理学、机械学的发展，这种局面将会逐渐消失。由此不难做出如下推理：随着人类进入生物科学、生命科学的时代，经济增长将建立在可再生资源的基础上，不仅工农业科技发展水平的差异不断减少，工农差别也将逐渐消失，整个经济将进入可持续发展阶段。

人类的发展过程从来就不是一帆风顺的。在知识体系很不完善、技术创新能力很低的漫长岁月里，尽管人们一直在努力开展旨在化解资源与环境危机的技术创新，但经济增长方式没有发生根本性的变化。一旦超过资源和环境承载力的临界点，人类往往采用消极的平衡方式来摆脱不可持续的困境。如争夺资源的战争乃至人口迁徙，即使是当今已进入发达阶段的欧洲国家，其发展初期人口与资源、环境承载力的平衡也是同殖民掠夺政策联系在一起的。

然而，人类并不总是以消极的方式应付已纳入利用范围的资源稀缺性提高的危机，随着人类知识体系的逐渐完善，旨在提高资源利用范围和资源利用效率的技术创新能力具有不断

加速的特征。最近50年,我国人口增长了两倍,耕地面积绝对量急剧下降,但粮食供给并不短缺。形成这种局面的因素很多,其中起主要作用的就是生物技术创新。人类在技术创新、技术推广和技术升级方面的能力具有加速增长的趋势,这是经济社会可持续发展的根本保障。

第五节　生态经济学与其他学科的关系

生态经济学除了与上述学科之间有着密切的联系之外,与人类生态学、国土经济学、经济生态学等学科也存在密切的联系。

一、生态经济学与人类生态学

人类社会物质资料的生产、交换、分配、消费等全部经济活动,是人类社会存在和发展的基础。人类生态学的形成历史及其名称的演变,一开始就与"经济"结下了不解之缘。早在20世纪20年代中期,美国社会生态学家麦肯齐首次提出了经济生态学的思想,其含义就把生态学的过程扩展应用到研究社会经济。但是麦肯齐的经济学在事实上并没有什么真正的经济科学的具体内容,而是把植物生态学和动物生态学的概念运用到对人类群落的研究,这一新学科被称为人类生态学。这一学科后来发展成为有它自己独特内容和系统的科学,它主要研究人口、资源、环境三者的关系。

固然,人类生态学与生态经济学研究的客体有重叠的现象,二者的关系也比较密切,但它们终究是两门不同的学科。

1. 学科的对象和性质不同

人类生态学是一门研究人类种群的体质特征、类型、分布及其演变,以及与自然环境和生活条件相互关系规律的科学。它既是社会学的一个组成部分,又是人类学和生态学的一个分支。而生态经济学则研究生态经济系统,是经济科学的一个分支。

2. 研究的侧重点不同

人类生态学是密切联系生态环境,以研究人口的数量和质量为中心的科学,它把其他问题衍生而来的问题加以研究。而生态经济学则是研究人类的经济活动所引起的生态环境、自然资源、经济社会等问题及其解决途径。例如,对现代环境质量和食物成分的变化所带来的人体疾病谱的改变(如新化学物质的致癌、先天缺陷、畸胎、环境过敏症、密闭建筑物综合征等)、遗传疾病外显因素的变化(目前发现的遗传病已达三千种以上,并有增加的趋势,主要是环境因素促使其外显率提高)等问题,人类生态学着重从它们对人类健康及后代繁衍的影响来研究,而生态经济学则着重从它们对劳动力的素质和生态经济效益的影响来研究。

3. 研究的范围不完全相同

人类生态学所重视的某些人口问题,如引起地方病(甲状腺肿、克山病、斑釉病、氟骨病等)的自然条件,不是生态经济学研究的主要内容;而人类生态系统所涉及的经济问题,也不是人类生态学所要着重研究的内容。

二、生态经济学与国土经济学

国土是一个国家生存的条件，是物质和能量源泉的载体。从经济上来说，它是一国居民居住、生活的地方，也是他们进行生产的地方。国土，特别是适宜人类生活的国土具有有限性，人们很早就开始从经济的角度对国土资源的合理利用进行研究。我国早在春秋战国时期的《山海经》《禹贡》就有对经济现象地理分布的记载与分析。管仲考察了"土地之美恶以及其所生出"，把"相地而衰征"作为"以差征赋之轻重"的根据，可以说这是国土经济学思想的萌芽，同时也是生态经济学思想的发端。在一定意义上，也可以说管仲既是第一个"应用生态经济学家"，又是第一个国土经济学家。从历代的地理志一类著作以及近代西方出现的种种经济"区位论"都可以看出，国土经济学和生态经济学在历史渊源上是紧密交织在一起的。

从现代经济学来看，越来越多的国家更重视生态经济学，同时对国土经济学的研究也比较重视，像日本、美国、意大利、朝鲜、波兰、墨西哥等国都有专门管理国土的机构和整治规划。相对来说，我国这方面的工作起步较晚。中国国土经济学研究学会于 1981 年 6 月正式成立。几乎在同时，我国生态经济学的研究工作也迅速开展了起来。但是在研究中，国土经济学是与经济地理、生产力布局交织在一起的，关于国土的概念也没有摆脱狭隘的"土地"范围。从现代的观点来看，国土或领土就是受一国主权管辖的区域。广义的国土包括一国的陆地、江河、湖泊、领海、大陆架以及它们的下层和上层空间，即地球表层的一定区域。国土经济学是以一个国家的国土作为研究对象的经济学科。生态经济学是与国土经济学亲缘关系很近的姐妹学科。国土经济学所具有的地域性、综合性、技术性以及受社会制度制约等特点，在生态经济学中也从不同的角度表现出来，它们都承担着开发、利用和保护国土资源，建设自然，美化环境，为经济建设服务，为人类造福的任务。但是，它们又是两门具有不同特点的学科。

1. 研究对象不同

国土经济学的研究对象是国土，而生态经济学的研究对象是生态经济系统。

2. 学科性质不同

生态经济学（就基础生态经济学来看）属于理论科学，而国土经济学则是一门以应用性为主的科学。

国土经济学要以生产力经济学为基础，粗略地说它基本上是以研究国土为中心内容的一门应用生产力经济学。国土经济学还要把有关的自然地理和经济地理科学作为自己的科学基础；国土经济学在某些方面，也要应用生态经济学的一般理论和方法。因此，国土经济学是以几门理论科学为指导，结合在一起研究、解决具体国土经济问题的专业性的应用经济学。与此相适应，各国都要建立以自己国家的国土为特定研究范围和研究内容的国土经济学。它要研究具体国家的社会经济与土地资源、地理条件、地理环境的相互影响，并着重于国土资源的开发、利用、保护与整治中的经济问题。

三、生态经济学与经济生态学

经济生态学（bionomics）是研究社会经济活动主体与其环境之间关系的一门新学科，是生态学与经济学的交叉，是管理学科的一个分支；或者定义为用生态学的原理和方法研究经济现象和经济规律的科学，它是经济领域的"仿生学"，可分为企业生态系统、产业生态系统、区域经济生态系统以及全球经济生态系统四个层次（赵桂慎，2003）。

赵桂慎认为，自然"生态关系"被引入社会经济领域，产生了经济生态学和生态经济学，基础生态学理论精髓既孕育了生态经济学，也孕育了经济生态学，但二者又有本质区别，主要表现在以下 6 个方面。

1. 问题产生的根源

生态经济学源于"人"与"自然"的不和谐；经济生态学源于人与人（企业、组织、部门等）之间的不和谐。

2. 研究目标

生态经济学的主要目标是通过模仿自然生态系统中某一生态过程的结构和功能，实现生产过程中自然资源利用效率的最大化，以缓和或消除生态环境危机，实现自然资源的可持续利用，即"零污染"；经济生态学的主要目标是通过模拟自然生态系统的演化过程，进行自然资源和社会经济资源的优化配置，构建经济生态系统，实现社会经济效率的最大化，即"经济性"。

3. 研究对象

生态经济学模拟的是自然生态系统某一生态过程的结构和功能，其研究焦点是"产业界怎样在产品生命周期过程中降低环境影响"；而经济生态学是对整个自然生态系统演化过程和机制的模拟，其研究焦点是如何构建经济生态系统，尽可能减少社会经济福利损失。

4. 研究内容

生态经济学把生态学的原理和方法运用到具体的生产过程或生产方法，研究的是人类经济活动与自然生态环境之间的关系，简单地说是"人与自然"之间的关系，即有关"生产力"的研究；经济生态学研究的是人类社会经济活动主体与其周围社会经济环境之间的关系，主要是"人与人"之间的关系，即有关"生产关系"的研究。

5. 行为主体

生态经济学的行为主体是物化的工厂、设备和工艺等；经济生态学行为主体的性质则发生本质的变化，由工厂、设备、工艺等物化的形态转为以"人化"或"生命形式"的公司、企业、行业、产业等为基本单位的智能化形态。

6. 操纵因子

生态经济学的操纵因子以物质、能量等物理因子为主，或者说在生态经济系统中以研究物流、能流和价值流为主。经济生态学的操纵因子包括资源、资金、技术、智力等，既包括物质、能量，也包含价值、技术和信息等，或者说在经济生态系统中以信息流、价值流和智力流为主。

【复习思考题】

一、名词解释
1. 环境经济学
2. 资源经济学
3. 循环经济学
4. 经济生态学

二、简答题
1. 简述生态经济学与环境经济学、资源经济学的区别与联系。
2. 简述生态经济与循环经济的区别与联系。
3. 简述生态经济学与经济生态学的区别与联系。

第四章

生态经济系统的组成、配置与功能

"人法地，地法天，天法道，道法自然"，自然生态系统是人类取之不尽、用之不竭的"智慧宝库"，其"制胜法宝"源于复杂性，即"$1+1>n$，$n\geqslant 2$"。人类经济体除了非线性增量，别无他途可循。

——编者，2020

【导读材料】

自然价值与价值创造

传统经济学中用产品凝结的"社会必要劳动时间"定义它的价值。自然事物不是人类劳动产品也有价值，自然价值可以用"事物的有序性"来定义。自然界物质运动过程也是物质生产过程，也是创造价值的过程。自然物质是历史地发展的，自然价值的创造也是历史地发展的。这种历史的发展促进了自然价值的进化，它朝着价值不断增值的方向运动。按照热力学第二定律，在一个孤立系统中，物质运动总是朝着混乱无序的方向发展，混乱无序的程度可以用"熵"来度量，因而又称为"熵增加定律"，自然界的所有事物都有增熵的自然趋势，这是普遍的客观规律。地球不是孤立系统，它在太阳系内不断与外界进行能量交换，特别是太阳能的不断输入，成为反熵的"麦克斯韦（Maxwell's demon）"，使它成为一个自组织系统。由于外来能量的不断输入，地球物质运动朝着不断增加有序度的方向发展，这就是地球具有价值不断增值的自然性质的原因。根据事物的有序性（包括事物的结构有序性和功能有序性）程度（负熵的大小）或信息量来定义价值，可以将创造价值的过程分为社会物质生产劳动创造劳动价值、自然界的物质生产创造生态价值以及知识创造价值三类，三者都是提高事物有序性程度的过程。

① 社会物质生产过程，是人类劳动使自然物的物质形态发生变化，提高它的结构有序性或功能有序性，使它能满足人和社会的各种需要的过程。这里人类劳动以负熵形式投入产品生产过程，提高了事物的有序性（信息量）。这就是人类劳动创造价值的过程。根据人类劳动提高的事物的有序性程度，即人类劳动变天然自然物为人工自然物的信息量，来评价它的价值大小。如人类劳动把石头变为芯片，极大地提高了它的有序性，创造了价值。

② 自然物质生产过程，它作为创造价值的物质生产过程，由于负熵（主要是太阳能辐射）的输入，植物、动物、微生物的生产过程把无机物质（水和二氧化碳等）转化为生物产品，提高了自然事物的有序性（信息量），从而为人类对它们的利用创造了价值。地下矿藏是内力地质作用和外力地质作用的结果，它使分散的化学元素发生变化，形成有一定品位（质量）和藏量（数量）的矿藏，提高了物质的有序性而可供人类利用，这也是地质运动创造价值的过程。今天人们利用的各种资源，包括生物资源和非生物资源，都是以上自然物质生产过程创造的价值。

③ 知识的创造和应用，正在为社会创造越来越多的价值，在未来社会随着人工智能（artificial intelligence，AI）的发明和应用，计算机从信息处理到知识处理，智能机器人成为经济价值的主要创造者，社会的经济价值将有越来越多的部分是由知识实现的。知识的生产和使用作为创造经济价值的过程，也是提高事物有序性的过程，而且效率会更高。

（资料来源：余谋昌，《生态哲学》，2000，稍有修改补充）

【学习重点】 了解生态经济系统的耦合性、开放性、有序性和演替性等基本特性。生态经济系统是模拟自然生态系统的"人—自然—社会"复合系统，系统结构与功能的复杂性也是系统创造价值的基础。

第一节 生态经济系统的基本含义

一、生态经济系统的概念

生态经济系统是由生态系统和经济系统通过技术中介以及人类劳动过程所构成的物质循环、能量转化、价值增值和信息传递的结构单元和复合系统。在生态系统与经济系统之间有物质、能量和信息的交换，与此同时还存在着价值流沿生态链的循环与转换。

生态系统与经济系统不能自动耦合，必须在劳动过程中通过技术中介才能相互耦合为整体。通过人类脑力和体力劳动以及各种具体劳动过程才能形成价值及其增值过程。但这一过程必须借助各种形态的技术作为中介环节才能实现。因而，生态经济系统是一个具有独立特征、结构和机能的生态经济复合体，并有其自身运动（物质运转、能量转换、信息传递、价值转移）的规律性。

二、生态经济系统的特性

（一）生态经济系统的耦合性

生态经济系统的耦合性体现在生态经济系统的再生产是自然再生产、经济再生产和人类自身再生产这三个再生产过程的相互交织。在生态经济系统中不仅有自然力的投入，而且有人类劳动力的投入，即在人的主导作用下，由自然力和人类劳动相结合共同创造使用价值，其产品参与和影响经济、社会、自然再生产的总循环过程。生态系统通过能流、物流的转化、循环、增值和积累过程与经济系统的价值、价格、利率、交换等软要素融合在一起。同时，生态经济系统又是开放系统，它与周围的更大自然与社会环境有着物质、能量、价值与信息的输入输出关系，这是控制其稳定、协调发展的依据。

（二）生态经济系统的开放性

生态经济系统是一个开放系统，它具有耗散结构，与外界进行物质、能量、信息、价值和智力的交换和循环。正是由于生态经济系统的开放性，为维持生态经济系统的有序性，实现生态经济系统经济效率最大化创造了必要的条件。

（三）生态经济系统的协调有序性

生态经济系统的有序性实质上是生态系统有序性与经济系统有序性的融合。首先，生态系统有序性是生态经济系统有序性的基础。经济系统也遵循经济有序运动规律性，不断地同生态系统进行物质、能量、信息、价值等交换活动，以维持一定水平的社会经济系统的有序稳定性。其次，这两个基本层次有序性必须相互协调，并融合为统一的生态经济系统有序性。由于生态系统和经济系统为使系统结构趋于稳态，相互之间不断交换其物质、能量、信息和价值等；各要素相互交换过程中的协同作用，不仅使得两大系统协调耦合起来，而且使耦合起来的复合系统具有生态经济新的有序特征。

生态经济系统协调有序性还表现为生态系统的自然生长与经济目标的人工导向协调。这里的问题在于人工导向的作用力一定要和生态系统相协调，而不能超越生态经济阈的限度，不然人工导向不仅不能引导生态经济系统协调有序的发展，而且很容易导致系统的逆向演替。

（四）生态经济系统的动态演替性

生态经济系统演替是社会经济系统演替与自然生态系统演替的统一，它与人类的科技发展水平以及对自然生态系统的认识程度密切相关，从生态经济结构进展演替次序看，大致经历了原始型的生态经济结构、掠夺型的生态经济结构和协调型的生态经济结构三大阶段。

1. 原始型的生态经济系统演替

原始型的生态经济系统演替是生产力发展水平极低条件下的产物。它主要存在于自然经济和半自然经济条件下的农业和以生物产品为原料的家庭手工业中。在此种社会经济条件下，经济系统与生态系统只能形成比较简单的生态经济结构，其特点如下：①主要依赖自然的帮助才能完成演替任务；②在演替过程中，资金要素基本不参与生态经济结构的形成；③起中介作用的技术手段简单，效率低；④演替速度慢、规模小，并在生态阈内进行。

从上述意义上讲，这种类型的演替可以叫作原始意义上的协调型。原因很简单：一是生产手段落后，以石器为主的生产工具不可能过量汲取生态系统积累起来的物质和能量；二是人口数量少，世界人口500多万，以5000多种植物为食，生态系统的食物资源可以说是取之不尽、用之不竭，但这是低下的、原始的协调。

2. 掠夺型的生态经济系统演替

掠夺型的生态经济系统演替主要表现在以化石能源利用为主的发展阶段。它是指经济系统通过技术手段，以掠夺的方式同生态系统进行结合的一种演替方式。掠夺型的生态经济系统的演替特点如下：①具有经济主导的特征，生态基础要素的定向演替要靠经济、技术要素的变动来实现；②有使生态资源产生耗竭趋势的特点；③由于严重的环境污染，有使环境质量快速下降的特点。

掠夺型的生态经济系统演替是具有脱离生态规律约束倾向的经济增长性的演替。这种演替虽然一定时期内能使经济迅速增长，但由于这种增长是以破坏资源和环境为代价的，所以当环境和资源损伤到一定程度出现严重衰退时便会成为制约经济增长的严重障碍。

3. 协调型的生态经济系统演替

协调型的生态经济系统演替主要发生在生态文化反思的发展阶段。它是指经济系统通过科技手段与生态系统结合，高效、高产、低耗、优质、多品种输出、多层次互相协同进化发展的生态经济系统的演替方式，也就是经济社会持续发展阶段的生态经济特征。

（1）互补互促的要素协调关系　协调型的生态经济系统演替特点表现为经济系统与生态系统各要素是互补互促的协调关系，单一的生态系统因其营养再循环复合效率、生产率和生物产量都较低，人们为了满足需要，便运用经济力量来干预生态系统中营养循环和维持平衡的机制，以获得高转化率和高产量。这种干预引起生态系统向更加有序的结构演化，从而生产出比自然状态循环时多得多的物质产品。较多的物质产品输入社会经济系统后，又会引起经济有序关系的一系列变化。

（2）高输入高输出的投入产出关系　演替必然包含一部分对维持现状多余的物质和能量，这部分物质和能量既是系统自身产物，也是自然经济和社会环境的投入。协调型演替正在于利用这些多余的物质和能量，在技术手段的作用下使原来有序的生态结构关系发生新的变化，从而产生更加有序的结构演替变化。协调型生态经济系统演替具有不危及生态环境的特征。经济系统与生态系统的关系有时是不协调的，特别是经济迅速发展时期，常常出现经济系统与生态系统相矛盾的现象，协调型的演替正在于能够找出恰当的方法解决两者之间的矛盾。

三、生态经济系统的分类

生态经济系统根据分类依据的不同有很多分类方法，可以根据尺度和地域范围分类，也可以根据产业和部门来分。

1. 按尺度划分

（1）由地球表层的生物圈和经济界复合而成的生态经济系统　这是地球表层最大的生态经济系统。一些全球性的经济和环境问题（如能源问题和酸雨问题等）的研究，都要通过研究这个生态经济系统才能得到较好的解决。

（2）国民经济总体生态经济系统　它是一个国家总体的自然生态和社会经济的复合体，是国家范围内的生态经济统一体。对这一系统的研究，主要是从国家宏观角度出发，在综合考虑社会、经济、自然资源状况及其相互关系的基础上，研究社会经济活动和自然生态环境的关系。通过对它的研究，可以揭示一个国家生态经济发展的总过程及其总体运动规律，从而制定优化决策体系。

（3）部门生态经济系统　它反映国民经济某个部门的生态经济发展状况及其变化运动的规律，是以产业部门纵向联系为主的生态经济复合体。例如，工业生态经济系统、农业生态经济系统、矿业生态经济系统等。

（4）行业生态经济系统　它反映国民经济某个行业的生态经济发展状况及其变化运动规律的具体形式。例如，能源生态经济系统、资源生态经济系统等。

2. 按地域范围划分

（1）国土生态经济系统　它涉及国土资源的保护和合理开发利用，包括全国性的生产布局、环境保护、交通运输以及生活游憩等各个方面。

（2）区域生态经济系统　它是以某一经济或自然地理区域为基础的生态经济综合体，研究该经济或自然地理区域的生态经济发展状况及其运动变化。例如，长江三角洲区域生态经济系统、青藏高原区域生态经济系统、黄土高原区域生态经济系统等。

（3）较小范围的生态经济系统　省、县、镇以及一个自然村均可以作为一个生态经济系统来研究。

（4）庭院生态经济系统　一个家庭连同他们承包的土地以及家庭饲养的家畜、家禽和进行的家庭副业等，即可构成一个庭院生态经济系统。

关于生态经济系统类型问题，由于分类原则和研究的侧重点不同，其类型划分也就不尽相同。因此，除上述几种类型外还可以根据生态经济系统的其他特征来划分。

第二节　生态经济系统的组成

生态经济系统根据不同规模可以分为全球生态经济系统、区域生态经济系统以及国家生态经济系统；根据不同产业和部门可以分为工业生态经济系统、农业生态经济系统、运输生态经济系统、基本建设生态经济系统、旅游生态经济系统等。生态经济系统是由生态系统和经济系统组成的一个复合系统，所以一般认为生态经济系统的组成包括人口、环境、科技与信息三大基本要素。

一、人口要素

人口要素是指生活在地球上的所有人类的总称。人口是组成社会的基本前提，是构成生产力要素和体现经济关系与社会关系的生命实体。在生态经济系统中，人口要素处于主体地位，其他都处于客体地位。这是因为其他的自然生态系统以及环境等都是和人口相对应的，只有和人类相互作用才具有实际意义，没有人类也就谈不上什么生态经济系统和自然生态系统与人类经济系统之间的矛盾了。另外，人类作为生态经济系统的主体，其最大的特点是具有创造力，也就是能动性，这是人和其他一切生物的区别。因为人类具有能动性，所以人类才可以能动地控制和调节这个系统，使之符合客观发展规律。

二、环境要素

环境是一个相对的概念,是指与居主体地位的要素相联系和相互作用的客体条件。在生态经济系统中,人类居于主体地位,从广义上说环境要素就是人之外的其他一切生物和非生物。另外根据和人类的关系,环境要素可以细分为物理系统、生物系统和社会经济系统三大系统。

1. 物理系统

物理系统由所有自然环境成分所组成,包括地球之外的太阳辐射、岩石-土壤圈、大气圈、水圈。它们都独立于有机生命体之外,均有其自身的运动规律,但是这些圈层却是生物圈和人类社会存在和发展必不可少的,并且生物圈、人类的社会经济系统和这些圈层时时刻刻都在进行着物质和能量的交换,包括人类社会从这些圈层中获取物质和能量,同时又将人类消费过的废弃物排放到环境中。因此,可以说这些物理系统是生命系统存在的基础。

2. 生物系统

生物系统包括植物、动物以及微生物等,这些生物在生态经济系统中分别扮演了不同的角色。绿色植物进行光合作用,固定太阳能,并且从土壤中吸收营养元素,促进物质循环。这是进行第一性生产的过程,这一点是最重要的,绿色植物不仅是自然生态系统中的生产者,也是生态经济系统中的生产者。动物在生态经济系统中既是消费者也是生产者,各种动物和植物以及非生物环境组成了丰富多样的自然生态系统。微生物在系统中充当着分解者的角色,有了它们的分解作用才使得系统的物质循环能够形成一个闭环。

3. 社会经济系统

这个系统是由人类为了生存和发展而创造的,是人类文明的象征,这个系统从自然环境中获取资源进行生产和消费,不断地发展和进步。

这三个亚系统都有各自的结构和功能,而且系统之间还在不断地进行着物质和能量的交换。人类社会经济系统以物理系统和生物系统为基础,人类从其中获取资源,享受舒适的生态环境,同时自然环境还容纳了人类所排放的各种废弃物。总之,环境要素是人类社会经济系统的基础,同时人类社会经济系统对环境也产生了重大的影响。

三、科技与信息要素

科学是关于自然、社会和思维的知识体系,技术是指依据科学原理发展而成的各种操作工艺和技能,包括相应的生产工具和其他物资设备以及生产的作业程序和方法。现代科学技术贯穿于社会生产全过程,其重大发现和发明常常在生产上引起深刻的革命,使社会生产力得到迅猛的提高和发展。科技要素能改变全球生态经济系统中物质、能量流动的性质和方向。发达国家正是借助科技要素的这种特殊功能从发展中国家掠夺了大量的财富,造成了发展中国家生态恶化。科学和技术两者相互依赖,相互促进,都是人类在改造自然的过程中所创造的,这是人类和其他生物最主要的区别所在。

信息是事物运动的状态以及这种状态的知识和情报。在系统内部以及系统之间的相互作用过程中，不仅存在着物质和能量的交换，还存在着信息的交换。在一定条件下，信息交换对系统的组成、结构和功能以及系统的演化起着决定性的作用，是人类对系统实施干预、控制的基本手段。

从系统论的观点来看，科学技术是一种精神创造过程，可以被认为是减熵过程，例如技术的进步使资源的利用效率提高，减少了不必要的消耗，也就减少了系统中熵的增加；科学的发展使得人类可以认识自然界发展的规律，发展中的不确定性随之减少，系统的有序程度得到提高，使熵减少。因此，科学技术也是一种资源，这种资源在人类经济高速发展的今天显得尤为重要，因为在经济发展中化石燃料等一些不可更新资源日益减少，成为发展的主要限制因素。一方面科学技术的发展可以提高这些资源的利用效率，减缓资源危机的到来；另一方面可以依靠人类科学的发展来寻找新的资源作为替代品。

根据维纳的定义，信息可以看作是一种解除不确定性的量，可以用所解除的不确定性的程度来表示信息量的多少，因此信息的实质就是负熵，在生态经济系统中可以将其看作是一种负熵资源。例如，对于一个生产系统（企业）来说，必须了解充分的信息才有可能做出正确的决策，使其不断地发展和进步。而对于整个生态经济系统来说，信息的充分和流动，可以使得系统中的各个子系统之间相互关联，达到协同运动，通过协同作用可以使系统从无规则混乱状态走向宏观的有序状态。信息在生态经济系统中具有很重要的作用。维纳等曾强调指出，任何系统都是信息系统，他说："任何组织之所以能保持自身内稳定性，是由于它具有取得、使用、保持和传递信息的方法。"系统各部门之所以能组合成相互制约、相互支持、具有一定功能的整体，关键是由于信息流在进行连接和控制。没有信息，任何有组织的系统都不可能独立地存在。

第三节 生态经济系统的要素配置及其评价

一、生态经济系统的要素配置

所谓生态经济系统的要素配置，就是人类根据生态经济系统的构成、要素作用效应以及由此给社会经济系统或环境系统所带来的后果，通过人类自觉的生态平衡意识，遵循一定的原则，利用科学技术、上层建筑（主要是行政干预和经济政策、经济计划等）、技术措施等手段，围绕一定的社会经济目标，对生态经济系统所进行重新安排、设计、布局的活动。

生态经济系统要素配置包括以下三部分。

（1）生物要素的调控 即对一定生态系统中的动植物时空分布、数量、品种进行的组合。如根据生态系统的容量和阈限，对森林、草地、作物、人口、牲畜等进行增减、位移、变动，使它们的现存状态有利于达到该系统的动态平衡并取得最佳的经济效益。

（2）经济要素的配置 经济要素所包括的内容很广，泛指一定生态经济系统的人、财、物和信息。经济要素的配置，即对输入、输出该生态经济系统的资金、劳动力、机械、化肥、价格、产品及经济信息、政策等进行过滤、选择和实施的活动。

（3）技术要素的配置 技术要素输入是人类对生态经济系统驾驭能力的重要标志，它包括作用于一定生态经济系统的技术措施、技术设施、技术方案和技术决定。

由此可见，生态经济系统要素配置的内容和对象包括生物要素、经济要素和技术要素，其范围包括宏观、中观和微观方面的活动。被配置的各要素具有3个显著的特点：①要素本身依时间、地点、条件而异，具有变动性；②在人类一定阶段的认识能力和科学水平下，具有可控性；③每个要素及其变动都或多或少、或长期或短期地从不同角度作用于生态经济系统，产生有益的或有害的效果，即具有效应性的特点。所以，人类对于生态经济系统要素的配置活动是在多种因素的动态序列中进行的，是一个社会经济、技术的系统工程。

二、生态经济要素配置结构的评价

如何根据区域结构及功能特征来判明区域生态经济系统要素配置结构的优劣？显然，其最终目标必须是由配置结构决定的，区域生态经济系统运行的现实效果要有利于人类的生存和发展，即生态经济区域必须具有良好的生态效益、经济效益和社会效益。对系统要素的配置是建立合理的系统结构进而体现良好系统功能的前提。

国内外已有不少学者对生态经济系统要素配置的理论与方法进行了研究。时正新（1984）认为平衡、协调、节约和优化是判定要素配置结构合理性的基本准则。何乃维、李小平（1988）在全面研究复合生态经济系统特性的基础上，提出合理的生态经济系统要素配置结构必须同时具备三个重要特征，即结构的稳定性、功能的高效性和发展的持续性。美国学者Conway（1987）提出了描述复杂生态系统的四个系统特性，即生产力（productivity）、稳定性（stability）、持续性（sustainability）或恢复力（resilience）、均衡性（equitability），赵桂慎（1998）则在此基础上进一步明确各个评价指标的含义和计算方法。

1. 生产力（productivity）

在自然生态系统中，生产力是指一定时期内生态系统的净初级生产力（NPP），测算方法为光合作用产生的净干物质质量。在生态经济系统中，生产力可以看作一定时期内的总产值、增加值、利润或总收入等。

2. 稳定性（stability）

稳定性是指生产力年间受正常小范围的外界环境因素的变动而保持相对稳定的程度，计算方法为：

$$S=\frac{\mu_t}{s_t}$$

式中，S 为稳定性；μ_t 为平均值；s_t 为标准差。

计算得到的 S 值越大说明系统的稳定性越高，反之越低。

3. 持续性（sustainability）或恢复力（resilience）

持续性或恢复力是指生态系统的持续生产能力，特别是受到多次逆境和重大干扰后，系统维持生产力的能力。它反映的是系统一段时间内生产力变动的总趋势，采用生产力多年数值的直线回归方程中的斜率 T 表示。$T=0$ 或 $T>0$ 时均表示持续性较高，在自然生态系统中侧重于 $T=0$，在生态经济系统中则需要 $T>0$，而且相对保持稳定。测算方法为：

$$y_n=a+Tx_n$$

式中，y_n 为统计期间某一年的生产力；a 为起始年的生产力；T 为持续性；x_n 为统计

期间的第 n 年。

4. 均衡性（equitability）

均衡性是指不同区域内生产力分布的均匀程度。测算方法为：

$$E=\frac{\mu_t}{s_t}$$

式中，E 为均衡性；μ_t 为平均值；s_t 为标准差。

计算得到的 E 值越大说明系统的均衡性越好，反之越差。

稳定性和均衡性的测算方法相同，但含义不同：稳定性反映的是生产力在时间尺度上的变化情况；均衡性反映的是生产力在空间尺度上的变化情况。在自然生态系统中，生产力趋向于零，具有较好的稳定性、持续性和均衡性；而在生态经济系统中，生产力较高，同时维持好的稳定性、持续性和均衡性也是生态经济系统的优化目标。

第四节 生态经济系统的配置方法

区域生态经济要素的合理配置是人们实现一定配置决策的具体途径。由于生态经济系统的范围不同，社会、经济、技术条件不同，经营目标不同，以及决策水平的差异，配置方法亦不尽相同。时正新（1985）将生态经济要素配置的方法归纳为宏观配置法、食物链配置法、增减配置法和数学配置法。何乃维、李小平（1988）则根据要素的属性特征，提出了相辅相成配置法、同阈组合配置法等。要构成一个结构稳定、功能高效并持续发展的生态经济区域，必须通过一定的方法使区域生态经济要素的配置在属性关系、数量规模、时间顺序和空间地域上有所规定，才能使要素之间彼此相辅相成，合理组合在一起。

一、同类要素的择定，相辅相成配置法

同类要素的择定是指根据区域生态经济要素的同类相吸特性，选择那些具有相辅相成、互利共生关系的要素，使之有机地组合起来。

1. 生物群落与无机环境之间的相宜配置

生物群落演替的规律表明生物群落与无机环境之间是在相互适应、相互改造的过程之中向前演进的。因此，要实现生物群落与无机环境之间的相宜配置，可以从两个方面进行。一是依据无机环境特性来选择适宜的生物群落；二是改造或恢复无机环境条件使之适合生物群落。但是，就目前人类对生态经济区域的调控程度来看，改造无机环境具有很大的困难。相反倒是可以通过宜生物群落的选定及配置，达到改造和恢复无机环境条件的目的。例如，在水土流失区采取植树种草等措施，当森林（绿色）覆盖率达到一定程度时，不仅遏制了水土流失，保持了水土，而且改善了气候、水文等无机环境条件。因此，生物群落与无机环境相宜配置的关键是要做到适地适作、适地适树、适料适养、适水适渔。

2. 产业部门与生物群落、无机环境之间的相宜配置

一方面是产业部门适应生物群落和无机环境的特点。例如，对生物群落和无机环境有较大

依赖性的农业（农、林、牧、渔）、采掘业、环保业、交通运输业等，在一定的技术手段和水平条件下，应该宜农则农，宜林则林，宜牧则牧，宜渔则渔，宜矿则矿。另一方面是改变生物群落，使之符合产业部门的需要。例如，在加工制造业、商业、服务业聚集的城市地区就要注意和加强绿化。在市郊发展蔬菜、畜禽、乳蛋生产，以满足这些产业部门发展的需要。

3. 产业部门之间的相关配置

如果产业部门与生物群落及无机环境之间的相宜配置使人类决定了一个生态经济区域的主导产业部门，那么产业部门之间的相关配置就是根据部门之间的投入产出关系（即产前、产中、产后关系）来决定一个生态经济区域的补充产业部门和辅助生产部门。应配置好主导产业部门的旁侧结构，使产业部门形成一种互助的彼此相关的关系。产业部门之间的相关配置，一方面要根据生物群落要素及无机环境的多样性和相关性特点，进行综合开发、综合利用、综合治理和综合保护。例如，对以一矿为主的伴生矿，除了开掘、利用主要矿种之外，对其他伴生矿元素也要加以利用；对林区的木材，除了木材之外，还应对树桩、梢头、树皮、刨花、边角料等加以综合利用，做到地尽其力，物尽其用。同样，对恶化的生态经济区域，在要素重组的过程中也应注意产业部门的相关配置。例如，水土流失区工程措施与生物措施相结合；治山、治水、治林、治田、治路相结合；对矿区被破坏的土地、废石填沟与植树造林相结合；对排放出的废气、废水、废渣，处理利用与消除污染源及限制排放相结合等。这是从生物群落与无机环境特点出发围绕主导产业部门进行旁侧结构的相关配置。另一方面，要根据主导产业部门的原料需求、产品供给等关系，建立服务于主导产业部门的交通运输业、商业、服务业及加工制造业等具有投入产出链特征的产业。例如，对牧区不仅要注意肉蛋奶的生产，还应加强肉蛋奶产品的加工转化的增值能力、出口的开拓能力，以提高区域的复杂度、开放性。

4. 农村、小城镇、大中城市及城市郊区的相应配置

在那些生物群落、无机环境条件优越的地区发展起来的城市、集镇是生态经济区域中物质循环、能量转化、价值增值及信息传递最活跃、最集中的地方。大中城市通过小城镇、城郊输给农村先进的技术、设备、人才、信息，为农村注入新的活力，带动农村的发展；农村则通过小城镇为城市提供丰富的原料和剩余劳动力。在这种连为一体、结成网络的生态经济区域内，要做到相应配置。首先，城市应该向农村传递先进的技术、工艺和设备，禁止或减少落后的、陈旧的设备的转移，杜绝城市污染向农村扩散。同时，城市自身的扩展要注意保护农村的耕地、水域等资源要素。其次，农村也应向大中城市、城镇提供适销对路的农村产品。这样，城市与农村相互促进、相得益彰，共同促进生态经济区域的繁荣和发展。

二、适度规模的限定，同域组合配置法

通过界限和规定各个区域生态经济要素的合理规模，使生产规模、社会规模、环境容量及生物量（及其生长量）之间相互匹配，使丰富资源的优势得到充分发挥，短缺资源的劣势得到有效避免。

1. 产业部门的规模必须适度

从产业部门在生产过程中与生物群落及无机环境的关系来看，后者不仅为前者提供必备

的原料、劳动资料、劳动对象,而且还作为活动场所给前者提供立足之地,前者也将物质和能量投入后者之中,促进生物的生长、发育、繁殖。因此,相对于生物群落要素,产业部门与无机环境之间就是提取与给予的关系。假定产业部门对生物群落、无机环境的提取量与投入量分别为 M 和 S,生物群落的生物生长量及无机环境的各个因子的自我更新量分别为 G 和 V,并且 G、V 一定。那么,可分以下几种情况讨论。

(1) 只取不投 即 $S=0$, $M>G(V)$,或 $M \leqslant G(V)$。

当 $M>G(V)$ 时,其现实形态是生态经济区域的产业部门只顾森林砍伐、草地放牧、牲畜屠宰、作物收获、水域捕捞、矿藏滥采、废料排泄,而不顾及用林木栽培、草地管护、牲畜饲养、培肥地力、水体养殖、换代补给、综合利用、节约利用、回收转化等来保护生态,使得林木、草类、畜群、鱼群的生长量小于采伐量、屠宰量及捕捞量,生产规模大于生长限制阈,地力更新量、矿产资源的综合利用水平及换代补给量小于地力耗竭量、浪费量,生产规模大于环境容量限制阈。其结果是生态经济区域中生物群落的衰退、无机环境的污染及矿藏的大量浪费(换代补给问题似乎不是那么令人担心),显然这种做法是不可取的。当 $M \leqslant G(V)$ 时,虽然产业部门的生产不对生物群落及无机环境给予投入,但是对这些资源的耗用量小于其生长量和自我更新量,这是一种自然型的生态经济区域。

(2) 取大于予 即 $M>S+G(V)$。其现实形态是,采伐量大于生长量及植物总量,捕捞量大于放养量,矿产耗用量快于发掘量等,即生产规模阈大于环境容量限制阈和生物生长限制阈。显然,这也会导致生态经济区域的退化。

(3) 取予相当 即 $M=S+G(V)$。其现实形态是生态经济区域产业部门的生产,一方面要注意植树种草、培肥地力、水产养殖、饲养牲畜(并与饲料供给量相适应)、寻找矿产代用品并注意综合利用、节约利用、废料利用、废料循环转化,另一方面通过上述措施,使森林砍伐量等于栽种量及原有林木生长量之和,土壤肥力的耗竭等于投入的肥料量及土壤肥力自我更新量之和,即生产规模与环境容量限制阈及生物生长限制阈相当。那么,这对于一个没有劣化的生态经济区域来说是可取的,不仅具有生态效益,而且经济上也可行,因为 $M>S$。

(4) 取小于予 即 $M<S+G(V)$。其现实形态是在生态经济区域内注意恢复植被、保护土壤、加强养殖、配备防污设备等,即生产规模不超过生物生长限制阈和环境容量限制阈。显然,这对于区域生态经济要素的重组来说,虽然初期的经济效益不显著,但有利于生物群落中动植物的生长和无机环境条件的改善与恢复。因此,这种做法也是可取的。

综合考虑上述生产规模阈、环境限制阈及生物生长限制阈之间的四种关系,无论是在一个初建还是一个重组的生态经济区域内,都必须服从 $M \leqslant S+G(V)$,并且要素重组只能是 $M<S+G(V)$,如此才能优化生态经济区域。因此,在调控生态经济区域进行要素配置的过程中,应该确定合理的垦殖指数、采伐量、饲养量、屠宰量、采掘量和排污量,使产业部门的生产规模不超过环境限制容量和生物生长量。

2. 社会群落规模必须适度

首先,人口的规模要加以控制,这是显而易见的。因为,在一个特定的生态经济区域内,人口的增长必须与其赖以生存、享受和发展的土地、粮食、森林、草地、淡水、能源等资源相适应。如果人口过多,那么人均资源不足,一方面这就必然导致盲目扩大生产规模,使生态经济区域更趋劣化,另一方面又限制了人类自身的生存和发展。例如,中国人口过多并且集中分布在东南部，人均资源拥有量与世界平均水平相比严重不足，并且已经体现了人口作为重要原因之一的滥垦、滥砍、滥捕的现象。有人对中国淡水供应、能源生产、乳蛋鱼肉供应、粮食生产、土地资源、人均收入、人口老化等因素进行综合考察，提出中国生态理想负载能力是 7 亿～10 亿人（胡保生等，1981）。其次，城市的规模也应适度。城市的规模过大不仅会导致城市大气与水质污染、垃圾排放量过多、交通拥挤、噪声增多、住房紧张、就业困难及犯罪严重等一系列"城市病"，而且不利于生态经济区域内农村地区的发展。所以，应该从生物群落、无机环境条件的特点出发，控制社会群落的规模，使人口、城市规模适度。

3. 发挥规模效益与消除"瓶颈"制约

在生产规模、社会群落的规模不超过环境容量限制阈及生物生长限制阈的前提下，对区域生态经济要素调控的同时应注意扬长避短，发挥规模效益和消除"瓶颈"，这是另一层意义上的适度规模配置。

美国经济学家 Paul A. Samuelson（1976）指出："规模的经济效果可以解释为我们购买的许多物品都是大公司制造的。"虽然，人们主张控制产业部门的生产规模和社会群落的规模，但是在这一前提下（尤其是当作为资源的生物群落、无机环境较为丰富的时候），对区域生态经济要素的调控仍然要注意发挥生物群落或无机环境要素的优势，使产业部门的生产规模以及社会群落的人口数量达到一定的程度，获得规模递增的收益——成本最低、盈利最多时的最优生产规模。如果前面谈到的产业部门生产规模及社会群落聚集规模以及社会群落的规模不超过生物群落的生物生长限制阈和地理环境的环境容量限制阈，而更偏重于从产业部门要素及社会群落要素对生物群落要素及无机环境要素的开发利用角度来考察的话，那么发挥规模效益则是把投入和产出两个方面综合起来加以考察，即达到产业部门内部及产业部门间人力、物力、财力、量上的合理聚集，达到在合理的城市规模和全球乡村规模基础上形成合理的城市与乡村结合的规模。

事实上，生态经济区域内诸要素对区域的贡献能力不是等同的，能力较差、规模最小的要素形成区域发展的"瓶颈"。因此，在要素优化配置过程中，应该消除"瓶颈"制约，达到要素之间配比阈下合理配置的规模效益。例如，对交通运输十分落后的区域应当积极开辟各种运输渠道，为搞活区域创造条件。

三、同步时序的确定，同步运行配置法

要使具有不同生态经济序的要素同步运行，必须合理确定各个要素的时序，使之相互一致，彼此呼应。同步时序的确定有四种类型和方法，即周期性时序链条的同步配置、食物链时序的同步配置、投入产出链时序的同步配置和时序网络的同步配置。

1. 周期性时序链条的同步配置法

根据不同的生物群落对象规定不同的产业（农业）生产周期。例如，与作物的生长周期、轮作演替结构、四季交替结构相适应，规定种植业的播种期、施肥期、休闲期及采收期；与果树的大小年结果周期、林木的更新成熟周期相适应等，规定相应的林业生产周期、轮伐期（回归年）及封山育林期；与畜龄结构、家畜利用年限相适应，制订相应的畜禽生产

周期及役畜使用时间（季节）计划；与草原、草地、草场的生长季节相适应，确定相应的放牧期和轮牧期；与鱼龄结构相适应，制订相应的养鱼周期及禁渔期等。要使产业部门（农业）生产周期与生物群落中动植物生长、发育、繁殖、衰亡的生命机能节律同步协调、相互配合，就必须做到起步时点、运行速率及终止时限的一致性。

（1）起步时点的一致性 不同的动植物有不同的出生（发芽、出苗）时间、季节，产业部门（农业）生产周期的开始也必须与之适应，做到同时起步。这又包括两种情况：一种情况是产业部门（农业）的起步时点与生物群落中动植物的生命机能活动时点的正点具有一致性（例如播种行为）；另一种情况是产业部门（农业）的起步时点的超前（例如苗期基肥的施用，必须在播种之前完成，这也是起步时点的一致性）。

（2）运行速率的一致性 产业部门（农业）的劳动力投放、施肥供应、电力分配、农药使用、机械选择等工作，也要与动植物生长、发育、繁殖的速率相适应，使得劳动时间与生物的自然生长发育繁殖相吻合。例如，南方稻区"前稳、中攻、后补"的施肥方式，就是在前期底肥充足、基本苗稳定的基础上，在中期增加追肥量以促进第二枝梗分化和颖花分化，后期看苗补施保花、增粒肥。

（3）终止时限的一致性 根据边际均衡原理，要素投入的适合点及最大收益值的获得是在边际收益刚补偿了边际成本的时候。因此，一旦 MR＝MC（边际收益＝边际成本），即在产业部门（农业）以与生物群落相吻合的速率向其投入最后一个单位的物质、能量的成本，与其获得的增产量的收益相等时，那么产业部门（农业）与生物群落在时间上的配合运行终止，即终止时限的一致性。例如，畜禽在饲养期内随饲养时间的推移，生产函数曲线呈S形（即畜禽生产性能在其生长发育期内随着时间的推移呈现由低到高，又由高到低的变化）。因此，对于主要提供肉、乳、蛋等产品的畜禽，在畜禽饲养周期内就应根据边际收益与边际成本相等的原则，确定屠宰、出售的期限，至此畜禽生产周期也告完结。又如，树木或林木在其自然生长期内，其材积平均生长量也呈S形，那么用材林的砍伐就应以目的树种的平均生产量达到最高值时的时间为终止的时限，至此也完成了一个林业生产周期。

2. 食物链时序的同步配置法

首先，要使生物群落的生命机能节律与无机环境的变动节律相吻合。①使生物群落的生长、发育及繁殖节律适应无机环境的光照、温度、热量、降水节律。例如，高粱自播种、出苗、拔节、抽穗、开花至成熟的适宜温度是：地温12℃、气温20～25℃。马尾松的造林适宜季节是雨水至春分。水杉的造林适宜季节是立冬至大雪，雨水至春分。苹果适宜在冬季9℃下低温有2～3个月的地区生长、发育等。②根据这些特点就应把它们分别配置在相应的季节和地区，人工改造无机环境的节律变化，使适合于生物群落的生命机能节律。如利用温室、塑料大棚、阳畦等设施消除温度降低对植物生长、发育的影响，从而使生物生长、发育的季节延长，这也是两种不同生态经济序的要素通过人工调控、合理配置之后的时序组合达到了同步状态。由于生物生长要以无机环境的元素为养料，所以称之为食物链时序的同步配置。

其次，要使具有不同生命机能节律的生物群落之间，以食物链次序进行同步配置。例如，一个湖区在要素配置的时序上首先发展以湖区为主体的水体农业，其次可以利用耕地的农作物群落、林地的森林群落、果树群落以及水域的鱼类和水生植物群落之间存在的供求关系、连锁关系及限制关系，相继配置防风林、防浪林、作物、畜禽等生物群落，使水域、林带、农田、牧场之间水陆结合、互利共生。

3. 投入产出链时序同步配置法

由于各个产业部门自身生产所必需的因子（如劳动者、资金、物资、技术等）有其不同的生存、组合、运行的规律，要达到产业要素之间同序组合、同步运行的目的，就要按照产业部门之间客观存在的投入产出链关系进行配置，使之同步协调。例如，在一个以农业生产为主的区域，在农业生产起步之前就要做好产前、产后部门的准备。如农业机械、化学肥料、农机、能源等产品要及时首先供应，处于"临战"状态；当一个生产周期终结之后，又应该及时地把农副产品进行加工、储藏、运输、销售，产后产业部门的起步也要随之衔接上来。这样，就达到了产前、产中、产后产业部门之间以投入产出关系连接起来的时序上的协调运行。

4. 时序网络的同步配置法

从单个产业部门与单个生物群落及无机环境之间的时序配置来看，起步时点的一致性、运行速率的一致性及终止时限的一致性，不过是描述了单对区域生态经济要素长期配置中"结合—运行—分离"的一个短周期而已。因为区域生态经济要素之间无时不在进行着物质循环、能量转换、价值增值和信息传递，无时不是耦合在一起运行的，各个配置周期之间总是此起彼续、此止彼起、相互衔接的。因此，单对区域生态经济要素同步配置的周期性链条实际上应该是起步—运行—终止—起步—运行……

从所有的区域生态经济要素之间的时序配置来看，不仅仅有单对要素同步配置的周期性链条的存在，而且由于要素之间复杂的食物链（网）及投入产出链（网），形成了所有区域生态经济要素之间交错、叠合、复杂的时序网络，这个时序网络是起步［运行（终止）］—运行［终止（起步）］—终止［起步（运行）］—起步［运行（终止）］……这同样要求人们搞好在周期性链条同步配置和食物链、投入产出链同步配置基础上的所有区域生态经济要素长期性的时序网络的配置。只有这样，整个生态经济区域的时序网络才会有条不紊，整个生态经济区域才会有节律地运行，区域结构才会表现出在具有均衡性、复杂性、开放性基础上长期高效发展的持续性。

达到时序网络配置的关键是要以在生态经济区域优势生物群落及无机环境的生态经济序基础上建立起来的产业部门、行业部门为先导，按照该产业部门的生态经济序来使其他产业的生态经济序与之组合，即先建立骨干主体，然后建立辅助产前、产后的产业部门。

四、空间位置的划定，立体网络配置法

将各个区域生态经济要素布局在适宜的地域空间，使各个要素具有合适的经济生态位，要素之间的空间关系上呈现立体网络格局形式。

1. 生物群落之间立体配置及边缘效应的运用

在林地、耕地、草地、养殖场、水域、庭院内部进行垂直分层格局式的各个要素内部因子的配置，达到对光、热、水、气的充分利用，使各个因子互利共生。例如，在林地内部，

把山区、丘陵地貌下的山顶、山腰和山脚结合起来；乔、灌、草间套作；林、茶间套作；林、药、菌间套作；林、草、畜、禽结合；平原、沙漠地貌类型下的农林套种；林、茶、药结合；林、草、畜结合。如河南农桐间作物网内的小气候较非间作区有明显改良，作物产量、林木材积及经济效益都有明显提高（李若璋，1987）。在耕地内部，稻、林间套作，稻、藕、鱼套养，绿肥、秧、油菜间套作、高低搭配等；在水体内部，上中下分层养鱼，鱼虾、鱼鳖混养，藕苇混植；在庭院内部，果木、葡萄、瓜、豆、蔬菜、花、牛、马、鸡、鸭、猪、羊、猫进行立体种养业配置等。在水平散布的平面上，根据生态经济区域的林地、耕地、草地、养殖场、水域、庭院等生物群落之间的供求关系、限制关系，将它们配置在合适的生态位上，进行适度、合理的聚集，可达到对资源的循环利用，以及对土地的合理利用。首先，要根据土地资源（气候、地貌、岩石、土壤、植物和水文等因子的自然综合体）的特点及生物群落的特征，使之具有合适的生存及开拓的环境。例如，在坡度大于25°的山地，就不适宜垦殖，而应该作为林地；湖泊水域，就不适宜围湖造田作为耕地，而应该建立渔场。使各个生物群落有合适的生态位是立体网络配置最重要、最关键的一环。其次，在各个生物群落有合适的生态位的基础上，使林地、耕地、牧场、渔场及庭院之间在空间和地域上相互配合，有利于物质、能量及信息在空间上的相互交换和传输，以减少空间交换和传输上的损失。将具有垂直分层格局的各个生物群落在水平面上纳入更为广泛的再循环、再利用、再增值的立体配置格局之中，可使耕地、林地、草地、养殖场、渔场及庭院之间互相促进、相得益彰。例如，我国南方较为广泛发展的"桑基鱼塘"农业生态模式就是各个生物群落在空间上的立体配置模式——塘泥培桑，蚕粪喂鱼；又如，被誉为中国生态村的北京留民营村，在鱼塘、菜地、林木、果园、畜禽、加工厂、微生物（沼气）、村庄院落之间实行了立体网络配置，实行物质循环利用、能量高效转化、价值多次增值，获得了异常高的经济效益和生态效益。

在各个生物群落的交错区，不同的生物群落集聚在边缘交错地带会出现物质循环、能量转换、价值增值和信息传递效率特别高的边缘效应。因此，在生物群落要素空间配置的过程中，也应该注意发挥边缘效应的作用，使耕地与养殖场之间，林地与耕地之间，耕地、林地、养殖场、渔场与庭院之间在空间上很好地渗透、衔接，达到作物借林木之利增加产量，林木借畜禽之利增加材积，果品、畜禽因作物丰产增加肉、蛋、奶产量，庭院借林绿荫而环境优美的效果。

2. 农业（采掘业）、加工制造业、建筑业、商业、服务业之间的立体配置与集聚效应的运用

各个产业、行业部门依其投入来源和产出流向，在空间地域上有不同的布局、指向规律。应按照这种布局、指向规律配置各个产业部门要素，使之有合适的生存和发展的经济生态位。例如，受资源（来源于生物群落和无机环境的动物、植物、矿藏、能源、燃料、动力等）指向约束的行业部门有林业、牧业、渔业、采矿业、冶金、石油、钢铁、化工、建材、水电、制糖、罐头、乳肉水产加工、纺织、缝纫、制药等产（行）业，宜将它们分别配置在动植物、矿藏、燃料、动力、原料、劳动力等资源丰富的地区；受市场（消费）指向约束的行业，如硫酸、食品、日用品、家具、专业设备等，应将它们配置在消费区。虽然产业、行业部门的资源指向约束和市场指向约束并不是绝对的，还受到其他因素的修正（如行为学派、社会学派对资源和市场对产业、行业主要特性的影响并不以为然），但无论如何，综合考察诸多因素对产业部门指向约束的影响，是达到立体配置产业部门要素的第一步。另外，从空间位置关系上看，农业、采掘业、环境保护业、加工制造业、建筑业、商业及服务业等各大产业不过是位于生态经济区域内以开发、利用、保护、治理生物群落要素、无机环境要素的农业、采掘业和环境保护业为起点的投入产出链（网）的各个结点上，因此也必须依据投入产出关系使各个产业、行业部门之间在空间和地域上达到立体组合状态。例如，在农业、加工业、商业具有合适的生态位的基础上进行同位集聚，实行农工商一体化、产供销一条龙配置。

运用集聚效应的原理，以生态经济区域内的主导产业、行业为骨架，然后依照各产业的指向、区位规律及其之间的投入产出关系在空间地域上展开乘数效应，通过产业部门的立体空间配置，达到对资源从空间上充分利用、物质循环利用、能量高效转化、价值多次增值、信息迅速传递的目的。但是产业部门在空间上的集聚不能过分集中、臃肿，分散反而有利于空间结构上的均衡，有利于避免过分集中所带来的资源供给不足和环境污染严重等问题。

3. 乡村、小城镇、大中城市之间的立体配置

作为大中城市、小城镇、乡村实体的建筑设施，其合适的经济生态位都应是地势高爽、绿荫掩映、交通方便、靠近水源、地质较好的地方。由于大中城市是生态经济区域内社会群落要素的中心环节，它与小城镇、乡村之间是点面关系，并非孤立地存在。一方面它本身在地域、空间上不断地向外扩张；另一方面，它又吸引周围地区的小城镇、乡村向它靠拢，形成大中城市-小城镇-乡村立体组合格局。因此，在生态经济区域的调控过程中，应以大中城市为中心实行立体配置。首先应控制大城市空间的过分扩大，开发大城市的地下、地上空间，形成大城市的上、中、下垂直分层格局，同时积极地把大城市的居民、企业单位向中等城市、卫星城疏散，从而使社会群落内的各个因子（居民、企业、事业等）在生态经济区域内比较均衡地分布，这也符合边缘效应的原理，因为城镇作为大城市与乡村的纽带，事实上处于城市社会群落与乡村社会群落的边缘交错地带。

4. 所有区域生态经济要素的立体网络配置

生态经济区域内的各个要素在地域空间上是相互关联的。因此，对所有的区域生态经济要素必须进行因地制宜、统筹兼顾、合理布局的安排，建立融洽的生态经济区域立体网络结构。整个生态经济区域的立体网络结构表现在：分布在地势高、交通发达、水源便利点上的第二、第三产业大量集中的城市社会群落，同林场、农场、牧场、渔场融为一体的以第一产业为主的乡村社会群落之间依靠交通运输网，凭借中、小城镇交互进行产业部门之间，农村与城镇之间，生物群落之间，产业部门、社会群落、生物群落及无机环境之间的物质循环、能量转换、价值增值及信息传递，形成点-线-网-面一体的立体网络结构。最后通过城乡一体化出现具有均衡性、复杂性、开放性的稳定结构。配置空间立体网络结构，一方面，应依据生物群落要素与无机环境要素的地域空间的分布来配置与之相应的产业部门与社会群落。例如，应使林果业配置在山地丘陵地区，种植业配置在平原地区；而污染物质排放量大的行业、工厂不应建立在居民稠密区、水源保护区、城市上风向及风景游览区；乡村、城镇居民点应配置在地势高、绿树掩映、交通发达、水源便利的地点（区）。另一方面，根据社会群落的空间布局来配置生物群落。譬如著名的"杜能圈"受"$P=V-(E+T)$"支配，其中P为利润，E为成本，V为价格，T为运费。它反映了这一规律：以城市为中心由近及远分别配置蔬菜、奶牛、薪炭林、集约型谷物业、休闲型谷物业、农业、畜牧业。

相辅相成配置法、同阈组合配置法、同步运行配置法以及立体网络配置法，分别从区域生态经济要素的属性关系、数量规模、时间顺序和空间位置四个侧面做了规定，然而事实上，在对一个现实的生态经济区域进行调控的过程中必须要同时运用这四种方法。

第五节　生态经济系统的组合功能

生态经济系统是生态系统和经济系统相互作用、相互交织、相互渗透而构成的具有一定结构和功能的复合系统，它是一切经济活动的载体，任何经济活动都是在一定的生态经济系统中进行的。

在生态经济系统中，自然资源组成其子系统——生态系统的实体。它由生物资源和非生物资源两大部分组成。其中，生物资源中的生产者通过光合作用把无机物转化为有机物，储存于植物体中，成为人类和动物的食物来源，也是轻工业产品的重要原料。绿色植物这种固定太阳能的过程称为第一性生产过程。由于绿色植物在进行光合作用时，又能不断地繁衍后代，并保证其生产的延续性，因此生物资源是一种再生资源，如果用得得当则可取之不尽、用之不竭。动物（又称异养生物）是消费者，它可以从植物体中获取营养物质，并将排泄物归还于非生物环境，使之进入下一个再生产过程。微生物是分解者，它能将动植物的残体和排泄物加以分解，还原为各种营养元素，使其回到土壤和空气中再供植物利用。自然界的植物、动物、微生物与周围环境之间所进行的生产、消费和分解的物质循环和能量转化过程，为人类社会提供了各种物质产品和生态效益，为社会生产准备了物质基础。以我国南方地区的"猪-沼-果"生态农业模式为例，它以农户为基本单元，以沼气为纽带，把畜禽养殖、林果、粮食、蔬菜等联结在一起，提高了生产效率和资源利用效率，同时也提高了农民收入，形成了生态、经济良性循环的农业体系（图4-1）。

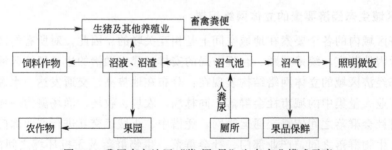

图4-1　我国南方地区"猪-沼-果"生态农业模式示意

在生态经济系统中，各产业部门存在于另一个子系统——经济系统中。经济系统是人类社会与自然资源相互结合、相互渗透的产物，综合表现了人类社会不同生产发展阶段中的生产力（包括劳动者、生产工具、劳动对象、科学技术、经济管理等）和生产关系（包括生产资料所有制和人们在物质资料的生产、交换、分配、消费过程中形成的相互关系等）两大方面。其中，生产力是指劳动者运用科学技术（或使用生产工具）对自然资源进行利用和改造，以取得人类所需产品和生态效益的能力，亦即人与自然界的物质变换能力。因此，生产力的发展水平是在自然资源利用的基础上形成和发展的，生产力发展水平的高低既反映了人类社会的生产水平，也反映了人类科学利用自然资源和保护生态环境的水平。生产关系是人们在自然资源利用过程中，人与人之间相互结合成的社会关系。适宜的生产关系能够协调经济系统经济再生产的总过程，并可以促进和提高人类对自然资源的开发利用能力。总之，人类社会的物质再生产过程就是自然再生产和经济再生产相结合的过程，是人们通过有目的的活动，改变自然资源的形态和性质，使其形成能够满足人们需要的产品和生态效益的过程。这就是说，任何社会的经济再生产过程都离不开自然资源的利用（包括直接或间接利用）和消耗，也是在一定的生态环境中进行的。人们通过各种科学技术手段直接或间接地向自然生态系统输入人力（劳动力）、物力（生产资料）和财力（资金），再通过自然生态系统的物质循环和能量转化过程输出社会所需的物质产品，然后又通过交换、分配和消费等过程转化成货币、资金、物质资料等，再重新输入自然生态系统以补偿其输出的物质和能量。自然生态系统的生产者、消费者、分解者与经济系统的生产、分配、流通、消费的再生产过程紧密结合，相互渗透，从而推动着行业、企业、产业部门和人类社会物质再生产的不断循环。这里，自然生态系统通过资源为经济系统提供物质基础，经济系统又为生态系统和自然资源的开发利用和保护创造条件。以贵港国家生态工业（制糖）示范区为例，该园区由蔗田、制糖、酒精、造纸、热电联产、环境综合处理6个系统组成，各系统之间通过中间产品和废弃物的相互交换而互相衔接，形成一个完整和闭合的生态工业网络，园区内资源得到最佳配置，废弃物得到有效利用，环境污染降低到最低水平（图4-2）。

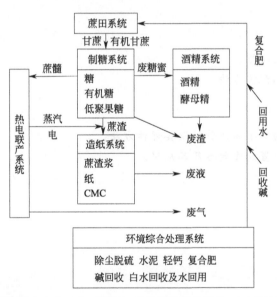

图4-2　贵港国家生态工业（制糖）示范园区总体结构（王寿兵等，2006）

由此可知，生态经济系统的运行过程其实质就是人类有目的地开发利用生态系统和自然资源的过程，是使自然资源各要素实现合理配置、科学利用的过程。生态经济系统这一客观经济范畴的存在，使人们明确地认识到人类社会经济增长和物质财富的增加并不仅仅是人类经济活动的结果，也是经济循环和生态循环综合作用的结果，是经济上的生产、分配、交换、消费和自然资源各要素的合理布局、配置、利用、消耗紧密结合、相互渗透、相互制约的结果。生态经济系统运行客观规律的存在，要求人们在发展经济的过程中，一方面要研究制约生产发展的经济因素，并遵循经济规律；同时，还要研究制约生产发展的生态因素，并遵循生态规律，把社会经济再生产视为社会、经济、生态的统一整体来研究，并采取综合性措施与对策。与此同时，还要充分地认识到生态平衡是经济平衡的客观基础，只有生态平衡下的经济平衡才是社会经济效益最优的平衡。因此，这就要求人们在发展经济的过程中，不能再把生产发展建立在贪婪地索取自然资源、大量地消耗自然资源的基础之上，不能使自然资源长期处于被强度开采和超负荷的状态。正确的生态与经济协调发展战略既不是把生态凌驾于经济之上，也不是把生态置于经济之下，而是两者的相互渗透、相互作用、互为条件、互相推动的发展，真正做到在经济发展中保护资源、保护环境，在科学利用资源、改善生态环境中促进经济发展。

【复习思考题】

一、名词解释

1. 生态经济系统
2. 稳定性
3. 恢复力
4. 均衡性

二、简答题

1. 简述生态经济系统的特性。
2. 简述生态经济系统的配置方法。

三、论述题

1. 论述生态经济系统的四个功能特性及其评估方法。
2. 论述生态经济系统配置的重要性及其应用。

第五章
经济系统的物质转化和能量流动

价值是什么？当前的财富价值观仍然基于物质和能量（原子），未来财富增长应当基于信息和智力（比特），以信息和智力资源替代（而不是取代）物质和能量资源是大势所趋。

——编者，2020

【导读材料】
更少的物质，更多的价值——不是乌托邦的生态幻想

德国环境政策法规之父弗里德里希·施密特·布雷克（Friedrich Schmidt Bleek）提出了非物质化的环境政策指导原则。据估算，20世纪90年代初期德国每年人均消费的物质投入约70t（未包括水和空气的消费），其中从环境索取的约55t，如果除以GNP，就得出每支出或收入1德国马克消费的物质为1.3kg。以此类推，工业化国家20%的人口占有了约80%的物流消费，从环境利用分配公平性和环境空间均等性角度考虑，要求工业化国家减少物流。减少大量的物流取决于非物质化的核心内容。非物质化的要求意味着，要使全球生态系统保持稳定就必须把全球的物流减少一半。"国际因数10俱乐部"提出的目标是，工业化国家在未来50年要将物流消费比例降为全国世界总量的10%，而发展中国家由20%提升为40%，二者共同努力将全球物流消费降低50%。降低物流消费的根本途径在于在全世界范围内实行必要的技术和社会革新。从过去50年的发展来看，这个方向是正确的。

[资料来源：弗里德希·亨特布尔格（Friedrich Sehmidt-Bleek）等著，葛竞天等译，生态经济政策——在生态专制和环境灾难之间，2005]

【学习提示】 客观的物质世界是处在周而复始的物质转化和能量流动之中的。生态经济系统中也普遍存在着物质循环和能量流动，能量流动推动了物质循环，物质循环带动能量流动，二者相互联系，不可分割，共同组成了生态经济系统的整个运行过程，使得生态经济系统可以存在和发展。各种资源的利用是人类经济发展的关键，同时人类活动对自然生态系

统的影响也是巨大的，是生态经济系统中物质循环的重点。在资源的利用过程中，随着人类经济规模的扩大，众多的自然资源从自然状态或者是自然资本转移到了人造资本中，这样将会阻碍资源的更新，进而影响人类经济的进一步发展。

第一节 物质转化和能量流动的基本理论

一、物质转化的基本理论

（一）物流

1. 物流

物质的转化过程就是物质的流动过程，物流即流动的物质在流动过程中产生化合分解等一系列物理、化学和几何形态的变化。物流是一个综合概念，它包括能流、无机元素流（矿物流及其派生）、各种经济物流及信息流。其运动形式包括分解、合成、组合、渗透、运转等。周而复始的循环可使物质被多次重复利用，它可从一个系统中"消失"，又可在另一系统中以某种形式出现，从而使物质可在不同系统之间反复利用、循环利用。人类客观世界的物质流包括自然物流和经济物流两大类。

2. 物流分类

（1）生态系统物流　自然界的物质转化即指自然界的物质循环。自然界的大气圈、水圈、土壤岩石圈中的化学物质，如碳、氢、氧、氮、磷、硫、钾、钙、镁、铁、锌、硼、钼、铅等无机元素，被生物吸收后便从环境进入有机体，通过合成过程建造了有机体的各个部分，保证了生物的生存和正常生长发育。然后又通过生物的排泄物和尸体残骸的分解过程回归到环境中，供生物吸收利用。即在一个具体生态系统中是通过生产者—消费者—分解者—环境的序列过程进行的，按转换形态又分为水态、气态、沉积态三大类，按理化过程分为建造（化合）、储存和矿化三个过程，最终都纳入生物地球化学循环总过程中，这就是生态系统的物质循环，又可称生态物流或自然物流。

生态系统的物流又有不可更新物流和可更新物流之分。不可更新物流也叫静态物流，指数量有限而又不能更新的物质和能量，如化石能源（煤、石油、天然气等）以及某些矿物，因为这类物流更新的速度极慢，因此也称之为不可更新资源。可更新的物流也叫动态物流，是可更新的不会枯竭的处在无限循环中的物流，如生物资源、水、空气、自然力、太阳能等。随着科学技术的发展、人口的增加、消费水平的提高，人类获取不可更新资源的速度越来越快。因此，自然物流的枯竭只是时间迟早的问题。对于可枯竭的物流，人类要特别珍惜。从现在开始，必须寻找可替代的能流、物流，可更新物流由于有更新速度的限制，也必须合理利用，求得与自然界的和谐统一。

（2）社会经济中的经济物流　社会经济中的经济物流通过生产—分配—交换—消费过程在社会各经济部门之间循环流动。自古以来，人类总是以各种方式参与生态物流循环，使生态系统为人类社会经济服务。因此，生态物流的演变标志着人类与自然关系的变化，标志着人类的技术进步和社会福利的增长。

经济物流可分为：具体生产过程中的物流，在流动过程中改变理化或几何学特性，被加工成人们所需要的物质产品（包括中间产品和最终产品），同时又有"废弃物"返回自然界，参与生态系统的物质循环或被再次利用或造成环境污染；流通领域的物流，又称商品流，即用来交换的劳动产品流；消费物流，主要指生活消费和最终产品消费，它既是分解过程也是还原过程，一方面满足人类生存和社会发展的需要，另一方面消费后的垃圾和生产中的"废弃物"直接进入自然界，参与生态系统的物质循环或被综合利用、重复利用。

3. 生态系统物流与经济系统物流的关系

生态系统物流与经济系统物流的关系主要表现为以下3个方面。

（1）自然物流是经济物流产生的基础。参与经济循环的物质都是直接或间接来源于生态系统，离开了生态系统的物流就没有经济物流。经济物流的物质基础是在生态系统的物质转化过程中由物质建成、物质储存和矿化过程积累的物质和能量，以及地球化学循环形成的各种矿物等生态产品。这些生态产品在经济系统中通过生产、交换、分配、消费等过程，又转化为经济产品和经济物质，再输入生态系统维持生态物流循环，为人类社会生产和再生产的不断循环运动提供物质基础。由此可知，社会经济再生产以生态物流为基础，通过人类的智力劳动和科学技术改变自然物质的形态，生产出人类需要的各种经济产品。所以，生态物流是经济物流的基础，生态系统是经济发展和社会进步的物质基础。

（2）污染是自然物流与经济物流循环的副产物，是破坏物流正常运转的重要因素。污染物流参与生态系统物质循环，破坏了正常的生态结构，并随食物链进入动物和人体内。要解决这个问题，必须清除经济物流中的污染物，并建立新的产业部门，化"三废"为原料，创造更多的经济物流。

（3）生态物流与经济物流在生态经济系统中同时进行、相互促进、相互转化，推动着生态经济系统的正常运转和高速发展，即经济系统不断地向生态系统输入经济物质，促进生态系统物流的高速转化和物质积累，从而增加了生态系统输出的产品数量。自然物流与经济物流实际上是物流大循环中的两个阶段，或者说二者同属一个物流循环体系，这个体系是由物流交换过程体现的逆向循环过程。当自然物流向经济系统流动变为经济物流时，又有经济物流向生态系统流动转化为自然物流。自然物流与经济物流通过四个生产部门可以相互转化。第一个部门是农业。农业是把太阳能转化为化学潜能，把无机物转化为有机物的唯一生产部门，它生产了一级产品和二级产品（动物），由此产生了农产品加工业、某些轻工业，它为人类提供了食物，养活了地球上75亿多人口。在农业经济物流中，融合了自然物流与工业物流和人类活动及信息流。第二个部门是能源生产。这是经济物流的动力，但在生产能源时又投入了经济物流，实质上是经济物流置换了自然物流，因而能量生产是生物圈里物流的一个置换过程。第三个部门是采矿。无机物流从生态系统进入经济物流，在此部门物流属于静态物流，不能自我更新，极易形成废弃物流入生态系统，又回到自然物流。第四个部门是信息、科技生产。这一部门的强弱影响着以上三个生产部门的发展，关系到物质、能量流动的强弱和方向。当今世界上的一些发达国家就是通过强化这一生产部门，将世界各国的资源与产品吸纳至自己的国家，然后生产出产品与不发达国家进行不平等的交换，保护自身利益和强化自身的持续发展功能的。这导致了发展中国家的生态退化和能值持续不断的流失。信息和技术生产部门的总体功能在于把现有的可以利用的杂乱无章的生态资源和经济资源变成有序的能量组合，将不成比例的物质、能量组合成有机整体。通过信息和崭新技术组合起来的有机整体——产品往往具有很高的市场价格，大大高于其本身所包含的价值。

（二）物质平衡

1. 物质平衡模型

自然生态系统中的物质平衡（图5-1）遵循物质输入与输出的动态平衡规律，即协调稳定规律。该规律涉及生物、环境和生态系统三个方面。当一个自然生态系统不受人类活动干扰时，生物与环境之间的输入与输出是相互对立的关系。当生物体进行输入时，环境必然进行输出，反之亦然。对于一个稳定的生态系统，无论对生物、对环境还是对整个生态系统，物质的输入与输出总是平衡的。

令 E 为环境的物质储量，E^* 为环境对经济系统的物质投入，$E^\wedge$ 为经济系统向环境排放的污染物，用 K 表示经济系统的物质沉淀（积累），则物质平衡模型可表示为：

$$E^* = E^\wedge + K$$

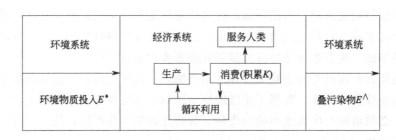

图 5-1　自然生态系统的物质平衡示意

自然生态系统的物质平衡包括总量平衡和分量平衡。总量平衡探讨作为整个生物地球化学循环有机组成部分的自然生态系统的物质和能量循环如何维持动态平衡。在全球系统中，物质通过物理、化学和生物学的过程，从某一储库流向另一储库，处于不断的运动之中，这一过程称为物质全球循环。在自然生态系统中，全球物质循环是缓慢的，并通过上述过程维持着动态平衡。分量平衡分析的关键在于物质代谢过程中水的循环以及碳、氮、磷、硫四种重要元素在循环过程中的平衡关系。

2. 克尼斯等的物质平衡理论

20世纪70年代初期，克尼斯（Allen V. Kneese）、艾瑞斯（Robert U. Ayres）和德可芝（Ralph C. d'Arge）出版了《经济学与环境》（Economics and the Environment）一书。他们依据热力学第一定律的物质平衡关系，对经济系统重新划分，提出了著名的物质平衡模型。克尼斯等人的物质平衡理论的主要内容包括：①一个现代经济系统由物质加工、能量转换、残余物处理和最终消费四个部门构成，这四个部门之间以及由这四个部门组成的经济系统与自然环境之间存在着物质流动。②如果这个经济系统是封闭的（没有进口或出口），没有物质净积累，那么在一个时间段内从经济系统排入自然环境的残余物的物质量必然大致等于从自然环境进入经济系统的物质量。这个结论的推论是经济系统排放的残余物量大于生产过程利用的原材料量，因为生产和消费过程中的许多投入（例如水和大气）通常是不被作为原材料考虑的。③上述思想也同样适用于一个开放的、有物质积累的现代经济系统，只是分析和计算更为复杂。④现代经济系统中虽然越来越多地使用了污染控制技术,但是应当清醒地认识到治理环境污染物只是改变了特定污染物的存在形式,并没有消除也不可能消除污染物——物质实体。例如,在治理气体污染物使排放的气体变得清洁的同时,却留下了粉尘等固体污染物。这表明各种残余物之间存在相互转化的关系。⑤为了在保证经济不断发展的同时减少经济系统对自然环境的污染,最根本的办法是提高物质和能量的利用效率和循环使用率,从而减少自然资源的开采量和使用量,降低污染物的排放量。

二、能量流动的基本理论

(一) 能量及能量的来源

1. 能量

从能量的作用上来看,能量无疑是一个物理的概念,对于抽象的概念,哲学给出如下的解释。《简明自然辩证法辞典》中有这样的概念:亦称"能",物质运动的一般量度,表征物质系统对外做功的能力。然而,在物理学中能量的定义为"做功的能力",任何物质物理或化学性质的改变都涉及从外界摄取能量或释放能量到外界环境中。能量可以分为势能和动能,动能是物体在运动时的能量,例如水流等。势能是物体由于位势的原因所具有的能,如水库中的水等。

不同过程又有许多形式的能,有太阳光的光子、声波、水波、流水、化学作用中的化学能、磁场、物质的浓缩等。实际上,所有形式的能都可以转化为热,能是由热来定义和测定的。热是能的分子运动,根据定律 1cal 是 1mL 的水升高 1℃所需的热。目前国际上趋向于以焦耳 (J) 为能量单位,1kcal 相当于 4186J。能量的流动是由功率测量的,也就是单位时间能量流动量,用 W 表示,$1W=1J/s$。

在任何系统中可以把部件联结成系统的、能使人容易理解的一些能读能写的符号,称为系统语言 (H. T. Odum)。在人类的生态经济系统中,利用能量作为这个系统的语言,也就是所谓的能语言,因为不论在生态系统还是在人类的经济系统的演化和运动过程中都伴随着能量的流动,换句话说是能量的流动推动了系统的运动。

2. 生态系统能量来源

生态系统的维持和运行靠太阳能,人类经济系统的运行和发展同样也靠太阳能维持,可以说整个地球系统都是依靠太阳能来运行的。据有关机构测算,由太阳能驱动的生态系统是 $2000kcal/m^2$,由太阳能、潮汐能、潮流能驱动的生态系统是 $20000kcal/m^2$,由太阳能驱动和人工植被组成的生态系统是 $20000kcal/m^2$,以燃料驱动为主的城市生态系统是 $2000000kcal/m^2$。

对于生态经济系统来说,能量的流动是其发展和运行的基础,可以说没有太阳能就没有生态经济系统。首先,在生态系统中绿色植物通过光合作用获取太阳能,把无机物转化为有机物并合成自己的躯体,同时也把太阳能转化为化学能储存在有机体内。其次,植物被动物逐级消费,能量也就随着物质的流动而流动。最后,通过微生物作用把复杂的有机物分解成可溶性化合物或元素,同时以热能的形式释放出有机物中储存的全部能量。在人类的经济系统中一部分能量来自自然生态系统或人工生态系统中的绿色植物;另一部分间接来自化石燃料。人类在利用各种资源和能源时,通过直接消费和生产过程来使用能量,也就是将能量消费掉转化为做功或转化为热能散发出去。因此对于整个经济系统来说，能量流动和物质循环将自然生态系统和人类经济系统联系在一起。

整个系统的能量绝大部分来自太阳能，小部分来自地球内部的能。除了各种绿色植物是直接利用太阳能之外，人类所用的化石燃料也间接来自太阳能，这些化石燃料是地质时期的绿色植物经过地质作用而形成的能源，可以说是地质时代太阳能的积累。地球系统接受太阳能的速率在地质时期可以认为是不变的，这就像一个蓄水池，太阳能在绵绵不断地向地球这个系统输入能量，除了能被直接利用的之外，其他的有一部分被保存了下来，以化石燃料的形式存在。所以人类现在使用的化石燃料是太阳能在地质历史时期的储蓄。因为形成化石燃料所需的时间相对于人类生命周期而言是相当长的，可以认为这种储蓄是固定的，即太阳能的储蓄相当于某人一次性地向银行中存了一定数量的钱，然后只是不断地从中支出，不再存入，长此以往总有一天钱会全部被消费掉。因此这种以化石燃料为主要能量的人类经济系统不是可持续发展的系统，当没有能量输入的时候，这个系统就将崩溃。所以人类现在要做的是尽可能地提高化石燃料的利用效率，寻找其他的可替代能量，这些能量包括直接利用太阳辐射的能量、风能、潮汐能等清洁能源。

（二）生态系统的能量定律

生态系统的能量定律包括经典三大热力学定律和 H. T. Odum 提出的三个定律，能量依照这六大规律转化。

1. 第一定律：能量守恒定律（Conservation of Energy）

能量在量方面的变化，遵循自然界最普遍、最基本的规律，即能量守恒定律。能量守恒定律指出："自然界的一切物质都具有能量，能量既不能创造也不能消灭，而只能从一种形式转换成另一种形式，从一个物体传递到另一个物体，在能量转换和传递过程中能量的总量恒定不变。"

2. 第二定律：熵定律（Law of Entropy）

热力学第二定律有时也可以说是"熵定律"，克劳修斯在 1850 年发表的论文中提出，在热的理论中除了能量守恒定律以外，还必须补充另外一条基本定律："没有某种动力的消耗或其他变化，不可能使热从低温转移到高温。"这条定律后来被称作热力学第二定律。克劳修斯的表述在现代教科书中一般表述为：不可能把热量从低温物体传到高温物体而不引起其他变化，即热量自然地从热的物体向冷的物体流动，但它不能 100% 转化为功。从一种能量形式转化成另一能量形式时，所有的转化率都低于 100%，并非所有的储存能量（如化石燃料）可以实现等均转化，其中一部分将以热的形式散发出去。熵是对不能实现转化的能量的度量，熵越高说明转化的效率越低，因此在能量转化中孤立系统的熵将会逐渐增加。同时能量转化是不可逆的，例如化石燃料燃烧就是不可逆的，所以系统中的熵会不断地增加。人类经济活动现在所处的环境就是这种系统。其实，一个封闭的系统也可以从外界接受太阳辐射形式的能量，使得这个系统能维持下去，使生命延续成为可能。

3. 第三定律：绝对零度时的熵为零（Definition of Entropy in 0K）

热力学第三定律是独立于热力学第一、第二定律之外的热力学定律，是研究低温现象而得到的。它的主要内容是奈斯特热定理或绝对零度不能达到原理。1906年，德国化学家奈斯特（W. Nernst）研究化学反应在低温下的性质时得到一个结论：凝聚系的熵在可逆定温过程中的改变随热力学温度趋于零而趋于零，即：

$$\lim_{T \to 0}(\Delta S)_T = 0$$

该结论称为奈斯特热定理。1912年，奈斯特根据这个定理进一步推论出绝对零度（0K）不能达到原理。这个原理表述为：不可能用有限个手续使一个物体冷却到绝对零度。

如果把绝对零度不能达到原理作为热力学第三定律的标准说法，则奈斯特热定理可作为热力学第三定律的一个推论。

H. T. Odum 又提出了如下三个定律。

4. 第四定律：最大功率定律（Maximum Empower Principle）

系统的自组织过程或结构的自我设计通常会朝向引入更多能量和更有效地使用能量的方向发展。

5. 第五定律：能量等级定律（Energy Hierarchy）

通常最大功率的结果是形成一个能量转换的层级结构。

6. 第六定律：生物地球化学等级定律（Biogeochemical Hierarchy）

物质演变的层次性总是与能量转换的层次性紧密相关，这充分体现在生物地球化学过程中。

第二节 生态经济系统的物质转化

一、生态经济系统的物质转化类型

生态经济系统的物质转化是指人类的经济活动从环境中获取各种资源，经过生产和消费，剩余物质释放回环境而产生的一个封闭的物质循环系统。生态经济系统物质流分析的观点认为，人类活动所产生的环境影响在很大程度上取决于进入经济系统的自然资源和物质的数量与质量，以及从经济系统排入环境的废弃物质的数量与质量。前者产生对环境的扰动，引起环境的退化，后者则引起环境的污染。生态经济系统的物质转化以质量守恒定律为基本依据，从实物的质量出发，将通过经济系统的物质分为输入、储存、输出三大部分，通过研究三者的关系揭示物质在特定区域内的流动特征和转化效率，并将其作为区域发展的可持续性指标，为区域可持续发展目标的设定提供依据。具体过程如图5-2所示。

生态经济系统的物质转化存在着良性循环和恶性循环两种可能性。作为自然生态系统的子系统，生态经济系统不仅来源于自然生态系统，而且最终其运行过程与结果还是要回归到自然生态系统，其产生与发展只不过是自然生态系统亿万年漫长历史长河中一个小小的阶段。因此，生态经济系统演化的根本方向必须与自然生态系统的演化方向一致。解决这一问题的关键是从探讨如何增强生态经济系统与自然生态系统两者的相容性入手，开拓将生态经

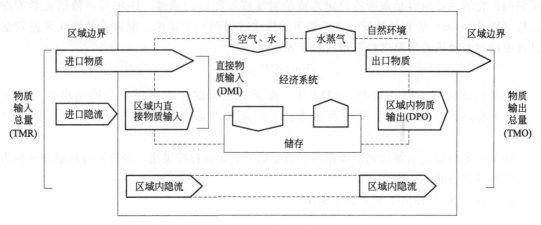

图 5-2 生态经济系统物质流

济系统物质代谢及其结果融入自然生态系统物质代谢过程之路。生态经济系统与自然生态系统两者的相容性表现为当两者耦合为一体时，尽可能保证复合系统的系统均衡性、系统适应性、系统稳定性、系统流通性和系统持续性。系统均衡性要求安排经济系统的生产、交换、分配与消费活动时，力求使所用物质的总量和分量都能够均衡地纳入自然生态系统的物质代谢之中。系统适应性要求经济系统从自然生态系统中获取资源和能源，应与自然生态系统的承载能力相适应，经济系统排放的废弃物应与自然生态系统的环境容量相适应。系统的稳定性要求经济系统物质代谢的过程与结果在纳入自然生态系统物质代谢过程时，要保持平稳，尽可能减弱乃至消除震荡。系统流通性要求经济系统物质代谢过程及其结果在融入自然生态系统物质代谢过程时，要尽可能打通物质流、能量流、信息流和价值流的阻滞，使之减少阻力乃至畅通无阻。系统持续性要求在经济系统的物质代谢过程中，应尽可能消除不利于生态系统自维持性和持续性的因素，保障系统的可持续发展。如果人们在经济活动中切实解决好这几个问题，就能保证生态经济系统沿着良性循环的轨道发展，否则必然导致生态经济系统的恶性循环。为此，必须选择能够保证实现生态经济系统良性循环的道路和模式。

二、生态经济系统中物质的良性循环

（一）有效利用资源

1. 有效利用可再生资源

自然资源可以分为可再生资源和不可再生资源。可再生资源是指通过天然作用或人工活动能再生更新，而为人类反复利用的自然资源，又称为可更新自然资源，如土壤、植物、动物、微生物和其他各种自然生物群落等。可再生自然资源在现阶段自然界的特定时空条件下，能持续再生更新、繁衍增长，保持或扩大其储量，依靠种源而再生。一旦种源消失，该资源就不能再生，只有科学合理地利用和保护物种种源，才可能再生，才可能取之不尽、用之不竭。

可再生资源在被利用的过程中，其存量和流量的区分是很重要的。存量是用来衡量资源在某个时刻的总量或者总生物量的；流量是存量在一定时间内的变化量，这种变化有可能是因为生物因素（如生长率、死亡率等）和经济因素（如人类的捕获等）引起的。可再生资源和不可再生资源一样都是可以耗竭的,如果在一段时间之内开采过量或者掠夺性使用,对于可再生资源来说,尽管存量可以恢复,但是如果环境阻碍了可再生资源的可再生能力或者收获速度高于自然增长速度,存量同样可以减少为零。

2. 有效利用不可再生资源

不可再生资源是指长期内不具有生长能力的非生物性的矿产储量,主要指自然界的各种矿物、岩石和化石燃料,例如泥炭、煤、石油、天然气、金属矿产、非金属矿产等。这类资源是在地球长期演化历史过程中,在一定阶段、一定地区、一定条件下,经历漫长的地质时期形成的。与人类社会的发展相比,其形成非常缓慢,与其他资源相比,其再生速度很慢,或几乎不能再生。人类对不可再生资源的开发和利用只会消耗,而不可能保持其原有储量或再生。其中,一些资源可重新利用,如金、银、铜、铁、铅、锌等金属资源;另一些是不能重复利用的资源,如煤、石油、天然气等化石燃料,当它们作为能源利用而被燃烧后,尽管能量可以由一种形式转换为另一种形式,但作为原有的物质形态已不复存在,其形式已发生变化。

不可再生资源的形成大多需要长达数百万年的地质历史过程,因此对于人类历史来说,可以将其看作是具有固定存量的资源。只要人类对其开采,就无法再生;只要持续开采,总有一天会耗尽。在不可再生资源当中,还可以再分为不可回收的资源(如化石燃料资源)和可回收资源(如各种金属矿物以及一些非金属矿物等)。这两种资源在开采时其情况是相同的,所不同的是消费,也就是可回收的资源属于生态经济系统的物质循环范围,而不可回收的化石燃料是能量流动的范畴,需要区别对待。

资源的开采主要取决于当前开采所投入的要素及其价格和当前开采量对未来的影响等。资源的最佳开采必须要满足霍特林法则。所谓的霍特林法则是:开采的资源价格的增长率必须等于贴现率,也就是说自由的贴现价值在所有的时间序列上应该相等。自然资源作为一种资产,任何有效的资源管理均必须满足其贴现价格在所有的时间点上保持不变。合理的最优价格会给所有者合理保存资源的激励。当然在开采资源的过程中还要加上资源的开采成本,如果资源的总量一定,总开采成本还应该包括使用者成本,即反映今天开采对于未来开采净收益的机会成本。对于提高不可再生资源的利用效率和循环利用的问题将在清洁生产和循环经济中详细论述。

3. 我国资源利用的总体状况

我国资源利用状况:一是资源利用效率低,消耗高;二是每单位资源所产生的效益差,与国际先进水平相比存在很大差距。资源的低效利用进一步加剧了资源对经济社会发展的"瓶颈"制约。

(1) 水资源利用状况　我国的用水效率很低,水资源浪费量大、污染严重,同时海水和再生水等非传统水资源利用量也较少。目前我国水资源的利用效率和效益与国际先进水平相比存在很大差距。2002 年我国万元 GDP 用水量为 $537m^3$,相当于世界平均水平的 4 倍;工业用水重复利用率不足 60%,远低于发达国家 75%～85% 的水平;农业灌溉水利用系数仅为 0.4～0.45,大大低于国外先进水平的 0.7～0.8。

(2) 能源资源利用状况　目前,我国能源利用效率为 33%,比发达国家低 10 个百分点;单位产值能耗是世界平均水平的 2 倍多,比美国、欧盟、日本、印度分别高 2.5 倍、4.9 倍、8.7 倍和 43%;我国 8 个行业(石化、电力、钢铁、有色、建材、化工、轻工、纺织）主要产品单位能耗平均比国际先进水平高40%；燃煤工业锅炉平均运行效率比国际先进水平低15%～20%；机动车百公里油耗比欧洲高25%，比日本高20%。我国建筑采暖、空调能耗均高于发达国家，其中单位建筑面积采暖能耗相当于气候条件相近的发达国家的2～3倍。能源利用效率与国外的差距表明我国节能潜力巨大。根据有关单位研究，按单位产品能耗和终端用能设备能耗与国际先进水平比较，目前我国节能潜力约为3亿吨标准煤。

（3）重要矿产资源利用状况　一方面，矿产资源总回采率仅为30%，比世界平均水平低20个百分点；矿产资源采选冶综合回收率及共伴生有用矿物的综合利用率均低于世界平均水平。另一方面，我国单位资源产出效率大大低于国际先进水平。按现行汇率计算，我国单位资源的产出水平相当于美国的1/10，日本的1/20，德国的1/6。我国每吨标准煤的产出效率只相当于美国的28.6%，欧盟的16.8%，日本的10.3%。每立方米水的产出效率，世界平均是37美元，我国只有2美元，英国是93美元，日本是55美元，德国是51美元。

（4）土地资源利用状况　土地资源利用效率低，浪费严重，主要表现在土地产出率低。一是农业土地单位面积产量尚有提高的潜力（我国尚有2/3左右的耕地为中低产田）；二是非农业建设用地产出率低，全国城镇人均用地面积已超过国家规定人均100m² 的标准。

（二）清洁生产

清洁生产是实现生态经济系统中物质良性循环的另一有效途径（图5-3）。清洁生产是通过产品设计、原料选择、工艺改革、生产过程管理和物料内部循环利用等环境的科学化与合理化，使工业生产最终产生的污染物最少的一种工业生产方法和管理思路。清洁生产包括清洁的生产过程和清洁的产品两方面的内容，即不仅要实现生产过程的无污染或少污染，而且生产出来的产品在使用和最终报废处理过程中也不能对环境造成损害。1989年联合国环境署（UNEP）巴黎工业与环境活动中心在总结各国经验的基础上，提出了清洁生产的概念，定义是：清洁生产是指将综合预防的环境策略持续应用于生产过程和产品中，以便减少对人类和环境的风险。

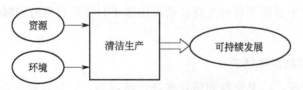

图5-3　清洁生产的概念示意

有效地利用自然资源，重视废物的回收再利用，从而提高资源效率是实现清洁生产的重要途径。有效地利用自然资源包括开发和应用通过原材料改变和有毒原材料的替代技术，减少有害废物的毒性和数量，以及将废物中的有价值资源再生回收，并在生产流程内部得到循环利用等。资源的回收利用一直是材料可持续发展的主题之一，是处理废物和节省资源、节约能源的重要措施。通过资源的综合利用、短缺资源的代用、二次资源的回收利用，以及节能、省料、节水等，可实现合理利用资源，减缓资源的耗竭。资源回收的途径有废弃物的单纯回收再利用，产品或零部件的回收再利用，对废弃物进行加工处理后作为原材料再利用，以及能源回收利用等。如图5-4所示，将煤使用过程中的物质和能量转化过程结合起来考虑，使生产过程中的动力过程和各种工艺过程结合成一个一体化的工业过程，从而有效地提高了煤燃烧过程中的资源效率。

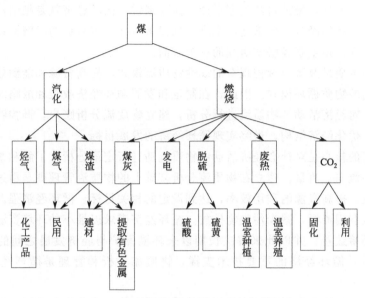

图 5-4　煤燃烧过程中的综合利用示意

在生产过程中，开发清洁生产新工艺，减少直至消除废物和污染的产生与排放，促进工业产品的生产和消费过程与环境过程相容，减少整个工业活动对人类和环境的危害，对实现清洁生产具有重要意义。具体内容包括：减少废物排放；采用无废、低废的清洁工艺；通过工艺技术改革、设备改进和优化工艺操作控制，对工艺过程的污染源进行削减；实现污染排放的过程控制，实施鼓励废物回收的政策等。

环境问题的产生不仅仅是生产末端的污染排放问题，在整个生产过程及其各个环节中都有产生环境污染的可能。因此，只对生产末端进行污染控制远不能解决现有问题，开发先进材料与先进生产工艺流程是节约资源与减少环境污染的主要途径。研究及开发环境友好产品和工艺，进行落后产品的变更和替代，对量大面广的传统材料产业的生产等过程进行环境协调性改造，可从根本上提高资源、能源效率，减少和消除污染，实施零排放工程和绿色工程。

发展清洁生产技术，推行生产全过程的清洁控制，才能建立节能、降耗、节水、节地的资源节约型经济，实现生产方式的变革，加速可持续发展生产模式的全面转换，以尽可能小的环境代价和最小能源、资源消耗，获得最大的经济发展效益，从而使生态经济系统的物质循环向良性发展。

（三）循环经济

相对于传统经济而言，生态经济将生态学规律运用于经济活动，将以往那种"资源—产品—污染排放"单向流动的线性经济形态转变为"资源—产品—再生资源"循环流动的经济形态。循环经济（circular economy 或 recycle economy）一词是对物质封闭循环流动型经济的简称，其以物质、能量梯次和闭路循环使用为特征，在环境方面表现为污染低排放甚至污染零排放。其内涵为：在经济发展中，遵循生态学规律，将清洁生产、资源综合利用、生态设计和可持续消费等融为一体，实现废物减量化、资源化和无害化，达到经济系统和自然生态系统的物质和谐循环，维护自然生态平衡。简要来说，循环经济就是把清洁生产和废弃物的综合利用融为一体的经济，要求运用生态学规律来指导人类社会的经济活动，它本质上是一种生态经济活动，是生态经济学研究的一个方面。

循环经济的本质是改造或调控现有的线性物质流模式，提高资源和能源效率，形成资源和能源效率较高的物质循环模式。因此，在制定和发展循环经济政策和战略时必须抓住其本质和核心内容，对经济活动的物质流进行分析，建立物质流分析账户，调控物质流模式，实施物质流管理，优化经济结构，最终实现循环经济的发展目标。

物质流分析的核心是对社会经济活动中物质流动进行定量分析，了解和掌握整个社会经济体系中物质的流向、流量。建立在物质流分析基础上的物质流管理则是通过对物质流动方向和流量的调控，提高资源的利用效率，达到设定的相关目标。循环经济强调从源头上减少资源消耗，有效利用资源，减少污染物排放。循环经济谋求以最小的环境资源成本获取最大的社会经济和环境效益，并以此来解决长期以来环境保护与经济发展之间的尖锐矛盾。可见，物质流分析是循环经济的重要技术支撑，物质流分析和管理是循环经济的核心调控手段。

从物质流分析与管理和循环经济的相互关系来看，物质流分析和管理的调控作用主要体现在以下几个方面。

(1) 减少物质投入总量　在社会经济活动中，物质投入量的多少直接决定资源的开采量和对生态环境的影响程度。特别是对于不可再生资源，物质投入量的减少直接意味着资源使用年限的增加，其对整个社会经济和环境的意义是极为显著的。因此，循环经济强调要在减少物质总投入的情况下实现社会经济目标。通过减少物质总投入，实现经济增长与物质消耗和环境退化的"分离"。如何在减少物质投入总量的前提下保障经济效益，通过技术和管理手段不断提高资源利用效率和增加资源循环使用量是两个关键。

(2) 增加物质循环量　通过提高废弃物的再利用和再资源化，可以增加物质的循环使用量，延长资源的使用寿命，减少初始资源投入，从而最终减少物质的投入总量。工业代谢、工业生态链、静脉产业等都是提高资源循环利用的重要内容和实现形式。有关资料表明，2003年日本总的物质循环利用率达到10%左右，所循环利用的大都是资源短缺或价值较高的废旧物质，如废钢、废铝、废塑料等。但是，大量的物质在目前的经济、技术水平上还是没有得到很好循环利用或根本无法循环利用。

(3) 提高资源利用效率　资源利用效率反映了物质、产品之间的转化水平，其中生产技术和工艺是提高资源利用效率的核心。通过物质流分析，可以分析和掌握物质投入和产品产出之间的关系，并通过技术、工艺改造和更新，提高物质、产品之间的转化率，提高资源利用效率，实现以尽可能少的物质投入达到预期经济目标。

(4) 减少最终废弃物排放量　在社会经济活动中，通过提高资源利用效率，增加物质循环量，不但可以减少物质投入的总量，同时也可以实现减少最终废弃物排放的目标。因此，在发展循环经济过程中，生产工艺和技术的进步，生态工业链的发育和静脉产业的发展壮大，可以通过提高资源利用效率、增加物质循环量和减少物质总投入，达到减少最终废弃物排放量的目的。

第三节 生态经济系统的能量流动

一、能量的流动

关于能量的流动，美国生态学家 H. T. Odum 做了很好的解释。他认为由能量流动产生能量的转化、反馈作用和再循环等特征网络，这种网络形成会聚性的转化等级。不同类的能量具有不同的质，并由功在转化过程中形成的另一类体现能的质来测量。在食物链的能量转化过程中每一级都有许多能用于转化，但是仅有少量的能得以转化成较高级的质，即更加密集和可以以特定作用方式存在的能。衰变的能量伴随着质的增加。在生物圈中各种能流（如太阳能、风能、雨能、地质抬升能、潮汐能和波浪能等）都是在世界网络中需要由该类能做功并产生热量，从而形成具有不同比率的不同质的能。能量的最大限度利用就是来自这些不同质的能的相互作用而使它们相互增益，高质能作为增益器或控制活动作用于低质能流而反馈，这样就会发挥最大效能（H. T. Odum）。

H. T. Odum 为了详细说明能量流动的问题，他举了一个典型的人类—环境系统的例子（图 5-5）。它有若干个不同质的能源，其中表示流入的能为太阳能、雨能、地质抬升能。发育的土壤和相互作用用于由环境的生命支持系统所产生的产量以及农业和森林的产量，以及供给的产品和为城市区的服务是按照货币购买的形式所得到的输入来进行的，购买性输入的货币来源于各种输出的收入。城市系统把废物归还给环境系统，向农业和森林施用劳动力、肥料和设备。

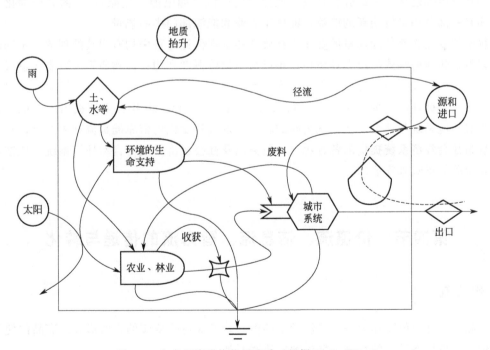

图 5-5 生态经济系统能量流动（根据 H. T. Odum）

因为物质都负载着能量，环境中任何物质的集聚都形成一个潜在的能量储存，能量可以驱使物质从某个集中处向外逐渐地扩散。所以，物质的循环和能量的流动是密不可分的统一过程。能量流动遵循最大功率原则，因此发展的能流增强了做有用功的过程。Lotka 也认为系统普遍地要使有用的能流最大化。

二、能流的构成

能量是生命运动的基本动力，生态经济系统作为以生命系统为主要组分的特殊系统，它的存在、运动、发展和变化完全依赖于能量，而能量的流动是维持生命存在和繁衍的必要条件。能流是生态经济系统的基本功能，是系统结构和功能的综合反映，了解生态经济系统的能量流动和转化规律，对分析生态经济系统的功能及其组分之间的内在联系和生产力的形成是非常必要的。

能流是物流的有机组成部分。生态圈的能流也由两部分组成。一部分是自然能流，包括太阳能流、生物能流、矿化能流和潜在能流。所谓潜在能流是指尚未以能量形式存在，但经过人类进行技术开发后可转化为能量的能流。另一部分是经济能流，凡是自然能流被开发投入到经济系统中后，无论是正在消耗的或是储备的，都属于经济能流。把自然能流变为经济能流的部门即是能源生产部门，如生物产业、石油开采、煤炭业等。其他经济部门只消耗能源，而不生产能源。经济能流在被消耗过程中有些会排出大量污染物、有害辐射和废料等。这种趋势的恶化，对生态环境和未来经济发展有重大负面影响。经济能流由于进入不同的经济领域，其消耗形式是不一样的。进入人类生活消费领域的大部分是食物，通过一系列生物化学过程后大部分能量被丢弃，储存下来的只占投入总能量的 5%～20%；进入生产领域的能流一部分被燃烧掉，一部分转换成其他形式的能流（如电能、热能），一部分作为化工原料，还有一部分用来置换新的能流，即用于农业和能源部门中的能量。

物质的变化必然伴随能量的变化，物质和能量在传递过程中均有递减的现象。不同的是能量多数以热能的形式耗散在环境中，难以被生物体再度利用；而物质不论以有机物或是无机物的形式进入环境后，都可以重新回到生物群落中，被生物体再度利用。因此，能量是流动的，物质是循环的。美国生态学家 H. T. Odum 在 20 世纪 80 年代末期提出的能值理论认为，自然环境系统与社会经济系统之间的联系、发展和变化均依靠能量流动来进行，自然环境系统为社会经济系统提供的各种物质、服务以及社会经济系统对自然环境系统的反馈都是以能量流动的形式来完成的。

第四节 价值流、信息流、智力流的传递与转化

一、价值流

在此，只把价值流作为一个经济学上的概念，不探讨价值流的自然形态。商品的使用价值和价值，与生态学上的物流、能流的本质联系如下。

① 经济系统中有一个纵横交错的价值流网络结构，在各个网结上发生交换活动。在动态的经济过程中，社会必要劳动时间被物化在产品中以后，随着社会交换活动，从一个环节

流到另一个环节，从一个部门流到另一个部门，随着最终产品的形成进入消费领域。最终产品中物化的社会必要劳动量，随着使用价值的最终消费，使用价值流达到终点。价值流网络结构的网结就是整个社会经济中的商业网中的商业点。商业网点是否发达是价值流是否畅通的重要条件。发达的运输网是价值流网络结构中的"网丝"。银行、信贷点是价值流网络运转的"影子"网结，它与商业网点、运输网共同制约着价值流的运转。

② 价值流与具体劳动时间量相联系，这个量可能大于社会必要劳动时间，也可能小于社会必要劳动时间。正是存在着这个量上的差异才导致"流"的增大或减小。

③ 价值流的物质承担者是使用价值流。产品使用价值随价值流运转到交换领域后，价值流结束，使用价值流开始。所谓使用价值流，抽掉其各种商品的具体使用价值，实质上只是物质形态和能量形态的融合态。任何一种使用价值，其中不是含有能量，就是在生产中消耗了能量。因此，使用价值流就是各种经济物流和能流的总称。一切从生态系统直接获取物质和能量的生产部门都是物能流的真正起点。从物能流起点一直到最终产品的消费，任何物能流在量和质上的损失都会影响物化在其中的价值和使用价值。

④ 能流——统一的量纲。能量具有同质特点，因而能量指标不仅可以衡量生态效果，也可以衡量经济效果。能量在量和质上不受人为主观因素的支配，因而用它衡量经济效果，在某种情况下比用价值形态指标更能反映实际效果。

二、信息流

信息是一个系统。信息系统大致包括：①数据收集；②数据传送；③数据储存；④数据处理；⑤信息解释；⑥信息分散。信息系统是一套有组织的程序，它为决策提供可靠依据。信息系统属于人工系统，因为即使像自然生态系统这样的自然信息，也必须经过人工处理才能变为决策的依据。信息系统又分为信息流通系统和信息处理系统两类。信息流通系统不改变信息本身的结构与形态，只是把信息从一处传到另一处；信息处理系统将原始数据进行处理，使它获得新的结构与形态，或者产生新的数据。生态经济管理需要越来越多的信息，生态经济系统要求经济、社会与生态系统协调发展。在管理经济系统时不仅需要大量的经济信息和大量的自然生态系统信息，还需要社会有关方面的大量信息，从而才能做出正确的决策。

信息流是控制论中一个最基本最常见的概念。信息与物质和能量密切相关的属性、联系和表现的特征，是物质的特殊属性，是物质客体之间相互联系、相互作用的一种特殊表现形式。信息是物质的特殊属性，是物质存在和运动的一种形式。正是由于信息的客观性、物质性，才构成了人类认识客观世界的基础。人类认识客观事物的规律和特性，都是通过信息传递来实现的。

任何物质系统都存在信息。信息和信息过程不仅存在于有机界，而且存在于无机界；不仅存在于自然界，而且存在于人类社会。生态经济系统这一自然和社会的统一客观体更是浩瀚的信息海洋。

信息可以分为自然信息和人工信息。自然信息是自然界事物的属性，及事物之间的内在联系、相互作用表现出来的特征，如"瑞雪兆丰年"是自然信息。在社会经济系统中储存着人工信息，或称之为社会经济信息。它是人类对自然信息的获取、认识，它反映了客观事物的本质和规律。人类正是依靠这些信息，促进了能流、物流、货币流的流动、转换、传递。

人类认识自然、改造自然的各种技术、知识都是信息的表现。

随着国民经济的现代化，经济社会信息化程度日益提高，信息传递越来越重要，作用越来越大。任何一项经济活动都离不开能流、物流、信息流。信息流在生态经济系统中起支配作用，它调节着物质、能量的数量、方向、速度、目标，驾驭着人和物做有目的、有规律的运动。当今世界不少发达国家之所以能花费极少的能值从发展中国家获取大量的能值财富，一个很重要的原因，就是他们人工信息流的流量大大超过发展中国家。人类要控制生态系统，就必须获取信息流来控制物流、能流。人类要经营管理好生态经济系统，就必须通过人工信息去认识自然信息，把握自然环境、自然资源变化的规律。

人工信息既是人类对客观世界认识的结果，又是物质、能量和信息投入的结果。因而，其价值可以通过能值理论予以衡量。物质、能量在流动的过程中会逐渐折损，变为不可用的物质、能量。然而，信息不同，它在流动的过程中会不断得到放大，把它封存起来不用反而会折损。折损的信息流需要花费大量的人力、物力才能恢复，与人工信息的产生一样艰难。人工信息依靠一定的能流、物质流的作用，才能在人类社会中传递、聚集，对生产过程产生作用。

三、智力流

智力流是特殊的劳力流。智力的开发过程（入学、就读、毕业、升学）是智力在时间上的变化，反映着智力结构的改变过程；而智力在空间上的变化则反映智力（人才）在不同部门中的数量和结构。人才比例高的产业往往具有较高的经济产出和竞争力，通常高新技术产业中人才聚集，如IT、金融、咨询服务业等属于典型的智力密集型产业。智力资本是一个企业或产业核心竞争力的主导因素，也是生态经济系统的优势资源和主要财富创造来源。

【复习思考题】

一、名词解释

1. 信息流
2. 最大功率定律

二、简答题

1. 简述物质平衡理论的主要内容。
2. 简述循环经济的内涵及本质。
3. 简述物质、能量流动层级化与最大功率定律之间的关系。

三、论述题

1. 试论述物流、能流、价值流、信息流和智力流之间的本质联系。
2. 试论述为什么非物质化是经济可持续发展的必然选择。

第六章

生态产业

生态设计是人类永恒的主题，设计灵感来源于自然界，甚至人类自身。人类经济系统"仿生学"意义深远。

——编者，2020

【导读材料】

从"经济人"到"生态经济人"假设

"我们每天所需要的食物和饮料，不是出自屠户、酿酒家和面包师的恩惠，而是出于他们自利的打算。"18世纪，英国古典经济学家、"经济学之父"亚当·斯密（Adam Smith）在他的《国富论》中用这样一段话引发了人们对于"经济人"的思考。经济人（economic man），又称理性经济人、实利人或唯利人。理性经济人假设指的是：经济诱因是人的行为动机根源，每个人都要争取最大的经济利益，工作就是为了取得经济报酬。当人在经济活动中面临各种不同的选择机会的时候，人总会选择那些能够给自己带来更大经济利益的机会，即总会追求最大的经济利益。"经济人"是主流经济学的人性假设和逻辑起点，也是经济理论得以建立的重要前提。长期以来，主流经济学一直认为在经济活动中的自然人都必然将追求经济利益最大化作为经济行为的唯一目标。"经济人"假设在人的众多属性中突出人的经济属性，把人的全部需求抽象为经济需求，将理性地追求经济利益视为人在经济活动中的唯一价值目标和检验经济活动成败的唯一价值尺度，把经济利益最大化作为经济活动的根本原则，从而在一定程度上排除了人的其他属性、利益和需求，也排斥了经济发展的其他价值取向。事实上，经济活动的目的不仅仅限于经济利益本身。"经济人"追求自身利益最大化，其实是"经济人"追求自身利益的无限化，即不考虑生态环境的承受力无止境地扩大经济发展规模，无止境地提高经济发展速度，无止境地释放物质欲望，无止境地追求经济利益。由于这些局限性，"经济人"盲目追逐经济利益的经济活动、生产方式就不可避免地会破坏生态环境，导致人与自然之间关系的恶化。在一定意义上可以说，"经济人"假设是导致生态环境破坏的根源，而对生态环境的破坏又反过来引起经济学理论与经济发展自身危机，导致经济发展的不可持续等问题。总之，可以说当代人类面临的生态危机、经济发展的不可持续等困境之深层次根源就是"经济人"假设。因此，有必要对"经济人"假设进行生态化修正，即补充人的生态属性、生态需要和生态利益，补充经济学和经济发展更多非经济的价值取向，将人的经济属性与生态属性、经济需要与生态需要、经济利益与生态利益融合统一，提出生态经济学的人性假设，即"生态经济人"。"生态经济人"假设的基本含义是：在生态经济的发展过程中，人既应该具有追求自身经济利益的动机，也应该具有追求生态安全、环境保护的动机；人的需求和利益既包括经济需求、经济利益，也包括生态需求和生态利益；人对经济利益的追求与对生态环境的保护应该统一起来，在不影响生态系统质量，不破坏生态系统整体性、稳定性和安全性的前提下追求经济利益。从经济利益最大化转变为经济利益和生态效益最大化，这一转变的实质在于凸显"生态经济人"的生态需求、生态利益，凸显经济发展的生态效益。"经济人"假设强调经济活动中人的经济需求和经济利益最大化，而从理论上讲，人的经济需求和经济利益的最大化是没有止境和限度的；"生态经济人"假设则强调经济活动中人的经济需求和经济最大化是有限度的，应该控制在生态环境承载力的限度内。可以说，这是"经济人"与"生态经济人"最根本的差异。

（资料来源：张德昭等，《生态经济学的哲学基础》，2015，稍有修改）

【学习提示】 了解生态产业的核心是生态设计，也是产业系统的整体"仿生"，即通过模拟自然生态系统的结构和功能，实现以较少的物质能量输入，获得更多的经济效益产出，同时降低污染物排放或实现"零污染"。从产业管理角度看，生态产业要实现其外部性的内部化，经营者要实现从"经济人"到"生态经济人"的根本转变。同时，通过生态设计产生的非线性效应是生态经济框架下经济增长的科学基础。

第一节 生态农业

一、生态农业的概念

生态农业作为一个专用名词提出的时间并不长，它最早是由美国土壤学家阿尔伯卫奇（W. Albreche）于1970年提出的。从提出至今已有50多年的时间，但对于生态农业的含义，目前国内外学者仍存在不同的理解。

1. 国外学者的理解

生态农业的最初提出者美国的阿尔伯卫奇认为，生态农业是运用生态学原理和系统科学方法把现代科学成果与现代农业技术相结合，使之具有生态合理性、功能良性循环的一种现代化的农业发展模式。

1981年，英国生态农业专家沃尔辛顿（M. K. Worthington）进一步完善了对生态农业的认识。他认为生态农业是一种生态上能够保持平衡、能量上能自我维持、低输入，经济上有生命力，在环境、伦理和审美方面可接受的小型农业系统。

2. 国内学者的理解

国内多数学者认为，生态农业是以生态学理论为依据，在特定区域内所形成的经济、社会和生态效益相统一的农业。它是人们自觉地按照生态学规律、生态经济学规律和系统工程方法建立起来的农林牧副渔各业相互结合而又各有侧重的高功能、高效率的知识密集型的集约化农业。或者说，中国生态农业（Chinese Ecological Agriculture）是把农业生产、农村经济发展和生态环境治理与保护、资源培育和高效利用融为一体的新型综合农业体系。其本质是把农业生产纳入生态合理的轨道，寻求经济增长与资源环境保护的协调、同步发展，在农业生产和农村经济增长的同时，保护和改善农业生态环境。

中国科学院院士卢永根与华南农业大学农业生态学教授骆世明在《中国农业发展的生态合理化方向》一文中指出：凡是把生态效益列入发展目标，并且自觉地把生态学原理运用于生产之中的农业，都可以称为生态农业。

二、生态农业的产生及其发展

从20世纪80年代开始，世界上一些农业发达国家出现了生态农业，引起了各国普遍重视，且发展势头很快，大有不可阻挡之势。尤其在西方发达国家，发展生态农业正逐步成为农业发展的一种时尚。在欧美，生态农业的经营规模以每年20%～30%的速度增长。各国政府正纷纷制定生态农业发展的远景规划。例如，德国政府决定，2010年生态农产品的产量应占农产品总量的10%（2004年为2%）。近年，英国已有150万公顷的土地转而经营生态农业，估计今后几年还会有相同数量的农田"改行"，一项关于在2015年把全国30%的农田改为生态农田的法律草案在英国已得到200名议员的支持。2000年之后世界上生态农业发展较快的国家有丹麦、瑞士、瑞典、奥地利、德国、美国、意大利、法国等，这些国家的生态农产品占农产品总销售额的1%～4%。在法国，2004年约售出8万吨生态蔬菜和水果，销售额约为1.43亿美元，美国更高达80亿美元。

温家宝总理曾指出，21世纪是实现我国农业现代化的关键历史阶段，现代化的农业应该是高效的生态农业。我国已把发展生态农业作为实施可持续发展战略的重要措施之一。从20世纪80年代初开始，以生态学家马世骏教授为首的一批科学家和以边疆同志为首的一批农业领导者提出"中国生态农业"的概念，组织推动了不同规模的试点、示范和理论研究。生态农业建设经过近几十年的探索和发展，取得了辉煌的成就，表现出蓬勃旺盛的生命力。2001年11月，全国2000多个县、乡镇、村先后实施了生态农业建设，其中生态农业县300多个。生态农业建设区农业资源得到合理的开发利用，农、林、牧、副、渔五业并举，种、养、加工相互配套，农村产业协调发展，经济结构优化，生态环境改善，抗灾能力增强，农业综合生产能力明显提高。据对全国第一批51个试点县的统计，5年共投入资金60多亿元，其中群众自筹占63%，县级投入占19%，所产生的直接经济效益达137亿元，投入产出比为1∶2.25。试点县的国内生产总值、农业总产值和农民人均纯收入年增长率分别比全国同期平均水平高出2.2个、0.6个和1.5个百分点；农林牧渔结构趋于合理；水土流失和土壤沙化治理率分别达到73.4%和60.5%；森林覆盖率提高了3.7个百分点，生态优势正在转化为经济优势。我国已有7个生态农业建设点被联合国环境规划署授予"全球500佳"称号。在国家的统一部署下，在"十五"期间，在巩固第一批51个国家级生态农业试点县的基础上，重点组织实施了第二批和第三批 100 个生态农业示范县建设，带动了 500 个省级生态农业县的建设。

三、生态农业的特点

1. 生态农业强调农业的生态本质

它要求人们在发展农业生产过程中，尊重生态经济规律，协调生产发展与生态环境之间的关系。

2. 生态农业是可持续经营系统

生态农业强调生产经营系统的良性循环，强调系统功能的稳定性和持续性。

3. 生态农业是技术集成型产业

生态农业必须依靠科技进步，综合运用传统农业技术的精华和现代科学技术，提高太阳能利用率、生物能的转化率和废弃物的再循环率，以提高农业生产力，实现生态与经济的高效良性循环。

4. 生态农业是以资源持续利用为基础的综合农业

生态农业建设应当充分利用土地、生物、技术、信息等资源，将农、林、牧、副、渔、加、商等诸业有机结合，建立高效有序、多层次循环的生产经营系统。

5. 生态农业是产业化经营体系

以生态建设为基础，以市场为导向，以技术为支撑，形成农、工、商、贸一体化产业经营系统是生态农业发展的有效模式。

6. 生态农业具有明显的区域特色

生态农业是生物与其环境相适应的良性生产系统，其设计模式应具有主导性、多样性、层次性、区域性的特点，即体现共性与个性的统一。

7. 生态农业是大尺度的农业生产系统

生态建设应当贯穿于农业生产的全过程，强调农业环境的配套建设。生态农业要考虑系统内资源的合理配置和高效利用，使其相互协调，协同发展，从而提高系统的整体功能。

四、生态农业的发展模式

在生态农业建设中，兼顾经济和生态以及农业实践中的稳定性和可操作性的一个系统或单元，可称之为一个农业模式。能兼顾农业的社会效益、经济效益和生态效益的农业模式，可称之为生态农业模式。发现、设计、评估和推广生态农业模式是生态农业建设的核心。依据生态经济学与可持续发展有关理论可概括设计出下列生态农业模式类型。

1. **绿色型生态农业**

绿色型生态农业主要以绿色植物为系统边界,以多种绿色植物为子系统,建立起物质与能量转换的循环体系,主要产出初级产品,如粮食、油料、水果、蔬菜、木材等。这一类型的生态农业系统,主要是利用植物科、种之间的共生、共栖规律和多层利用太阳能的可能性,采取豆科植物与其他植物的轮作间作方式、立体种植和高矮间作方式、林带改良小气候方式等,来改善植物生产的生态环境,达到投入少、产出大的目的。

2. **链型生态农业**

它是按照绿色植物—草食动物—肉食动物的食物链原理,建立起来的一种多级转换的循环体系,产出多为初级和次级产品。当然,这种生态农业大多只有两级,作物和草食牲畜(或鱼类)。这种类型突破了种植业的范围,朝农林牧(渔)结合的广义农业发展。

3. **综合型生态农业**

此类型除了具有生物食物链系统外,还加入了能源再生、农副产品加工利用和腐生生产者系统;不仅产出初级与次级产品,还产出三级、四级产品,形成以能源(沼气)为纽带的"种—养—加"大循环。大循环中又有4类小循环:种植业与养畜业的循环;畜牧业、能源、加工的循环;沼渣、蘑菇、蚯蚓、鸡、猪的循环;沼液、鱼的循环。

4. **并生循环式生态农业**

各子系统同时存在于一个空间,同时转化利用太阳能,同时利用其他环境资源,相互和谐地发展。此模式以利用太阳能为主,投入较少,可以最大限度地利用农业自然资源,但食物链单一,能量转换效率较低。

5. **串生循环式生态农业**

各子系统之间的物流、能流在时间上先后有序,在空间上彼此有别,相互存在着输入输出的关系,处于循环流程"上游"子系统的产品或废料,部分成为其"下游"子系统的投入,形成一种相互利用、依序转化的生态经济系统。此模式除了具有并生循环式生态农业的优点外,由于其食物链复杂,能量转换效率和经济效率较高。

6. **丛生循环式生态农业**

它与串生循环式生态农业形式有别,串生循环式生态农业一般是单向多级循环,丛生循环式生态农业则是多向多级循环,即后者是"一物多用、多元转化"的生态循环。

7. **水陆循环式生态农业**

即所谓"基塘式"生态农业。它利用水塘和塘基两子系统作为生物生产基地并沟通二者之间的物质与能量循环,有多种多样的生产内容和形式,多出现在低洼易渍地区。

8. **复合循环式生态农业**

即同时采取上述各种模式中两种及两种以上的混合式生态农业。

五、生态农业的管理

1. 因地制宜，发挥区域优势

生态农业是在农业可持续发展进程中逐步发展形成的新型农业生产方式，具有提供生态系统产品和生态系统支持的功能。我国幅员广阔，地理条件复杂，农业资源和生态类型多样，自然环境和社会经济条件的区域差异显著，所适用的生态农业模式各不相同。各地应根据区域生态环境和社会经济特点，遵循生态经济规律，因地制宜，发挥区域优势，在丰富多彩的生态农业模式类型中，加以科学选择、改造和运用，并随着社会经济发展和科学技术进步而更新、发展，以取得生态效益和经济效益的统一，并不断提高。

2. 治理、保护生态环境，合理利用资源

目前，我国化肥、农药施用过量，严重污染了水体、土壤、大气，农产品中有害物质残留过量。地膜污染正在加剧，农业生产残留物（如秸秆、畜禽粪便等）不合理利用也造成了一定程度的危害。农业环境资源的过度开发与不合理利用，造成了生态系统和资源的破坏。在我国工业化过程中，"三废"污染和资源破坏也存在日益严重的趋势。要巩固、改善生态农业发展的生态基础，必须加强宏观调控与管理，强化环境污染的防治，充分考虑生态环境的承载力，合理配置、利用农业环境资源，退耕还林、还草、还水，实施农业综合开发，维护生态系统平衡。

3. 加大科技开发和推广的力度

生态农业的技术实质是农业生态经济系统工程，具有多学科、跨行业、技术密集的特点，需要有系统的理论指导和成熟的配套技术来支持，因此要十分重视科技进步，增加科技投入。要认真总结各地生态农业模式的成功经验和研究设计更有效的模式及其配套技术体系，因地制宜地推广已有的科技成果，使其尽快转化为生产力。对于一些重大的关键技术难题要组织科技人员进行重点攻关，从理论与实践两方面提高我国生态农业模式的推广运用能力和生态农业建设水平。要加强技术培训和推广，建立一支懂技术、会管理的生态农业建设技术队伍。在提高资源利用效率及保护生态环境方面，要通过技术攻关和技术组装配套，建立起一套低耗、高效、优质、安全的生态农业技术体系，大幅度提高资源利用效率，切实改善农业生态环境。在基础研究和高新技术研究与应用方面，要运用生物技术培育动植物新品种，推进生物农药、生物兽药、生物肥料、动物疫苗、植物生长调节剂的研制与产业化。

4. 加强政府管理与引导

生态农业是一项综合性很强的工作，涉及很多部门，特别是农、林、水、环保和计划、科技、财政等部门，只有在政府的协调下，各有关部门共同参与，密切配合，才能保证这项工作的顺利开展。政府应做好规划，加强引导，制定和实施全国生态农业发展规划纲要，确定出不同阶段的发展目标、建设内容和实施措施，做好与国民经济总体发展规划及各部门发展规划的协调。运用生态农业模式要立足本地，实行个人、集体、国家相结合，多层次、多渠道筹集资金，加强政府投入和政策扶持力度。农民是生态农业建设的主体和受益者，要把生态农业建设同农民勤劳致富、科学致富结合起来，尊重农民的意愿，用效益吸引的办法，鼓励多投入、多产出，增加经济收入。

第二节 生态工业

一、生态工业的概念

所谓生态工业,就是由工业和生态学结合而形成的新型工业发展模式,是人们对工业化过程中出现的严重的资源和环境问题长期反思和探索的结果。它应用生态学原理和人类全部科学技术成果,设计工业生产进程中原料和能量分级多层次利用的生产体系,以便在产品生产和环境保护之间建立最适宜的关系,从而实现经济发展和环境保护的统一。其基本内涵是利用生态学和生态经济学中的长链利用原理、生态系统耐受性原理、能量多级利用和物质循环再生原理、价值增值原理等,把若干工业生产活动按照自然生态系统的模式,组织成一个"资源—产品—再生资源—再生产品"的物质循环流动生产过程,建立起相当于生态系统的"生产者—消费者—还原者"的工业生态链。生态工业选择现有的各种先进的绿色技术、工艺和方法,运用系统工程的优化集成方法,达到有效利用资源、减少污染和提高经济效益的目的。

二、生态工业的产生及其发展

19世纪末,随着工业化的发展,世界上许多发达国家为了减少基础设施投资,做到资源和基础设施共享,降低生产的固定成本,便于管理,增加就业,刺激地区经济发展,进一步促进工业化的进程,先后在各地建立了许多产业比较单一、集聚了许多工业企业的工业园区,并作为工业化国家中规划、管理、促进工业发展的一种手段。

20世纪70年代以来,世界各地尤其是在工业化迅速发展的国家中,工业园区的数量急剧增加,目前全球大约有1.2万个以上。这些工业园区虽然在促进经济发展方面发挥了突出的作用,但也带来了一系列的环境问题。如"三废"超标和过量排放,危险废物排放,大气、水体、土壤污染严重,有毒物质富集化,噪声、辐射危害,化学品泄漏等,不仅造成了区域性的水土流失、土地荒漠化、生物多样性丧失和生态破坏,而且还造成了酸雨、气候变暖、臭氧层出现漏洞等全球性的环境问题,严重影响了人类的身体健康和生存环境。20世纪工业化国家那些骇人听闻、震惊全球的重大环境污染事件,如比利时的马斯河烟雾事件、日本的富山骨痛病事件、美国的洛杉矶光化学烟雾事件与多诺拉烟雾事件以及美国跨国公司在印度的农药厂有毒气体外泄事件等都是来自当地的工业园区。

在全球日益高涨的保护环境、实现可持续发展的呼声中,不断提高的环保意识和越来越严格的环保法规促使工业园区必须将生产与环保有机结合起来。国际上,丹麦的卡伦堡(Kalundborg)工业园区从20世纪60年代开始了生态工业园区的探索。该工业园区以Asnaes电厂等四个企业为核心,通过贸易的形式把其他企业的废弃物或副产品作为本企业的生产原料,建立工业生态链关系,企业之间实现了"废料"的相互交换,最大限度地减少了资源消耗和温室气体排放,同时创造了很好的环境效益和经济效益。继丹麦之后,美国、德国、日本、加拿大、荷兰和奥地利等国家纷纷通过建立生态工业园区的办法,推行生态工业模式。他们仿照自然生态系统物质循环方式,使不同企业之间形成共享资源和互换副产品的产业共生组合，使上游生产过程中产生的废物成为下游生产的原料，达到相互间资源的最优化配置，从而达到充分利用资源、减少废物产生、物质循环利用、消除环境破坏、提高经济发展规模和质量的目的。

我国是较早探索和实践生态工业的发展中国家，在21世纪初便开始启动生态工业示范园区建设试点工作，并建立了广西贵港、广东南海、湖南黄兴、内蒙古包头、新疆石河子等国家生态工业示范园区。其中，广西贵港国家生态工业（制糖）示范园区就是一个典型的范例。该园区以上市公司贵糖（集团）股份有限公司为核心，以蔗田系统、制糖系统、酒精系统、造纸系统、热电联产系统、环境综合处理系统为框架，通过盘活、优化、提升、扩张等步骤，建设生态工业（制糖）示范园区。该示范园区的六个系统，各系统内分别有产品产出，各系统之间通过中间产品和废弃物的相互交换而互相衔接，从而形成一个比较完整和闭合的生态工业网络。园区内资源得到最佳配置，废弃物得到有效利用，环境污染减少到最低水平。这在一定程度上为我国走出一条科技含量高、经济效益好、资源消耗低、环境污染少、人力资源优势得到充分发挥的新型工业化路子提供了实践经验。

三、生态工业的特点

1. 倡导"功能"经济

鼓励消费者购买产品的服务功能而不是购买产品本身，从而强化了企业对社会的服务功能。企业既要重视产品的交换价值，更要重视其使用价值，在追求经济效益的同时，更要看重生态效益、环境保护和工业的可持续发展。

2. 以资源的综合开发为基础

生态工业从经济效益和生态效益兼顾的目标出发，依据生态学的基本原理，指导资源的综合开发和利用，每一个生态工业园区内各种工矿企业相互依存，形成共生的网状生态工业链，达到资源的集约利用和循环使用。在资源的吸收利用方面，生态工业提倡"3R"原则，即减量化、再利用、再循环，以最大限度地利用进入系统的物质和能量，从而实现"三低"（低开采、低耗费、低排放）。

3. 强调生态效益与经济效益的有机结合

传统工业对工艺技术和产品只强调经济效益，而生态工业更强调经济效益和生态效益有机结合，更强调资源节约和环境保护。因此，生态工业在技术引进和生产的产品方面不仅有技术、市场和经济的严格要求，而且还有生态环境保护的限制。只有那些对生态环境不具有较大危害性而且符合市场原则、绿色环保型的工艺技术和产品才能引进、生产，并进入流通。

4. 产业结构和布局强调系统的开放性和相对封闭性

传统工业过分强调工业的专业化、区域化，企业产品单一化，生产周期过分追求规模经济效益，而且是区际封闭式发展。而生态工业更强调系统的开放性和相对封闭性，不仅系统要经常引进和吸收周围环境的先进技术、人才、新材料、新能源等，而且系统内的物流、能流、价值流、信息流和智力流应该在整个工业生态系统中按照多种工艺路线合理流动，以互联的方式进行物质能量转换。

5. 模拟自然生态系统

传统工业由采掘业和加工业（主要是冶炼业、制造业）两大部门所组成。生态工业系统则是模拟自然生态系统，由资源开采、加工生产、还原生产三大部门组成，整个工业生态链高效、良性循环，做到了工业发展与生态环境协同进化。

6. 倡导生态环境和谐的经济发展模式

在传统工业中，其全部过程实质上就是把资源持续不断变成垃圾的单项性运动，通过反向增长的自然代价来实现经济的数量型增长。但是，生态工业倡导的则是一种与生态环境和谐的经济发展模式。

四、生态工业的发展模式

当前我国正大力发展循环经济，推动生态工业园区建设，应该说生态工业面临着前所未有的机遇。生态工业园区是发展生态工业的重要载体，研究生态工业园区的发展模式具有重要的现实意义。所谓生态工业园区，就是若干个企业或一个企业集团内不同的子企业集聚在一定的区域内，分别承担生产者、消费者、还原者的角色，依据生态工业原理，充分利用不同产业、项目或工艺流程之间资源、主副产品及废弃物的横向耦合、纵向闭合、上下衔接、协同共生关系，运用现代化的工业技术、信息技术和经济措施优化配置组合，建立一个物质、能量多层利用、良性循环且转化效率高，经济效益与生态效益双赢的工业链网结构，实现可持续发展的生产经营模式。

目前，生态工业园区大致可分为改造型、全新型和虚拟型三种类型。

1. 改造型园区

改造型园区是对现已存在的工业园区或大型工业企业，按照生态工业学的原理，通过适当的技术更新或引进新的产业、项目、工艺流程等，以期在其区域内成员间建立起物质、能量的多层利用关系和废物处理及回收再利用关系。这种方法对老工业区改造很有借鉴意义，并且更能适应老工业企业密集的城市。

2. 全新型园区

全新型园区是在事先园区规划和设计的基础上，从无到有地按照生态工业园区的规划设计方案进行建设，使得园区达到资源充分利用、主副产品多层利用、废弃物循环利用、排放无污染的标准。我国的石河子生态工业（造纸）园区就属于全新型园区。

3. 虚拟型园区

虚拟型园区是利用现代信息技术和交通运输技术，在计算机上建立成员间的物、能交换联系，然后再在现实中通过供需合同加以实施，这样园区内企业可以和园区外企业发生联系。

五、生态工业的管理

1. 广泛宣传，加强交流

生态工业于 20 世纪 90 年代在国际上开始兴起，90 年代末传入我国，目前还处于理论研究、试点示范阶段。国内绝大部分企业对生态工业及其园区建设对于工业可持续发展的重大意义及由此给企业所带来的显著经济效益、生态环境效益、社会效益等还缺乏足够的了解和认识,对生态工业的理论、实践与国内外成功的经验更是知之甚少。不少人在传统观念上总是把生态环境效益与企业经济效益对立起来,误认为生态、环境保护就只有投资而没有经济效益;许多地方政府和企业认为,减少环境污染,保护生态环境,只会增加企业的负担,增加生产成本,减少地方财政收入,故对此多持消极态度,对当地的污染大户也采取地方保护主义。因此,各级政府部门,尤其是环保部门、工业部门等,应该充分利用各种大众传播媒介加大生态工业方面的宣传力度,举办有关方面的知识讲座、培训和知识竞赛等,让政府决策部门和企业的高层管理人员首先树立生态工业的新概念、新思维,力求把生态工业理念融入企业的发展战略、企业文化之中。同时还应组织有关科研院校和大中型企业联合攻关,加强生态工业理论及其应用方面的研究。有条件的地区与工业园区应与环境规划署(UNEP)、联合国工业发展组织(UNIDO)等国际机构以及国际上著名的生态工业园区等建立良好的信息交流渠道,组织企业界和学术界出国考察学习,或者邀请国外著名的学者和企业界人士来我国讲学,以充分收集和掌握生态工业的国际信息,借鉴成功经验,避免走弯路,减少不必要的浪费。

2. 建立和完善科学技术创新机制

生态工业的价值和意义在于不断提高工业的物质变换和能量转换效率,不断降低工业生产过程废弃物的产生率,提高产品的生态性能和质量,从而提高工业的生态经济综合效益,这取决于人们对自然资源和废弃物的认识水平的提高和利用能力的增强,更取决于科学技术的进步。建立和完善科学技术创新机制是贯彻生态工业理念的关键所在。为此,要通过构建相应的保障机制,不断促进科学技术的进步与创新,尤其是要积极发展包括信息技术、水重复利用技术、能源综合利用技术、回收与再循环技术、重复利用与替代技术等在内的支持生态工业的特定技术,为生态工业的发展提供新的工艺、新的手段和新的方法,达到降低生产过程能耗和物耗、提高资源综合利用率、减少废物排放量、增强生态环境容量和承载力的目的。

3. 完善适应市场经济的生态工业制度安排

制度经济学认为制度是由人类设计和制定的,它的重要功能是为人类交换(包括政治、社会、经济)活动提供激励和约束机制。生态工业的持续发展客观上需要构建一种新的制度框架,对人与自然的关系、人的经济开发活动进行相应的制度安排。这种制度框架的核心是要将生态环境作为一种生产要素进行新的规制管理,纳入市场运行机制之中,按照污染者付费、利用者补偿、开发者保护、破坏者恢复的原则,积极推进生态环境的有偿使用制度。在这种制度框架内,政府可以通过经济发展战略和政策的调整来协调经济增长与生态环境保护的关系;可以通过政策的调整,使得循环利用资源和保护生态环境的企业有利可图,使企业和个人对环境保护的外部效益内部化;可以通过将环境污染的成本和环境改善的收益引入企业总成本和总收益的方法来提高企业改善环境的推动力,使其自觉自愿地承担保护生态环境的责任。

4. 寻求政策性金融对生态工业的引导、扶持

现有生态工业属于新兴的产业,发展生态工业不但能够取得一定的经济效益,还具有良好的社会效益，对实现可持续发展、建立和谐社会有着重要的战略意义。目前，我国有国家开发银行、农业发展银行和中国进出口银行三家政策性银行。发展生态工业，一方面要寻求商业银行的资金支持，另一方面应该积极从国家开发银行等政策性银行获取资金支持。政策性银行具有很强的投资引导作用，可以加快生态工业的发展步伐，这有助于解决发展生态工业初期资金不足的问题。

5. 精心设计生态工业园区，积极开展试点示范带动

生态工业园区的建设是一个十分复杂的系统工程，它涉及多学科的知识和多方面企业的参与以及政府的支持。任何一个新的园区建设方案，必须广泛吸收技术、生态、经济、管理等多方面的专家参加，在通力合作、求实创新、精心设计、科学论证之后才能付诸实施。现有工业园区要及时引进、消化吸收国外先进的生态工业技术和经验，按照生态工业学原理进行改造、建设和管理。在产品层次上，应尽可能根据产品生命周期分析、生态设计和绿色产品的要求，开发和生产低能耗、低消耗、低（或无）污染、经久耐用、可维修、可再循环、能进行安全处置的产品；在园区企业层次上，要建立 ISO 14000 环境管理体系，尽可能实现清洁生产和污染零排放；在园区层次上，要建立相应的园区 ISO 14000 环境管理体系、APPLE 计划、废物交换系统、信息网络系统、生态环境质量综合评价体系，为园区内的企业提供良好的 R&D（research and development，研究与开发）、金融、通信、环境法规咨询以及技术、市场信息共享等服务。通过园区、企业和产品不同层次的生态管理，可为工业生态系统的可持续发展提供生态保障。

第三节　生态建筑

一、生态建筑的概念

生态建筑运用生态学原理，体现生态平衡理念，设计、组织建筑内外空间中的各种物质要素，使物质、能源在建筑系统内有秩序地循环转换，以实现环境健康舒适、资源有效利用以及与自然环境相融共生的和谐统一。

从技术层面上看，生态建筑有六大性能：选址规划尽量保护原生态系统；资源利用高效循环，尽量使用再生资源；综合措施有效节能，努力采用太阳能、地热、风能、生物能等自然资源；废物排放减量无害，并采用各种生态技术实现废水、废物资源化，以再生利用；建筑环境健康舒适，日照良好，自然通风，控制室内空气中各种化学污染物质的含量；建筑功能灵活适宜，易于维护。

从设计思想上讲，一般基于以下的思路：利用覆土、温室及自然通风技术提供稳定、舒适的室内气候；风车及太阳能装置提供建筑基本能源；粪便、废弃食物等生活垃圾用作沼气燃料及肥料；温室种植的花卉、蔬菜等植物提供富氧环境；收集雨水以获得生活用水；污水经处理后用于养鱼及植物灌溉。

在国际太阳能建筑和建筑革新领域内赫赫有名的建筑师托马斯·赫尔佐格认为，生态建筑并不是简单的绿化和阳光，其真正的目标是为了节省资源、能源和保护环境。它本身其实并无统一或符号化的固定格式，而是应该从建筑的材料、形式等各个方面结合本土实际气候、地理位置等情况，进行有效整合，以达到节约能源与资源的目的，每一个生态建筑都必须独立设计，不能套用一致的形式。

二、生态建筑的产生与发展

经济发达国家（如美国、德国、日本等）是较早开展生态环境保护和绿色运动的国家，很早就开始了生态建筑的研究和设计。德国于20世纪70年代就进行了生态建筑的研究，在建筑节能、节水、太阳能利用、生活污水处理、屋顶绿化等方面的研究和实践已使德国成为生态建筑和建筑新技术的展示地，其开发的各种节能设备、技术已在建筑设计中广泛应用。

20世纪60年代，人们对全球环境问题表现出极大的关注。1962年美国卡尔逊的《寂静的春天》唤醒了人类对地球生态环境的关注。1969年麦克哈格的《设计结合自然》最早提出了在城市规划和环境评价研究中运用生态学和生态设计的方法。1987年Brundtland在《我们共同的未来》一书中提出了可持续发展的概念，受到国际社会的重视和广泛的认同，此后人们对建筑的可持续发展进行了多方位的探索与研究。1992年在巴西的里约热内卢召开联合国环境与发展大会，通过《21世纪议程》和《里约热内卢宣言》两个纲领性文件以及关于森林问题的原则声明，签署了气候变化和生物多样性两个公约。1995年美国绿色建筑委员会提出了一套能源及环境设计先导计划。1999年美国建筑师协会选择了10座本土建筑作为现阶段生态建筑创作的范例。为了探求人类更加理想的居住模式，关于生态城市的研究占有重要的地位，各国相继开始行动。1990年在美国的加利福尼亚州的伯克利城召开第一届国际生态城市会议，与会12个国家的代表分别介绍了生态城市建设的理论与实践。1992年在澳大利亚的生态城市阿德莱德召开第二届国际生态城市会议，大会就生态城市的设计原理、方法、技术、政策进行了深入的探讨。1996年在西非的塞内加尔召开了第三届国际生态城市会议，会议进一步讨论生态城市的重建计划。2000年在巴西的库里蒂巴召开第四届国际生态城市会议，会议进一步交流了生态城市建设的实例。2002年在中国的深圳召开第五届国际生态城市会议，会议就生态城市的设计及实践进行了深入的交流。

我国生态建筑的发展起源于20世纪80年代。国内学者顾孟潮于20世纪80年代最早提出了"未来的世界是生态建筑学的时代"的观点。1994年5月，中国政府颁布了《中国21世纪议程——中国21世纪人口、环境与发展白皮书》，从我国的具体国情出发提出人口、经济、社会资源与环境协调、可持续发展的总体战略。1972年斯德哥尔摩联合国人类环境会议以后，我国环境保护运动日益扩大和深入，以追求人与自然和谐共处为目标的绿色革命蓬勃展开。1996年3月，中国国家环保局推出两大举措：一是实行污染物排放总量控制；二是实施"中国跨世纪绿色工程计划"，在"九五"期间重点治理淮河、海河、辽河等的污染。1996年国家自然科学基金委员会正式将"绿色建筑体系研究"列为"九五"重点资助课题，1998年又将"可持续发展的中国人居环境研究"列为重点资助项目。2000年我国颁布了《建筑节能技术政策》；2001年建设部通过《绿色生态住宅小区建设要点与技术导则》首次明确提出了绿色生态小区的概念、内涵及技术导则；2001年开始实行《夏热冬冷地区居住建筑节能设计标准》；2001年我国第一部生态住宅评估标准《中国生态住宅技术评估手册》出台，以可持续发展战略为指导，以节约资源、防污染、保护生态为主题，创造健康、舒适的居住环境，推进住宅产业的可持续发展。

近年来，我国专家就黄土高原生态居住区模式进行了深入的研究，取得了我国生态建筑又一突破性成果。另外"海口热带滨海城市的塑造""广州人工湿地试点研究""北方严寒地带节能研究",以及生态城市的规划、西北地区传统窑洞的改造、生态厕所、太阳房、掩土建筑、夏热冬冷地区的建筑节能等都显示了我国在生态建筑理论及实践上的不懈努力。

三、生态建筑的特征

从生态学角度来看,生态系统中人的元素与其他物质要素交叉再生,构成建筑的组群,其组分几乎全部来自生态系统内部,因此理想的生态建筑系统应该反映出自然生态系统正常运行的一般规律和特征,这就为生态设计目标和原则的确立提供了可靠依据。

1. 系统整体

生态系统是个有层次、相互联系的整体,任一层次的环境变化都会波及并影响着其他层次的环境。从当今的技术条件来看,人们已足以营造一个舒适的人工环境,然而单纯追求人工环境效果的做法并没有体现人工环境与区域自然环境乃至生物圈相互作用和相互影响的整体性,在很大程度上大多数现代建筑的建造方式是以牺牲大的环境质量为代价的,而一个符合生态平衡的建筑系统应是一个整合了自然、建筑、社会等各方面因素的协调统一体。在决策中和规划设计中需要强调宏观与微观环境互动响应,各因素间建立普遍关系,使建筑近期与远期效果统一,自然、经济和社会效益同步增长。建筑只有将自身的价值融入自然整体价值中才具有真正的生态意义。如能主动综合场所中的物质因子特性(如地形、植被、水系等)进行设计,形成多样化空间,则有助于整体性的获取。

2. 最适功能

建筑作为一个生态子系统存在着最适功能或生态阈值(ecological threshold),即建筑的规模、开发强度受生态子系统中各种制约因素的限定,必须控制在合理的限度之内。加拿大生态学家哈定(Garrett Hardin)和理斯(William Rees)提出了"生态足迹"概念,认为要保持一定地区现有消费水平,就必须提供相当数量的生产用地和水域,才能维持该地区人口长期生存。理斯把包括这些生产用地和水域在内的相关地域称作"生态足迹"(ecological footprint),形象说明区域和城市人口规模、建设和用地的关系,提醒人们"无限扩张和密度压力往往会导致种群大部分毁灭而重新回到低密度退化状态或跳跃到组织更高层次迫使种群改变性状"。工业文明和人工系统发展要充分了解这一生态知识,了解资源的有限性,"量入为出"。应该明确这样的观点:系统演替目标在于功能的完善,而非组分的增长。

3. 循环再生

生物圈中的物质是有限的,原料、产品和废物的多重利用和循环再生是生态系统长期生存并不断发展的基本对策。为此,生态系统内部必须形成一套完整的生态工艺流程,其中每一组分既是下一组分的"源",又是上一组分的"汇",没有"因"和"果"、"资源"和"废物"之分。这一特征启示着建筑设计和营建过程要注意物质循环再生、能量多重利用、新能源方式挖掘、时间生命周期以及关系网络、因果效应等循环。

4. 协调共生

共生系指不同有机体或小系统间合作共存和互惠互利的现象。哈肯(Herman Haken)的协同论指出："对自然生态系统来说，良好的协调共生关系是生物种群构成有序组合的基础，也是生态系统形成具有一定功能的自组织结构的基础。"对构建系统而言，共生的结果会使所有组分都大大节约原材料、能量和运输，使系统获得多重效益并促使稳定有序。相反，单一性质的土地利用、功能关系和建筑模式，条块分割式的管理系统，其内部多样性程度很低，共生关系薄弱，生态经济效益也就十分低下。同时，共生特征还提醒人们对环境的依赖性，设计师必须全面完整地理解和把握环境各层次间的相互关系，以求不以建筑师个人好恶和表现为转移，善于因势利导，既尊重环境的自然和文化特性，又与之协作，共同发展。

5. 开放性

开放是一切有机体在生态圈中与环境协调、交流的基础，是有机体适应环境变化、保持可持续生机和活力的基础，是其不断进化所必备的结构特征。因此，生态建筑应是一个开放体系，以动态思维来设计，使建筑具有足够的弹性，既满足现实需求又为一定时期的未来留有余地。完整的建筑规划和设计所关注的问题不应局限于建造完成阶段，还应预见包括运作阶段新的需求变化，直到建筑终结之后的拆除再利用及对环境的影响。建筑使用过程中会出现功能变迁、结构老化、技术过时、设备系统废弃等多种变化，设计时要重视和预测以上变化，避免和减轻不利影响，具体措施体现在结构、空间、设备等的可调整上。

6. 反馈平衡

生态系统中任何两个相关组分间可能存在两种不同类型的生态关系：一类是促进关系，或称正反馈机制，通过该种关系前一因子的增强（或减弱）将导致后一因子的增强（或减弱）；另一类为抑制关系，或称负反馈机制，即前后关系相反。生态系统结构和功能之稳定就在于这种双重关系的均衡作用。我国古代阴阳五行学说就体现了这一原理。建筑系统也存在着这种关系，经济因素、文化传统、人的活动、自然环境无疑是一个互相作用的组合，相互决定和制约，从而产生了建筑空间这种物质表象。德国城市生态学者范斯特（Frederic Vester）教授认为："人为系统要实现有效调控，负反馈应超过正反馈，即充分重视和发挥那些限制性因素的作用。"这对长久以来忽视自然系统条件负反馈作用和约束控制的建造活动显得尤为重要。实施反馈机制的途径有公众参与、用户调查、评估和传媒监督等，这既是提高设计质量的手段，又能促进建筑系统的平衡和进化。

7. 高效性

生态学的规律之一就是现存生命体形式总是向着有效占用资源的方向不断演化。自然界漫长的演替过程中通过严格竞争和自然选择，不能充分有效利用环境所提供资源的物种往往被逐步淘汰。生态建筑在设计建造、使用方面皆有高效性要求，主要指物质、能量要素的高效利用。高效性特征促使人们采取一种灵活和因地因时制宜的方法，善于利用现有力量来引导和控制系统，例如建筑材料的选用应本着可耐久、环境亲和、就地取材的原则，又如建筑师是否考虑同一空间在不同时间段重叠使用以避免资源浪费等。

8. 保持和扩大多样性

生态学生物多样性的特征揭示出，众多生物物种组成的复杂生态系统能保持较好的稳定发展状态。休伊（Hough，1990）指出"如果健康被描述为抵抗压力的能力，那么多样性也意味着健康……在城市背景下，多样性既能产生社会意识，也能产生生态意识。健康也意味着有能力在一地与另一地、一种生活方式与另一种生活方式之间做出选择。"建筑本质上应视作生态系统,这一系统中建筑形态、建筑文化的多样性与生物多样性一样,对建筑的健康发展起促进作用。多样性带来巨大的兼容性,能满足人类日趋复杂多变的物质与精神需求。在全球化带来的文化趋同现象愈发明显的状况下,保持和扩大多样性意味着城市和建筑专业人员自觉地对城市和地区特色进行维护和创新,保护城市的文化遗产,注重建筑文脉的延续,鼓励多元化的建筑创作。

9. 自组织和调节能力

生态系统是一个自组织系统,在一定的生态阈值范围内,系统具有自我调节和自我维持稳定的机制和能力,可以用"序"的概念来体现。哈肯认为"无论什么系统,从无序到有序的变化,都是大量子系统相互作用又协调一致的结果。"因此,可以推导出任一子系统有序的程度对其外部系统的平衡状态都有很大影响。建筑系统亦是如此,其自我组织和协调能力越强,有序程度越高,对外部系统的压力就越小,这将有助于外部系统有序,可称之为建筑加入环境的适应过程。

建筑系统的自组织和调节能力包括建筑的自我净化能力(即尽量减少污染物排放)、物质、能量循环利用能力,调节自身采光、通风、温湿度的能力,以及为可再生能源利用提供机会的能力。建筑师应从建筑的平面组织、空间布局、交通流线、剖面设计、设备控制等角度着手,使建筑成为类似活的有机体,这也是强调生态循环的自足型生态建筑创作的出发点。

四、生态建筑的理论与实践

生态建筑发展至今,在理论和实践成果上都有大幅度的提升和扩展,并逐渐具备现实主义基础。通过对现今建筑界生态建筑理论及设计实践两方面的互动发展的揭示,可为生态建筑未来的发展描画出清晰的轮廓。

从建筑师不同的生态价值观出发,当代的生态建筑理论及其实践划分为重高技术的低能耗建筑设计思想和重地域文化的原生生态设计思想两大倾向。

1. 重高技术的低能耗建筑设计思想

技术生态论者主张生态建筑的设计力量基础应是"现代主义"的"延续",这种设计思想强调功能与技术以及工程师在建筑设计过程中的重要地位。设计的核心问题在于积极地运用当代最新的"高技术"来提高建筑的能源使用效率,营造舒适宜人的建筑环境,以更有效地保护生态环境。

在这一方面日本原广司设计的 Sapporo Dome 比较具有代表性。

日本札幌的天穹体育场 Sapporo Dome 是为 2002 年韩日世界杯足球赛而兴建的场馆之一。体育场最大的特点并不仅仅是那充满未来气息、如同天外飞行器一般的金属穹顶,还在于它是充分考虑了建筑可变性的大型体育场馆。在世界杯期间,它能容纳 43000 名观众。而这一盛大体育赛事结束后,它将根据需要缩小建筑的规模,用作棒球场、文化演出中心或者旅游景点。其可以挪进挪出的足球场、可以调整的座位数量实在是富于积极精神的创意。该场馆以其灵活的可变性体现了建筑生态设计的原则,成为一个可持续发展的绿色建筑典范。

除了场馆能依靠可变的空间结构来取得不同的用途外,在能源效率方面,体育馆利用夏季的主导风向进行自然通风，大大减少了室内的机械通风需求和降温能耗。自然光照明也得到最大限度的利用，在没有任何人工照明的情况下，主要区域也能拥有 50～200lx 的光线。体育馆半嵌入地面以下，这意味着部分看台坐落在土壤之中，厚厚的土层成为良好的热绝缘体和储藏体，钢制的屋顶结构绝热性能良好，种种手段使得体育馆的热负荷很小，在很少的能源消耗下也能营造出一个舒适的室内环境。

2. 注重地域文化的原生生态设计思想

在当前的生态建筑讨论中，分为侧重精神与传统文化的原生生态建筑与以高技术为特征的低能耗建筑，鲜明地反映了生态建筑的两极阵营，基于这两种方法的理论及其实践近年来不断涌现。前者的文化生态观可以说具有尊重场地（大地）景观、注重"用户自治"这两大特色。如怀恩斯提出的交流概念和柯里亚的"可持续的建筑"研究等，其中澳大利亚建筑师博基斯的"文化生态"论及实践——Uluru 文化中心可以说是当之无愧的代表。

Uluru 国家公园位于澳洲中部地带的 Anangu 土著居民区。设计者力求将文化中心设计成"向游人开放的土著人场所，而不是一个容纳土著居民的游人场所"，设计初期设计组成员与部落居民生活在一起，以了解 Anangu 人的日常生活场景和取得居民的信任。Uluru 文化中心的最突出特点就是整个设计从选址、平面设计等初步设计到最终方案均是设计者与当地人共同完成的。建筑师与部落居民在协商中获得环境、功能、精神上的共识，整个设计编织着各种 Anangu 人的故事，借助双方的谈话、土著人的沙画以及建筑师的图板共同完成。Uluru 文化中心不仅通过高度触感的材料、流动的有机形态以及"传统"的低能耗措施保护了脆弱的大地景观和生态系统，而且"通过讲述场所与居民的故事，在土著与文明之间架起一座桥梁"。

3. 两大倾向兼收并蓄的折衷理论

高技派（High-tech）在这方面尤为引人注目。高技派在历经 20 世纪 70 年代建筑界关于技术价值观的争论之后，理智地将他们对技术的推崇转向将技术作为建筑生态设计手段上来，而对低能耗技术的运用和传统生态文化的并重，则是这个转变中的一种努力尝试。

曾与罗杰斯合作过巴黎蓬皮杜中心的皮阿诺，一直重视高科技与环境、生态系统的结合。他在新卡里多利亚岛的特吉巴奥文化中心就是一个杰出的例证。构成建筑标志性外观的 10 个导风结构设计并不仅仅出于使用高技术以降低能耗的需要，它的独特造型也出自皮阿诺对当地传统居民篷屋高耸以引来夏季南向季风的生态形式的充分研究。文化中心的总体规划也借鉴了当地村落的布局。这是一个典型的带有中性意味的例子，它为尚不开放的太平洋小岛带来了精密的建筑结构和模糊智能控制系统，同时也会让岛上的原始居民以之为傲。类似的范例还有美国休斯敦的曼尼尔博物馆等生态建筑实践。然而这种"折衷主义理论"仍有其局限性，尽管其适应性会有所改观，但它仍然受到前两种理论模式局限性的困扰，另外该模式的发展还依赖于理论一和理论二的研究。

生态建筑是一个系统的"可行性"建筑理论及实践体系，其分支理论相互交叠、作用，引导出生态建筑实践的百花齐放，但文中提出的三类理论研究，基本涵盖了生态建筑理论的发展及其带动的实践探索的大趋势。这些理论研究均有各自适用性和前瞻性的积极一面，但也不可避免地存在着不同的矛盾性和局限性。但从辩证的角度看，生态建筑的发展、扩散，也正是在不断地遇到、研究和解决这些问题的过程中完成的。

五、生态建筑的管理

(一) 生态建筑与经济

1. 实施生态建筑的经济手段

在实践中对环境进行保护的手段种类繁多。这里剔除指令手段，专门讨论经济学家感兴趣的经济激励手段（economic incentive instruments）。经济激励手段是人工设计的利用经济因素调动人们的积极性以鼓励人们保护环境的机制。现实中排污收费手段大体有以下几种：①排污费（emission charges）；②使用者收费（user charges）；③产品收费（product charges）；④排污权交易（marketable permits）；⑤预付金返还（deposit-refund system）。

2. 生态建筑体系中经济手段提供的激励效用

在生态建筑体系中各种经济手段能够提供3种激励效用。

（1）直接改变价格或成本水平，并减轻业主的环保负担　当对产品或生产过程收费时，会直接改变价格或成本。例如，有效的环境法规迫使每个业主都要考虑采取措施防污治污。在这种情况下，污染治理费用实际上是由全社会承担的。也就是说，部分费用由业主消化，余下的部分进入产品成本并引起价格提高最终由消费者承担。

（2）通过政府财政手段间接改变价格或成本　例如，通过补贴、低息贷款和其他财务刺激（例如加速折旧）促进环境保护技术的发展和环保政策的执行。

（3）市场发育和技术支持　市场发育一般是通过改变立法和管制实现的，例如排污交易、配额拍卖等，这样公共或半公共机构就可负担起保护环境并稳定市场价格的责任。

3. 生态建筑体系中各种经济手段的选择标准

政府在选择促进生态建筑体系实现的经济手段时有多方面的考虑，例如公平、效率、发展速度、就业等，经济效率仅仅是其中一方面。以下是通常的促使生态建筑体系实现的经济手段的选择标准：①经济效率；②较低的信息需要量；③行政管理费用的节约；④公平；⑤可靠性；⑥适用性，即环保政策对其他各方面的变化（例如技术、价格、气候的变化）应有相当的适应性；⑦提供激励作用的长远性；⑧政治上的可接受性；⑨当时当地的人口和就业状况；⑩当时当地的经济发展速度。

实际上要同时满足以上所有条件是不可能的，况且不同条件可能是相互矛盾的，满足一个条件可能会牺牲另一个条件。因此需要选择取舍，结果往往是各方面利益的妥协。

(二) 生态建筑与法律

20世纪90年代末期，生态建筑作为实施可持续发展战略的任务之一，已被世界许多国家所接受。在研究生态建筑的相关问题时同样也需要研究生态建筑的法律问题。

1. 生态建筑需要法律的确认和保障

生态建筑需要有必要的法律保障。生态建筑设计要保护全球生态系统、自然气候，保护建筑周边环境生态系统平衡，节约国土资源；建筑能够充分利用太阳能、风能及其他无害自然资源，有效使用水资源；建筑使用无环境污染、可循环利用的材料，使用再生材料；建筑使用既经济又无公害性的材料；建筑解体时不产生对环境的再次污染；建筑具有健康持久、空气优良、温度适宜、防噪声干扰的环境；建筑融入历史与地域的人文环境等。这些新的构想或者说是要求要转化为人们普遍遵守的规范，必然形成以法律手段建构的适宜建筑发展的制度框架。

但当人们努力探讨生态建筑理论和体系以及政策和制度保障，力图构建生态上可持续发展的法律规范体系时，摆在面前的一个更大的任务就是如何通过法律、法规调整当前建筑市场的混乱秩序，从而把建筑业引上"生态之道"。

建筑也是我国的支柱产业。改革开放20年来，国家始终把建筑业作为重点建设行业。然而由于种种原因，其中包括法制观念淡薄、法律本身的缺陷、执法措施的不得力以及监督机制不健全等不健康的建筑行为无疑与生态建筑思想背道而驰。如不改变，将阻碍生态建筑的实施。如要改变，还必须借助法律的力量，完善现有法律法规，加强执法力度，使生态建筑法制思想在现行法律土壤中孕育而生。

2. 生态建筑的立法

现阶段，我国没有以"生态建筑"命名的法律、法规，也没有专门的关于生态建筑的规章和条例，更没有在相关法律中使用"生态建筑"这个特定名词。但现已颁布的法律、法规，其内容已涉及生态建筑问题。特别是最近以来，国家有关部门制定并通过的一些决议、通知等较明显地反映出生态建筑的某些需要。这些法律、法规、通知、议程等可以成为当前绿色建筑的法律依据。既然生态建筑作为中国今后实施可持续发展的一项重要而且长期的经济活动，那么在这个逐步实施法治的国家里，它必须要得到法律的引导、推动和保护。

（1）生态建筑立法的重点工作

① 重新审视和评估现行建筑立法，建立按生态建筑要求立法的新思路。近几年来，我国加强了与可持续发展有关的立法，也颁布了新的《建筑法》及与建筑有关的法律规范。但就立法精神而言，现行法律法规仍以规范市场行为为主。在制定上，现行法律法规以社会人作为调整对象，规范和调整同一代人之间发生的特定关系。因此，现行《建筑法》及与建筑有关的法律规范，实质上是对传统建筑行为本身的规范和调整，没有脱离传统的立法模式。

生态建筑立法则要求以经济人（即会计算、有创造性、追求自身利益或利润最大化的人）、社会人、生态人（即顺应生态发展规律，与自然环境和谐共存的人）相结合的人作为规范的对象。因为"生态人假设中具有人与人之间的关系、人与自然的关系、当代与后代之间的关系等丰富内涵"，所以法律所规范和调整的关系既包括主体与主体的关系，也包括主体与客体的关系，还包括当代人对后代人的法律义务和责任。

② 设计生态建筑法律体系。制定生态建筑立法规划，首先应当设计出生态建筑法律体系的基本框架，指明与生态建筑直接相关和间接相关的法律制度应该有哪些，指明生态建筑法律体系与其他法律体系的关系。然后，在此基础上根据实际情况制定切实可行的立法规划，依次按照时间顺序、急缓程度、逻辑顺序、重要性和难易程度列出需要制定的法律、法规和规章，并拟定具体的措施和条件。

③ 国内立法与国际立法和惯例接轨，履行中国对全球可持续发展所承担的国际义务。

(2) 生态建筑立法应注意的几个问题

① 以生态规律全面指导立法。生态建筑思想建立在生态理论的基础之上，以生态系统良性循环为原则。在目标上，追求人、建筑和自然三者协调和平衡发展；在方法上，主张设计追随自然；在技术上，提倡应用可促进生态系统良性循环、不污染环境、高效节能和节水的建筑技术。要做到这些，就必须遵循自然生态规律，这一点对立法工作尤为重要。

② 增加立法的科技含量。"生态建筑思想更多地表现一种科学性、技术性的立场和观点，以此探讨符合生态功能原则，适合人类生活和居住的建筑环境。"在未来建筑发展上，无论是建筑设计、建筑能源组织，还是高科技新型材料研究、环境控制等，都需要现代化科学技术。只有采用先进的科学技术才能使绿色建筑具有足够大的研究与开发潜力。因此，生态建筑法规作为技术性法规理应提高科技含量，才能使本身更有价值。

③ 侧重事先预防和管理。我国现阶段建筑管理存在严重的滞后问题。许多建筑问题一旦发现，为时已晚，造成的损失无法挽回。因此，绿色建筑立法应同环保法一样重在事先预防和管理上。

第四节 生态旅游

一、生态旅游的概念

从一开始，人们就以各种各样的方式对生态旅游进行定义，从概括性及模糊的定义到具体的、规范性的定义，描述性的因素（如"以自然为基础"）以及价值基础因素在定义中通常都被综合在一起。综合国内外学者的相关定义，本书笔者认为生态旅游是以生态环境和生态资源为主要旅游对象，以欣赏大自然风光、接受生态知识的科普教育或探索、研究生态科学为主要内容及目的的一种新型的综合性旅游类型。生态旅游也被称为"绿色旅游""可持续发展旅游"，它是国际旅游市场 20 世纪 80 年代兴起的一种新型的、高级的、体现了可持续发展思想的旅游。它源于自然环境保护和人们旅游需求这两种独立发展趋势的交叉结合。生态旅游与文化旅游是当今旅游的两大热点。对生态旅游的界定，狭义理解是指到天然环境（包括次生植被景观）中进行生态回归游；广义的理解还包括在各项旅游活动和规划中贯彻生态旅游观点，使旅游地具有可持续发展特征的旅游活动。确切地说，生态旅游就是以自然生态资源为依托，以生态保护为核心的旅游活动。

国内外学术界对生态旅游有不同的理解和定义，重点强调了两方面：一是回归自然，即到自然环境中去观赏、旅行、探险等，目的在于享受领略清新、静谧、轻松、舒畅的和谐气氛，探索、认识自然奥妙，增进健康，陶冶情操，接受环境教育等；二是对自然环境保护有促进作用，不论生态旅游者还是生态旅游经营者，甚至包括得到经济收益的当地居民，都应当在保护生态环境方面做出贡献。也就是说，只有在旅游和保护两方面都有表征时生态旅游才能显示出其真正意义。综其观点，可归纳出生态旅游概念的四个重要内涵。第一，旅游对象是自然生态及与之共生的人文生态。由于中国悠久历史和人地密切关系，生态旅游对象不局限于自然生态系统，还包括自然区域中具有地域特色的人文生态系统。第二，强调旅游责任。一方面，管理者、经营者和旅游者应承担保护资源环境和促进当地社区可持续发展的责任;另一方面,当地社区应承担保护资源环境和维护旅游氛围的责任。第三,重视环境教育。生态旅游要能提高甚至改变游客的环境资源观和生活方式。第四,旅游干扰的可控性。生态旅游活动对生态系统的干扰必须是可控的,使其对当地旅游资源、自然生态和社会文化的负面影响最小化。

生态旅游资源包括具有生态美吸引力的自然、文化、物质、精神等旅游资源和生态旅游基础设施、服务设施以及经过人类开发后符合生态学原理并具有生态效益的生态农业系统。从旅游资源的类型方面划分,生态旅游包括森林生态旅游、农业生态旅游、海洋生态旅游、高山生态旅游、草原生态旅游、文化生态旅游等多种形式。然而,生态旅游并非一定要在环境优美、生态良好的生态区域中进行,只要该区域具有鲜明的特色并能给游客带来生态启发和教育,就可以作为生态旅游的基地;生态旅游也并非一定要到纯粹天然的自然生态系统中进行,因为目前自然生态系统几乎全部受到了人类不同程度的干扰,纯粹天然的自然生态系统已很难找到,而人工生态系统中也有自然因素,因此一些人工生态系统(如生态农业区、人工次生林、植物园)也可以作为生态旅游的场所。

总之,生态旅游是旅游资源可持续利用的途径,也是实现旅游业可持续发展的途径之一。生态旅游的战略目标就是使以资源为基础的旅游业能够可持续发展。它的组织者不但要严格管理经营,使游客及本身的经营管理不破坏生态和资源,而且更应该用丰富的生态保护知识感染游客、教育游客,使游客自觉维护资源和环境的可持续发展。因此,生态旅游不只是一种旅游类型,更应该将其看作是旅游开发的一种战略。

二、生态旅游的产生与发展

生态旅游(ecotourism)一词出现的时间不长,它是由世界自然保护联盟(LUCN)生态旅游特别顾问墨西哥人 H. Ceballos Lascurain 于 1983 年首先在文献中使用的,在 Metelka 编的《旅游词典》(第三版,1990)上找不到这个词,但它的思想早就有了。生态旅游首先出现在世界旅游发达的欧美国家,如美国在 1916 年颁布了关于资源保护和公共利用的法律,许多学者也早就提出在旅游规划中要用到生态学原则。在我国,生态旅游的术语和概念出现于 20 世纪 90 年代。1993 年 9 月在北京召开的第一届东亚地区国家公园与保护区会议通过了"东亚保护区行动计划概要",我国首次以文件形式提出"生态旅游"的定义。1994 年中国生态旅游协会(CETA)成立;1995 年"中国首届生态旅游研讨会"在西双版纳召开,会上发表的《发展我国生态旅游的倡议》标志着我国开始真正关注生态旅游。此后,国内相关的生态旅游研究工作如雨后春笋般涌现并取得了一定的成果,生态旅游作为一种新型旅游模式在国内慢慢开展起来。继国家旅游局将 1999 年定为"中国生态环境游年"之后,又将 2009 年定为"中国生态旅游年",2016 年 3 月发布的《中国国民经济和社会发展第十三个五年规划纲要》中更是明确提出要"支持发展生态旅游"。整体来看,国内外生态旅游的大背景是相似的——地球面临资源、环境、生态等一系列的全球性生存危机,人们的环境意识觉醒,绿色运动和绿色消费席卷全球,作为绿色旅游消费的生态旅游迅速得到了人们的认可,风靡全球。

生态旅游从开始出台就以不同寻常的速度在世界某些国家和地区传播着。特别是美国、加拿大、澳大利亚、巴西、日本、西班牙、法国、瑞士等旅游发达国家,据世界旅游组织

(UNWTO)估计，1992～1995年之间，以大自然为取向的生态旅游增加20%～25%，仅1992年生态旅游营业额已超过20亿美元。澳大利亚估计生态旅游已形成年产值1亿澳元的规模产业，旅游与其他门类相比增长迅速超过3倍以上。日本在1024万出国旅游者中，约有20%～40%的游客在从事探险和生态旅游。西班牙近年也有50%的人从海滩旅游转向生态旅游。在我国生态旅游大潮中，森林旅游逐渐形成一种热潮和新的趋势。据估算，全球每年生态旅游的增长率为15%～20%。据统计，我国森林公园年接待游客量已由20世纪80年代初期的100多万人次、80年代末期的1000多万人次，上升到90年代初期的3000多万人次，到2000年已达到1亿人次以上。2015年国内旅游人数达到40亿人次，其中生态旅游人次约占1/3。可见，生态旅游在我国也已蓬勃兴起。经过20多年的发展，我国生态旅游已成为一种增进环保、崇尚绿色、倡导人与自然和谐共生的旅游方式，并初步形成了以自然保护区、风景名胜区、森林公园、地质公园及湿地公园、沙漠公园、水利风景区等为主要载体的生态旅游目的地体系，基本涵盖了山地、森林、草原、湿地、海洋、荒漠以及人文生态等7大类型。生态旅游产品日趋多样，深层次、体验式、有特色的产品更加受到青睐。生态旅游方式倡导社区参与、共建共享，显著提高了当地居民的经济收益，也越来越得到社区居民的支持。通过发展生态旅游，人们的生态保护意识明显提高，"绿水青山就是金山银山"的发展理念已逐步成为共识。《全国生态旅游发展规划（2016—2025年）》将全国生态旅游发展划分为八个片区：东北平原漫岗生态旅游片区、黄河中下游生态旅游片区、北方荒漠与草原生态旅游片区、青藏高原生态旅游片区、长江上中游生态旅游片区、东部平原丘陵生态旅游片区、珠江流域生态旅游片区和海洋海岛生态旅游片区。依据生态旅游资源、交通干线和节点城市分布，在八大生态旅游片区基础上，以重要生态功能区为单元，培育20个生态旅游协作区，遴选一批有代表性的生态旅游目的地，通过提升基础设施和公共服务水平，建设200个重点生态旅游目的地，按照生态要素的线性分布和旅游线路组织的基本原则，形成50条跨省和省域精品生态旅游线路，适应日益兴起的自驾车和房车旅游，结合国家整体路网布局，打造25条国家生态风景道，形成点线面相结合、适应多样化需求的生态旅游发展格局。

三、生态旅游的特点及其与传统旅游的区别

（一）生态旅游的特点

1. 自然性

生态旅游者的目的是享受自然赐予的景观和文化，生态旅游的运作场所应是那些纯自然环境、受人为影响较小的自然环境以及那些能体现人地关系和谐的人文生态系统。生态旅游地的开发管理也必须充分体现人与自然的协调性。

2. 生态性

生态旅游是以尊重自然规律、欣赏自然美为前提的，其旅游取向多为具有不同生态学特征的自然景观及人文景观资源。因此，生态旅游除有较完美的自然环境外，还必须有较丰富的有关生态学内容的旅游项目和产品可供观赏、游玩、参与以致品尝或购买。相应地，旅游开发、旅游管理、旅游活动项目也必须以生态学思想作为基本依据。

3. 高雅性

生态旅游是旅游发展高级化的产物，生态旅游资源是自然生态系统和人文生态系统中具有较高观赏性、知识性和启迪性的部分，而生态旅游者多属于文化层次较高、审美能力较强并具有环保意识的一群人，所以生态旅游产品必须具有能满足人们观赏和感受生态环境、普及生态意识和知识、维护生态平衡的功能，其蕴涵着高雅的科学文化品质。

4. 参与性

生态旅游作为一种特殊的专项旅游形式，应该为旅游者提供与观光旅游不一样的旅游体验，除了提供一个有别于现代都市环境的活动场所外，更应该为旅游者提供一个能真正接触自然、体验自然和理解自然的机会。

5. 高成本和高附加值性

生态旅游资源多属于稀缺的、珍贵的自然遗产或文化遗产，在发展旅游的过程中为了保护生态环境，必须有不断的资金注入。生态旅游地的旅游环境容量比传统旅游要小得多，生态旅游对优美环境的享受和对其内在文化品位的体验，使生态旅游产品具有高成本和高附加值的特点。

（二）生态旅游与其他旅游的区别

生态旅游是一种特殊旅游形式，是在自然旅游的基础上发展起来的。生态旅游和其他形式的旅游有着重要的区别，认识这些区别是非常重要的。

1. 生态旅游与大众旅游

生态旅游从其本质上说是针对大众旅游提出的。在旅游吸引物的资源基础、旅游者的需求和旅游方式等方面，生态旅游与大众旅游都有巨大的差别。大众旅游的主要特点是旅游者人数众多，旅游线路为大家所熟悉，产品标准化程度高，旅游经营者往往采取薄利多销的方式。而生态旅游则完全相反，其突出的特点是以特殊设计的产品来满足对生态环境有特殊兴趣的旅游者的需求，几乎是全新的产品，经营者以"质量"取胜，而不是靠人数的扩大来增加旅游收入。

2. 生态旅游与自然旅游

生态旅游是在自然旅游的基础上发展而来的，其共同点在于大自然属于这两种旅游形式的资源基础，但后者主要强调的是利用自然资源来吸引旅游者，而前者更强调在享受自然的同时要对自然保护做出贡献。例如，狩猎旅游可以是一种自然旅游，但它不符合生态旅游的标准，而观鸟旅游则是一种生态旅游，其前提是鸟类的生存环境不被破坏和干扰。

3. 生态旅游与可持续旅游

生态旅游是一种旅游形式，所以也称之为特种兴趣旅游，而可持续旅游是从可持续发展的概念引申出来的旅游业发展的原则，适用于所有能够在长期发展过程中与自然、社会、文化环境保持和谐发展的旅游形式。生态旅游可以作为实现可持续旅游的一种工具，但可持续旅游决不仅限于生态旅游，当然做不到可持续发展的旅游也不能称为生态旅游。

四、生态旅游的规划与开发

（一）生态旅游的规划原则与模式

1. 生态旅游的规划原则

从国内外生态旅游发展的大量理论和实践来看，制定生态旅游规划，实施生态旅游开发时，主要应遵循以下原则。

（1）保护性开发原则　开发和保护关系的总原则是：开发应服从保护，在保护的前提下进行开发；资源得到合理保护，开发才能得到收益；开发获得收益，反过来才能促进保护工作。

（2）特色原则　生态旅游资源的特色在于它的原始性和自然性。开发不仅要使其原有的特色得以保持，同时应该使其特色更加鲜明并有所发展，而绝不能使其原有的特色遭受破坏。

（3）宏观和微观相结合的原则　第一，一个旅游区的规划首先要与本区域的总体规划相结合，与其周边规划相结合；第二，其发展规划必须与当地经济和社会发展总体部署相结合；第三，其规划必须做到总体规划、专题规划相结合，即点、线、面相结合。

（4）体现市场经济原则　在规划中必须以市场为导向，充分发挥市场机制在旅游发展中的地位和作用。同时，通过多种方法和渠道使当地居民积极参与到旅游开发建设中来，带动当地经济的发展和改善人们的生活水平。

2. 生态旅游的规划模式

生态旅游的规划模式一般有如表 6-1 所列的几种。

表 6-1　生态旅游的规划模式

规划内容	规 划 模 式	主 要 特 点
发展规模	严格限制旅游业发展规模	严格按照环境容量控制游客进入数量
旅游活动	对环境影响较小的活动	采取徒步等自然旅游方式
目标市场	生态旅游者	旅游者具有较强的环保意识，以小型团体旅游为主
用地结构	同心圆结构（自然保护区）	旅游服务设施集中分布于外围非重点保护地带内
环境规划	提供较高的环境质量	旅游收入的一部分作为环境补偿费

（二）生态旅游开发原则

① 承载力控制原则。
② 自然环保原则。
③ 当地农民参与原则。
④ 环保教育原则。
⑤ 加强旅游规划管理原则。
⑥ 清洁生产、节约资源原则。
⑦ 利润回投原则。
⑧ 技术培训原则。

(三) 生态旅游功能分区

科学的生态旅游规划是其成功开发的前提与基础。20世纪90年代，国外有关生态旅游规划的一些专著问世，将"岛屿理论""环境容量""游憩地等级理论"等引入生态旅游规划中。功能分区是生态旅游规划的一个重要内容。普遍认为最早的分区模式是美国景观建筑师 Richard Forster 于1973年倡导提出的同心圆模式，即将国家公园从里往外分成核心保护区、游憩缓冲区和密集游憩区。该分区模式曾得到世界自然保护联盟的认可。在此基础上，C. A. Gunn 于1988年提出了五圈层国家公园旅游分区模式，将公园分成重点资源保护区、荒野低利用区、分散游憩区、密集游憩区和服务社区，该分区模式被广泛应用于加拿大国家公园。1996年，L. B. W. Nieuwkamp 将生态旅游地分为四大区域（野生保护区、野生游憩区、密集游憩区和自然环境区），还总结了生态旅游功能分区的重要性（一是能使生态旅游区得到优化利用，并有利于保护自然资源；二是便于管理人员根据游客的需要对其加以分流），并用图说明了生态旅游功能分区模式的可行性。随着生态旅游区自然程度的增加，游客人数越来越少，但其对游客的吸引力却越来越大。单从游客数量曲线下滑的趋势就可以看出功能分区的分流作用，它对自然程度高的地方起到了保护作用。

(四) 生态旅游典型案例——浙江省安吉县

浙江省安吉县地处天目山北麓，位于长三角经济圈的几何中心，是浙江北部一个极具发展潜力的生态县。许多年前，以余村为代表的村镇也曾炸山开矿，办水泥厂、化工厂，靠牺牲环境获得了短暂的富裕。但随之而来的环境污染、生态破坏、安全事故多发，让人们尝到了掠夺式发展的苦果。后来，余村人痛下决心，在时任村党支部书记鲍新民的带领下，关停了部分矿山和工厂，探索绿色发展之路。发展强调："我们过去讲既要绿水青山，又要金山银山，其实，绿水青山就是金山银山。"十多年来，安吉县始终坚持"生态立县"战略，积极探索"两山"思想实践，努力把"绿水青山"源源不断地转化为"金山银山"。

1. 统筹规划，做好顶层设计

安吉县在美丽乡村建设中，始终把高起点规划作为龙头和引擎来抓，编制了《安吉县美丽乡村建设总体规划》。具体操作中，安吉县示范先行、梯度推进，抓点成线、串珠成链、逐村定位、逐村规划，实现规划设计全覆盖；坚持规划、建设、管理和经营四位一体，景区景点与美丽村落紧密结合，没有规划不得设计，没有设计不得施工，确保了美丽乡村的建设质量和品位。

2. 整治环境，擦亮生态底色

以"五水共治"（治污水、防洪水、排涝水、保供水、抓节水）、"三改一拆"（改造旧住宅区、旧厂区、城中村，拆除违法建筑）等专项治理行动为抓手，大力改善农村生态环境。安吉县实施"五线入地"工程，即电力、电信、移动、联通、广电5个部门的电线、电缆统一纳入地下。蔓塘里村是全县首个示范村，消除了空中线缆交织错乱问题。刘家塘村是浙江"五水共治"农村生活污水治理的样板村，该村灵活运用生物质处理、太阳能微动力等多种方式，全村生活污水处理率95%以上，出水水质达到城镇污水处理厂污染物排放一级 B

第六章 生态产业

标准。

3. 转变思路，打造绿色经济

安吉县充分转化美丽乡村建设成果，以乡村旅游为主线，推进一产"接二连三""跨二进三"，集中打造了一批竹、白茶、蚕桑、农家乐等专业名村。余村以前开采石矿，2005年主动转变发展方式，关闭矿山，以乡村旅游、竹产业文化为基础，走上绿色发展道路，2017年全村国民生产总值2.776亿元，农民人均收入41378元，村集体经济收入达到410万元。目莲坞村以村集体经济投入占10％、镇级投入占20％、工商资本占70％组建股份公司，发展乡村休闲旅游，拓宽了村级增收渠道。近年来，安吉县不断加大旅游项目引进工作力度，持续掀起"项目为王"的推进高潮。全县现有产业类、公共设施类和休闲类旅游项目81个，总投资达744.3亿元。2015年安吉县旅游休闲发展委员会办公室正式出台《2015年度县域大景区建设推进行动方案》，全年分解74项重点任务，涉及4大工程55项工作和19个重点休闲项目。随着这些重大旅游项目相继投入运营，安吉县旅游正从"区域性乡村旅游目的地"向"国际乡村度假目的地"转变，逐渐成为华东黄金旅游圈的重要节点。2017年，安吉县共接待来自国内外的游客2237.52万人次，比2016年增长16.0％；其中，接待境外游客共计20.97万人次，增长15.9％。全年实现旅游总收入282.69亿元，增长了21.3％；全年旅游景区门票收入5.62亿元，增长了20.2％。年末拥有星级宾馆8家，包括悦榕庄、阿丽拉、JW万豪等国际知名品牌，高端酒店选择落户安吉县，正是看中了安吉县旅游业发展的潜力，"酒店＋景区"的营销策略也推动着第三产业的发展。旅游业作为典型的第三产业，涵盖了吃、住、行、游、购、娱六大要素。旅游业的发展必然带动与旅游业相关的产业的发展，例如餐饮业、娱乐业、酒店住宿业以及交通运输业和批发零售业的发展，产业集聚带动了安吉县县域经济发展。

4. 健全机制，狠抓工作落实

安吉县建立健全党委领导、政府主导、部门共建、社会参与、农民支持的建设体系，全面落实以县为主导、乡镇为主体、村（社区）为基础的责任方针，构建三级联动体制。根据各乡镇（街道）功能定位，设置个性化指标考核，对于考核优秀的给予奖励，而对于较差的则予以惩戒；同时重视基层组织建设，在全国率先开展村（社区）干部报酬三级统筹，选拔优秀村干部进乡镇（街道）党（工）委班子或行政事业单位。

目前，安吉县已荣获"联合国人居奖唯一获得县""国家可持续发展试验区""全国森林旅游示范县""全国首批休闲农业与乡村旅游示范县""中国最佳生态旅游县"等荣誉称号。并先后被列入"全国首批生态文明建设试点地区""国家可持续发展实验区""国家乡村旅游度假实验区"等。

五、生态旅游的管理

（一）生态旅游管理的含义

管理活动一般由管理主体、管理客体、管理内容和管理方法四大要素组成。所谓的生态旅游管理，是指旅游管理主体（主要包括政府、行业管理部门、旅游中介组织、旅游专业组织等）以可持续发展思想为指导，充分运用各种管理手段（包括行政、经济、法律、科学、市场等），对生态旅游管理客体（包括生态旅游环境、生态旅游企业、生态旅游者、旅游目的地社区、生态旅游市场等）实行以生态系统保护为目标的旅游管理与决策活动的过程。生态旅游管理具有如下特征。

1. 生态旅游管理的对象是生态旅游经济系统

一切经济活动都是在一定的生态与经济系统中进行的，因此任何产业管理活动都离不开对生态和经济两大系统的管理。作为旅游活动高级形式的生态旅游，更应把生态系统和旅游系统结合起来进行综合管理。这种管理实际上是一个复合的管理结构系统，它既包括了对生态系统的管理，又包括了对旅游经济系统的管理，二者相互作用、相互耦合，便形成了具有独立结构和功能的生态旅游经济复合体。

由于生态系统是生物要素和环境要素在特定空间的组合，所以在进行生态系统管理时必须把对生物和环境两种要素的有机管理包括在内。对生态旅游业而言，旅游生态系统包括生态旅游环境、生态旅游者、旅游目的地社区等。

2. 生态旅游的管理主体是广泛的社会群体

旅游经济系统是以旅游产业形式出现的一种复杂的社会经济活动的总称，它包括吃、住、行、游、购、娱等各个旅游行为和环节。从一般理论意义而言，还可将它界定为旅游生产力要素和旅游生产关系要素在一定空间上的组合。它包括各种物质生产要素和各种旅游所有制要素，也包括旅游产品生产过程中的各个层次和环节。可见，旅游经济系统的运动过程是人类有目的地开发生态资源的过程，是使自然界中的生态资源转变成满足人们精神享受产品的过程。旅游经济系统通过物质循环、能量流动和信息传递使系统运转起来，并以生态系统的运动作为基础。对生态旅游管理而言，管理主体是社会各种组织机构和每一个人，但主要包括政府、行业管理部门、旅游中介组织、旅游专业组织、生态旅游企业等。

3. 生态旅游管理更强调人类的责任与义务

以生态系统与经济系统为依托所组成的生态旅游经济系统，是一个复杂的复合系统。对这一复合系统进行管理时，更突出自然生态环境的可持续发展，更注重人类的责任与义务，因而还必须有如下几点清醒的认识。

① 旅游经济系统和生态系统的运动是交织在一起的。人类的一切旅游经济活动都不能脱离自然生态系统而孤立进行，应该考虑自然生态系统提供条件的可行性和旅游活动对自然生态系统可能产生的负面影响。

② 在生态旅游经济复合系统中，生态系统的运动是经济系统运动的前提和基础，旅游经济系统运转所需要的物质和能量最终都取自自然生态系统，因为自然生态系统的可持续发展直接关系到旅游经济系统的发展和前途。

③ 旅游开发者和旅游者是旅游生态经济系统的主体，他们可以通过自己活动的调整和控制能动地调节社会经济与自然生态的关系，使二者能够在相互作用和相互影响中保持平衡，和谐发展。

（二）生态旅游管理的原则

根据生态旅游管理的特征和要求，生态旅游管理主要遵循两大原则。

1. 生态环境与旅游经济可持续发展原则

世界环境与发展委员会于1987年提出的报告《我们共同的未来》中明确指出了可持续发展的定义，即"可持续发展是既满足当代人的需要，又不对后代人满足其需要的能力构成危害的发展"。在1992年的联合国环境与发展大会及在此次大会上通过的纲领性文件《21世纪议程》中，以及在我国根据该纲领制定的《中国21世纪议程》白皮书中，均把实现可持续发展列为21世纪的指导思想和基本任务。如上所述，可持续发展是建立在生态与经济协调发展思维基础上的新思维。它与协调发展的新思维一样，是指导现代经济发展的重要思维，是我国21世纪发展旅游经济的重要战略任务，它关系到我国旅游产业该走什么道路以及能否长盛不衰地发展，同时也关系到作为21世纪高标准、新要求的旅游产品——生态旅游能否健康、持续地发展。

2. 经济效益、社会效益、生态效益整体统一的原则

经济效益、社会效益、生态效益整体统一的原则是生态旅游管理的一个普遍原则，其理论基础是现代生态经济学的3个最基本的理论范畴，它们是：①作为经济活动载体的生态经济系统；②作为经济发展动力的生态经济平衡；③作为经济活动目的的生态经济效益。其中，生态经济效益是人们从事经济活动的出发点和落脚点。在社会经济发展的实践中，生态经济效益又往往被分为生态效益、经济效益和社会效益三个层面。在开展生态旅游的过程中，必须正确处理好这三大效益之间的关系，把它们的整体统一作为指导生态旅游产业开发活动的原则。

生态经济学认为，经济效益、社会效益和生态效益这三者都是客观存在的，它们可以互相结合，形成一个统一的生态、经济（社会）效益整体。如前所述，生态经济学的研究对象是生态经济系统，它是一切经济活动存在和运行的实际载体。这一系统通常又被分解为经济系统、社会系统、生态系统三部分。与这三个系统相对应的则是经济效益、社会效益和生态效益。由于生态经济系统具有整体性、综合性和内部联系性等基本特点，所以共处于统一系统中的子系统的经济（社会）系统和生态系统也具有互相区别和互相联系的特性，与之相对应的三大效益自然也能成为互相区别而又互相联系的统一整体。

运用经济效益、社会效益、生态效益三个效益整体统一的原则指导生态旅游，最重要的是要强化生态与经济的时空关联性，即在生态旅游管理中正确处理局部与全部、目前利益与长远利益之间的生态、经济结合问题。

（三）生态旅游管理的手段

正确地认识和处理生态环境和旅游经济两个目标的关系，是生态旅游管理的核心问题。要想持续地取得较好的旅游经济效益，需要对生态和经济双重管理目标不断优化，而实现优化最重要的一点，就是生态旅游管理者要时刻把双重管理目标放在同等重要的位置上，进行同步规划、同步运作，而不是用传统的经济效益标准指导旅游开发。传统标准最容易忽视对生态系统的保护，迟早会造成对生态环境的破坏，因而是一种牺牲生态环境攫取旅游经济效益的管理标准。要实现生态环境与旅游经济双重优化的生态管理目标，必须树立生态和经济同步发展、平衡发展的思想，把提高生态环境效益与旅游经济效益相统一，贯穿到生态旅游经济活动的全过程。通过生态环境目标的实现，为旅游经济目标创造有利的自然条件；通过

旅游经济目标的实现,为生态环境目标的实现创造丰厚的物质基础。

实现对生态环境和旅游经济双重目标的优化管理,通常采用经济的、教育的、行政的、法律的和科技的五种手段。

1. 经济的管理手段

经济的管理手段是指运用价格、工资、利润、税收、奖金、罚款等经济杠杆和价值工具以及经济合同、经济责任制等进行生态旅游管理,以推动实现对生态环境与旅游经济双重目标的优化管理。经济手段的核心与实质在于物质利益原则,即从物质利益方面调节国家、集体、个体等与生态旅游开发经营者之间的分配关系。经济手段是我国现阶段市场经济体制下行业管理工作必不可少的一种手段,在生态旅游行业中使用经济手段能更有效地促进和保证其他管理手段的有效实施。如我国在对旅行社实施质量保证金制度以来,在有力地保护旅游者和旅行社的合法权益不受侵犯的同时,更有效地保障了旅行社行业管理工作的进行。

在生态旅游价格方面,可适当提高门票收费额,以补偿游客相对较少、旅游收入相对较低、生态环境建设费和保护费相对较高的不足;在职工工资发放方面,采取浮动政策,重点提高那些为实现生态环境目标而做出贡献的职工的工资;在旅游总收入或利润中,取出一部分作为生态旅游资源和环境保护的补偿;在旅游企业税收方面,根据国家和地方的规定,给生态旅游开发区返还一部分生态环境建设费;在奖罚制度方面,要对有利于生态环境保护的旅游行为进行奖励,对不利于生态环境保护和旅游收入提高的旅游行为实行惩罚;在项目合同和经济责任制方面,要严格按照施工建设合同和责任制的规定,对生态旅游资源及其环境进行保护,对符合生态旅游管理要求和目标的合同及责任担保者应做出验收合格的决定,对不符合上述管理规定的人应做出验收不合格的决定,并给予相应的处罚。总之,通过这些经济杠杆和手段,协调好各生态旅游企业之间的物质利益分配关系,对自觉自愿保护生态环境者实行多分配或奖励的政策,对忽视或破坏生态环境者实行少分配或惩罚的政策。在运用经济手段推动生态环境和旅游经济协调发展方面,上海浦东的经验很值得推广,他们在全国率先实施了"生态补偿制度"。这个制度规定:凡在浦东新区内从事对生态环境有不良影响的新建、扩建、改建项目的企业,政府均征收生态补偿费,用于生态环境保护和恢复工作,其中也包括旅游企业在内。这一制度为旅游区的生态经济管理提供了一个典范。不过,也要看到我国有许多旅游区至今尚未建立生态补偿制度,这表明在我国采用经济手段推动生态环境保护的任务还相当艰巨。

2. 教育的管理手段

生态环境保护与旅游经济发展的不协调性,主要是由于人们缺乏环保意识、受不正确的经济思想和经济行为支配所造成的。要解决这一问题,最重要的是要对全民特别是旅游者和旅游从业者进行不间断的生态环境教育。

环境教育手段是实现生态旅游管理目标的重要基础手段,它在树立全民环境保护意识方面具有十分重要的作用。推动生态旅游管理发展的动力有两个:物质动力、精神动力。前者主要体现在经济管理手段上,即上面已经讲到的物质利益原则;后者主要体现在环境教育管理手段上,其重点是提高旅游从业者和旅游者的思想觉悟和意识。精神动力与物质动力是一种互补形式。精神动力在某些方面可以起到物质动力无法起到的作用,它不是先天形成的,需要借助于生态环境知识的普及,使旅游从业者和旅游者受到人与自然和谐关系的教育,从而形成一种人人都能自觉保护环境的社会风尚,使教育手段转化为管理者和旅游者的自觉行为。

20世纪70年代以来，许多发达国家都建立了生态环境教育管理制度。如美国在20世纪70年代初就已制定了《美国环境教育法》，80年代后期又经国会通过将该法普及推广到了各州，并根据各州的实际情况健全了各州环境教育法。当前，随着全球性环境问题的日益突出，生态环境教育的推广和普及便成为当务之急。1977年，联合国环境教育会议提出了以环境教育为主题的《第比利斯宣言》，强调"环境教育应是全民教育、全程教育、终身教育"。近年来，我国的生态环境教育也有了很大发展，很多地区通过不同形式的生态环境教育，使广大民众和管理干部懂得了按自然和经济规律办事的重要性，从而大大增强了人们的生态环境意识。

3. 行政的管理手段

所谓行政的管理手段就是依靠行政组织，运用行政力量，按照行政方式来管理生态旅游的方法。换句话说，就是依靠各级行政机关或企业行政组织的权威，采取各种行政手段，如下命令、发指示、定指标等办法，对生态旅游实行行政系统管理。行政手段是政府行业主管部门管理生态旅游业的基本手段和主要手段。另外，行业主管部门对生态旅游业的行业管理行政手段还表现在通过组织对外宣传、进行经营指导、开展人才培训、提供信息资料等服务性管理方面。

在对生态旅游区进行规划时，需要通过各级行政组织立项，然后由行政机关组织技术力量逐项开展。各项工作，如批准规划经费、启动规划程序、研讨规划方案、鉴定规划成果、批准规划实施计划等，都离不开行政组织的管理。如果发生了破坏生态旅游环境的行为，还需通过行政组织下达命令，进行强制性的制止、制裁和治理。可见，按行政系统、行政区划、行政层次管理生态旅游的主要特点就在于权威性和服从性。这种权威性根源于国家是全体人民利益和意志的代表，它担负着组织包括生态旅游在内的各种社会经济活动以及保护生态环境和调节人类活动与自然之间关系的任务，体现了政府在生态旅游管理中的主导作用。

生态旅游的行政管理手段虽然强调政府的主导性和权威性，但是这种主导作用是建立在科学管理的基础上的，它要求政府的每一项措施和指令都要符合和反映自然生态规律和经济运行规律。如我国已推行多年的环境保护目标责任制，就是运用行政手段、采取行政方式管理生态环境的一种操作模式。这种环保目标责任制的推行大大增强了各级政府行政管理人员的责任心和积极性，使环保工作逐步纳入了各级政府的议事日程。现在，我国有许多地区在制定环保责任制和环保指标体系以及实施监督、检查、考核、评比等管理工作方面，总结出了不少好的经验，并初步形成了一套完整的环保运行程序和操作方法。

4. 法律的管理手段

所谓法律的管理手段就是利用各种环境法规约束生态开发者和旅游者，使之在生态旅游活动中能够严格保护生态环境不受破坏。法律管理手段的基本特点是权威性、强制性、规范性和综合性，基本要求是有法可依、有法必依、执法必严、违法必究。

法律、法规是通过各级立法机构制定和颁布的，是一切经济活动的重要管理工具，同样也是生态旅游和生态环境的重要管理工具。在生态旅游中应当充分运用法律手段的权威性，把行之有效的政策进一步条例化、规范化和稳定化，要求所有生态旅游者和管理者严格遵守并认真执行，以防止、制止和减少违反生态客观规律的行为发生。

目前，国内已制定了一些与生态旅游相关的法律法规，如《森林法》《野生动物保护法》

《自然保护区管理条例》《森林公园管理办法》等,基本上形成了由环境保护专门法律和相关法律法规相结合的、符合我国特点和时代特征的环境保护法规体系。这个体系包括环保基本法、环保单行法规、环境标准和相关环保法规等,它为生态旅游中的环境保护活动提供了法律管理的基础,人们可以依据各项法律的规定处理生态旅游中的违法行为。但是,有了法律、法规并不等于就能有效地保护环境,如果没有高素质的执法人员秉公执法,任何法规都会变得软弱无力。因此,在强调有法可依的重要性时还应做到有法必依、执法必严、违法必究,只有这样才能为生态环境和旅游经济双重管理目标的实现创造良好的法制环境。

5. 科学技术的管理手段

科学技术的管理手段是指行业主管部门运用电脑网络、管理软件等现代科学的机器设备和方法,对管理对象实施计划、组织、协调、控制、监督等职能的管理方法。它是现代科技发展的产物,也是旅游业迈向国际化、科学化的重要标志。它主要包括利用数据库软件进行客源增减、客源结构等方面的数据处理,通过互联网设置网站发布旅游信息、实施投诉监督、进行入住客人邻近饭店的调配、实施行业企业资料档案管理等。

第五节 生态服务业

一、生态服务业的概念

长期以来,人们一般认为服务业是无烟产业,是低资源消耗、轻环境污染的产业类型,对服务业发展循环经济重视不够。但研究表明,随着服务业的发展,其产生的废弃物排放和环境污染不容忽视。目前,传统服务业污染已成为继工业污染之后又一种必须予以重视的环境污染来源。因此,一些学者提出了"发展生态服务业"口号,但迄今为止还未有学者对何为"生态服务业"做出明确的定义。本书认为,狭义上讲,"生态服务业"就是以生态学理论为指导,依靠技术创新和管理创新,按照服务主体、服务途径、服务客体的顺序,围绕节能、降耗、减污、增效和企业形象等方面,通过实现物质和能量在输入端、过程中和输出端的良性循环,将循环经济理念实践于长远发展中的新型服务业。生态服务业是循环经济的有机组成部分,包括清洁交通运输、绿色科技教育服务、绿色商业服务和绿色公共服务等部门。这些部门本身要尽可能实现资源循环利用、综合利用和清洁生产,同时要为发展生态农业和生态工业以及建设生态城市服务。

二、生态服务业的特征

广义上讲,生态服务业以生态学为指导,其核心就在于产业链循环系统以循环经济的理念为导向,具有两个显著特征:一是通过直接减少物质、能量投入,用最小化的物质和能量产出最大化的经济效益;二是以非物质资源,如大数据替代物质和能量,通过构建复杂网络体系实现经济效益最大化,如互联网经济等。与传统服务业相比,生态服务业有着自身鲜明的特点。

1. 资源投入类型的改变

生态服务业强调以非物质资源替代物质和能量，而不是依靠传统意义上的物质、能量等资源，这是一个全新的变化，尤其是大数据资源、智力资源等逐渐成为生态服务业的主要资源类型。

2. 资源循环利用的发展模式

传统服务业的生产循环在企业层面上是一种经济上的投入产出关系，走的是"资源—产品—污染排放"的经济模式，是一种典型的单向物料和服务流动的经济发展模式；而生态服务业强调服务业企业生产循环中的资源再生利用，是一种可持续发展模式。

3. 经营理念的生态化

传统服务业在产业关联层面上与第一、第二产业之间表现为密切的技术经济联系，强调服务业与第一、第二产业相互之间的供给与需求联系；而生态服务业则在上述基础上，着重于结合循环经济发展模式的特点，力求通过生态服务业的建设，促进生态农业与生态工业的建设，从而推动整个生态经济的发展。生态服务业要为发展生态农业和生态工业以及建设生态城市服务，这就要求生态服务业自身发展理念要以生态理论为指导，即其自身经营理念的生态化。

4. 价值创造方式的根本性变化

生态服务业以复杂系统理论为指导，建立起具有耗散结构的高度有序的生产体系，通过提高系统结构的复杂程度和有序度来创造更多的价值，而且产品或服务使用价值的作用越来越明显。

三、生态服务业的管理

1. 服务主体生态化

服务业的服务主体亦即服务企业，与制造企业一样在服务产品与设施的设计和开发中需要消耗一定的资源和能源，不可避免地会产生废弃物。有研究者按照循环经济的要求，制订了一套服务企业的"绿化矩阵"，列举出服务企业可在日常经营活动中实施的绿色实践活动。另外传统服务业中的贸易市场、百货商场、旅馆饭店、运输企业等服务企业应该开展诸如工业企业中开展的清洁生产审计、ISO 14000 环境管理体系认证、环境标志认证、生态文化创建等企业生态化的措施，从企业自身层次上贯彻生态经济理念，实现物质循环流动并抑制污染发生。

我国的《清洁生产促进法》是第一部以推行清洁生产为目的的法律，对于服务业领域实施清洁生产提出了原则性要求。在该法律的促进下，我国颁布了诸如《绿色市场认证实施规则》《绿色饭店评估细则》等相关行业标准，要求服务业主体开始清洁生产实践，例如大中型贸易市场或商场采取实施连锁经营、建设绿色市场、建立市场废弃物回收再生利用机制、扩大市场上商品中带有绿色标志或环境标志产品的比例、用可降解塑料袋替代长期使用的难降解塑料袋、推行包装简单化和绿色化、使用节能电器和节水器具等措施促进服务主体生态化建设。

2. 服务途径清洁化

服务企业通过一定的方式和途径为人们日常生活提供服务，如贸易市场通过市场建设和招商揽客连接起生产和需求；商场卖场通过各种形式的产品展示和宣传来销售各种生产和生活用品；餐饮企业通过膳食原料的采集、调配和烹饪等工序来满足人们的饮食需求；宾馆旅店通过客房布置、寝食安排、用具供给等为住客提供洗漱、餐饮、休息等生活服务；运输企业通过路线规划、行程安排、车辆使用等提供人员输送或货物配运等服务。由此可见，服务方式和服务途径的选择是服务企业展示服务质量的重要方面，也是服务企业创建服务品牌的重要内容，更是服务企业生态化建设的重要领地。因此，实现服务途径清洁化是服务企业实现生态化转向的重要标志之一。

不同服务行业的服务途径清洁化过程不尽相同。在传统强势服务行业中，批发零售贸易业可通过开展绿色营销、电子商务、开辟绿色采购通道、引导绿色消费等来创建清洁化的服务途径；在餐饮宾馆业中，开辟"绿色客房"、开设绿色餐厅、提供打包服务、按顾客意愿提供一次性用具等是清洁化服务途径的主要形式；在交通运输业中，可以通过发展轨道交通、合理规划行驶路线、使用电动车和混合动力车辆等形式的现代绿色交通工具来实现服务途径的清洁化。因此，必须根据不同的服务行业的服务特点开展不同形式的服务途径清洁化过程。

3. 消费模式绿色化

生产决定消费，消费反作用于生产。消费者的消费行为对服务企业进行服务产品的开发和服务途径的优化具有很大的引导作用。因此，引导消费者改变传统消费模式，推行绿色消费是服务企业生态化建设的重要途径之一。所谓的绿色消费有三层含义：一是倡导消费者在消费时选择未被污染或有助于公众健康的绿色产品；二是在消费过程中注重对废弃物的处置，不造成环境污染；三是引导消费者转变消费观念，向崇尚自然、追求健康的方向转变，在追求生活舒适的同时，注重环境保护、节约资源和能源，实现可持续消费。

政府在倡导绿色消费中扮演着引导者和管理者的双重角色。首先制定政府绿色采购制度，将再生材料生产的产品，以及经过生态设计或通过环境标志认证的产品、通过清洁生产审计或通过 ISO 14000 认证的企业的产品列入优先采购计划，逐步提高政府采购中绿色产品的比例，充分发挥政府在绿色消费中的导向作用与示范作用。同时，政府还可以制定一系列促进绿色消费的政策、制度以及监督、激励机制，鼓励服务企业开发、生产、引进绿色产品，不断扩大绿色产品的市场占有率。同时，企业应配合政府的决策和措施，自觉拓展绿色产品的营销渠道，合理制定绿色产品的价格，规范绿色产品的监督管理制度。另外，倡导消费者从身边小事做起，自觉开展诸如使用可降解的方便袋、不买不符合环境标准的商品、尽量购买或循环使用可再生利用品等绿色消费行为，主动培养绿色消费意识。只有在政府、服务企业、消费者的协同努力下才能促进社会绿色消费模式的形成，促进服务业的生态化建设。

4. 与其他产业生态耦合化

服务企业在生产和经营的同时必然要与其他产业进行资源、产品、能量的交错流动，而且循环经济本身也要求社会生产各组成部分构建起最优化的产业生产链和物质、能量循环流动链。因此，进行服务业与其他各生产企业间的生态化耦合，也是行业生态化必不可少的因素之一。例如，批发零售服务企业与工业、农业生产企业通过协议构建起物质循环链，即一方面市场或商场优先考虑采购和展销工农企业生产的绿色产品，并予以优先宣传和促销；另一方面，工农生产企业有责任和义务回收并再生利用市场或商场销售过程中产生的包装废弃物、破损物资等，以解决服务企业废弃物的出路问题，通过相互合作来共同促进生态化建设。对于宾馆饭店来说，可以利用周围电厂或有使用大型锅炉的工业企业产生的多余蒸汽或热水作为热源，另外宾馆饭店产生的食物残渣又可为养殖企业提供养鱼、养猪等所需饲料。总之，服务业的生态化建设必须加强企业间的合作，构建与工业、农业和其他服务部门之间的物质循环、废物利用、能源梯级利用等经济链，逐步形成三大产业循环圈，在宏观层次上实现循环经济的同时促进企业自身生态化建设。

四、共享经济——一种新型的环境可持续商业模式

从广义上讲，共享经济是生态服务业的一种新业态，具有资源节约、对环境友好、优质高效、效益显著的优势，在全球经济可持续发展中的重要作用日益凸显。

（一）共享经济的含义

共享经济（sharing economy）是指公众将闲置资源通过社会化平台与他人分享，进而获得收入的经济现象。共享经济涉及四大核心要素：人、资源、平台和收入。共享经济所倡导的"闲置就是浪费、使用但不购买"的新消费观念逐步盛行。利用更少的资源消耗满足更多人群的日常生活需求，为绿色发展、可持续发展提供了条件。共享经济由来已久，但共享经济的概念由美国社会学教授 Felson 和 Spaeth 提出，最早出现于 1978 年《美国行为科学家》杂志上，部分学者对汽车分享、沙发分享等进行了研究。随后又有许多学者用不同术语对共享经济的本质做进一步界定。例如，共享经济被称作"反消费（anticonsumption）""伪共享（pseudo sharing）""协同消费（collaborative consumption）""共享型消费（shared consumption）""轻资产生活方式（access-light lifestyle）""协作经济（collaborative economy）""点对点经济（peer-to-peer economy）""使用权经济（access economy）""零工经济（gig economy）""网络经济（mesh economy）""商业共享系统（commercial sharing system）""使用权消费（access-based consumption）"等。目前，普遍认可的定义是：共享经济是指一种基于互联网和社会化网络平台，以分享、物物交换、团购、交易和租赁等方式享有物品、知识、时间或服务的新兴文化和新型经济形态。

由于全球资源的有限性，全球资源将难以维持现有的消费模式；同时，随着全球经济的放缓，传统增长模式难以为继，培育新的增长点变得十分迫切和必要。然而，全球闲置与浪费现象却普遍存在，如闲置的家电、家具、房屋、设备等。随着互联网尤其是智能终端的普及，使得海量的供给方和需求方得以迅速建立联系，互联网平台尽管不直接提供产品或服务，但将参与者连接起来，提供及时、便捷、高效的技术支持、信息服务和信用保障，推动了共享经济的兴起和发展。共享经济通过信息通信技术将海量、分散的各类资源整合在一起，通过资源要素的快速流动与高效配置，使资源发挥最大效用，满足日益增长的多样化需求，逐渐成为一种新的"可持续"经济模式。研究表明，电子和电气设备、洗衣机、电视、电脑、手机等在废弃的时候依然有较长的生命周期，例如 40% 的冰箱、25% 的洗碗机、

14%的洗衣机在能够正常工作的情况下被废弃。电视机的技术寿命周期为 8 万小时,然而其平均使用时间不到 6 万小时;手机的技术寿命周期可能会超过 10 年,但大多数人在 2.5 年的时候将其丢弃。据统计,可分享的物品约占家庭产生废弃物的 1/3,分享系统可将共享物品的使用寿命增加 1 倍,并减少 10%的家庭垃圾产生量。但需要注意的是,共享经济也可能产生负外部性,如在很多案例中共享经济模式会刺激消费者过度购买商品,引起过度消费,即共享经济存在"环境可持续悖论"。

(二)共享经济的理论内涵

目前学术界对共享经济的理解仍然存在多重视角,比较有代表性的是基于交易成本理论和基于协同消费理论的理论内涵解释。

一是基于交易成本理论的理论内涵,认为共享经济最明显的价值创造效应,来自互联网共享平台使得进入平台的供给方与需求方能够实现需求与供给的精准对接与匹配,如 Uber 等打车平台实现了乘客与司机用户的有效对接,进而基于大数据技术大大降低了消费者与生产者的搜寻成本以及履约成本,从而实现了交易成本的降低。同时,基于互联网平台的共享经济极大地改变了传统的资源配置模式,资源配置的时空范围得到极大程度的扩展。基于共享平台的平台型企业成为共享经济时代鲜明的资源配置组织,并通过互联网共享平台实现资源的整合、分割以及开放。分割主要表现为共享平台对闲置资源使用权的分割,进而实现使用权的交易,典型的体现如共享单车平台的用户并不拥有共享单车的所有权,而是通过共享平台实现多个用户对同一车辆的使用。资源的整合体现在基于互联网实现资源跨区域、跨时空地快速聚合于平台,使得平台内的消费者能够挑选大量的供给方,实现资源的整合效应,进而提升资源的配置效率。最后是资源的开放共享,即通过互联网平台实现平台内海量资源的社会化公开,使得社会公众能够通过平台开放接口的接入行为进而获得同等的资源空间与使用价值;典型的如共享型的技术开发平台通过数据代码的开放能够被各类社会用户所共享,进而提升资源的利用效率。

二是基于协同消费理论的理论内涵,Botsman 和 Rogers 对协同消费的定义阐述为基于互联网与同行社区下关于商品、信息与资源的交易、交换与租赁的系统,实现个人资产或闲置资产的共享。借贷与交换的社会经济活动将共享经济分为三种类型:第一种类型是共享产品的信息平台;第二种是基于平台的交易市场;第三种是技能共享。Botsman 和 Rogers 系统阐述了共享经济的三个阶段:第一个阶段是互联网向用户提供信息下的代码共享,用户只能单向式地接受信息的传递,而不能进行信息的反馈与信息的双向交流互动与评论;第二个阶段是内容共享,即依托于互联网技术实现各类知识共享社区;第三个阶段是离线资源的共享,即通过线上线下的分享协作,从而创造一个新的消费世界。Lamberton 和 Rose 进一步基于商品的所有权与使用权的特征将协同消费定义为:消费者能够不拥有商品所有权情况下的获得商品使用权的效用系统。因此在协同消费视角下,交易与服务的产品实现了所有权与使用权的分离,消费者将获得商品的使用权作为消费的目的之一,而非将商品的所有权作为消费欲望的终极形式。因此,协同消费视角下的共享经济处于超消费主义与反消费主义这一连续统一体的中间地带,是一种强调个人消费理性与环保的可持续消费模式。进一步,根据共享内容可以将协同消费分为产品服务系统、再分配系统以及协作式生活方式三种模式。其中产品服务系统主要是用户基于共享平台获得产品的使用权,如汽车租赁或服务共享;再分配系统主要是个人将闲置物品（如废弃品、二手物品）再次通过社交网络予以分配，实现闲置资源的再配置；协作式生活方式体现为具有类似兴趣爱好的群体相互分享自身的生活空间与生活技能等，典型的体现如知识共享社区中的经验技能无偿式共享，从而实现生活方式的共享。

（三）共享经济商业模式及特征

共享经济商业模式与传统经济商业模式的基本组成要素相比，除具有相同的主体要素、市场要素以及组织要素外，还存在核心要素。其中，对于主体要素而言，根据主体的范围大小可以细分为个人主体、企业主体以及国家主体；市场要素作为共享经济交易完成的主体环境，包括交易主体和交易对象两个基本要素；组织要素具有连接共享经济各主体并协助共享经济有序进行的作用，主要由政府部门或者社会监督部门组成，如征信企业、第三方支付企业以及相关产业监管部门等；核心要素是共享经济顺利运行的基础，主要指为社会闲置资源供需双方提供交易的中介平台。具体各要素的功能与作用如图6-1所示。此外，随着技术的发展以及人们思想意识的提升，共享经济的基本组成要素将继续扩大，基本要素将继续丰富。

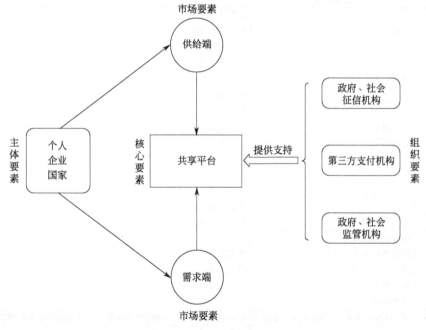

图 6-1　共享经济商业模式

资料来源：于果，《共享经济商业模式、价值实现及优化策略研究》，2019

共享经济商业模式的突出特征表现在共享经济以共享平台为核心，借助其他技术以及社会各部门的协助将社会闲置资源充分调动，通过提升现有资源或者产品的使用率促进经济增长。此外，共享经济还具有以下特征。

（1）社会性和环境友好性　共享经济可作为实现环境和社会可持续发展的途径。有不少学者也关注共享经济与可持续发展之间的关系，并认为共享实际是反消费和有环境意识的行为的一种形式。这些观点强调共享经济具有社会性和环境友好性的特征。

（2）补偿性　共享经济实际就是协同消费，认为协同消费是传统共享形式中的商业维度，是利他行为的对立面。协同消费是一种"使用权代替所有权"的经济模式，注重物品获取和分配过程中的协调以及对这种协调的补偿，而补偿性是区分包括易货在内的协同消费活动与纯分享和馈赠活动的关键特征所在，认为利己动机和金钱是共享经济的主要驱动力。

（3）亲密性　亲密性是共享经济背景下仅次于补偿性的又一大特征。共享行为包括共享出去（share out）和分享进来（share in）。其中共享出去行为涉及与陌生人共享或一次性共享行为。在线共享活动使亲密性的含义发生了些许改变，亲密性延伸至与同伴即对一个群体或社区有强烈归属感的成员之间的关系。

（4）双重性　即社会性与商业性并存，私人关系与公共关系并存。随着互联网尤其是移动互联网和社会化网络的兴起，共享系统除了具有数字性特点之外，还具有协同消费的补偿性与纯共享的社会性特征之间的相互作用，以及共享系统中参与者之间的私人或公共关系等特点。共享经济关注社会性与商业性、私人关系与公共关系两个统一体，现代共享实践通过改变开放程度而改变了私人和公共之间的关系界限。

共享经济与传统经济的核心特征差异主要表现在如表 6-2 所列几个方面。

表 6-2　共享经济与传统经济的核心特征差异[①]

区分要素	传统经济	共享经济
理论基础	产权理论	交易成本理论 协同消费理论 平台理论
组织载体	科层组织	企业联盟组织 产业集群组织 互联网平台型企业
组织特点	边界清晰 层次结构	去中心化 柔性化 扁平化 组织边界模糊
资源开放度	资源开放度低 开放非竞争性资源	资源开放度高 开放共享闲置资源与竞争性资源 资源共享与价值共创
消费者福利	个人效用最大化	共享合作剩余
消费伦理	竞争伦理主导 超前消费主义 符号消费主义 反消费主义 享乐消费主义	适度消费 协同消费 可持续消费
商业竞争范式	基于经济价值主导的经济竞争与超竞争	基于经济、社会与环境的综合价值与共享价值创造的协同合作与分享
人的属性	经济人	社会人 共享人
价值创造逻辑	工具竞争主义下工具理性	价值共享下的价值理性

① 资料来源：阳镇，许英杰，《共享经济背景下的可持续性消费：范式变迁与推进路径》，2019。

（四）共享经济的消费范式变迁

1. 消费载体：互联网平台成为消费新载体

在共享经济下，共享经济所拥有的信任体系、资源聚合、资源配置与交互规则都依赖于互联网下的共享平台。可以说，互联网平台型企业的顺畅成长成为共享经济能够顺利实现的重要组织载体依托，主导着整个共享经济的运行与发展。互联网平台成为消费者与生产者实现供需对接的重要服务链接侧，进而基于互联网技术的平台型企业成为创造共享价值的核心组织，使得共享经济下的供需双方的资源共享、产品交易与互动的社会化商务运作成为现实。因此对于平台型企业而言，其作为连接市场双边用户的一种特殊的服务生态系统，实现了平台内供给者与平台内消费者以及其他支持参与型种群的耦合，通过平台自身的用户交易标准、交易规则、互动机制的平台用户机制构建，实现了市场中的双边用户与支持型用户的资源共享，进而提升了自身的价值创造水平。

2. 消费模式：租赁型消费成为新模式

传统消费模式基于商品所有权与使用权的独占性（即个人产权独占催生的占有型消费）以及商品垄断排斥性加剧，不可避免地造成了资源配置效率的降低以及消费者个体消费心理的异化。共享经济下的共享平台在具体的运行过程中，其以顾客的价值诉求为基本出发点，消费者与生产者之间的交易过程不涉及产品或服务的所有权的变更，消费的仅仅是基于平台内供给者所让渡的闲置资产的使用权，因而实现了传统经济下的所有权与使用权的分离，即个人或群体拥有对某项产品与服务的最终归属权，但其能够通过共享平台实现产品与服务的使用权的交易。因而共享经济将所有权与使用权的分离使得租赁体验式消费成为新型消费模式。

3. 消费理念：价值共创与共享成为新理念

"共享"成为共享经济下消费者的关键理念之一。从消费者所参与使用的共享平台来看，任一愿意接受平台规则的消费者用户都能够通过这一平台实现自身资源要素的有条件性或无条件性的转换，从而获得相应的配置价值效用。在共享平台中每一个消费者个体也能成为提供资源的供给者，其他资源提供者也能成为消费者，这使得社会资源的配置效率得到极大程度的提高。因此，共享经济背景下所催生出的平台型企业，其通过聚合不同价值偏好（经济价值偏好、社会价值偏好与环境价值偏好）的消费者群体，为解决经济、社会与环境问题提供了实现价值共享理念的新的运行机制。共享价值强调的是社会需要而不仅仅是"传统的经济需要定义了市场"，价值范畴应当超越传统上仅仅突出的"经济价值"。因而消费者在平台企业中将经济价值与社会环境价值的要素性整合，实质上则蕴含了共享价值的基本内涵与基本追求。

4. 消费行为：协同消费成为消费新行为

在共享经济下，消费者的消费行为不再强调对产品的绝对所有权的占有，而是关注产品带来的使用价值以及满足感，在消费行为中由传统经济下的产品拥有变为产品租用与产品使用，基于"消费者—平台型企业—供给者"的三者协同交互、协同消费成为共享经济下的新行为。因此，消费者的消费行为具有互联网共享平台在线协同、在线分享以及社交商务等特征，共享经济实现了商品与服务的临时性使用而非所有权形式的占有，这种基于所有权与使用权分离的产品与服务消费被称为协同消费（collaborative consumption）。协同消费可满足消费者的多样化需求。Felson 和 Spaeth 认为协同消费是为一个或多个消费者参与一个或多个共同活动实现产品与服务的消费。

5. 消费伦理：可持续理念成为消费伦理新常态

在传统工业经济时代，随着物质生活的极大丰富，在基于个体效用最大化的市场竞争伦理范式影响下，消费成为衡量生活品质与个人身份地位的重要标尺。炫耀性消费与超前挥霍消费成为资本主义商品经济时代以来最为显著的特征。从可持续消费主义的内涵来看，可持续消费主义强调所提供的产品或服务满足人类的基本需求，并使得产品与服务的生命周期内所产生的有毒污染物量最少，从而不危及后代的需求，其核心在于强调消费的代内公平、代际公平以及资源的可持续合理利用，从而提高资源的利用效率。与可持续消费行为相对比的是，过度泛滥的消费主义最终的结果是以牺牲后代的生产与发展为代价给人类的可持续发展造成巨大的危害。而在共享经济背景下，基于互联网、大数据的新型跨时空的资源配置模式，改变了生产者与消费者的传统传导或反馈型线性关系，基于互联网共享平台的线上与线下的资源配置范式使得共享经济下的协同、合作、高效、创新等可持续消费理念得以应运而生。共享经济背景下，传统基于市场逐利极致主义下的竞争伦理、极致主义消费伦理被共享经济下的合作消费、共享消费以及适度消费伦理所取代。因此，在共享经济背景下可持续消费成为消费伦理的新常态。

（五）共享经济的典型案例——滴滴出行平台

滴滴出行平台是全球领先的移动出行平台，平台提供乘客与车辆及司机的匹配服务，服务车型涵盖了出租车、快车、专车、豪华车、顺风车、公交、代驾等多种类型，平台用户数高达6亿。2012年嘀嘀打车APP问世，为用户提供在线叫车服务。成立之初的嘀嘀打车主要与出租车公司合作为顾客提供出行服务。2014年嘀嘀打车更名为滴滴打车，专车上线，为用户提供高端出行服务。刚推出专车服务时，滴滴打车遵循行业制度约束，所用车辆为挂靠在汽车租赁公司下的私家车。2015年滴滴顺风车正式上线，帮助私家车主和乘客共享通勤出行，同年9月滴滴打车更名为滴滴出行，以提供一站式出行服务为宗旨。2017年滴滴海外租车服务正式上线，共享单车接入滴滴出行APP，标志着滴滴出行真正成为全球一站式出行共享平台。

1. 平台三层结构

滴滴出行平台以滴滴APP为载体开展出行共享服务，该信息平台是滴滴共享平台的基础设施接口层。滴滴出行平台的用户网络层是一个庞大的出行网络，包括了出租车、各种类型私家车、公交车、小巴、代驾司机、单车等分散在全球各地的供给方和遍布全球的出行服务需求方。私家车的准入使得滴滴出行平台的用户拥有了供需两重身份。该平台的第三方利益相关者层包括最初的政府和风险投资公司，Uber、Lyft等竞争对手，以及洪流联盟中的汽车上下游企业。滴滴平台组织为用户提供出行服务，与利益相关者分享经济价值与社会价值；用户网络的价值增值推动滴滴出行平台的发展与创新；第三方利益相关者推动并约束着平台的发展，以为用户提供更美好的出行体验。滴滴出行平台从最初的遵循行业规则，以最小可行解展开出行业务，后受益于中国风险投资市场的发展和中国的低碳出行理念，在与竞争对手的博弈中迅速发展起来。

2. 资源整合

滴滴出行平台是受出行服务需求拉动的，因此平台资源整合的重心是供给端。滴滴整合供给端资源的方式是简单而有效的。滴滴在成立后的两三年间，雇佣大量的地面推广人员进行供给端资源整合。随着供给端用户越来越多，滴滴平台上的用户网络也越来越大，滴滴品牌树立起来。此时，面对巨大的制度压力滴滴选择了"最小可行解"的方法，从将出租车资源整合到线上开始展开业务，继而与汽车租赁企业合作搭建供需的线上平台。这一业务的开展，对于平台来说是负收益的。平台以技术优势为传统的出行行业提供了便捷的服务。同时，借助供需两端的补贴，以"烧钱战略"将用户网络越做越大。随着用户网络的壮大，滴滴逐渐获得了合法地位。自2013年开始，大量的战略投资资源慕名而来。此时，滴滴采用与竞争者正面竞争的方式，以用户补贴来吸引供需两端资源进入平台。

3. 供需匹配

滴滴的供需匹配从创立伊始就在滴滴APP上进行着，最初只是为需求方匹配比较近的出行车辆提供方。出行服务是车、司机、乘客三方时空不可分的，因此供需匹配必然是基于时空行为的匹配。随着平台的发展，2015年滴滴成立机器学习研究院整合全球科学家为提高平台匹配能力出谋划策，滴滴供需匹配的效率越来越高，匹配涉及时间、地点、车辆类型、价格等多方面因素，滴滴也因匹配获得了更高的收益。滴滴的供需匹配可以称为简单要素匹配。

4. 共创驱动

滴滴出行平台上的共创是从用户使用APP开始的，滴滴的业务推广是此时共创的重要驱动力。滴滴平台的每一次用户交互界面创新，都驱动了用户与平台的共创。运用精确的地图定位技术，将供需双方的行为与计费标准绑定在一起，有效解决了传统出行中的信息不对称问题，再一次驱动了商业模式创新。随着平台的网络用户层规模越来越大，吸引了包括新浪微博、58同城、腾讯地图等在内的上千个第三方应用产品接入平台，并与多家汽车厂商达成战略合作协议，以共创推进整个汽车产业的转型升级。滴滴出行平台中第三方支付的引入，分离了到达与支付时空，提高了服务的便利性，以用户选择支付方式的手段驱动共创。用户点赞和主动评价有利于改进供给端的服务水平，并为平台奖惩规则的制定提供依据。用户网络与第三方利益相关者网络互动，产生网络效应，引爆行业颠覆性创新，也是创造共享价值的来源。

【复习思考题】

一、名词解释

1. 生态农业
2. 生态工业
3. 生态旅游业
4. 共享经济

二、简答题

1. 简述生态产业的主要类型及设计原理。

2. 简述生态工业的主要特点及不足。
3. 简述共享经济与传统经济的核心特征差异。

三、论述题
1. 试论述生态产业的价值创造原理。
2. 试论述今后生态产业的发展方向与潜力。
3. 试论述共享经济价值创造的过程及原理。

第七章

绿色 GDP 核算理论及方法

生态经济协调发展有两块基石：一是高经济效率；二是零污染。自然生态系统做到了，人类经济体却任重而道远，但并非遥不可及。

——编者，2020

【导读材料】

从绿色 GDP1.0 到绿色 GDP2.0

绿色 GDP 最早由联合国统计署倡导的综合环境经济核算体系提出。推行绿色 GDP 核算，就是把经济活动过程中的资源环境因素反映在国民经济核算体系中，将资源耗减成本、环境退化成本、生态破坏成本以及污染治理成本从 GDP 总值中予以扣除。其目的是弥补传统 GDP 核算未能衡量自然资源消耗和生态环境破坏的缺陷。我国的绿色 GDP 核算工作始于 2004 年，由国家环保总局和国家统计局联合承担。2005 年，北京、天津、河北、辽宁等 10 个省、直辖市启动了以环境污染经济损失调查为内容的绿色 GDP 核算试点工作。2006 年 9 月，国家环保总局和国家统计局联合发布了《中国绿色国民经济核算研究报告 2004》，该报告是我国第一份经环境污染损失调整的 GDP 核算研究报告。2015 年 3 月，国家环境保护部重启绿色 GDP 研究工作，2004 年开始的研究被课题组专家称为绿色 GDP1.0，现在重启的研究则被称为绿色 GDP2.0。和绿色 GDP1.0 相比，绿色 GDP2.0 将寻求创新：在内容上，增加以环境容量核算为基础的环境承载能力研究，圈定资源消耗高强度区、环境污染和生态破坏重灾区，摸清"环境家底"；在技术上，克服前期数据薄弱的问题，夯实核算的数据和技术基础，充分利用卫星遥感、污染源普查等多来源数据，构建支撑绿色 GDP 核算的大数据平台。绿色 GDP2.0 主要包括四方面的内容：一是环境成本核算，同时开展环境质量退化成本与环境改善效益核算，全面客观反映经济活动的"环境代价"；二是环境容量核算，开展以环境容量为基础的环境承载能力研究；三是生态系统生产总值核算，开展生态绩效评估；四是经济绿色转型政策研究，结合核算结果，就促进区域经济绿色转型、建立符合环境承载能力的发展模式，提出中长期政策建议。

[资料来源：《城市问题》资讯，2015（4）：100-101，稍有修改]

【学习重点】 绿色 GDP 核算的概念和意义及发展过程，绿色 GDP 核算体系及方法，环境价值量核算框架及内容，绿色 GDP 核算的账户，绿色 GDP 核算的估价方法。充分了解绿色 GDP 是生态经济核算体系的重要组成部分。绿色 GDP 充分考虑了经济活动的外部性，特别是环境成本的影响，更加客观真实地反映了社会经济活动的宏观性效果。绿色 GDP 核算的目的不是要一个简单的核算结果，而是为进行社会、经济、环境的协调发展分析和可持续发展政策的制定提供依据。

第一节 生态经济核算的内涵及其发展过程

一、生态经济核算的内涵及意义

传统的国民经济核算是建立在 GDP（国内生产总值）基础之上的，GDP 指标产生于第二次世界大战之后，1953 年才初步成型，是指一个国家或地区在一定时期内所生产的全部最终产品和服务的总和，它曾经被萨缪尔森称为"20 世纪最伟大的发明"。GDP 指标具有两个显著的特点。一是它的宏观性。GDP 对所有经济单位（包括住户）的生产活动成果进行核算，而创造这些生产成果的经济单位分别隶属于国民经济的不同行业，而不同的行业构成了国民经济的全体。由于 GDP 包括的范围是国民经济的所有行业，因此它是一个国家或地区或一个经济体全部经济活动成果的汇总，用它来反映宏观经济总量具有很强的宏观性的特点。二是它的可比性。现代社会的发展越来越趋于一体化，一个国家经济发展也是如此，也要融入世界经济的发展中。因此，要进行国际间经济发展的比较，必须选用一些能够反映宏观经济水平的可比性指标。GDP 首先表现在是采用价值形式的指标，其次是采用国际通用的标准进行核算，从而解决了不同实物量指标之间的加总问题，也解决了产品和劳务的加总，更加综合地反映了国民经济的全貌。但是，随着人们可持续发展意识的不断增强，生态环境价值逐渐被人们所认识，GDP 指标的局限性也显现出来。其一是 GDP 不能反映经济发展对资源环境造成的负面影响；其二是不能反映社会财富的总积累；其三是不能反映经济增长的效率、效益和质量。人们在发展经济的时候，不可能不消耗自然资源。然而，GDP 在反映经济发展的同时，没有反映它所带来的资源耗减和环境损失的代价。例如，进行生产要消耗木材，而进行木材生产需要采伐森林，而采伐森林带来的负面影响没有计算在 GDP 中。再例如，某些产品在生产过程中会向空气或水中排放有害物质，GDP 只计算了产品生产的价值，且随着产品产量的增加 GDP 越来越大，而没有考虑这些产品的生产对环境造成的损害。因此，GDP 只反映了经济发展正的一面，而没有反映出对资源环境造成损害的消极一面，从某种程度上高估了当期经济活动创造的价值。实际上，如果仅仅注重经济总量和发展速度，不顾资源损耗、环境污染、生态破坏，就有可能引起人们的生活质量下降，更重要的是影响了经济发展的潜力和社会财富，影响了经济增长的质量和效益，也影响了社会、经济的可持续发展。

正因为在人类社会发展中的重要作用和独特性，自然资源和环境具有其他要素无法替代的重要作用。在人类文明的发展历程中，自然资源和环境是人类生存不可缺少的重要组成部分，具有重要的经济、生态和社会价值。生态经济核算是随着国民经济核算的发展而发展的，进行生态经济核算，揭示国民经济增长对资源的损耗和生态环境成本，并全面反映社会经济发展对自然资源和环境的影响，对协调人与自然的关系，正确认识社会经济发展都有重要的意义。

二、生态经济核算理论的发展过程

工业革命以来，由于人类的生产和生活对自然资源和生态环境的破坏越来越严重，人类开始考虑经济发展中的自然资源和生态环境成本，并对自然资源和生态环境状况进行了核算，以研究经济增长与自然资源和生态环境状况变化的关系。

生态经济统计的真正开展在19世纪以后。当西方资本主义发达国家面对日益严重的环境问题时，就开始了生态经济和环境的统计工作。特别是在1972年斯德哥尔摩人类环境国际大会以后，各国政府更加认识到人类需要运用统计数字对生态环境和经济状况做出评价。1973年，联合国统计委员会和欧洲经济委员会在日内瓦举行了第一次关于研究生态环境和经济发展统计资料的国际会议，并决定根据现有的资料编制《生态环境手册》。这次会议对生态经济统计研究工作的开展，起了很大的推动作用。1973年10月，在华沙举行了生态环境统计学术会议。许多国家政府对于用全面综合的统计数据评价生态环境状况与经济持续发展的关系的重要作用给予了极大的重视，并逐步建立了一些生态经济方面的统计制度。总的来说，国际生态经济的统计研究工作还处于初级阶段。在传统的国民经济核算体系（SNA）中，国内生产总值（GDP）是对国家经济运行进行宏观计量和诊断的一项重要指标，被视为衡量一个国家经济社会真正进步的标志。这个体系是以国民生产总值和国内生产总值为主要指标的单一投入产出核算。随着资源和环境危机的出现，一些专家和学者意识到传统GDP计量方式的缺陷，提出从中扣除不属于真正财富积累的部分，以体现真实的财富积累，即"真实GDP"，我们称之为"绿色GDP"。从20世纪70年代开始，联合国、著名国际研究机构、著名科学家和世界各国政府一直进行探索，研究如何构建以"绿色GDP"为核心的国民经济核算体系。

W. Nordhaus（1972）和 Harwick（1990）等提出了在现行的国民经济核算体系中引入环境核算的方法。1989年，由联合国环境规划署（UNEP）和世界银行组成的工作组开始致力于自然环境、资源实物、货币核算可行性的检验，并设计了一些替代性的宏观指标，来反映收入与生产的环境调节能力和持续能力（Ahmad, E. L. Serafy and Lutz, 1989）。1992年联合国环境发展大会通过了《21世纪议程》，指出应在所有国家中建立环境-经济一体化体系，寻求更好的方法来计量自然资源的价值以及由环境提供的其他贡献的价值，扩充国民生产总值和产值核算，以适应环境-经济一体化的核算体系，对传统的国民生产总值和产值核算方法加以补充。联合国统计委员会（UNSO, 1993）提出了综合环境与经济核算体系（System of Integrated Environmental and Economic Accounting），即SEEA体系。在此期间，挪威、法国、美国、德国和日本等国家都开始着手对本国的资源环境进行核算，这些核算中的主要特点是将资源和环境放在同样重要的地位，并且重视不可再生资源（如化石燃料）的定价与核算。SEEA的各部分作为专题在墨西哥、菲律宾等国家进行试点，许多发达国家根据这一思路对本国的资源进行了核算。美国在1994年公布的国民收入账户中包括了环境账户。日本于1993年开始进行SEEA系统构造研究，估计出日本1985~1993年的绿色GDP。印度尼西亚于1996年完成了本国1990~1993年的自然资源环境账户核算，并初步完成了核算矩阵的构造和 1990~1993 年的绿色 GDP 估算。欧盟结合自身特点和各国已有的理论与实践，研制出了环境经济综合核算的欧盟统一模式。中国张军连等（2003）第一次提出国家绿色预算的概念，建议将绿色预算纳入国家预算体系，并通过绿色预算的统一编制和实施促进自然资源和生态环境的综合整治。后来中国也有一些人对 SEEA 体系进行了改进，如王立彦的"环境-经济"相关核算，雷明的"主体-链接-卫星"账户体系，张颖的绿色 GDP 核算理论与方法等。总之，生态、资源环境核算是一种必然趋势，它已成为可持续发展战略的重要组成部分。

除了经济核算，在生态经济系统核算中，还有福利、可持续发展指标、承载力及生态足迹等的核算。美国人 J. Tobin 和 W. Nordhaus 在 1972 年共同提出了净经济福利指标（NEW），他们将 GDP 中许多对个人福利没有贡献的成分剔除，另外将 GNP 中一些没有计入的重要消费包括在 NEW 之内；1989 年，美国的经济学家 H. Daly 和 J. B. Cobb 提出了可持续经济福利指标（ISEW），他们是国际上第一个尝试将多指标综合计算的学者，目前已有一些国家试图根据这套指标来计算国家的进步情况（见表 7-1）。联合国开发计划署 1990 年提出了"人文发展指标"，认为国民所得在达到一定的程度后，为人类带来的福利、效益会逐渐递减，该理论打破了传统的人文所得越多越好的观点。

表 7-1　生态、资源环境核算的重要探索

年份	提出者	名称	意义
1971	美国麻省理工学院	生态需求指标 ERI	定量测算经济增长与资源环境压力之间的关系
1972	James Tobin William Nordhaus	净经济福利指标（net economic welfare, NEW）	将污染产生的社会成本从总 GDP 中扣除，并加进家政活动、社会义务等
1973	日本政府	净国民福利指标（net international welfare, NNW）	将治理污染的经费从 GDP 中扣除
1989	Robert Repetoo	净国内生产指标（net domestic product, NDP）	从经济增长中扣除自然资源的损耗
1989	Herman Daly John B. Cobb	可持续经济福利指标（index of sustainable economic welfare, ISEW）	将社会因素（分配不公、失业率、犯罪）造成的危害计入成本损失；明确区分经济活动中的成本和效益（如医疗支出属于社会成本，不能算作对经济的贡献）
1995	世界银行	扩展财富	扩展财富由自然资本、生产资本、人力资本、社会资本四大要素构成，能比较客观公正科学地反映国家或区域拥有的财富
1995	世界银行	真实储蓄率	在扣除了自然资源特别是不可再生资源的枯竭以及环境污染损失后的一个国家真实的储蓄率
1996	M. Wackernagel	生态足迹（foot print）	计算一定人口和经济规模条件下，维持资源消费和废弃物吸收所必需的生产性土地的面积
1997	Costanza, Iubchenco	生态服务指标体系（ESI）	测算全球自然环境为人类提供服务的价值

资料来源：唐建荣，2005。

人类经济在环境中的增长极限以及地球承载力计算问题，最初是由加拿大生态经济学家 W. Rees 及其博士生 M. Wackernagel 于 20 世纪 90 年代提出的一种度量可持续发展程度的方法。生态足迹的计算基于 2 个基本事实：①人类可以确定自身消耗的绝大多数资源及其所产生的废物数量；②这些资源和废物可以换算成提供这些功能所需的生物生产面积。这样，生态足迹就是人口数量和人均物资消耗水平（包括物质生活水平、所采用的技术和生态产出能力）的函数，是每种消费商品的生物生产面积的总和，它表明了各个国家（地区）使用的资源数量，是一种关于环境和资源的承载力方面的研究。总之，生态经济核算的理论和方法仍在不断丰富、发展和完善中，虽然一些概念、界定等不统一，但基本都是围绕经济、生态环

境开展的,将来很有可能纳入社会核算的内容,这也是一个发展趋势。

第二节 生态经济核算方法

经济增长带来了环境破坏和资源耗竭,而生态环境的恶化导致了人类福利的减少。因此在生态经济系统中人类要考虑整个系统的生态效益,在经济发展中必须考虑资源的耗竭和生态环境恶化的成本以及资源的再生速率,以系统的可持续发展为最终目标。生态经济核算的方法包括绿色 GDP 核算、社会福利统计与核算、投入产出核算和承载力计算等。

一、绿色 GDP 核算

现行的以 GDP 为主要指标的国民经济核算体系,把 GDP 的增长作为经济增长、经济福利增加、居民生活水平提高的标志,引导人们自觉或不自觉地去追求产值,攀比速度,而不顾资源的耗竭和环境的恶化。这样的国民经济核算体系实际上是在鼓励人们去掠夺地球,自毁人类赖以生存的家园(王树林,2001)。因此,人类要实现生态经济系统的可持续发展,就必须将以 GDP 为主要指标的国民经济核算体系进行改革。有一些学者提出对 GDP 进行改革,将在经济发展中所消耗的资源成本和生态环境成本计算在内,即进行绿色 GDP 核算,这是对原有国民经济核算体系改革的尝试。

二、社会福利统计与核算

社会福利统计与核算是衡量人类发展与进步的重要标志。人类经济发展和社会进步的最终目标是总福利的增加,一般来说所有个人福利的总和就是整个社会的总福利。传统的个人福利只考虑其个人追求的经济目标,这与可选择用途的稀缺资源的使用有关。但是除了经济目标之外,人类还有非经济目标,这两者之间可能会产生冲突,如一个消费者想要满足其经济需要的尝试也许会对他的信仰、希望和善心产生负面的影响。在许多情况下,将个人的经济目标和非经济目标简单地同追求高收入或更多的商品和劳务画上了等号,产生了目前人类社会盲目追求通过经济增长和财富增多实现个人福利或社会福利增长的欲望。而在生态经济系统中,人类必须改变这种片面以经济增长为目的的发展方式,人类的目的是社会福利的增加而不是纯粹的经济增长。

三、投入产出核算

投入产出分析技术是美国经济学家 W. Leontief 于 1936 年建立的一种科学的经济分析方法。它利用现代的数学方法分析了国民经济各部门之间生产数量上的相互依存关系,确定了各部门之间错综复杂的关系和再生产的比例关系,以预测及平衡再生产的综合比例。投入是指生产过程中消耗的原材料、染料、动力和劳务;产出是指从事经济活动的结果及产品的分配去向、使用方式和数量。将自然环境资源、能源和生产排出的废弃物也作为经济活动的投入和产出计算进去，并利用能量与物质守恒定律和生态经济学的原理，分析改善环境质量带来的效益与支付的费用以及经济发展对环境的影响，就是推广的投入产出分析。自 20 世纪 70 年代以来，投入产出分析技术的应用迅速发展，目前其已经成为分析与预测经济发展与环境保护协调平衡的一种有效手段，对经济与环境问题中的重大决策起到了重要作用。

四、承载力计算

承载力的计算是关于人类经济增长和发展的极限问题。在生态经济系统中，人类社会经济系统是建立在自然生态系统的基础之上的，没有自然生态系统的支撑就没有人类的经济系统。整个地球系统是一个封闭的系统，没有和外界的物质交换，只有能量的流动。对于这样一个封闭的系统来说，人类的经济增长是有限制的，也就是说自然生态系统对于人类的经济发展的承载力是有限的，人类的发展不能超过这个限制，否则自然将会对人类产生报复，环境恶化、全球变暖、臭氧层空洞的增大等环境问题就是人类的经济增长超过环境承载力的表现。

对于增长的极限的研究，德内拉·梅多斯等在 1972 年出版的《增长的极限》一书中有具体的描述。他们认为，21 世纪中叶环境的极限可能引起世界经济体系的崩溃。梅多斯等通过计算机模拟论证了其结果，这个模拟包括以下一些限制：①可供耕作土地数量的极限；②单位耕地农业产量的极限；③可开发的不可再生资源的极限；④环境同化生产和消费产生的废弃物能力的极限，并且这个极限随着污染程度的增加而下降。梅多斯的研究受到了很多的质疑和批判。但是在地球系统中确实存在着增长的限制，即资源和能量的限制，这些约束条件使人类的经济和人口等要素不可能无限制地增长下去。因此，在生态经济系统的统计与核算研究中，要研究地球的资源和能量以及自然生态系统的容量和承载力问题，使人类能尽早做出调整，改变发展方式，以实现可持续发展。

第三节 绿色 GDP 核算体系与方法

国民经济核算体系（System of National Accounts，SNA），也称为国民账户体系，由基本核算表、国民经济账户和附属表三部分构成。基本核算表包括国内生产总值表、投入产出表、资产负债表等；国民经济账户包括经济总体账户、国内机构部门账户和国外部门账户；附属表包括自然资源实物量核算表、人口资源和人力资本核算表等。基本核算表和国民经济账户是国民经济核算体系的中心内容，其对整个国民经济的过程进行全面描述；附属表是对前二者的补充（中华人民共和国国家统计局，2003）。传统的 SNA 概括了经济生活的方方面面，却忽略了可持续发展战略所特别关注的环境问题。因此，有必要在传统国民经济核算体系的基础上，综合考虑环境、经济问题，即建立综合环境经济核算体系（SEEA），也就是一般所称的"绿色国民经济核算体系"。在 SEEA 中，国内生产总值（gross domestic product，GDP）系统地测度了经济活动的成果和经济活动对环境的影响，是考虑了环境成本的经济产出，即绿色 GDP。绿色 GDP 是 SEEA 的一个核心指标，绿色 GDP 核算必须借助于 SEEA 的框架来实现。

一、核算目标

绿色 GDP 核算是综合环境经济核算体系（SEEA）的核心内容，而 SEEA 是关于环境、经济核算的一套理论方法。SEEA 在原有国民经济核算体系的基础上，将环境因素纳入其中，通过核算描述环境与经济之间的关系，提供系统的核算数据，为社会、经济的全面发展和分析、决策提供依据。因此，绿色 GDP 核算的目标包括：①以绿色 GDP 指标为核心，综合反映环境与经济的关系和经济发展的成就；②不仅对 GDP 指标进行环境方面的调整，更重要的是促进我国综合环境经济核算的开展；③探索 SEEA 在我国的具体应用，为社会、经济和环境的协调发展提供数据信息；④通过开展绿色 GDP 核算，为进行社会、经济、环境的协调发展分析和可持续发展政策的制定提供依据，进而改变经济行为本身，而不是核算本身。

二、基本框架和关系

绿色 GDP 核算必须借助于国内生产总值核算来实现，而国内生产总值核算又是基本核算表的一部分。在国民经济核算体系中，基本核算表、国民经济账户和附属表构成核算的基本框架（图 7-1）。基本核算表和国民经济账户都是对国民经济运行过程及结果的描述，两者

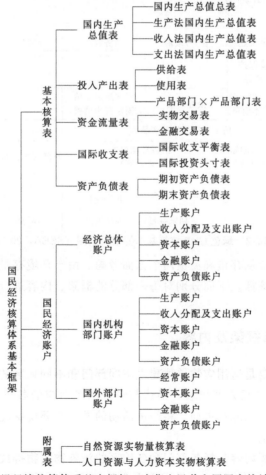

图 7-1 国民经济核算体系基本框架（中华人民共和国国家统计局，2003）

之间既密切联系又相对独立。每张基本核算表侧重于经济活动某一方面的核算，所有的基本核算表构成一个有机的整体，对国民经济活动进行全面的核算。国民经济账户则侧重于对经济循环过程的核算，各个账户按生产、收入分配、消费、投资和融资等环节设置，相互之间通过平衡项来衔接，既系统地反映了经济循环过程中每个环节的基本内容，又清楚地反映了各环节之间的有机联系。

附属表中的自然资源、人口资源和人力资本实物量核算表又和基本核算表中的投入产出表、资产负债表等存在密切的联系，是对基本核算表和国民经济账户的补充，反映了自然资源、人口、环境等对经济发展的支撑力。

绿色 GDP 核算框架服从于整个 SEEA。在 SEEA 中，整个框架由存量和流量核算、实物量和价值量核算、自然资源和环境（狭义）核算三部分构成。这三部分由四组核算表格组成：第一组是关于环境、经济间实物流量的核算；第二组是关于经济系统内发生的环境保护活动的核算；第三组是对环境存量及其变化的核算；第四组是对国民经济总量进行的调整。在自然资源和环境核算部分，主要是对经济过程中排放的污染物、生态破坏和环境损害及环境影响的核算，它与广义的环境概念，如能量（太阳能、光能、热能等）、物质（CO_2、O_2、水、无机盐等）、介质（水、空气、土壤等）、基质（岩石、砾石、泥沙等）等是有区别的，是狭义的环境污染和环境损害的概念。它们之间的关系可用图 7-2 表示。

	期初存量工业	住户/政府	资产		进出口
			经济资产	环境资产	
产品供给	用于环境保护的国内产品				用于环境保护的进口产品
	经济成本（中间消费，固定资本消费）	最终消费	资本形成总值 固定资本消费		用于环境保护的出口产品
产品使用		用于环境保护的产品			
自然资产使用	工业环境成本（未计算）	房屋环境成本（未计算）		自然资本消费	
	资产的其他变化		经济资产的其他变化	环境资产的其他变化	
	期末存量		经济资产	环境资产	

图 7-2 绿色 GDP 核算基本框架关系图（SEEA，2003）

在整个框架中，主要从存量和流量两个方面考虑。由于环境存量很难用数量表示，因此更多地从流量方面进行核算。下面分别对每一部分的框架、内容进行论述。

三、环境实物量核算框架及内容

环境实物量核算主要是运用实物单位建立不同部门和不同地区的环境污染、生态破坏实物量账户和经济-环境混合投入产出表，描述与经济活动对应的各类污染物排放量、生态破坏量。通过污染物排放的来源和去向，将经济活动的发生与环境状况的变化联系起来，并为环境价值量核算奠定基础。

环境实物量核算主要内容包括各部门和各地区的污染物实物排放核算、各地区的生态破坏实物量核算以及将污染物排放纳入投入产出表的经济-环境混合投入产出核算。具体来说如下。

（1）按照部门类别和地区编制污染物排放实物核算表　部门分类与经济核算采用的分类一致，具体的分类见表 7-2。生态环境破坏按产业部门分类很难核算，一般按地区进行生态环境破坏损失实物核算。

表 7-2　国民经济活动部门划分[①]

产　业	部　门
第一产业	①种植业（农药、化肥施用引起的面源污染）；②畜牧业（畜禽养殖的排污）；③其他农业
第二产业	①煤炭开采和洗选业；②石油和天然气开采业；③黑色金属矿采选业；④有色金属矿采选业；⑤非金属矿采选业；⑥食品烟草及饮料制造业；⑦纺织业；⑧服装皮革羽绒及纤维制品制造业；⑨木材加工及家具制造业；⑩造纸及纸制品业；⑪印刷业及记录媒介的复制业、其他文教用品制造业；⑫石油加工及炼焦业；⑬化工原料、化学制品制造业，其他化学工业品制造业；⑭医药制造业；⑮化学纤维制造业；⑯橡胶制造业；⑰塑料制品业；⑱水泥制造业；⑲其他非金属矿物制品业；⑳黑色金属冶炼及压延加工业；㉑有色金属冶炼及压延加工业；㉒金属制品业；㉓环境保护设备制造业（从机械电气电子设备制造业分出来）；㉔其他机械电气电子设备制造业；㉕机械设备修理业；㉖其他工业；㉗电力及蒸汽热水生产和供应业；㉘煤气生产和供应业；㉙自来水生产和供应业；㉚建筑业（环境保护设施建设）
第三产业	①货物运输及仓储业；②旅客运输业；③商业饮食业；④环境服务业（包括城市污水处理厂、垃圾处理厂等，从环境资源与公共设施管理业分出来）；⑤其他服务业

① 资料来源：《绿色国民经济核算体系框架研究》课题组，张颖，2004。

（2）编制经济产品-污染物排放混合核算表　即将污染物排放纳入经济投入产出表之中，形成混合核算表。在这里，经济投入产出部分是价值表，污染物排放部分是实物数据，不涉及价值估价。另外，把污染物的排放和中间产品投入同时反映出来，可以反映国民经济各部门与污染物排放之间的关系。

一般来说，各部门和各地区的污染物实物排放类型分为：水污染、大气污染和固体废物污染。水污染主要为 NO_x 等有毒物质等的产生、处理和排放。大气污染包括 SO_2、烟尘、工业粉尘等的产生、处理和排放，鉴于全球可持续发展控制碳排放的要求，CO_2 的过度排放也会考虑在内。固体废物污染包括工业固体废物、危险废物和生活垃圾等的产生、处理和排放。

在生态破坏实物核算中，主要分地区核算水土流失面积、荒漠化面积、土地盐碱化面积、森林退化面积、草场退化面积、湿地退化面积、非自然性天然湖泊减少面积、水域富营养化面积、生物多样性减少等。

在经济产品-污染物排放混合核算中，将污染物排放与中间产品投入并列在一张表中，以反映国民经济各部门与污染物排放的联系。

环境实物量核算和内容与价值量核算、混合型投入产出核算、绿色 GDP 总量核算的关系如图 7-3 所示。

四、环境价值量核算框架及内容

环境价值量核算与环境的实物量核算相对应，它是在环境实物量核算的基础上，通过一定的估价方法将环境实物量转换为环境价值量，进而计算经环境调整的 GDP 总量，即绿色 GDP 总量。只有环境的价值量核算才能和现有的国民经济核算体系综合起来，形成综合环境经济核算。

环境价值量核算包括两部分：一是对污染治理成本或环境保护成本等环境流量的货币核

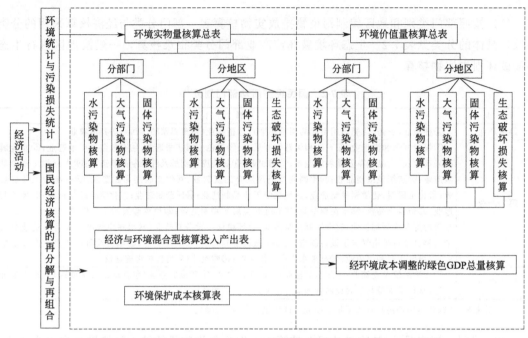

图 7-3 绿色 GDP 核算总框架（《绿色国民经济核算体系框架研究》课题组，2004）

算；二是在环境实物量核算的基础上，对各种环境损害和生态破坏的货币核算。要进行环境的价值量核算，第一步要搞清环境价值量核算涉及的几个概念，第二步要研究环境的价值估价方法。

1. 环境价值量核算的几个概念

（1）环境降级成本　也叫环境退化成本、环境虚拟成本或环境损害成本。它是指因污染物排放引起的环境功能价值降低的货币表现。它的内容一般不包括生态环境因素，如能量、介质、基质等，因而是狭义的环境降级成本。

（2）污染治理成本　也叫污染治理支出、污染治理投资等，是指为了减少经济活动中污染物的排放，对产生的污染物进行处理而实际发生的成本，一般用货币量直接表示。

（3）环境总成本　即指环境降级成本和污染治理成本之和。

（4）生态环境退化成本　也叫生态环境降级成本或生态破坏损失，是指由于各种经济活动导致生态环境恶化、生态环境价值降低的货币表现。它与环境降级成本的概念相对应。在现实经济活动中这种损失已经存在，但没有发生实际支出，要计算生态环境退化成本，必须根据不同的方法进行评估。

2. 环境价值量核算的估价方法

在 SEEA 中，推荐的环境价值量核算的估价方法有两大类。

第一类，基于成本的估价方法，主要包括：①结构调整成本法；②消除成本法；③恢复成本法。

第二类，基于损害/受益的估价方法，主要包括：①估算所发生的损害法，包括剂量-反应函数法等；②揭示偏好的估价方法，包括市场定价法、享乐定价法、旅行费用法等；③陈述偏好法，包括条件估价法、联合分析法等；④转借法等。

要了解上述这些方法的具体细节，可参考 SEEA 手册和有关资料。

五、环境保护成本核算框架及内容

环境保护成本核算是环境价值量核算的一部分。它主要是将污染治理成本、保护和改善生态环境成本、环境管理和科技投入三部分费用作为环境保护成本，并单独拿出来进行核算。这主要是因为这三部分成本已经是现实经济活动中为保护环境而付出的实际代价，容易统计并容易对 GDP 总量进行调整。另外，从各产业部门的运行费和投资、支出两部分反映环境保护的结构状况，有利于编制环境保护活动投入产出表和了解各产业部门等的环境保护支出的负担状况。

环境保护成本核算框架主要包括以下内容。

（1）横栏　主要为外部环境保护活动和内部环境保护活动的描述。外部环境保护活动主要指由专门的环境保护部门完成的如城市污水处理、城市垃圾处理、生态保护支出以及环境管理与科技支出等各项活动；内部环境保护活动是由各个排污单位由于行政、社会压力等而自行完成的环境保护活动，这些活动是这些单位的辅助活动。内部环境保护活动往往按产业来分类，如第一产业、第二产业和除外部环境保护部门的第三产业等。

（2）纵栏　主要描述外部环境保护活动和内部环境保护活动的经常性支出和投资支出。经常性支出也叫运行费用。在经常性支出和投资支出项目中，主要包括中间投入消耗、固定资本消耗、劳动报酬、生产税净额、营业盈余和环境保护投资等。

进行环境保护成本核算主要借助于有关环境统计资料完成。

六、经环境调整的 GDP 核算

国民经济核算会得到一组以国内生产总值（GDP）为中心的综合性指标。在核算中计算 GDP 有 3 种方法。

（1）生产法　GDP＝总产出－中间投入

（2）收入法　GDP＝劳动报酬＋生产税净额＋固定资本消耗＋营业盈余

（3）支出法　GDP＝最终消费＋资本形成＋净出口

在 SEEA 中，也会得到经环境调整的 GDP 指标，即绿色 GDP。在绿色 GDP 核算中，就是把经济活动的环境成本（包括环境损害成本、污染物治理成本和生态破坏损失）从 GDP 中扣除掉，从而得出经环境调整的 GDP，以综合反映经济发展和环境损害、资源消耗之间的关系，为经济决策和环境管理服务。

计算绿色 GDP 也有 3 种方法。

（1）生产法　从总产出中要扣除中间消耗、固定资本消耗和环境成本。

（2）收入法　在计算中，劳动报酬、生产税不发生变化，环境成本要从营业盈余中扣除掉。

（3）支出法　在计算中，要把资本形成总额中的环境成本扣除掉，即要考虑环境成本对资本积累的影响。

最后，根据所计算的环境成本的不同，形成不同层次的绿色 GDP，如"经环境损害调整的 GDP""经污染治理成本调整的 GDP""经环境保护成本调整的 GDP"或"经生态破坏损失调整的 GDP"，以反映不同的含义。

例如，SEEA 中经环境损害调整的 GDP 的核算过程为：

GDP(国内生产总值)－固定资本消耗

＝NDP(国内生产净值)－不包括在固定资本消耗中的资产损害调整估价－自然资源净耗减价值量

＝dpNDP(经资源耗减调整的 NDP)

＝经资源耗减调整的国民收入－环境污染导致的人类健康损害

＝daNNI(经环境损害调整的国民收入)

在 SEEA 中，推荐的若干调整见表 7-3。

表 7-3 SEEA 推荐的绿色 GDP 调整

项目	GDP	NDP
选择 1	GDP＝P－IC	NDP＝GDP－CFC
选择 2	GDP＝P－IC	dpNDP＝GDP－CFC－D
选择 3	eaGDP＝P－IC－M＝GDP－M	eaNDP＝eaGDP－CFC－D＝GDP－CFC－D－M
选择 4	eaGDP＝P－IC＋M＝GDP＋M	eaNDP＝eaGDP－CFC－D－M＝GDP－CFC－D

注：1. P—生产（产出）；IC—中间消费；M—维护成本；CFC—固定资产的消耗；D—净耗减；dpNDP—经耗减调整后的 NDP；eaGDP—经环境调整后的 GDP；eaNDP—经环境调整后的 NDP。

2. 资料来源：张颖，2004（稍做修改）。

第四节 绿色 GDP 核算的账户

账户（account）是指账簿上对各种资金运用、来源和周转过程等设置的分类。SEEA 是 SNA 的卫星账户体系，它通过产品的供给和使用账户、环境保护支出账户、自然资产账户和自然资源实物账户等实现综合环境经济核算，也实现绿色 GDP 的核算。

一、SEEA 的账户

SEEA 包括四类账户，这四类账户分别为：第一类，实物和混合流量账户；第二类，经济和环境交易账户；第三类，实物和货币项中的资产账户；第四类，基于资源与环境损耗、环境的预防性支出和降级的 GDP 总量调整账户。

既然作为 SNA 的卫星账户，SEEA 更加关注资本存量和流量，特别是经济资产范围里的自然资源，并通过一些账户使经济与环境核算连接起来。在这些账户中，内部卫星账户是对现存的 SNA 的交易做简单的重新排列，不增加新流量，但要对 SNA 的流量做不同的表述和加总，并要通过"拆解"使一些记录从现有记录中分离出去。外部卫星账户则扩展了 SNA 体系的范围，包括了现有 SNA 没有覆盖的流量、存量和交易。

在这四类账户中，第一类账户考虑了纯粹的、与物质能源流量有关的实物数据，尽可能按照 SNA 的供给使用表或投入产出表进行排列。另外，在第一类账户中还编制了实物型和价值型流量数据如何被合并在一起，形成了所谓的"混合"流量账户。

第二类账户包括了现存 SNA 中与环境有关的各项目，说明了在经济活动过程中如何使与环境有关的交易清楚地反映出来。因此，第二类账户超越了供给和使用表，包括了收入分配、再分配在内的整个流量账户体系。

第三类账户由按实物单位和货币单位计算的环境资产账户构成。在这些账户中，包括在经济活动中自然资源如何影响收入、国民资产负债表的编制等。

第四类账户考虑如何对现存的 SNA 进行调整，包括经济活动对环境的影响。在这类账户中，经环境对经济的调整包括 3 个方面：①与资源耗减有关的调整；②与环境防御支出有关的调整；③与生态环境退化有关的调整。

在这四类账户中，SEEA 反映的经济与环境之间的流量如图 7-4 所示。

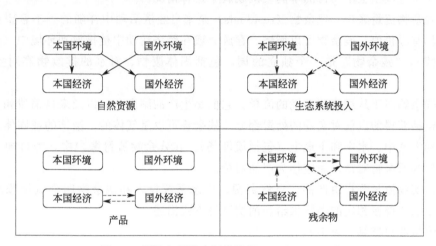

图 7-4　经济与环境之间的流量（SEEA，2003）

二、实物和混合流量账户

1. 实物流量账户

SEEA 区分了以下四种实物流量账户。

（1）产品流量账户　产品（products），包括一国与他国间的产品流量在内，是经济范围内生产和使用的所有货物与服务。产品有经济供应，也有经济使用。SEEA（也包括 SNA）遵循的一个中心等量关系是：

$$国内生产＋进口＝中间消耗＋居民最终消费＋政府最终消费＋固定资本形成＋存货变化＋出口$$

或者为：

$$总供给＝国内生产＋进口$$
$$总消费＝中间消费＋居民最终消费＋政府最终消费＋固定资本形成＋存货变化＋出口$$

（2）自然资源流量账户　自然资源（natural resources）包括矿物资源、土地资源、水资源、气候资源和生物资源等。自然资源是经济活动所必需的，但只能由环境提供。

在经济活动中,自然资源被用于生产的中间消耗、资本形成(存货增加)或最终消费。

在自然资源流量账户中,即使自然资源以自然状态出口,它们也要被归类到产品中去,因为它们要经过从原产地到码头的运输。资本货物也可能包括自然资源,但不能以自然的、未加工的状态出现,除非是存货。

(3) 生态系统投入流量账户 生态系统投入(ecosystem inputs)包括植物和动物生长所需要的水和其他自然投入,如营养物质、CO_2、为燃烧所必需的O_2等。在这里,生态系统投入也包括工业生产、居民生活以及动植物生长需要消耗的水及其他自然营养物质,如CO_2、O_2等。生态系统投入流量账户类似于自然资源流量账户,但它和自然资源流量账户的不同点在于如果某单位在另一领土内进行经济活动,有可能发生国外供应、国外使用现象。例如在国外领土上空飞行的本国飞机就属于这种情况。

(4) 残余物流量账户 残余物(residuals)是来自经济活动中伴随的、不希望出现的结果,一般具有零价值。残余物可以循环、存放,或在经济活动中被排放到环境中(目前主要是这种方式)。"残余物"是一个独立的词,包括固体废物、对水的排放物和对空气的排放物。

多数残余物属于从经济到环境的流量。它们是生产的副产品,以及来自消费和资本的废弃物,也包括获得的以前对实物的处置部分。残余物可以是气体的、液体的或固体的,它们能够排放到大气中、水中和土地上(包括填埋场)。在残余物流量账户中,为再加工而出售的废料不作为残余物对待,而应作为产品对待。

总之,实物流量账户由产品、自然资源、生态系统投入和残余物四个流量账户合并而成,每一个账户都按相应的经济供给和消费这种方式描述。

实物流量账户核算见表7-4。

表7-4 实物流量账户核算[①]

	项目	生产	最终消费	资本形成	进出口	总经济生产	总环境生产
供给	产品	551			150	701	
	自然资源						264
	生态系统投入						147
	残余物	280	48	73	14	415	
	净积累	0	17	72	−51	38	−38
	总供给	831	65	145	113	1154	373
消费	产品	442	39	119	101	701	
	自然资源	261	2		1	264	
	生态系统投入	121	24		2	147	
	残余物	7		26	9	42	
	总消费	831	65	145	113	1154	373

① 资料来源:A. C. Kulshreshtha,2004;张颖,2004(稍做修改)。

2. 混合流量账户

SEEA在价值流量核算中使用了一种特殊的矩阵核算形式,即在同一张表里包括了两类流量:与产品有关的价值流量;与自然资源、生态系统投入、残余物产生有关的实物流量。这样的表被称为"混合"表,因为它包括了不同计量单位的数据,既有实物单位"t"等又有货币单位。然而,尽管单位是混合的,但流量的核算却能够根据统一的分类和概念、定义进行。SEEA混合流量账户核算见表7-5。

表 7-5　SEEA 混合流量账户核算[①]

项目	产品	产业	消费	资本	出口	残余物
产品		产业使用的产品(中间消耗)	居民消费品	形成资本的产品	出口产品	
产业	产业制造的产品					产业产生的残余物
消费						住户产生的残余物
资本						资本产生的残余物
进口	进口产品					进口的残余物
加价	贸易运输加价					
产品税减补贴	产品税减补贴					
增加值		产业创造的增加值				
货币总计	产品总供给	产业总投入	住户总消费	资本总供应	总出口	
自然资源		产业使用的自然资源	住户消费的自然资源		出口的自然资源	
生态投入		产业使用的生态投入	住户消费的生态投入		出口的生态投入	
残余物		产业吸收的残余物		填埋的残余物	出口的残余物	
其他信息		就业能源使用	能源使用			

① 资料来源：高敏雪，2003；张颖，2004。

三、经济和环境交易账户

经济和环境交易账户属于价值量账户。在经济和环境交易账户中主要的是环境保护支出账户。

环境保护支出账户的目标是核算环境保护所完成的活动项目，即核算环境保护、资源管理活动、环境保护的产品以及相关的环境保护货物和服务的支出等。这些项目已经包括在 SNA 的账户中，但需要重新构造和分解，以突出它们，并在有关特定的环境经济账户中予以描述。

环境保护支出账户包括如下两个方面的内容。
① 使用供给使用表原理对一系列活动和产品予以详细描述。
② 调查在环境保护方面的国民支出并考察其资金筹集情况。

四、实物和货币项中的资产账户

SEEA 中的资产存量账户也属于价值量账户。要进行资产账户的核算，首先要搞清楚其中的有关概念。

1. 资产账户中的有关概念

（1）经济资产　在 SNA 中，资产被定义为：①所有权由单个或集体的机构单位所行使；②在一定时期内所有者可以从持有或使用这些实体获得经济收益。

SNA 中的经济资产的定义已经很宽，可以将具有环境特性的资产包括在内。培育生物资源和某些非培育的生物资源，如鱼类存量和天然林、自然存在的土地和矿物等，都属于经济资产。但太偏远或太贫瘠的土地、无法作为人类食物的鱼类存量、收益不确定的矿藏等都因为没有经济利益或无法行使所有权（或二者兼而有之）不包括在经济资产范围内。

（2）环境资产　SNA 为适应 SEEA 的需要，将资产的范围加以扩展，主要包括所有有关的和可测度的环境性实体，这些实体主要包括以下几类。

① 自然资源。包括矿物资源、土地资源、水资源、气候资源和生物资源（森林、鱼类及其他野生动植物）等。

② 土地和相关地表水。

③ 生态系统。

（3）自然资源耗减　计算经济资产价值及其价值下降必须进行自然资源估价。自然资源在其使用时为经济活动提供了服务，该服务的价值表现在该资产的资源租金上。该资源的价值下降（除受价格影响和灾害外）可以被称为自然资源耗减。

2. SNA 和 SEEA 中的自然资产分类

SNA 和 SEEA 中的自然资产分类见表 7-6。

表 7-6　SNA 和 SEEA 中的自然资产分类[①]

自然资产	SNA			SEEA
生产性资产	固定资产	培育资产	存货	
非生产性资产	有形非生产资产 土地，包括地表水 底土(层)资产 非培育生物资源 水资源			有形非生产资产 土地，包括生态系统 底土(层)资产 野生生物区 水 空气

① 资料来源：A. C. Kulshreshtha，2004。

在表 7-6 中，SEEA 和 SNA 关于培育资产和底土（层）资产的划分是相同的。SEEA 的自然资产中包括大气，而 SNA 中不包括。在 SNA 中，土地资源包括地表水，如湖泊、河流，在有些情况下还包括地下水。在 SEEA 中，土地资源中不包括这些项目，而将这些项目包含在水资源中，且 SEEA 中的土地资源包括生态系统。SNA 中的水资源仅限于蓄水层。

五、GDP 总量调整账户

GDP 总量调整账户是 SEEA 的第四类账户，它是以货币单位来核算环境耗减和退化、调整传统经济活动总量的账户。

在 GDP 总量调整账户核算中，首先要确定资源租金的分配比例，即确定自然资产价值下降的部分与生产中使用自然资产的回报（即为收入）之间的比例。1993 年 SNA 假定自然资源是丰富的，不存在价值下降，所有资源租金都作为收入来处理。但也有一些人反对这种观点，认为所有资源租金都应作为该资源存量的价值下降，而没有把那一部分作为收入来对待。也就是说，资源存量的现值是按照没有贴现的未来服务的合计计算的，自然资源的使用被作为中间消耗来处理。事实上，多数人的观点介于上述两者之间，认为应该进行资源存量的调查，看是否存在存量下降，如果存在就应对营业盈余和其他账户平衡项进行调整。其次要确定如何对自然资源的增加进行处理。对生物资源来说，如森林，多数人认为如果一年的采伐量不大于同年的自然生长量，那么森林资产的存量就没有下降，这样的使用就是可持续的，所有收获都可以看作是收入。在 SNA 中，对于收入的核算全部是生产收入，由于非生产资产的自然增长不作为生产过程来看待，因此由于自然增长的资源存量的价值增长不能被看作是收入，由此也不能抵消资源使用引起的收入下降。对地下资产来说，如何处理的争议更加严重。一个主要原因是矿物资源不像生物资源，它在人类可度量的时间标准上是不可再生的。在核算中一种观点认为，应将总开采价值从净营业盈余中扣除，新发现的矿物资源不能作为应该扣除的抵消因素。另一种观点则认为，矿物发现是生产的结果，所得到的资产应该作为一项"被开发的资产"合并到矿物勘探和矿物的价值中去。该资产在性质上被定义为生产资产，资产价值的任何下降都是收入的扣减，它将在固定资本消耗项目中反映出来。因此，在国内净生产中没有必要做进一步的扣减。还有一种观点认为，尽管矿物储备本身是不可再生的，但已知的和探明的储备却是可再生的，因为采矿公司一般不会获得储量的全部，而只是保证其开采的储量。正由于矿物已知存量在耗减，因此他们必须寻找更多的储备，在核算中建议以发现来抵消开采的价值。

在 GDP 总量调整账户中，对工业（记为 i，$i=1, 2, \cdots, n$）来说，经环境调整的净增加值为：

$$EVA_i = O_i - IC_i - CFC_i - EC_i = NVA_i - EC_i$$

式中，O_i 为产出；IC_i 为中间消费；CFC_i 为固定资产消费；EC_i 为工业（i）的环境成本；NVA_i 为未经调整的净增加值。

因此，经环境调整的净国内产值为：

$$EDP = \sum_{i=1}^{n} EVA_i - EC_h = NDP - EC_h = C + CF - CFC - EC_h + X - M$$

式中，EC_h 为居民产生的环境成本；C 为消费；CF 为资本形成；X、M 分别为进口和出口。

经环境调整的净资本形成为：

$$ECF = CF - CFC - EC_c$$

式中，EC_c 为自然资产消耗。

第五节 绿色 GDP 核算的估价方法

要进行绿色 GDP 核算，就要进行环境的价值量核算，而要进行环境的价值量核算，就必须解决环境的估价问题。在 SEEA 中，推荐的环境价值量核算的估价方法有两大类，即基于成本的估价方法和基于损害/受益的估价方法。下面分别对这些估价方法进行论述，以保证绿色 GDP 核算的进行。

一、基于成本的估价方法

基于成本的估价方法主要是估计在环境退化或损害之前来想办法防止环境退化或损害,或者在环境退化或损害发生之后对它进行治理所发生的一切费用。这两种方法可以相互取代,分别称为防止费用法和恢复费用法。基于成本的估价可分为以下两项(SEEA,2003)。

(1) 避免成本

① 结构调整成本　减少活动或完全节制；改变生产和消费的方式。

② 消除成本　替换投入和改变工艺,以获得同样的产出；处理成本(管终端处理,安全处理等)。

(2) 恢复成本　为恢复到一定标准的环境所要减少或消除已累积的损害所需的成本。

1. 结构调整成本法

结构调整成本法主要是用来对跨越时空的环境退化的估计,它一般只能通过建模或假设来估计。环境退化的发生和治理不一定是同期发生的。本期发生的、没有在本期被自然界或人工措施处理的环境退化就会遗留到下一个核算期,这种积累被称作环境债务(environmental debt),并且有可能影响将来自然界同化吸收污染物的能力。在国民经济核算中,人们往往假设一个时期发生的环境退化都在当期产生损害,一个时期的损害都来自当期的环境退化。因此,对环境退化的估价不仅是当期产生的污染排放数量,还应该包括环境债务。而且,某一国家产生的污染排放物并不一定只在那个国家产生损害,有可能还会在其他国家产生环境损害。这些都和经济核算中的定价假设不一致,需要进行时间和空间上的分摊,因此结构调整成本法就是解决这类问题的。

结构调整成本法主要是通过建模或假设估计一定时期发生的环境退化或环境损害占当期的百分比,或本国发生的环境退化或环境损害占国内产生损害的百分比,以确定当期引起的环境退化的比例和环境损害出口、进口的比例,以便对当期的国民生产和收入进行调整。结构调整成本法需要大量有关环境退化、损害的数据、资料,科学地进行环境退化和损害的结构调整还是有一定困难的。

2. 消除成本法

消除成本主要是指减轻污染气体排放或环境废弃物倾倒等对自然资产的直接压力所发生的支出。消除成本的计算,在理论上应该是环境退化或损害的额外防治措施的直接和间接成本之和。

采用消除成本法不需要对环境质量的绝对水平或标准做出定义,而只需要知道由于残余物引起的环境质量水平的降低和消除这些残余物的支出即可。

消除成本法一般是在微观经济水平上收集数据的,主要收集反映为减少某一特定污染而进行技术选择的成本,并用成本函数来表示消除成本曲线。采用消除成本法需要 3 类数据,即：①经济活动以及主要生产过程的污染排放数据；②有关可消除污染的技术/措施的参数；③消除污染措施的成本数据。但采用该方法计算的直接消除成本,并不代表环境退化价值损失。

3. 恢复成本法

恢复成本是指为恢复到一定标准的环境所要减少或消除已积累的损害所需的成本。恢复成本应该包括涉及的其他资产的成本，比如核污染的恢复成本应包括使核电站退役的成本和使农用地复原的成本。由于恢复成本往往还没有发生，但它可以直接计量，因此这些成本可以被看作是"实际"的成本。

恢复成本估价往往是根据"最小成本选择（least-cost option）"来进行的。但与消除成本法一样，计算的恢复成本并不代表环境退化的损失。

另外，在环境经济学中下面这些方法虽然叫法不同，但也属于基于成本的估价方法。这些方法分别为防护费用法（预防性支出法）、恢复费用法（重置成本法或置换费用法）、恢复和防护费用法、重新选址成本法和影子工程法。

4. 防护费用法（预防性支出法）

把人们为了避免环境损害而做出的预防性支出作为环境损害的最小成本。这一方法假定人们为了避免危险会支付货币来保护自己，因此可以用其支出来预测他们对危害的主观评价。这种方法隐含的假定是：个人有足够的信息了解环境变化的危害性。

预防性支出法给出的是最低成本，因为实际支付可能受收入的约束；预防支出可能不包括全部效益损失。

5. 恢复费用法（重置成本法或置换费用法）

用由于环境危害而损害的生产性物质资产的重新购置费用来估算消除这一环境危害所带来的效益。这种方法使用置换的真实费用来估计对消除环境危害的主观评价。这种方法基于以下假设：①危害的数量可以测量；②置换费用可以计量，且不大于生产资源损失的价值，因而置换在经济上是有效率的；③重置费用不产生其他连带效益。

6. 恢复和防护费用法

这种方法实际上是 SEEA 推荐的"恢复成本法"的翻版。

全面评价环境质量改善的效益，在很多情况下是很困难的。实际上，许多有关环境质量的决策是在缺少对效益进行货币的评价下进行的，对环境质量效益的最低值估计可以从消除或减少有害环境影响的经验中获得。一种资源被破坏了，可以把恢复它或防护它不受污染所需要的费用作为该环境资源被破坏带来的经济损失。计算公式如下：

$$L = \sum_{i=1}^{n} C_i$$

式中，L 为防护或恢复前的污染损失；C_i 为第 i 项防护或恢复费用。

7. 重新选址成本法

这种方法是置换费用法的变种。它使用由于环境质量的变化而重新安置某一物质设备的地理位置的实际成本来估算环境保护的潜在效益。

8. 影子工程法

影子工程是恢复费用技术的一种特殊形式。影子工程法是在环境破坏以后，人工建造一个工程来代替原来的环境功能。例如一个旅游海湾被污染了，则另建造一个海湾公园来代替它。就近的水源被污染了，需要另找一个水源来替代，其污染损失就是新工程的投资费用。

二、基于损害/受益的估价方法

环境的使用受容量的限制，如果过度使用环境就会引起环境的损害。对环境的损害，有时候可以直接进行评价，但直接对环境损害进行评价是建立在这样一个基础之上，即一个遭受环境受体过度使用影响的单位，愿意为此承担多少支出，这种支出就是环境服务（或环境质量）的价格。

评价对环境的支付意愿有两种方法：一是直接观察，或者通过统计与计量经济技术进行间接估计，这些都是揭示偏好的方法；二是向被调查者询问其偏好，这就是陈述偏好的方法，这种调查可以是直接的也可以是间接的。

在 SEEA 中，基于损害/受益的环境估价内容可分为以下几项。

(1) 揭示偏好（revealed preferences）

① 直接（direct） 即市场价格（market prices）。

② 间接（indirect） 享乐价格分析（hedonic price analysis）、旅行费用法（travel cost method）。

(2) 陈述偏好（stated preferences）

① 直接（direct） 即条件估价（contingent valuation）。

② 间接（indirect） 即联合分析（conjoint analysis）。

在这些估价内容的基础上，SEEA 推荐了剂量-反应函数法、市场价格法等估价方法，下面分别讨论这些方法的使用。

（一）剂量-反应函数法

当不考虑污染发生的时间时，一定数量的污染物会对生产、资本、生态和人类健康等产生一定的影响，由此可以建立一个数学关系式，即控制其他因素时把污染物对环境的影响联系起来，就可以估计出污染对环境的影响程度，这种方法叫剂量-反应函数法。采用剂量-反应函数法可以估计污染物的减少或增加所引起的环境改善或退化状况。

剂量-反应函数有多种形式，有线性的和非线性的，有的存在当污染超过某个水平时引起环境损害急剧增加的阈值（thresholds），有的在函数中则不存在这样的阈值。

（二）揭示偏好的估价方法

一些环境货物和服务的价值可以通过市场价格来评价，如鱼类和木材可以在市场上交易，它们的价值可以通过市场价格来反映。但一些生态服务，如美丽的风景或娱乐活动，不可能在市场上直接进行交易，也就不能直接通过市场进行评价。对这类环境货物和服务，可以通过获得人们愿意在市场上为相关货物所支付的价格估算它们的价值。例如，人们通常要花费一定的时间到特定的地方去旅游，可以把人们对该地方的生态服务的支付意愿作为确定该景观或娱乐的价值的底线。

常用的揭示偏好的估价方法有市场定价法、享乐定价法和旅行费用法。

1. 市场定价法

市场定价法主要用于经济损失的评价。市场定价法主要用环境损害对经济的影响大小反映环境的损害价值。在环境损害对经济的影响中，不包括对福利的影响，要估计对福利的影响还需要更全面的信息。

2. 享乐定价法（资产价值法）

享乐定价法，有些人称它为资产价值法，即把环境质量看作是影响资产价值的一个因素，当影响资产价值的其他因素不变时，以环境质量恶化引起资产价值的变化额来估计环境污染所造成的经济损失。

商品的市场价值取决于商品一系列可以分别确认的特性，而其中的关系可以通过分析得到。一般来说，财产的价值由多种属性确定，一类是非环境特性，如房间数量和大小、与工作地点的接近程度、到达交通设施或其他基础设施的方便程度等；另一类是环境特性，如受到公路和机场噪声影响的程度、周围的风景等。如果能够得到足够数量的关于财产或产品特征的数据，就有可能分析推断出各种特征对财产或产品价格的影响。这样，就可以用各种环境因素对价格的影响代替该环境服务的边际价格，这就是享乐定价法。

采用享乐定价法不但可以确定环境服务的边际价格，还可以确定噪声、空气污染和致命工伤等对不同产业的工资影响。

使用享乐定价法需要大量有关产品质量的数据，并且需要把所有有关产品的属性都列举出来，它还要求具有较高的统计技术，因为评价的结果非常依赖于评价模型的构造。

3. 旅行费用法

旅行费用法用旅行费用作为替代物来衡量人们对旅游景点或其他环境服务的评价。旅行费用是人们为了去风景点、野外等，或者为了回避各种形式的损害或环境退化而实际付出的货币和时间，可在一定的数量基础上估算环境服务的货币价值。

旅行者到一个地点所发生的费用，可以用来确定他们在该地点所获得的娱乐价值的需求曲线，这是估计这一景点的价值的基础，进而可以根据货币性收益或损失来估计该景点的价值。

用旅行费用法计算的模型一般可分为单一地点旅行费用模型和多景点旅行费用模型。

（1）单一地点旅行费用模型

① 假设条件　单一旅游点，单一目的旅行，在旅游点单一活动。消费者对景点的需求是旅行费用和其他变量的函数：V 为消费者的旅游次数；P 为从出发点到景点的旅行费用；Z 为人口的一组社会经济特性。数据为横截面资料，即 i 个消费者的资料，$i=1, 2, \cdots, m$。

F 以下的面积为消费者 i 的支付意愿，即该景点对消费者 i 的价值（W）：

$$W = \int_{P_0}^{\infty} F(P, Z) \mathrm{d}P$$

式中，P_0 为出发点。

因为有许多消费者参观景点，该景点的总价值等于不同的消费者支付意愿之和。

② 具体方法

a. 求第一阶段需求函数：收集出发地区的社会经济数据，例如人均收入、教育程度等。用不同地区的这些社会经济变量和旅行费用对该地区人均旅行次数进行回归，求代表性消费者的需求函数。

b. 求第二阶段需求函数：对每一出发地区，使用第一阶段计算出的参数校正计算每一地区的需求函数，给定支付意愿是参观者人数的函数，然后计算每一地区的消费者剩余，最后将各地区消费者剩余加总。

③ 具体步骤

a. 定义和划分出发地区。

b. 通过实地调查收集旅行者的数据。

c. 收集每一地区的人口、旅行费用以及有关的社会经济特性数据。

d. 计算每一地区的人均参观次数；用总参观次数 V_i 除以人口 POP_i。

e. 估计第一阶段需求函数。利用横截面资料，对不同地区的人均参观比率和旅行费用（TC_i）及社会经济指标（例如收入 Y_i）进行回归：

$$V_i/POP_i = a_0 + a_1 TC_i + a_2 Y_i$$

式中，a_0、a_1、a_2 均为系数。

第一阶段需求函数只有一个等式，每一地区的数据是一组观察值。

f. 对每一地区计算第二阶段需求函数：

$$TC_i = \beta_{0i} + \beta_{1i} V_i$$

式中，β_{0i}、β_{1i} 为系数。

$$\beta_{0i} = -\frac{a_0 + a_2 Y_i}{a_1}, \quad \beta_{1i} = \frac{1}{a_1 POP_i}, \quad i=1, 2, \cdots, n$$

变换后得：

$$a_1 TC_i = (V_i/POP_i) - a_0 - a_2 Y_i$$

$$TC_i = \frac{V_i}{a_1 POP_i} - \frac{a_0 + a_2 Y_i}{a_1}$$

g. 计算每一地区的消费者剩余。

h. 将各地区消费者剩余加总。

(2) 多景点旅行费用模型　多景点旅行费用模型的计算方法和步骤与单一地点旅行费用模型相似。只不过消费者对景点的需求函数和消费者的支付意愿是不同的。

多景点旅行费用模型的函数主要有：

$$V_1 = F(P_1, P_2, \cdots, P_n, X)$$
$$V_2 = F(P_1, P_2, \cdots, P_n, X)$$
$$\cdots\cdots$$
$$V_n = F(P_1, P_2, \cdots, P_n, X)$$
$$W = \int_{P_1}^{\infty} F(P_1, P_2, \cdots, P_n, X) dP + \int_{P_2}^{\infty} F(P_1, P_2, \cdots, P_n, X) dP + \cdots$$

(三) 陈述偏好的估价方法

许多环境服务并不能在市场上进行交易，也不与任何市场化的货物有密切的联系，因此人们就不能够通过市场买卖的方式，"显露"出为了得到这些服务愿意支付多少价值。这时，可以进行直接调查,直接询问被调查者,看他们对一种假定的情况愿意支付多少。或者,也可以让被调查者在不同的被选项之间进行选择,从中估算出他们的支付意愿。因为这些支付意愿是让被调查者直接陈述其价值选择,而不是像"揭示偏好"法那样,从实际选择来确定价值,因此称为陈述偏好的估价方法。

陈述偏好的估价方法分为条件估价法(CV)和联合分析法,前者是一种直接估算的方法,后者(包括条件评级等)则是一种间接估算的方法。这两种方法都以陈述的意愿支付(willing to pay,WTP)为基础,给出了环境收益/损害的福利估计。

1. 条件估价法

条件估价法(CVM)是一种假想的市场估价方法。它是针对相关总体的一个代表性样本设计一种假设场景,从中得出人们对于特定环境服务愿意支付的数额(WTP)。有时候,也会向被调查者询问他们愿意接受多少补偿(willing to accept,WTA)以放弃特定的生态环境服务。条件估价法估价可以直接面对面地进行,也可以通过电话访问或邮件来实施,之所以称它为"条件"估价法是因为被调查者要以特定的假设场景和环境服务描述为前提,陈述其支付意愿。被调查者可能要回答是/否等问题。例如,"你愿意为下面的服务支付×元么?",或者更为开放性的问题,让被调查者自己确定数目。这种方法有不同的形式,广泛地应用于各种环境问题的评价。

条件估价法是一种以调查为基础的技术,主要用于对非市场资源的估价,包括使用价值与非使用价值。调查给被调查者提供了一个假想的情景,并让被调查者陈述他们对于舒适环境的支付意愿(或者是对于恶化的环境他们愿意接受的赔偿)。这种技术被普遍应用于估计由于水污染和大气污染造成的环境质量的改变并试图估计出保护某些环境产品的价值。

在条件估价法中,假想的市场中的意愿调查法是指如果找不到环境质量变动导致的可以观察和度量的结果(不论这种结果能够直接定价,还是间接定价),或者评估者希望了解被评估者对环境质量变动的支付意愿或受偿意愿,在这种情况下直接询问人们为了自己将来的健康和福利而利用和改善自然资源和环境愿意承担的费用,然后以该费用来衡量自然资源数量和质量下降的损失价值,这就是意愿调查评价法。

与直接市场法和替代性市场法不同,意愿调查法不是基于可以观察到的或预设的市场行为,而是基于调查对象的回答。该法的最大问题是调查是否准确地模拟了现实世界,被调查者的回答是否反映了他们的真实想法和真实行为。由于该法受主观因素的影响,随意性较大,因此得出的结果与真实的结果会有不同程度的偏差。这些偏差主要有:①信息偏差,调查者向调查对象提供的信息可能太少或有错误,使二者的信息不对称;②工具偏差,调查所假设的收款或付款方式不同,可能会得到不同的回答,因为有些人不喜欢某种收款方式;③假想偏差,调查对象长期免费享受环境和自然资源而形成的"免费搭车"心理,会导致调查对象将这种享受看作理所当然而反对为此付款,从而使调查结果出现假想偏差;④策略性偏差,当调查对象相信他们的回答能够影响决策,从而使他们实际支付的私人成本低于正常条件下的预期值时,调查结果可能产生策略性偏差。由此可见,如果不进行细致的准备,这种方法得出的结论很可能出现重大偏差。所以在估算环境质量的货币价值时,应该尽可能地采用直接市场法;如果采用直接市场法的条件不具备,则采用替代市场法。只有在上述两类方法都无法应用时才不得不采用意愿调查评价法。

意愿调查评价法主要包括以下内容。

(1) 直接询问调查对象的支付意愿或受偿意愿　具体做法包括以下几种。①叫价博弈法。通过模仿商品的拍卖过程，对被调查者的支付意愿或受偿意愿进行调查。调查者首先向被调查者说明环境质量变动的影响以及解决环境问题的具体办法，然后询问被调查者为了改善环境是否愿意付出一定数额的货币（或者是否愿意在接受一定数额的补偿的前提下，接受环境质量的某种程度的恶化），如果被调查者的回答是肯定的，就再提高（在涉及补偿的情况下是降低）金额，直到被调查者做出否定的回答为止。然后调查者再变动金额，以便找出被调查者愿意付出的精确金额。②权衡博弈法。通过被调查者对两组方案的选择，来调查被调查者的支付意愿或受偿意愿。调查者首先要向被调查者说明环境质量变动的影响以及解决环境问题的具体办法，然后提出两组方案。其中，第一组只包括一定的环境质量；第二组除了一定的环境质量之外，还需要被调查者支付一定数量的金额（或者给被调查者一定数量金额的补偿），调查者要求被调查者在环境质量与货币支出的不同组合中做出选择。如果被调查者选择了第一组，那就降低要求被调查者支付的金额（或提高给被调查者的补偿金额）；如果被调查者选择了第二组，那就提高要求被调查者支付的金额（或降低给被调查者的补偿金额），直到被调查者感到无论选择哪一组方案都一样时为止。此时，调查者将所有的被调查者在第二组方案中愿意付出或愿意接受的金额汇总，就可以得出上述环境质量差异的货币价值。

(2) 询问调查对象对某些商品或劳务的需求量，从中推断出调查对象的支付意愿或受偿意愿　具体做法包括以下几种。①无费用选择法。要求被调查者在若干组方案之间进行选择，但无论哪一组方案都不要求被调查者付款，而只要求被调查者选择由一定的环境质量和一定数量的其他商品或劳务（也可以包括货币）组成的组合。这样，被调查者对环境质量差异的受偿意愿，就可以通过他们对其他商品或劳务的选择表现出来。②优先评价法。首先告诉被调查者不同的环境质量（例如不同水质的自来水）的价格，然后给被调查者一个预算额，要求被调查者用这些钱（必须用尽）去购买包括环境质量在内的一组商品。这样，被调查者对环境质量变动的支付意愿，就可以通过他们购买的商品组合表现出来。③德尔菲法。通过专家调查来获取环境质量评价的信息。

2. 联合分析法

联合分析的估价方法不同于条件估价法，因为它并不让人们直接以货币形式表述他们对环境服务的估计价值，相反该法是从人们所进行的假定选择或交互替换中得到环境服务的估计价值。在采用联合分析法时，要求被调查者从下述两组环境服务或特性之间表述自己的偏好：一组按一个固定的价格或成本给出；另一组则以一个不同的价格或成本给出。"联合分析"主要关注环境服务不同特征在各种场景中的交互替换，它是对调查涉及的各种选项、等级以及替换方法之间的匹配的总称。

运用联合分析有多种形式，包括选择试验、条件定级、成对比较、条件比率和自我说明等。无论选择哪种形式，被调查者做出的选项都要运用离散选择技术进行统计分析，以确定不同特性或性质的相关价值。如果其中的某项特性是货币价格，那就有可能计算出被调查者对其他特性的支付意愿。

联合分析法主要适用于环境政策的制定，因为不同的经济活动会对自然资源或环境服务造成不同的影响结果。

（四）效益转移法

效益转移（benefit transfer）法并不是一种单独的定价技术，而是一种实际的做法。它是把来自某一地区或环境的研究成果的可用信息借用到另一地区或环境，以估计出生态服务的经济价值。例如，要研究某个区域的生态服务价值，就可借用另一区域的有关研究信息，如假定所研究区域的人均福利与政策实施区域的人均福利相同，可得到所研究区域的有关生态服务价值。

采用效益转移法进行比较时，必须满足以下条件：①进行生态服务价值估价被转借的数据恰当；②总体类似；③所研究的环境货物和服务类似；④地点类似；⑤要在其中做出选择的环境"市场"类似，包括类似的市场规模和类似的替代。

使用效益转移法进行生态服务价值评价的主要优点是节约时间和成本，往往在运用其他估价方法成本太高或时间不允许时可以运用效益转移法。但使用该法评价的精确度较差，并且要谨慎对待成本和偏好的转借。

三、不同估价方法的选择

不同的估价方法有不同的适用范围，也有不同的使用条件，需要根据实际情况选择不同的估价方法。市场定价法在概念上比较容易理解，但它所涉及的对象不但包括没有市场化的货物，还包括那些难以用市场来衡量的内容。因此，实际操作起来比较困难。

旅行费用法和享乐定价法限制在一定的环境服务和资产下使用，它们也受到所需的有关数据、资料的限制。经济损失的市场估价也只能在一定范围内使用，它也只能对已经市场化的资产和明确定义了的货物、环境服务进行评价。

条件估价法必须要合理设计条件估价的调查，还要进行预先实验，并认真实施，这是一个复杂、冗长和昂贵的过程。另外，为了收集有用的数据并提供有意义的结果，条件估价调查还必须集中于特定的环境服务和特定的场景，并且所设计调查的问题必须是已被清楚定义并容易为被调查者所理解。因此，该方法一般只适用于有限的、当地的、相对较小的环境问题。如果要对国民收入数据进行环境调整，所有各种环境服务估价都要在国家层次上进行，则不一定能作为有效的估价工具。尽管这样，条件估价方法越来越被学术界和决策者所认可，逐渐成为环境变化的货币价值评估的有效方法。

总之，进行绿色GDP核算，环境价值的估价必须要有科学的方法，这些方法本身会不断完善，方法的局限性也可能会随着科学技术的发展而取得突破，最重要的是，不管选择何种环境价值估价方法都必须能够经得起实践的检验。

【复习思考题】

一、名词解释

1. 国内生产总值（GDP）
2. 国民经济核算体系（SNA）

3. 绿色 GDP
4. 绿色国民经济核算体系（SEEA）
5. 环境价值量核算
6. 环境降级成本
7. 生态环境退化成本
8. 环境债务

二、简答题

1. 简述国内生产总值的特点和局限性。
2. 简述 GDP 核算的主要方法。
3. 简述生态经济的主要核算方法。
4. 简述绿色 GDP 核算的目标包括哪些。
5. 简述环境价值量核算框架及其内容。
6. 简述环境保护成本核算及其内容。
7. 简述绿色 GDP 的主要核算方法。
8. 简述 SEEA 账户类型及其相互关系。
9. 简述效益转移法及其适用条件。

三、论述题

1. 请论述绿色 GDP 核算框架及其相互关系。
2. 请论述 SEEA 账户类型及其相互关系。
3. 请论述基于损害/受益的主要估价方法。

第八章

生态经济系统能值分析

人类的经济活动相对生物圈而言，是"负熵"还是"正熵"？这是生态经济学的一个核心问题，也是一个值得深入思考的科学问题。

——编者，2020

【导读材料】

劳动价值论的跃迁：能量价值论

马克思之所以仅仅把劳动看作价值的源泉，根本的原因是，在马克思看来，使不同商品具有可通约性和质的等同性的唯一属性和基础是它们在生产过程中都耗费了一般人类劳动；而其他生产要素的作用在质上不具有等同性，从而不可通约，因而它们虽然对使用价值的生产有作用，却不能成为价值的源泉。也正因此，所以马克思在《资本论》开篇就讲："如果把商品体的使用价值撇开，商品就剩下一个属性，即劳动产品这个属性。"而不说商品体是各种生产要素共同作用的结果。实际上，借助于土地和机器设备，自然力与劳动并非没有质上的等同性，正是这种等同的东西是形成商品价值的决定因素。

生产一个产品，无非是按照生产者的目的改变一个物质系统的状态。与物质系统的状态变化相伴随的则是一定的能量转换，用数学语言说，能量转换是物质系统状态变化的单值函数。能量转换在数量上用功来描述，动力源对物质系统做功，就必须消耗本身的能量或从别处得到能量的补充。动力源可以是人之外的自然力，也可以是人本身的自然力，劳动过程仅仅是人本身的能量消耗过程，由此看来上引的马克思的那句话应当重新表述为：如果把商品体的使用价值撇开，商品体只剩下一个属性，即耗费了动力源的一定能量这个属性。这样，体现在商品体中的这个在质上等同的对象性——动力源的能量耗费，就是商品价值的实体。

[资料来源：吴涌汶，劳动价值论的跃迁：能量价值论（上/下），探索，2004]

【学习重点】 了解能值分析的概念和特点，与能量分析的区别与联系，最大功率原则及其意义，主要能值指标及其含义；初步掌握能值分析的基本方法及其应用。

第一节　能值分析的概念与原理

能值分析理论和方法是美国著名生态学家、系统能量分析先驱 H. T. Odum 为首于 20 世纪 80 年代创立的。应用能值这一新的科学概念和度量标准及其转换单位——能值转换率（transformity），可将生态经济系统内流动和储存的各种不同类别的能量和物质转换为同一标准的能值进行定量分析研究。该理论和方法对生态经济系统结构功能的定量分析研究、自然资源的评估利用、国家经济方针政策的制定、国际经济关系的协调、人与自然的和谐共存以及具体生产活动过程等，具有重要的科学价值和指导意义。

一、能值的定义

能值（emergy）与能量（energy）不同，它的英文拼写带有一个字母"m"，是一新出现的科学名词，由 H. T. Odum 创立，系经过长期研究发展出来的重要科学概念和度量标准，20 世纪 80 年代后期才普遍使用。

H. T. Odum 将能值定义为：一流动或储存的能量所包含另一种类别能量的数量，称为该能量的能值。他还进一步解释能值为：产品或劳务形成过程中直接或间接投入应用的一种有效能（available energy）总量，就是其所具有的能值。实质上能值就是包被能（embodied energy）。

在实际应用中，以"太阳能值"（solar emergy）衡量某一能量的能值，任何流动或储存的能量所包含的太阳能（solar emergy）之量，即为该能量的太阳能值。任何能量均始于太阳能，故可以太阳能值为标准衡量任何类别的能量。太阳能值的单位为太阳能焦耳（solar emjoules，缩写为 sej）。例如，$1m^3$ 雨水降落到地上，包含有 7.5×10^{10} sej 太阳能值，这就是说有 7.5×10^{10} sej 的能值由这 $1m^3$ 雨水直接或间接带到地上。

以能值为基准，可以衡量和比较不同类别、不同等级的能量的真实价值，可把不同种类、不可比较的能量转换成可进行比较的同一标准——能值。此能值观念能让人们以同一种能量类别（太阳能）单位，同时比较一个系统中流动或储存的不同类别的能量及其在该系统中的贡献。

二、能值转换率

从生态系统食物链概念与热力学原理，引申出又一新的概念——能值转换率，用以表示能量等级系统中不同类别能量的能质（energy quality）。在任何一个能量转换过程中，低质量的能量通过相互作用和做功，转化为高质量的能量；形成 1J 高质量、高等级的能量，需要许多焦耳低质量、低等级的能量。

能值转换率，就是每单位某种类别的能量（单位为 J）或物质（单位为 g）所含能值之量。

实际使用的是太阳能值转换率（solar transformity），即单位能量或物质所含太阳能值之量。单位为太阳能焦耳/焦耳或太阳能焦耳/克，即 sej/J 或 sej/g。

通俗地讲，能值转换率就是每焦耳某种能量（或每克某种物质）相当于由多少太阳能焦耳的能值转化而来。

某种能量的能值转换率越高，表明该能量之能质越高，亦即在能量系统中的等级阶层越高。在能量转化链中，随着能量流动和转化，其数量逐步减少，能质逐渐增高，能值转换率增加。

各种生态系统的能流，从量多而能质低的等级（如太阳能）向量少而能质高的等级（如生物质能、电能）流动和转化；能值转换率随着能量等级的提高而增加。能量系统中较高等级者具有较大的能值转换率，需要输入较大量的能量来维持，具有较高能质和较大控制能力，扮演中心功能作用。人类劳动、科技文化资料、高级技术与设备、复杂的生命等均属高能质、高能值转换率和高能值的高等级阶层能量。能值转换率就是衡量能量等级的尺度。

H. T. Odum 从地球作用的角度，换算出自然界和人类社会中主要能量类型的太阳能值转换率（表 8-1）。

表 8-1 几种主要能量类型的太阳能值转换率

能 量 类 型	太阳能值转换率/(sej/J)	能 量 类 型	太阳能值转换率/(sej/J)
太阳光	1	波浪、海潮机械能	17000～29000
风动能	623	燃料	18000～58000
有机物质	4420	食物、果菜、粮食、土产品	24000～200000
雨水势能	8888	高蛋白食物	1000000～4000000
雨水化学能	15423	人类劳务	80000～5000000000
河流势能	23564	资料信息	10000～10000000000000
河流化学能	41000		

三、热力学定律与最大功率原则

生态系统和人类社会经济系统的能量流动和储存均遵循热力学定律。热力学第一定律认为，热量可以在不同介质中传递，并可转换成不同的形式，但在任何过程中能量既不能被创造，亦不能被消灭，只能由一种形式（态）转变为另一种形式（态）。例如，太阳能进入生态系统后，一部分经植物光合作用转变为化学潜能储存在有机体中，其余大部分用于生物代谢活动变为热能散逸到环境中，但并不消失。

热力学第一定律的数学表达式为：

$$\Delta U = Q - W$$

式中，ΔU 是系统内能的增量，它在系统过程中的增加值等于系统得到的能量（Q）减去系统所做的功（W）。当系统吸收了外来的能量，能量在系统中流动、储存起来，或者用来做功。不论是生态系统还是生态经济系统，流入系统的能量等于系统内储存能量之变量与流出系统能量的总和。

能量在生态系统或社会经济系统中的流动亦遵循热力学第二定律，即能量转化过程是递减的，为单向流动而不可逆。当太阳能到达地球表面时，极小部分为绿色植物吸收并转变为潜能，而极大部分光能转化为热能而耗散。经植物吸收进入生态系统的能量沿食物链各营养级流动时，其中一部分构成新原生质的潜能，一部分转化为热能而消散。能量消散系由集中形式转变为分散形式；能量每一转化过程都伴随着部分能量的消散流失。

自然界和人类社会的能量系统除遵循热力学第二定律外，还受最大功率原则（maximum power principle）支配。最大功率原则可表达为：具活力的系统，其设计、组织方式必须能很快地获得能量并反馈能量，以获得更多的能量，加以有效率地转换利用。一系统为保持不断运转而不被竞争者淘汰，必须自系统外输入更多可利用的能量，同时系统本身必须反馈（feedback）所储存的高质量能量，强化系统外界环境，使系统内部与外部互利共生，以获取更多的能量，自身与周围的有关系统在能量转换过程中，均能获取最大功率和最有价值的能量。例如，城市消费者系统除本身需反馈所储存的能量以增强其利用来自生产者（如提供食物和工业原料的农村系统）的能量的能力外，还要反馈部分能量给生产者系统（农村系统），辅助和促进生产者系统的发展，以确保生产者持续不断地为消费者提供能量，使两者（城市系统和农村系统）运转具最大功率。人类有意的反馈工作，目的就在于使生态经济系统最有效地运转。

四、能量等级原理

自然生态系统的系统过程具有等级关系，较高层次对较低层次具有支配控制能力，或者说较高层次具有较高的生态势。例如，草地供养羊群，羊的种群则受狼、老虎等食肉动物的调控。环境和人类经济的网状系统中也存在着类似的等级关系。在一个系统中，等级较低者的空间分布较零散，控制领域也较小；反之，等级较高者的空间分布较集中，控制领域也较大。大多数系统的能量传递与转换均类似食物链的特性。以狩猎为主的部落社会和以农业为主的农业社会的生态系统，亦具此能量等级的特性。具低能质的能量（如太阳能、风能、雨能等）经食物链的传递与转换而成为较高能质的能量，维持人类的生存活动。

五、Odum 的能量系统语言

地球系统和各种生态系统组分及各种作用均涉及能量的流动与储存。能量流动系一衡量自然界和人类各种作用的基准，可用以表达和了解人与自然之间的关系。进行系统能量研究需应用描述能量来源、流动与储存的符号图例，也就是所谓能量系统语言（energy system language）。世界上广为流行和通用的是 H. T. Odum 设计的符号图例。使用这些符号图例描绘能量系统图，便于理解、分析和处理系统各组分的关系以及整个系统的运作过程。能值分析同样要应用一套能量符号图例，并与一般能量分析所使用的符号图例基本一致。H. T. Odum 还补充设计了更详细的符号图例（表8-2）。

表 8-2　能量系统符号语言及其用法

名　称	符　号	含　义
系统边框 (System frame)	□	用于表示系统边界的矩形框。确定系统边界应界定其三维空间,例如分析一个城市系统要界定其政区边界、地表以下(如 10m)界面和城市上空(如 100m 高)界面三者范围
能量来源 (Source)	○→	从系统边界外输入的各种形式的能量(物质)均为"能源",包括纯能流、物质、信息、基因、劳务等。所有从系统外界输入的"能源"均以圆形符号表示,按太阳能值转换率由低至高顺序从左至右排列于矩形边框外,左边下方从低转换率的太阳能开始到上边、右边排列,直到信息、人类劳务(高转换率)。能量系统图的底边框则不绘任何"能源"符号
流动路线 (Pathway line)	—→ $ ←---- ------→	实线表示能流、物流、信息流等生态流的流动路线和方向;虚线表示货币流;个别要特别强调的物流可用点线表示。箭头表示流动方向,有的线不带箭头表示流动方向不定或双向流动
热耗失 (Heat sink)	↓⏚	表示有效能(available energy,或潜能 potential)消耗散失,成为不再具有做功能力、不能再被利用的热能。此符号表示能量第二定律,任何能量转化过程均有能量耗散流失,故此符号与生产者、消费者、储存库、相互作用键、控制键等连接。通常在能量系统图四方框的底边绘一个热耗失符号,与系统内存在热耗散的各组分相连,表示系统及各组分的热耗失。热耗失只用于表示耗散退化能,故不与能物流路径连接
输出流 (Outflows)	⊐→	表示从系统输出(产出)的有效能流、物流或信息流。箭头线可从系统四边框中除底边框外的任一边伸出
储存库 (Storage tank)	◇	系统中储存能量、物质、货币、信息、资产等的场所,如生物量、土壤、有机质、地下水、海滩河丘等资源。"储存库"为流入与流出能量的过渡;流入与流出同一类型能量(物质),且度量单位相同
附加路线 (Adding pathways)	⤳	表示同种类型能流、物流汇合或分流(分支)。类型不同、能值转换率不同的能流、物流及其他生态流不能汇合、相加
相互作用 (Interaction)	▷	表示不同类别能流相互作用并转化成另一个能流。低能值转换率的低能质能流从图左边进入,较高能质的能流从上边进入,经过相互作用而转化形成的能流从右边输出。不同能量相互作用和转化,伴随部分能量耗散流失
加强作用 (Amplifies)	▷	一种特别的相互作用键符号,表示控制能流量大小。输出能流量由左边输入的能流量控制,绝大多数能流量输出由上端输入的能流量来控制
生产者 (Producers)	⌂	"生产者"符号绘于能量系统图内左方,它接受不同类别的物质和能量,经相互作用("生产")形成产品(products)。因此,"生产者"包含不同类别能量的相互作用和储存过程。有时为了表示更详尽,可在生产者符号内绘上"相互作用键"和"储存库"符号及它们的关联。"生产者"包括植物之类的生物生产者以及工业生产者等
消费者 (Consumers)	⬡	"消费者"符号绘于系统图内右方,它从生产者获取产品和能量,并向生产者反馈物质和服务。生产者可以是动物种群,或者是诸如社会消费群体。"消费者"符号内常包含"相互作用键"和"储存库"。消费者在系统中有不同等级之分,一般没有详细表达;二级消费者符号位于一级消费者的右方
反馈 (Feedbacks)	⬡	在系统图解中,用逆时针方向流动的带箭头线条表示消费者向生产者反馈的高能质信息、控制作用和物质。反馈能量从右向左流动,由高度集中的能物流到分散的能物流。反馈能量类型不同则分散程度不同,通常人类劳务分散范围较大。反馈路线从消费者符号右上边引出(勿从下边引出)并勿与其他能量交叉

续表

名称	符号	含义
控制键 (Switch)		表示对一能流或其他生态流输入(左边)和输出(右边)过程的开动或关闭的控制。把控制作用的能流绘在符号上端。控制作用存在于自然过程本身以及人类的控制过程,例如地震、森林山火、捕鱼季节的控制等
交流键 (Exchange transaction)		用于表示一定量的某种流与另一种流的交换。最常用于货物商品或劳务与货币(虚线表示)的交换、交易,符号上端箭头表示交易价格,由世界市场决定。货币流与能物流呈反方向流动
亚系统框 (Subsystem frame)		能量系统图中用于表示亚系统的图例,通常适于表示经济领域的亚系统(诸如矿产业、商业、电力工业等)或其他亚系统(如森林系统图中的土壤亚系统、河口系统的渔业亚系统)。亚系统框内可绘上相互作用键和产品储存符号,一般不详细绘上"消费者"之类符号
传感器 (Sensor)		绘在能流路径或储存库边上的小框,用于从能流路径或储存库引出另一条能流路径。这一附加小方框称为"传感器",从原始路径或储存库引出另一能流路径并不需要花费多少能量
物质均衡 (Material balance)		系统外输入的物质(能量)储存在系统内或输出到系统外,两者均衡。因此,各种输入物质(如水或货币),都需要绘出其输出(及储存)

第二节 能值理论及分析方法的起源与发展

一、能值分析的起源与发展

(一) 能值分析的前身——生态能量学

生态能量学(或称能量生态学)被认为是研究生命系统与环境系统之间能量关系及其能量运动规律的科学,是生物能量学和生态学相互渗透而形成的一门交叉学科,是生态学中的一个分支学科(祖元刚,1990)。

生态能量学是研究生态系统和复合生态系统的能量流动、传递与转化规律的科学。生态能量学研究生态系统的能流与其他生态流(物质流、生物流、信息流等)的数量变化和相互之间的关系,是研究系统的结构功能变化规律的科学。

能量的流动和转化是任何生命活动的基础,也是生命科学中的核心问题之一。早在18世纪中叶,作为研究能量相互转换过程中遵循的规律——热力学定律已经形成。1760年,Joseph Black 设计制造了世界上第一台热量计。1781年,Lavoisier 与 Laplace 合作,应用热量计首次测定了动物组织中含有的能量。到19世纪,能量概念正式产生。1840年,J. P. Joule 和 J. R. Mayer 通过大量实验证实了"热功当量"理论。

从物理学出发，能是做功的量度，其计测量度必须是统一的物理能量单位，其运动规律必然遵循热力学系统的原理。热力学第一定律，即迈尔（1818~1878）提出的能量守恒定律认为，能量可以从一种形式转化为另一种形式，但总的量不变。一切实际存在的自然界物体，无不与外界进行能量交换，且其自身状态也不断随时间的变化而发生演变。热力学第一定律指出了系统的这种演变及其与外界不断进行能量交换所遵循的定量关系。根据热力学第一定律，生态系统的环境和生物都一致采用焦耳（Joule）的能量单位进行能量的计算；物理环境中光波采用辐射照度来测定；气体膨胀压力、电磁场采用功能单位转换；温度采用热量平衡计算；化学以摩尔键能释放计算；生物体内含能以标准燃烧值测定；植物光合作用、呼吸作用通过二氧化碳差值测定，再换算为化学键能单位，最终计算能量的流动。

热力学第二定律认为热量只能自发地由高温物体向低温物体传递，热功转换、热传导都具有不可逆性。根据热力学第二定律，一个与外界没有能量、物质交换的孤立系统存在温差时，热量总是自发地从高到低传递。从分子物理学角度来看，分子运动趋向于紊乱无序，也就是说整个系统的熵增加了，所以热力学第二定律也称"熵增定律"。

生态能量学研究始于19世纪后半叶，1887年S.A.Forbes首次描述了美国伊利诺斯湖的能量动态。1926年，E.N.Transeau对植物群落的能量动态进行了分析，提出了"能量积累"的概念。1927年，C.Elton创立"食物链"这一术语并提出了著名的"生态金字塔"的概念。1931年，Slanchinsky对陆地群落能量关系进行了研究。1934年，M.Kleiber等提出了"能量代谢"的概念。1940年，C.Juday提出了"能量收支"的概念并对湖泊的能量收支季节变化进行了定量分析。1942年，R.Lindeman通过对湖泊生物群落能量流的定量研究，提出了著名的能量转化的"十分之一定律"，也称Lindeman定律，为后来生态系统能量流动的研究起了重要的推动作用。E.Schrodinger从热力学角度出发分析了生命能量代谢系统的热力学现象。从此，生态能量学研究有了基本的研究途径和热力学的理论基础，因而激发了人们的研究兴趣。1944年，W.I.Vernadsky对自然界中不同群落的能量动态进行了深入的比较研究。进入20世纪50年代，门司正三和佐伯敏于1953年提出了著名的"消光公式"。1955年，E.P.Odum和H.T.Odum从生态系统能量流动的观点出发，研究了溪流生态系统的能量流动。H.T.Odum对佛罗里达州银泉（Silver Spring）生态系统能流的研究是生态系统水平上能量流动分析的典范，他的《人与自然的能量基础》一书是能量研究的经典著作。20世纪60年代，F.B.Golley的能量值测定和能流的研究促使了20世纪70年代后生物个体、种群和群落能量测定的普遍开展。因而，氧弹式热量计测试技术成为生态能量学研究的基本手段之一。此外，D.M.Gates进行了能量环境研究，并提出"能量交换"和能量环境的概念，他把能量生态的研究植根于数学、物理学等自然科学中。1966年，J.Philipson出版了专著"Ecological Energy"，明确提出"生态能量学"这一科学术语，并对生态学中的能量学研究成果进行了概括和总结，使生态能量学作为一门独立的学科在生物能量学和生态学的相互渗透中应运而生。1968年，E.P.Odum指出，生态能量学是生态系统分析的核心。20世纪70年代，生态能量学研究的论文和著作开始增多。E.P.Odum和H.T.Odum兄弟俩发表的名著"Fundamental of Ecology"，对生态能量学的原理做了深刻的阐述，同时提出了种群能量学、群落能量学和生态系统能量学等概念，对生态能量学的研究层次进行了初步划分。

20世纪70年代以来，由H.T.Odum倡导的生态系统能量学促使了一系列能量分析模型的出现。其中尤其以澳大利亚的K.Newcombe、S.V.Bovden等，对中国的香港、澳大利亚的悉尼和巴布亚新几内亚的莱城等城市的能量利用研究较为全面。这些研究详细分析了城市各部门间的能量流动规律、需求关系、对外界的依赖性及其随着时间和空间变化的趋势、对城市环境的影响、提高能量利用效率和寻求可再生能源的途径等。A. Janssont 等将系统内自然能与矿物质能之比，用作系统内人类活动强度对外界依赖性及经济发展潜力的指示器，成功地解剖了能流在瑞典 Gotland 岛的经济效益、生态效益。J. Zucchetto（1975）曾对美国佛罗里达州的迈阿密城市地区能量流动的经济效应及环境效应做了系统的研究。

（二）能值分析理论的出现

1. 从能量发展到能值

自然生态系统和人类社会经济系统各组分及其作用均涉及能量的流动、转化与储存，能量可用于表达和了解生命与环境、人与自然的关系。长期以来人们以能量为共同的尺度，对各种系统进行分析研究。然而，能量分析只在同类别的能量（如机械动力能、生物能等）分析研究上取得成效。不同类别的能量具有不同来源，存在质与价值的根本差异，不可做简单加减和比较。不同类别、不同性质的能量之间存在的不可加性和不可比性，常常使能量分析陷入困境。例如，农业生态系统输入的工业能（无机能、石化能）与生物能两大类别能量具有根本性差异；同时工业能的电发出的 1J 能量与煤燃烧产生的 1J 能量也存在极大的差异，不可简单加减和比较，否则难免导致错误或模糊不清的分析结果。农业生态系统的总能量输入，除表明各种农业生态系统对包括生物能和工业能在内的总的能源的消耗水平外，很难更进一步说明其他有关农业生态系统的特征。至于自然环境资源与经济的本质关系，用一般能量单位更无从衡量和表达。20 世纪 80 年代后期，国际生态学和生态经济学领域发展出新的科学概念和度量标准——能值。能值新理论和研究新方法为生态系统、生态经济系统及人类生产活动的研究开拓了一条定量研究途径，从能量发展到能值，从能量分析研究发展到能值分析研究，在理论和方法上都是重大飞跃，在国际学术界引起了强烈反响并被广泛应用。

美国著名系统生态学家 H. T. Odum 从 20 世纪 50 年代以来，对生态系统的能量学有系统而深入的研究，提出了一系列新概念和开拓性的重要理论观点。其中包括 20 世纪 70~80 年代提出的能量系统（energy system）、能质（energy quality）、能质链、体现能（embodied energy）、能量转换率及信息等观点。这是第一次将能流、信息流与经济流的内在关系联系在一起，能流的特质基础是物质，这样生态系统中的这几个功能过程不再是孤立的了。20 世纪 80 年代后期和 90 年代创立了"能值"概念理论，以及太阳能值转换率等一系列概念。这些理论观点和方法的发展过程，反映在 Odum 不同时期的论著中，尤其是《人与自然的能量基础》、《系统生态学》、能值专著等著作。

根据能量系统理论观，生态系统及其他系统均可视为能量系统。然而不同种类、不同性质的能量具有不同的能质，不可直接比较和进行数量加减；自然环境资源与社会经济的本质关系，用一般能量单位更无从表达和衡量，能量分析碰到难题。H. T. Odum 经过长期研究，综合系统生态、能量生态和生态经济原理，于 20 世纪 80 年代后期发展出新的科学概念和度量标准——能值，创立了能值理论和分析方法（表 8-3）。1987 年 H. T. Odum 接受瑞典皇家科学院克莱福奖（Crafood Prize）时发表的演讲论著和在 Sciences 刊物的论文中，首次阐述了能值概念理论，论述了能值与能质、能量等级、信息、资源财富等的关系。经进一步研究和总结国际能值分析研究的成果，于 1996 年出版了世界第一部能值专著"Environmental

Accounting：Emer-gy and Environmental Decision Making"。

表 8-3 能值理论发展简表[①]

时 期	能值理论发展概况
1967~1971年	不加区分地统一用有机质干质量表示高质量的能量数，如木材、泥炭、煤、石油、天然气和活生物量等。体现在 H. T. Odum(1971)《能量、功率与社会》一书及其于 1976 年向美国总统科学顾问委员会的报告中。当时的能量分析忽略雨水、风和地化能等的贡献，认为每千卡有机质的能值相当于 1000kcal 的太阳能，人类劳务按 1 美元 10000kcal 有机质计算(1969)
1973~1980年	在 1976 年 Odum 向美国国会提交的报告和《人与自然的能量基础》中对植物、木材和石化燃料能量的质量进行了区分，并统一以化石燃料能量为基准单位进行度量。认为每千卡石化能相当于 2000kcal 太阳能，1973 年 1 \$ 相当于 25000kcal 石化能(第二版中改为 11000kcal 石化能相当于 1980 年的 1 \$)
1980~1982年	随着 Odum 对新西兰系统分析的深入，全球能量等级的概念日渐明晰。随着雨水、风和海浪等的太阳能驱动过程的明朗化，它们所含的太阳能值得以量化。在给美国核控制委员会的能量分析报告中，Odum 用了 6800kcal 太阳能＝1kcal 石化能，19600kcal 石化能相当于 1983 年的 1 \$
1983年至今	1983 年夏在 IASA 及一个木材发电厂和地化循环的研究中，Odum 及其追随者得出了地热和煤炭的太阳能值转换率。能值/货币比为 2×10^9 sej/\$ 或 11.944J/\$ (1987 年的美元)。将太阳能值定为标准单位，15% 作为潮汐校正系数

① 资料来源：蓝盛芳等，2002。

2. 能值与资源和经济

自然资源的价值不可用货币衡量，因为人类社会经济的货币流通并不经过自然。货币只是一种衡量经济活动中人的作用和贡献的工具，并不衡量经济和自然的作用和贡献，尽管自然做了很多工作，做出了巨大贡献。能量流动经过自然界和人类社会，但能量不能表达和衡量自然资源和人类经济以及它们的关联。只有能值可以衡量整个自然和人类社会经济系统，它既可衡量自然资源财富，也可衡量人类经济活动；既可衡量产品生产的各种投入，也可衡量产品价值。人类社会经济的运转时刻依赖自然资源，资源价值包含于一切工农业产品之中；能值与资源、生产、流动、消费息息相关，与整个生态经济系统紧密相连，真正的财富包括自然与人类创造的一切可供人类利用的东西（资源、商品、科技等），这一切均包含能值，所以能值是真正的财富，也是衡量自然和人类系统的客观标准。

经济领域通常以国民生产总值作为衡量经济能力和生产力水平的标准，然而货币并不能衡量自然界的贡献，而且由于通货膨胀而使货币年年贬值，故货币体现的国民生产总值并非衡量经济的唯一客观标准。可以更好地衡量经济的是能值，即用于创造经济财富的太阳能值。能值与货币的数量关系可以用能值/货币比率加以表示和反映，它是说明一个国家或地区的单位货币可以换取多少能值财富的指标。

研究生态经济系统能流、物流与价值流（货币流）的数量动态和它们相互之间的数量关系的方法，称为流量分析。生态学能流与物流的研究发展了系统分析方法，经济学对物质流与价值流也有经济计量分析方法。但是，如何把能流、物流、货币流及其他生态流（如人口流、信息流等）进行流量综合相互换算，在能值概念和理论出现之前长期得不到妥善解决。人们一直在寻找一种可以把生态系统和经济系统统一起来进行定量分析研究的尺度和方法，而新兴的生态经济学在理论发展和实际应用研究上也迫切需要定量化研究方法，能值在这方面扮演了重要角色。应用能值可以把能流、物流和货币流综合起来，并相互换算。根据能值概念和理论进行生态系统能值分析，可通过能值使各种生态流沟通和相互换算，以能值为量纲做定量分析研究，可以计算出一系列反映生态与经济效率的能值综合指标体系。所以，能值是生态学和经济学交叉联系的桥梁，为人类重新认识世界提供了一个重要的度量标准。

二、能量分析与能值分析

1. 能量与能值的概念

在物理学中，能量通常定义为物体做功的能力。一切运动过程和事物变化过程都需要能量；真正的财富（real wealth），包括自然和人类生产的产品均含有效能（可做功的潜能）。例如，木头燃烧释放出热，其能量转变为热量。能量常用释放的热来度量，可用卡路里（calorie，缩写 cal）作为度量有效能（avaliable energy）的单位。使1g水的温度升高1℃所需要的热量称为1cal；1千卡（kilocalorie，即 kcal）即 1000cal。人体每天大约需要释放2500kcal来自食物的能量。

国际通用的能量单位为焦耳（Joules，缩写为 J），1kcal 等于 4186J。无论运用焦耳（J）或卡（cal）为能量度量单位，森林木材和其他自然资源产品及人类社会经济产品均含有能量。

能值与能量不同，木头的能值是用于形成木头所消耗的有效能，就是说用于转化成木头的各种有效能（太阳能、雨水能和其他物质能）即为木头的能值。能值为业已消耗应用于转化为产品（如木头）的各种能量的总量（以某一种能量计），这些用于转化形成产品的各种能量均以太阳能来表示，那么产品的能值就是该产品形成所需的太阳能焦耳总量。

一根木头具有的能量与它所包含的能值，是完全不同的两个概念。木头的能量是指它具有的可做功的有效潜能，木头的能值是指其形成过程中直接和间接应用（包含）的某种能量（如太阳能）总量。

能值即包被能（embodied energy，或译为体现能），有的学者称为能量记忆（energy memory）。emergy 一词是由 embodied energy 演绎而来的。与能值分析相关的一些基本概念见表 8-4。

表 8-4　与能值分析相关的基本概念[①]

术语	定义
有效能	具有做功能力的潜能，其数量在转化过程中减少（单位：J，kcal 等）
能值	产品形成所需直接和间接投入应用的一种有效能总量（单位：J）
太阳能值	产品形成所需直接和间接投入应用的太阳能的总量（单位：sej）
太阳能值转换率	单位能量(物质)所含的太阳能值之量（单位：sej/J 或 sej/g）
能值功率	单位时间内的能值流量（单位：sej/a）
太阳能值功率	单位时间内的太阳能值流量（单位：sej/a）
能值/货币比率	单位货币相当的能值量；由一个国家年能值总量除以当年 GNP 而得（单位：sej/$）
能值-货币价值	能值相当的市场货币价值，即以能值来衡量财富的价值，又称为宏观经济价值

①资料来源：蓝盛芳等，2002。

2. 能量分析与能值分析的区别

生态系统的基本功能过程体现为能量的不断流动、转化和物质的不断循环。生态系统的能量分析即研究系统的能量流，并对其加以分析（闻大中，1993）。生态系统和生态经济系统的能值分析则是以同一标准的能值为量纲，把不同种类、不可比较的能量转换成同一标准的能值来衡量和分析，从中评价其在系统中的作用和地位，综合分析系统的能流、物流及其他生态流，得出一系列反映系统结构、功能和效率的能值综合指标，定量分析系统的功能特征、生态效益和经济效益。

能值分析与能量分析的区别在于以下几方面。

① 以往能量分析把各种性质和来源根本不同的能量均以能量单位表示后进行比较和数量研究。然而，不同类型能量并不可比较和加减。例如，农业生态系统输入的石化能和生物能存在根本差异，同是石化能的煤炭燃烧产生的1J能与1J电能也存在极大差异，不可做简单相加和比较。以能值为共同的度量标准，则可将各种原本不可相加和比较的能量，通过其能值相加和比较，使系统分析建立在以太阳能值为共同标准的基础上。

② 能量分析主要计算系统能量的产投比，无非是为了显示投入能对产出能形成效率的影响。然而，生态经济系统能量分析通常不计算太阳能、雨水能等自然资源能量投入，分析结果得出的各种产投比并不反映自然的巨大作用和贡献，不能表示生态效益。而能值分析不但分析系统内各组分之间的能值流，而且分析系统内外的能值交流；分析结果得出的综合能值指标体系既反映生态效益，亦体现经济效益，表明自然与人的作用和贡献。

③ 由于能量不能表达和衡量人与自然、环境与经济的本质关系，故难以对生态经济系统（包括社会—经济—自然复合生态系统）进行分析。能值分析则可把自然生态系统与人类经济系统统一起来进行定量分析。此外，能量分析无法对系统的能物流、货币流、人口流、信息流进行综合分析，能量单位也不能用于表达生态效益与经济效益的关联；而能值分析以能值为共同量纲，对系统各种生态流综合分析，定量分析系统的结构功能特征与动态变化。

④ 人类与自然界创造的所有财富均包含着能值，都具有价值。所以，能值是财富实质性的一种反映，是客观价值的一种表达；自然资源、商品、劳务和科技信息均可以能值衡量其固有的真实价值，评价它们的贡献。能量则不可能用于衡量自然和经济的价值。

3. 能值分析研究概况

H. T. Odum 在他独创性的系统生态学、生态系统能量学和生态经济学研究中创立的能值分析理论方法，在国际生态学和经济学界引起强烈反响。能值被认为是联结生态学和经济学的桥梁，具有重大科学意义。在理论上，能值分析为生态系统和复合生态系统开辟了定量分析研究新方法，提供了一个衡量和比较各种能量的共同尺度，找到了对生态系统的各种生态流进行综合分析的统一标准，发展和丰富了生态学与经济学的定量研究方法学。在实践上，应用能值可衡量分析整个自然和人类社会经济系统，定量分析资源环境与经济活动的真实价值以及它们之间的关系，有助于调整生态环境与经济发展，对自然资源的科学评价与合理利用、经济发展方针的制定、实施可持续发展战略均具重要意义。

近年来，国内外能值分析研究活跃，涉及经济、社会发展方面的能值分析；具体生态系统和经济系统的能值分析；能值理论与方法研究等。H. T. Odum 为各种类型生态系统的能值分析建立了基本的理论方法。将能值理论方法框架引入到各种生态系统分析中，并结合各个生态系统的实际，发展各种系统的能值分析，应是各种生态系统和生态经济系统分析研究工作努力的重要方向。

能值分析的重点和难点，就是对系统的能物流、货币流、信息流进行能值综合分析，建立可比较的能值指标体系。为此，要用能值转换率计算各种能物流乃至信息流的能值，首先要解决能值转换率的问题。尽管 Odum 及其同仁已研究计算出自然界和人类社会主要能量类型和物质的能值转换率,可满足较大范围(如国家、地区、城市)生态系统的能值分析需要,但人类经济产品的能值转换率因生产水平和效益的差异而出现差别,尽管从大系统分析这种差别不是很大。产品能值转换率的计算,需对生产该产品的系统做能值分析,以产品消耗应用的太阳能值总量除以产品的能量而求得,这种分析计算的难度不小,对信息流的能值计算评估难度更大。Odum 在能值分析专著及其他论著中对能值转换率和信息的计算分析有特别的论述,但仍需做很多深入研究工作。

三、能值和能量的实质及关系

(一) 能值的内涵及相关概念

如前所述,能值与能量是两个完全不同的概念和度量标准。现在进一步讨论能值与工程学和一般科学意义上的能量的关系。

众所周知,做有些事情比做另一些事情所付出的劳动和代价高很多。譬如,建一座房子肯定比做一张椅子的代价高,即花费的能量多得多。消耗的能量越多,产品的价值就越大。能值概念实际上是对这种古老原理赋予了新的科学含义。能值是能量需求的指标,能值可以理解为"能量"(物质、财富)的价值。自然界和人类社会创造一切产品都包含能量,都具有能值,均有价值。不同类别的能量具有不同来源和不同性质,它们的价值亦不同。某种物质(产品、能量)形成过程中投入的能量越多,其能值越大,价值就越高。所以,能值是财富价值的一种科学表达,是产品价值的实质性反映。

"能量"一词从不同角度出发而有不尽相同的定义。科学术语上的能量概念与民间通俗的能量概念并不一致。很久以前,物理学给出了一个很狭义的能量定义,即能量表示做功能力。科学上实际应用的能量度量标准是各种形式能量转化时产生的热量。

物理上的这种能量概念,不能反映不同种类能量的差别,忽略了不同性质、不同来源的能量存在的质与价值的根本差异。这种能量概念,不论哪一种能量,均以卡或焦耳度量表达后,均同等对待。在这种能量定义和度量标准下,1J 的能量,不管是太阳能、电能、核能,或人的大脑所用的 1J 能量,都是等同的,没什么区别。所以,能量概念及其度量单位并不反映能质、能级和能量价值。

能值与能量不同,它建立在公认的"功"的概念基础上,成为科学度量标准。它根据产品(物质、能量)形成所消耗的各种能量来确定其能值;不只考虑能量的数量,而且考虑能量的质量。应用各种能量数据,就可以通过各种能量的能值转换率计算出相当的能值。

能值是一种度量标准,它记录了参与能量转换过程的各种能量,反映了各种形式能量(物质)的不同来源并以量化的能值来体现。表 8-5 给出了常用的能量概念与能值相关概念,这些定义与能量系统网络有关。

表 8-5 能量与能值相关概念[①]

术 语	含 义
能量	物体做功的能力,能量做功后转变成热,并以热量单位来度量(单位:kcal、J 等)
热量	分子的聚合运动。用温度表示热量强度,温度可用热量计测定

续表

术 语	含 义
功	能量转化过程;能量从一种形式转化为另一种形式,其数量减少
功率	单位时间内能量流动量
能量第一定律	系统中的能量既不能创生也不能消灭,而可以储存
能量第二定律	能量聚集、储存、转化过程中数量减少;任何能量转换过程均伴随有效能的耗散损失
能量第三定律	热值接近0,热力学(Kelvin)的温度达绝对零度(−273℃),此时的分子状态的熵定义为0
分子熵	因热能作用所致分子状态复杂性的衡量标准。其初始值为热力学温度0K,其值等于热量总和除以热力学温度(单位:kcal/K)
最大能值功率原则	具有竞争力的自组织网络系统设计,必须使其能值功率达到最大
能量转化等级	宇宙中的能量组织呈能量转化等级关系。各种能量所处的级别位置由能值转换率多少而定

①资料来源:蓝盛芳等,2002。

(二) 能值与能量转化

图8-1 能量转化过程图解说明典型能量转化过程遵循能量第一定律和第二定律。根据能量第二定律,能量转化过程和环境中的总的熵值变化总是趋向增大。图8-1(a)体现了能量转化过程中有效能输入、能量损耗和少量新有效能产出。其中 E_F 为输入的高等级能量,其能质高,对能量转化过程(系统)起重要的控制作用,如同一个开放的热力学系统常显示的那样。能值和能值转换率如图8-1(b)所示。

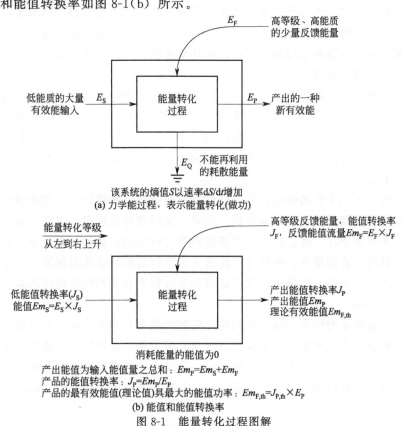

(a) 力学能过程,表示能量转化(做功)

消耗能量的能值为0
产出能值为输入能值量之总和:$Em_P = Em_S + Em_F$
产品的能值转换率:$J_P = Em_P / E_P$
产品的最有效能值(理论值)具最大的能值功率:$Em_{F,th} = J_{P,th} × E_P$

(b) 能值和能值转换率

图8-1 能量转化过程图解

假如能量转化过程伴随着不同的物质循环、不同的转化速度，就会产生不同的结果。以最佳效率进行能量转化可获得最大转换功率，其能值转化率从理论上讲受局限性小。经过长期自我调节之后，原系统就可形成一个开放系统。我们可以在长期存在矛盾冲突的环境和经济系统中，寻求最大效率的能值功率。

许多系统，尤其是那些新形成的系统，其产出与别的系统可能相同，但需要输入更多的能值，因为这些系统并不是按最大效率、最大功率进行能量转换的。经观察，这种情况下的能值转换率比可能最好的能值转换率大。同一产品有几种能值转换率，其最小的那种可用来测定其他系统的无用功。

但是机械功通常定义为作用于某物体上的力乘以该物体所经过的距离。还需要广义的功的定义适合多种不同的物质运动过程，在这一过程中多种能量相互作用。大多数的能量转化（如形成生物圈和人类经济社会网络系统）包括多种能量，如图 8-2 所示。因此"功"在本书中的定义为能量转化，只要有一种能量相对照，用有效能来定义"功"就是正确的。例如，用 2 倍于原来的有效能打上来的是原来 2 倍的水，为克服重力的作用意味着这个过程所做的功亦为原来的 2 倍。但是，用能量的大小判断两种有效能所做的功时，如果这两种能量分属于不同的能级，那么上述比较就不成立。

四、自然资源财富生产与能值

人类拥有的真正财富是自然和人类社会生产的各种产品，例如矿产、燃料、衣服、书籍、食品、信息、电力、生物等。具有真正价值的东西，均需通过自然环境生产，加上人类劳动才能获得。有些财富不一定需要经过人类劳动，如自然资源产品，包括各种地下储藏矿物、石油、水和地上的森林木材等，都是自然环境系统生产的真正财富。图 8-2 表示自然环境生产和储存财富的一般模式。

由一种或数种能量（物质）转化为另一种新的能量（物质）必须做功，完成做功的过程称为生产。在能量转化过程中，参与转化能量的能值被消耗，从而形成新的物质财富的能值。同时，伴随着物质财富的产生，多数具做功潜能的有效能在制造新产品的过程中失去了做功能力，而耗散损失。因此，形成的新产品为一种新的形式的能，其数量比输入生产系统内的能量减少了很多。

这里论及的"功"为能量转化过程，任何能量转化都要消耗能量，都要做功。为形成和保持自然资源的有效储藏，环境必须做功，即需要应用和转化能量。可通过资源财富形成过程所做的功来评估其储存，能量转化过程所做的功可以用消耗的能量来度量。这样，就可用产品形成前所做的功来衡量真正的财富，能值是真正财富的科学度量标准，它是产品形成过程做功所需的能量。所以，能值是形成产品或劳务过程中直接和间接应用的某一种有效能总量，其单位为 emjoule。

不同种类能量做功的能力不同，它们的性质和来源存在很大差异，不可做比较和数量加减。为了比较衡量系统过程中各种能量的贡献和数量关系，必须以一种能量为基准来衡量各种能量。由于各种能量都始于太阳能，因此统一采用太阳能单位来度量各种能量。任何产品或劳务形成所需直接和间接应用的太阳能之量，就是其具有的太阳能值（solar emergy），单位为太阳能焦耳。

通过能值评估，可知生产过程中自然所做"工作"的重要性。如图 8-2 所示，每公顷瑞典云杉林年均木材生产能量为 7.8×10^{10} J,相当于由 3×10^{14} sej 转化而来。能值分析计算了输入森林系统的所有能量的太阳能值,包括森林周边外围环境投入(太阳光、雨、风、土壤)的能量。因此,如果没有较大范围的地理、生物圈知识,能值不容易评估。通常有必要对两个系统进行分析评估,一个是局部系统分析,另一个是较大的区域环境系统因子影响分析评估。

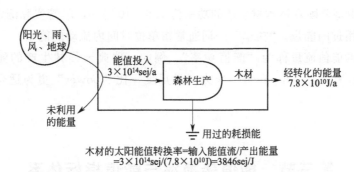

图 8-2 1hm² 瑞典云杉林年均木材生产能量示意

五、能值转换率与能值功率

(一) 能值转换率

产品(能量、物质或劳务)的能值转换率等于它包含的能值除以它的能量,即单位能量所含的能值。实际使用的能值单位是太阳能焦耳,故常用太阳能值转换率。

太阳能值转换率(solar transformity)是指形成 1J 产品或劳务所需要的太阳能值,某种产品的太阳能值转换率等于它的能值除以它的能量,单位为 sej/J。

产品形成过程中用于转化的能量越多,即消耗的能值越多,则该产品的能值转换率就越高。这是因为产品形成所进行的每一次能量转化过程,均有许多有效能量被消耗,结果转化成数量少得多的另一种能量。也就是说,转化后形成的产品能量(高能质能量)比投入转化的能量(低能质能量)要少得多。因此,新产品的能值增加了,但其蕴含的能量相对于输入应用的能量而言则降低,每单位产出能量的能值明显增大,产品的能质和能级亦提高,所以森林产出的木材比用于木材形成所投入的太阳能、雨水能有较高的能值转换率。

图 8-2 所示的森林生产过程中,云杉产出木材能量为 7.8×10^{10} J/a;形成木材的所有自然作用过程合计,其输入能量的总能值为 3×10^{14} sej/a。木材的太阳能值转换率等于输入能值总量(3×10^{14} sej)除以产出木材能量(7.8×10^{10} J),即 3846sej/J。

人类社会生产的各种商品和劳务的形成,经过人们大量的工作,需要投入大量的能量。这些商品或劳务自身的能量不大,但其能值转换率非常大。例如人类劳务、科技服务和信息等蕴含的能量不大而其能值转换率甚高,即它们具有的每焦耳能量由大量能值(太阳能焦耳)转化而来。信息的能量是指信息携带者——纸张、计算机软盘、人类大脑等的能量,这些能量的数量不大而能质甚高,包含能值很多,它们的能值转换率很高。

绝大多数能量转换过程受到输入的高能值转换率能量的控制。这种高质能量数量小而能值大,所起的作用亦大。例如,人造林的成长、木材的生产,整个能量转化受到人的管理控制。图 8-2 没有标明各种能量投入和反馈控制路径,在后面章节将进一步阐述能值转换率理论和计算。

(二) 能值功率

正如自然科学和工程学通常使用的功率（power）概念一样，功率是指单位时间内能量流动量。图 8-2 中每公顷森林木材生产的功率为 7.8×10^{10} J/a，尽管实际测定出来的能量是经过转化了的使用过的能量，"功率"一词通常指单位时间内流动的能量。

单位时间内的能值流量称为"能值功率"。例如，瑞典云杉林生产的能值功率输出为 3×10^{14} sej/（$hm^2 \cdot a$），"empower"作为度量尺度，比"power"更为适合表达英语单词"功率"的含义。

第三节 能值转换率与能值指标体系

能值转换率（transformity）是能值分析的一个重要科学概念。运用能值转换率可将生态系统或生态经济系统内流动和储存的各种不同类别的能量转换为同一标准的能值，进行定量分析研究。同时，能值转换率是度量能质（energy quality）的尺度。某种能量的能值转换率越高，表明该能量的能质越高，亦即在能量系统中的等级阶层越高。

本节探讨能值转换率与能质、生态效率的关系，不同形式能量（物质）的能值转换率以及能值转换率的计算方法。

一、能质与能值转换率

美国生态学家林德曼（Linderman，1942）的能量转换"百分之十定律"指出，能量在生态系统食物链流动和转换时，能流量逐级减少，后一营养级所获得的能量约为前一营养级的 10%。当代著名生态学家 Odum 指出，生态系统或生态经济系统中，能流从量多而能值低的等级向量少而能值高的等级流动和转化。较高等级者具有较高的能值转换率，需要较多的能量来维持，具有较高能值和较大控制能力，在系统中扮演中心功能作用。复杂的生命、人类劳务、科技信息等均为高能质、高能值转换率和高能值的高等级阶层能量。如太阳能、风能、雨能等，经传递与转换而成为高能值的能量，维持人类的生存活动。能值转换率是一种比值，实际应用的是太阳能值转换率（solar transformity），即由每单位某种能量（或物质）相当于多少太阳能焦耳（sej）的能值转化而来。

A 种能量的太阳能值转换率（sej/J）＝形成 1J 的 A 种能量应用的太阳能焦耳。

例如，在草原食物链中，假设有 1×10^4 J 太阳光能参与植物光合作用，形成的青草被羊利用，最终形成 100J 羊肉（一级消费者）的能量，故一级消费者（羊）的太阳能值转换率为 1×10^4 sej/100J＝100sej/J。大多数系统的能量传递与转换均类似食物链的特性，随着能量流动和转化，其数量逐步减少，能质逐渐提高，能值转换率增加。

H. T. Odum 及其合作者已换算出主要能量类型的太阳能值转换率幅度（表 8-1）。

二、生态效率与能值转换率

生态效率（ecological efficiency）是指能量的利用效率，即能量沿食物链流动的过程中，后一营养级的能量与前一营养级的能量之比。用公式表示为：

$$生态效率(n \text{ 级}) = \frac{通过(n \text{ 级})营养级的能量}{(n-1)营养级的能量}$$

生态效率的概念也可用于同一营养级能流过程中各个环节的比较，如生产者的净初级生产力与总初级生产力的比率。生态效率的表示方法很多，如同化效率、生产效率、生态生长效率、组织生长效率等。应注意的是，在计算这些生态效率时单位必须一致，通常以能量单位焦耳（J）计。

系统生产的效率通常以能量的产出/投入比来表达，这种能量产/投比分析把不同来源、不同类别和性质的各种能量相加和相比，既忽视了它们的不可比较性，其结果也不能真实反映系统的生产效率与其他效率。因此，应用传统的生态效率的能量分析来研究生态系统中的能量转化及其效率不够科学，有一定的局限性；这种能量分析只在同类别的能量（如机械动力能、生物能）分析研究上取得成效。不同类别的能量具有不同来源，存在质与价值的根本差异，不可做简单加减比较。不同类别、不同性质的能量之间存在的不可加性、不可比性常使能量分析和效率研究陷入困境。

能值观念能让人们以同一种能量类别（如太阳能）作为单位，同时比较系统中流动或储存的不同类别的能量及其在该系统中的贡献，分析系统的效率。通过能值理论演绎出来的能值转换率，可把各种能量（物质）转换成同一性质的能值，走出传统的能量分析的困境，定量分析生态系统的各种不同能量流、物质流，并可通过能值指标体系综合分析生态经济系统的货币流和其他生态流。

$$能值(sej) = 能值转换率(sej/J) \times 能量(J)$$

以能值为共同度量标准，不但可以分析系统的生态效率，而且可以通过系统能值分析得出反映系统结构功能特征及效率的一系列丰富多彩的能值指标，还可把各种生态流用能值统一起来进行综合分析。

三、能量系统的太阳能值转换率

1. 鱼缸生态系统的能值转换率

根据系统最大功率原则，反馈扩大作用可应用于各能量单元。各单元之间的反馈作用促进生产的发展，取得最佳效率。典型的经济系统和生态系统是与消费者和生产者的能量消耗密切相关的原则结构系统。例如，一个玻璃鱼缸便是一个简单的生态系统，如图 8-3 所示。它可用于阐述生态系统中的能值及能值转换率。尽管鱼缸对周围环境来说是封闭的，但它可吸收并利用太阳能，还可将热量向各个方向发散出去。缸内生产者——水生植物通过光合作用制造有机物质，鱼以植物、动物和微生物为食维持生命。在这个新陈代谢过程中，动物又产生了废弃营养物质（CO_2、H_2O、S、N 等）供植物重新利用。营养物质被释放并进行循环的时候，有少量的化学势能也随之释放。

图 8-3 中从左至右物质不断积累，以太阳能作为能源输入该系统，植物吸收太阳能制造

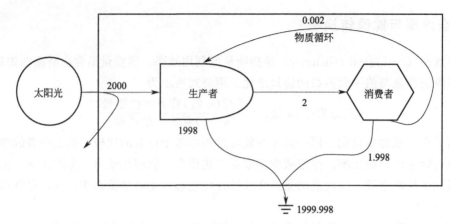

图 8-3　鱼缸生态系统能流图（单位：10^3 J/d）

有机物，通过物质循环进一步被吸收到动物体内。从右到左物质释放，消费者释放的养分又重新回到水中供植物再吸收利用。

在鱼缸生态系统中，太阳能值流对于所有的路径来说是相同的，而能量在经过每一路径时都会有所下降。能值来自太阳能，当来自能源的有效能消耗殆尽时，产生于太阳能的能值也会全部消失。这种情形发生在原始材料被利用的产品生成过程中（生产者生产的营养物质相互作用生成新的物质，原有物质的能值消失）。每条路径上的太阳能值转化率在能量系统图中可用输入能值与能量之比表示（表 8-6）。能值转换率沿能流线路的延长而增加，营养物质反馈线路上能值转换率达最大。

表 8-6　鱼缸生态系统太阳能值和太阳能值转换率[①]

能物流	能量/(10^3 J/d)	太阳能值/(10^3 sej/d)	太阳能值转换率/(10^3 sej/d)
消耗的太阳能	2000	2000	1
有机物质	2	2000	1000
物质循环	0.002	2000	1000000

①资料来源：蓝盛芳等，2002。

2. 最大功率系统的能值转换率

当能量转化在不同的负荷、速度和效率产出的系统组分中进行时，随着负荷的变化，能量转化就有不同的能值转换率。自组织系统理论指出，系统达最大功率的能量转化倾向于强化，且连续进行。因此，持续的网络通常是最大功率和最佳效率的组合。伴随最大功率能量转化的能值转换率是一个开放系统可接近的理论最低限值。生态经济系统在长期的环境经济竞争中不断改进组合方式以寻求最有效的能量转化方式。

许多系统，尤其是那些新建系统，由于尚未达到与最大功率原则相应的最高效运作，在输出相等的情况下需要输入较多的能值，此时能值转换率比理论的最小值要大些。在相等输出的不同能值转换方式中，能值转换率最小的那一个可用来度量其他转化方式效率的高低。

3. 宇宙基本组分的能值转换率

宇宙的组建有其等级性，是能量等级的表现形式。能值转换率是能量等级的度量，它适用于所有的物质、能量和信息，并与宇宙能量水平有着同样巨大的层次跨度。例如，太阳能值转换率可从太阳能的 1sej/J 变化到信息类的 10^{32} sej/J（表 8-1）。

4. 电能的能值转换率

人们早就认识到生产 1J 电能需 3~4J 的石化燃料，传统的能量分析中通常将这一能量转化表述为：电力的煤炭能转化率为 1J（电）/4J（煤炭）。这种表述方式忽略了能量等级的客观存在，即不同种燃料的能量具有异质性。

能值转换率可区分各种燃料能量的异质性，同时能值转换率的计算中可将不同类型能量的能值相加，计算电力生产所需投入的总能值，客观、全面地评价电能的转化效率。电力生产所需的主要能量输入（即煤炭及少量的商品、劳务），它们的来源相互独立，它们的能值都应计算在内。假设电厂每生产 1J 电能消耗煤的能值为 1.5×10^5 sej，维持电厂运转的其他能值投入为 5×10^4 sej，那么：

$$电能的太阳能值转换率 = (1.5\times 10^5 + 5\times 10^4)\text{sej}/1\text{J} = 2\times 10^5 \text{sej/J}$$

5. 能流效率的能值转换率

一些研究中，能量网络系统图被用以描述能流及能流的能值转换率，包括耗散能量的流动路径。如果评价一个平衡稳态系统，则据热力学第一定律，整个系统的输入与输出必须是平衡的。因此，称该类系统能量图为"第一定律图"。在系统生态学和系统能量分析中发表了大量此类能流的研究数据。传统能量分析用系统能量输出除以其能量输入便得到该系统能量的转化效率，即所谓系统的产/投比率，忽略了高能质能量反馈的控制作用。

在反馈能的分析中要注意，如果高能质的反馈能量是来自另一种不同的能量来源，则它是不可忽略的。如果反馈能是系统自身同一过程的副产品而非一种独立能量来源，则可被忽略，以避免重复计算的发生。当有高能质能量反馈控制时，这种相互作用的效率表示单位能量（J）产出所需投入的能值数，即能值转换率。

6. 组合能值转换率

由多个能量转化步骤组成的组合型能值转换链中，可将各转化步骤的能值转换率相乘，从而得到整个能量转化过程的能值转换率。例如，在太阳能→煤炭→电的转化过程中，电能的太阳能值转换率等于煤炭的太阳能值转换率（5×10^4 sej/J）乘以电的煤炭能值转换率（4J/J），即：

$$电能的太阳能值转换率 = (5\times 10^4 \text{sej/J})\times (4\text{J/J}) = 2\times 10^5 \text{sej/J}$$

7. 产出相同的两个转化过程的能值转换率

如果一个未知能值转换率的过程与一个已知能值转换率的过程有同样产出，则未知能值转换率可由已知转换率推知。这个新的能值转换率就是已知太阳能值流与未知过程能流的比率。例如，1000sej 可产出 1J B 型，而 150J A 型能也可产生 1J B 型能，则：

$$A 型能的太阳能值转换率 = 1000\text{sej}/150\text{J} = 6.67\text{sej/J}$$

8. 能值转换率和热力

能够转换成有用机械功的热能量取决于热源和冷源的温度差。热源和冷源之间的温度差越大，每单位的热量流动所做的功越多。换言之，只有当系统中存在温度差时其中的热量才能用来做功。

理论上，将热能转化成机械能的最大功率由卡诺（Carnot）比率决定。该值为热源与冷源的开氏温度差与热源的温度之比。卡诺比率是用来测定热能有效性的工具。

当作用于某物体上的热能的功增加时,能量变换过程就将形成饱和状态。所谓饱和状态是指"可逆条件"(即热力学上所指的平衡,没有可供利用的有效的自由能)。这样,当运行到最高功率时几乎在系统中没有任何功率转换。

低负荷的操作允许以较快速度做功,但功率很低,更多的功率来自热量。当以最大功率输出运行时(稳定态),能量转化的效率与功率比值大约是卡诺变换效率的1/2。

当热源与环境之间的温度差增加时,由热能转化为机械能的功率及太阳能值转换率二者在理论上均会增加,如图8-4所示。图8-4中的湿度变化率(卡洛特百分数)代表燃料的太阳能值转换率。Roberts对多种转换技术提出了一个由热能转化为机械能的功率图,以显示温度的作用。

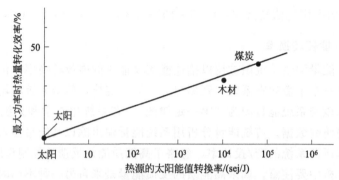

图8-4 热能-机械能转换功率与热源太阳能值转换率
功率等于热力学温度($t+273$)的连续变化值 ΔT 除以热源温度 T 的一半

生物圈热量变化只有几摄氏度,这是因为太阳对地球生物圈的加热作用较小。发电厂的温度变化率很大,从800K(木材电厂)到5000K(核电厂)。热机中燃料的燃烧温度变化范围很大,这取决于燃料及氧气(或其他化学反应物)的浓度。许多工厂的生产基本要求是得到高温,通常说来这就意味着使用具有较高能值转换率的燃料,或在生产过程中进一步将这些燃料进行转化。地球内部高温推动地球热对流,也具有相对较高的能值转换率。

热源的太阳能值转换率可以用插值法来计算。假定发电厂运行温度为1000℃,发电厂机械能的能值转换率为25000sej/J;卡诺比率大约为700/1000=0.7,最大功率的效率是其1/2,即0.5×0.7×100%=35%。卡诺比率在0~0.7之间,太阳能值转换率为0~25000sej/J。太阳能值转换率的表达式,用插值法计算可以用下式表示:

$$太阳能值转换率=(\Delta T \times 25000 sej/J)/(0.7T)$$

9. 同一营养级不同类型能量的能值转换率

在生态学食物链中,能量通过植物、小动物、大型消费者等各营养级依次传递。这些营养级由不同物种占据。各营养级都有一个相应的能值转换率,能值转换率使原本不可比较的不同类型(物种)能量成为可比的能值。

10. 能值转换率和再生周期

许多学科领域都把事物再生周期作为该事物占据空间的一个因子,表示时空的紧密关系,并以此标识事物的时空等级。例如牧草较之于牛就占据较小的空间,有较短的再生周期。

太阳能值转换率本身固有的时空特性使它同样可以表示事物在自然等级中所处的位置。

图 8-5 是以太阳能值转换率和周转期为坐标绘制的柱形图。随着能量转换的进行，能量递减而能值转换率和事物再生周期递增，从而可为全球系统能量等级的确定提供一个指标因子，表示事物在全球系统中所处的时空等级地位。该图左边的大量投入能转换为右边少量的高质能，能量从左到右递减，但能值转换率及其所反映的时空等级递增。

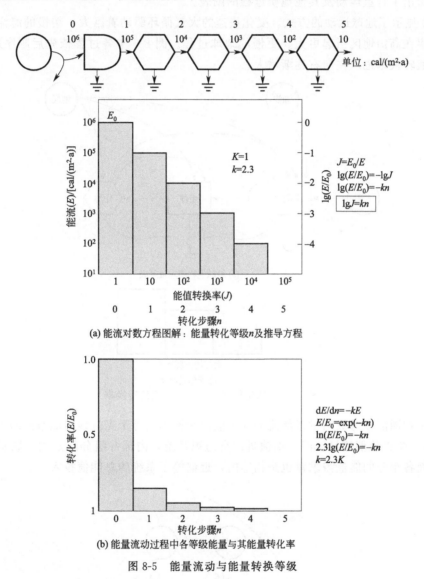

图 8-5　能量流动与能量转换等级

四、能值转换率的计算方法

环境中主要能量流动过程的太阳能值转换率的计算方法包括：从地球生物圈能量等级分布网中获取数据进行计算；通过对亚系统能量流动和转化进行分析；通过能量储存时间进行分析计算；通过其他太阳能值转换率进行转化推算；通过能量流动网络数据计算；通过计算机解矩阵方程计算；通过能量等级分布图计算；通过事物再生周期计算等。

1. 地球生物圈主要能流的能值转换率

地球生物圈中流动能量的太阳能值转换率的计算取决于正确了解和反映地球系统的能量等级。正确的能量系统图中各组分转换率逐级提高。能量等级的判别可参考气象学、海洋学和地球科学等参考书的区域图或循环周期图。地球生物圈某一部分或过程包含在一个更大系统中,其能量等级较低,且变化较快。有学者概括了生物圈中各个等级的时空位置资料,而有学者则做出了行星运动及其他地质过程的图表。

图 8-6 显示了地球运动的方式。变化快速的大气循环驱动着巨大、缓慢的海洋运动,而后者又聚集在高山地区引起更大、更慢的地球过程。图 8-6 中各过程依先后顺序进行排列,其太阳能值转换率也从左向右逐渐增大。

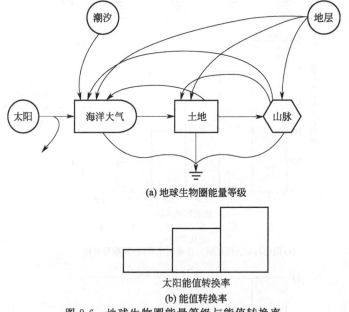

图 8-6 地球生物圈能量等级与能值转换率

地球生物圈能量等级网中各能流的太阳能值转换率均等于支持地球能量网的太阳能值总量(图 8-7)除以该能流量。经长期演进的自组织系统,内部各组分间是相互联系、相互耦合的,因而各组分的能值需求量也是相等的,近似等于系统的总能值投入。

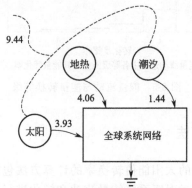

图 8-7 全球系统能值网络示意
(单位:10^{24} sej/a)

支持地球生物圈系统的年均太阳能值总量为 9.44×10^{24} sej/a，包括直接照射到地面上的太阳光、地底深处的地热能和潮汐能的能值总量。

地球生物圈系统平均太阳能值转换率＝系统的年太阳能值量/年均能流总量

此公式中没有包含不可更新能源、矿物燃料和其他矿物质消费的投入，仅反映了以化石燃料为基础世界经济发展前的地球能量网。

由于受高能量等级的生物地化能量流动——不可更新燃料和其他矿物质的影响，地球生物圈的气象系统、海洋系统和陆地系统都是一个再组织的过程。因此，对整个地球能量流动的太阳能值转换率的计算应包含这些不可更新资源的投入。

陆地一方面因不断地受到风、水和其他气候过程的侵蚀而损失，另一方面它又会通过自我调整而不断地进行补充，这就是陆地的循环过程。有学者认为陆地的平均侵蚀率为 2.4cm/1000a，岩石的平均密度为 2.6g/cm^3，地球陆地面积为 $1.5\times10^{18}\text{cm}^2$，所以陆地循环过程的太阳能值转换率为：

$$\frac{9.44\times10^{24}\text{sej/a}}{(2.4\text{cm}/1000\text{a})\times(2.6\text{g/cm}^3)\times(1.5\times10^{18}\text{cm}^2)}=1.00\times10^9\text{sej/g}$$

通过这一过程的地热数据可从地质学上的热量变化率中获得。因此，在陆地循环中地热活动过程的太阳能值转换率（sej/J）为：

$$\frac{9.44\times10^{24}\text{sej/a}}{2.74\times10^{20}\text{J/a}}=3.4\times10^4\text{sej/J}$$

2. 并行过程的能值转换率

对地球生物圈系统主要过程的评估需要做出地球能量网（图 8-7）相关部分的系统图解。伴随地球能量系统主要过程，地球系统还存在许多其他过程，它们也同样利用着地球系统的能量。

一般说来，地球循环的过程就是将各种物质在不同的地方转变成另一些物质的过程。这些地方包括黏土层、泥灰岩、砂砾层、礁石、沙地和泥炭层等。其余尚未进行评估的过程的太阳能值转换率也可用类似的方法求出，只要该过程属于地球系统的过程，就可以通过求出该过程在地球系统中所占份额而求出太阳能值转换率。

3. 通过亚系统分析计算

根据投入能值总量除以产品所含能量即为该产品的太阳能值转换率的公式，在能值分析中可以求出不止一种产品的太阳能值转换率。只要求得投入系统的太阳能值量和系统产品所含能量，则该产品的太阳能值转换率也可求出。

对于一个亚系统来说，它可以只含有自然过程，而不受人类投入的影响，或者它也可以只含有人类劳务和经济投入。由于货币只支付给人类，因此人们就可利用货币来直接或间接地反映商品、劳务和劳力所含的太阳能值。只要把支付于商品、劳务和劳力上的货币额乘以其对应的能值/货币比率，就可得出它们所含的太阳能值。如果使用的劳务资源是来自另一个国家，则应用另一国家的能值/货币比率来求劳务资源所含的太阳能值量。

4. 储存资源的太阳能值转换率

求某一数量的储存资源（如红杉林、湖水、城市建筑物）的太阳能值转换率，把投入这些资源的太阳能值乘以这些资源的形成时间，再除以资源的能量即得。例如，对 Santa Je 沼泽地泥炭系统的分析就是一个例子。该系统的主要能值投入是新鲜的淡水,部分来自沼泽地周围的径流。另外,从地下 3m 处取出的泥炭样本的放射性 C 测定表明,该系统中泥炭的形成时间约为 1500 年,$3m^2$ 泥炭的太阳能值等于每年供给淡水的太阳能值产出和形成时间的乘积,则:

$$\text{利用的太阳能值} = [2.32 \times 10^{11} \text{sej}/(m^2 \cdot a)] \times 1500a = 3.48 \times 10^{14} \text{sej}/m^2$$

$$\text{太阳能值转换率} = (3.48 \times 10^{14} \text{sej})/(3.24 \times 10^{10} \text{J}) = 1.07 \times 10^4 \text{sej}/J$$

如果该系统中的泥炭被开发利用,则需要投入其他的能量,因此这时候泥炭的太阳能值转换率就会比原来稍高。

5. 通过其他相关能值转换率求太阳能值转换率

几种不同类型但相互联系的能量的太阳能值转换率可合并换算成其他的太阳能值转换率。例如,煤的太阳能值转换率为 $4 \times 10^4 \text{sej}/J$,以煤发电的效率为 4J(煤)/1J(电),则电的太阳能值转换率为:

$$\text{电的太阳能值转换率} = (\text{煤的太阳能值转换率}) \times (\text{电的煤能值转换率})$$
$$= (40000 \text{sej}/J) \times (4J/J)$$
$$= 160000 \text{sej}/J$$

另一个例子是计算地底深处的地热过程的太阳能值转换率。由于热量在两个不同过程之间产生,并且已知其中一过程的太阳能值转换率,则可倒过来求出另一种过程的太阳能值转换率。

6. 从能流图计算太阳能值转换率

在已发表的科学研究文献中,有许多是研究系统能流网的,它们通常包括系统中能量进出、储存、分散的各种途径。例如,生态学中的食物链、地球科学中的能量转换、工业和经济系统的能量流动等都属于这一类。

若把一能流网看成是平均的、稳定的状态,并且把该能流网简化,使每一简化后的组分都能利用投入系统的能值总量,那么这每一组分的太阳能值转换率就等于投入系统的能值总量与各组分能流量的商。

例如,有的学者对密西西比河河口的水生食物链进行研究。该食物链的能量起源于浮游生物及沼泽地,它们向无脊椎动物和鱼类提供生物量。假定投入该食物链的总太阳能值为 $9.89 \times 10^{22} \text{sej}/a$,则可用总太阳能值除以各组分的能量流动量来求出各组分的太阳能值转换率。在生态学上,食物链的每一环节称为一个营养级。如果该系统图解被合并简化,使同一营养级上的所有投入都被用于转换成下一营养级的能量,便有大量这方面的能量研究数据可用于计算太阳能值转换率。

7. 借助计算机通过矩阵求和计算

Sieve Tonnonbaum 设计了一个微计算机软件,能把系统中各组分以相同单位[如太阳能焦耳(sej)]表述的能值投入进行相加。为了达到这一目的,他在程序中应用了数学公式。在该软件的设计中,系统各组分的能值数据被写成矩阵代数形式,并利用 BASIC 语言来计算太阳能值转换率。

Tonnonbaum 的程序决不仅是一种方法,他用矩阵数学语言来定义太阳能值转换率,这样有助于以矩阵代数的角度来理解能值概念,并使之与投入-产出能量分析中纯粹意义上的具体能量概念相区别。

8. 根据能量等级分布图推算

能量等级分布图可以不同的形式出现在不同的学科中。系统中低等级能量组分位于图的左边，它们占据了整个图表的大部分，而只有很少的高能级、高能值组分位于右边。有很多能级图与此类似，例如气体能级分布图、液体涡流图、海洋波浪能级分布图、各种规模洪水概率发生图、森林不同大小树木分布图、人口研究中的年龄分布图等，所有这些图都显示了能级分布的情况。在不同的学科中，这些图具有不同的单位和名称。通过系统图显示系统内各能流过程及其来源，图中能量数据就可用来计算能值转换率。

现以图 8-8 为例说明一般的计算步骤，图 8-8 中各立柱分别表示能量系统图中从左到右各能量等级产物，柱高（纵坐标）表示产物的物质量（能量）。首先用各柱高乘以其所对应的能值转换率求出所含能量数；然后分别用各中间产物所含能量值除以系统总能值输入量，即可得到它们的能值转换率；最后可将算得的各能值转换率标于相应的立柱下，做出完整的能值分析等级图。

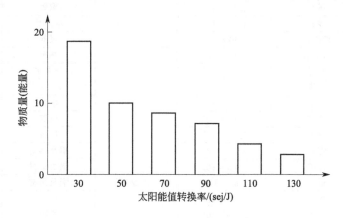

图 8-8　能量等级图（以太阳能值转换率为例）

9. 根据形成周期求太阳能值转换率

事物的再生周期越长，所占据的时空范围越大，表明其生产过程中所耗的自然资源投入越多，且事物所处的能量等级越高，其能值转换率越大。因而能值转换率具有时空特性。

五、常用太阳能值转换率

如前面章节论及，能值分析的最大难点是各种能量、物质乃至信息和劳务的能值转换率的分析计算。为此，尚要做许多深入研究工作。迄今，国际能值研究已取得大量成果，H. T. Odum 和各国研究人员经过大量研究实践，换算出了自然界和人类社会经济主要能量（物质）类型的太阳能值转换率（表 8-7）。这些能值转换率可用于大系统能值分析，特别是大范围生态经济系统能值分析，如用于国家系统、地区系统、城市系统、森林和大农业系统等的能值分析。不同生产水平和生产方式生产的同一种工农业产品的能值转换率有差别，因为它们投入、消耗的资源能值量并不相同，表 8-7 仅供参考。

表 8-7　常用太阳能值转换率一览表[①]　　　　　　　　　　　　　单位：sej/J

类型	名称	能值转换率	类型	名称	能值转换率
1. 可更新资源	太阳能	1	3. 农业产品	谷物	8.30×10^4
	风能	1.50×10^3		棉花	8.60×10^5
	雨水化学能	1.80×10^4		植物油	1.30×10^6
	雨水势能	1.00×10^4		生丝	3.40×10^6
	水电	8.00×10^4		羊毛	4.40×10^6
	海浪能	3.00×10^4		兔毛	3.80×10^6
	潮汐能	1.70×10^4		桑叶	2.40×10^4
	河水化学能	4.10×10^4		虫蛹	2.00×10^6
	地球循环能	3.40×10^4		小麦	6.80×10^4
2. 不可更新资源	火电	1.60×10^5		水果	5.30×10^4
	表土层损失能	7.40×10^4		蔬菜	2.70×10^4
	土壤损耗能	1.70×10^9		木材	4.40×10^4
	原煤	4.00×10^4		牛肉	4.00×10^6
	原油	5.40×10^4		羊肉	2.00×10^6
	天然气	4.80×10^4		肉类	1.70×10^8
	原木	3.20×10^4		糖料	8.50×10^4
	泥炭	1.90×10^4		橡胶	1.60×10^5
	砂岩	1.00×10^9		水产品	2.00×10^6
	磷酸岩	1.40×10^{10}		褐虾	1.30×10^7
	石灰岩	1.62×10^6	4. 工业产品	酒精	6.00×10^4
	褐煤	3.70×10^4		自来水	6.60×10^5
	煤炭	1.06×10^4		汽油	6.60×10^4
	石墨	1.00×10^9		水泥	3.30×10^{10}
	铁矿	8.60×10^8		玻璃	8.40×10^8
	铜矿	1.80×10^9		塑料	3.80×10^8
	铝矿	8.50×10^8		钢及钢材	1.40×10^9
	锌矿	1.80×10^9		铝及铝材	1.60×10^{10}
	铅矿	1.60×10^{10}		铜及铜材	6.80×10^{10}
	锡矿	1.90×10^9		农药	1.60×10^9
	锰矿	8.90×10^8		氮肥	3.80×10^9
	钨矿	1.00×10^{10}		磷肥	3.90×10^9
	磷矿	1.40×10^{10}		钾肥	1.10×10^9
	硼矿	9.00×10^8		复合肥	2.80×10^9
	硫矿	8.60×10^8		有机肥	2.70×10^6
	金	4.40×10^{14}		废水	8.60×10^5
	银	3.00×10^{14}		废物	1.80×10^6

① 数据来源：蓝盛芳等，2002（稍做修改）。

六、基本能值指标

（一）能值/货币比率

　　如何将环境系统或自然生态系统与人类经济系统结合起来进行定量分析，一直是困扰生态学家和经济学家的难题，能值分析理论解决了这一难题。如前所述，复合生态系统的各种生态流均可用能值来度量，继而可通过能值/货币比率（emergy/money ratio）把能值流与货币统一起来进行分析评价。

1. 能量流与货币流

货币只在人类及其经济活动中循环流动，而不经过环境系统。货币流也是一种信息流，它与商品和劳务呈逆向流动。要掌握经济动态，需清楚货币和真正财富流动的路径。货币流与物质财富流紧密相连而又彼此分离，在系统图中货币流用虚线表示，它只付给人类劳务，而从不付给"免费的"自然环境生产所做的贡献。

在环境—经济系统网络中（图 8-9），图左边环境能流量大，它在向右边（人类经济）流动、转化过程中逐渐变小。环境部分无人类参与，便无货币流；图中间环境应用部分，有少量钱付给人类劳务（如林业和渔业）；图右边主要经济系统则有大量货币循环，以支付给人类劳务。系统货币流与能量流方向相反。

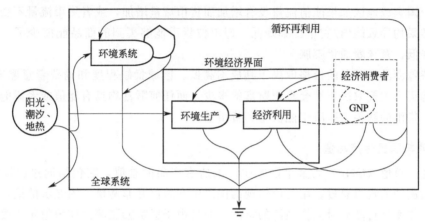

图 8-9　全球生态经济系统概图（表示环境产出和人类经济子系统）

能值/货币比率在全球系统图 8-9 中从左到右依次降低。A. M. Jansson 等于 1978 年对瑞典岛屿区域系统进行生态能量与经济分析，结果也证明了这一情况。能值/货币比率是反映人类劳动与环境"工作"关系的一种指标。正是由于能量与货币数量变化及作用的不同，能量在环境分析中更显重要，而货币在人类经济思想中备受重视。然而，能量或货币都不能作为度量环境和人类贡献的共同尺度，只有能量和货币所包含的能值才是它们共同的度量基准。

2. 国家的能值/货币比率

一个国家单位货币（通常转换成美元）相当的能值量，即能值与货币的比率（emergy/dollar ratio），它等于该国全年能值投入总量除以当年货币循环量（国民生产总值 GNP）。一个国家全年应用的能值总量包括可更新自然资源（太阳光、雨等）、不可更新自然资源（煤、石油、天然气、矿藏、土地等）及进口商品、资源的能值。以农业为主的发展中国家直接使用很多不花钱的本国自然资源，没有或甚少用货币购买其他国家的资源产品，同时 GNP 较低，经济领域流通的货币量较少，因而发展中国家具较高的能值/货币比率。

在这些国家用较少的钱可购买到较多的能值财富。反之，发达国家的能值/货币比率远低于发展中国家，它们的 GNP 高，用货币购进的资源产品较多。

3. 全球能值/货币比率

就全球经济而言，其能值/货币比率等于全球年能值总用量除以当年全球经济生产总值

(gross economic product, GEP)。全球年能值总用量包括可更新资源能值用量（主要为太阳能、海潮能和地热能）和不可更新资源能值用量，1983 年世界能值/货币比率为 2.0×10^{12} sej/\$。

（可更新资源能值用量＋不可更新资源能值用量）/全球经济生产总值＝$(9.44 \times 10^{24}$ sej/a＋10.8×10^{24} sej/a$)/(10.1 \times 10^{12}$ \$/a$)$
$$=2.0 \times 10^{12} \text{ sej/\$}$$

4. 能值与通货膨胀

货币购买力是指单位流通货币所能买到的商品或劳务之量。在经济系统中，商品能值产出的多少和货币流通量共同决定了货币的购买力，能值/货币比率从一个角度表示了这种购买力。一个国家或地区如果能值流量没有增加而货币流量增加，或者货币流量不变而能值流量减少，结果均导致能值/货币比率降低，即单位货币能够买到的商品能值少了，也就是货币购买力降低，意味着通货膨胀。

某些特殊商品和劳务的价格取决于其成本高低、区域稀缺程度和消费者意愿支付价格，但货币的购买力主要取决于社会真正财富的多少。而任何财富均具有能值或者说能值就是财富。因此，货币的购买力取决于能值量和货币量。

5. 能值与国民生产总值

国民生产总值（GNP）为整个国家生产的所有产品的总值，它包括通过国民家庭与政府经济部门流动的货币总量。用货币体现的国民生产总值并非衡量一国经济的最佳标准。因为货币并不能衡量自然界对人类经济的贡献，而且由于通货膨胀等而使币值年年改变，故人造货币体现的 GNP 不可能完全而客观地表明国家经济状况。可以更好衡量一国经济的标准是能值，即财富的能值量。

（二）能值-货币价值

1. 能值-货币价值内涵

能值-货币价值（emdollar value，Em\$）是指能值相当的货币价值，也就是将能值折算成市场货币时，能值相当于多少货币。如果某一能值流是经济系统真正财富（real wealth）的构成部分，那么可以认为该系统这部分的购买力大小取决于该能值流量。例如，如果农业在一个国家的年能值总量中占 10%，则该国经济生产总值（GEP）的 10% 取决于农业能值量。由能值决定的这部分经济产值，就是所谓的能值-货币价值。某种产品的能值量除以能值/货币比率，即得该产品能值的 Em\$。

实际应用的能值单位为太阳能焦耳（sej），故"能值-货币价值"实为"太阳能值-货币价值"。例如，假设某种能值流量为 1×10^{12} sej/a，此能值量除以美国 1993 年的能值/货币比率（1.4×10^{12} sej/\$），即得到该能值流当年在美国经济体系中的 Em\$：
$$1 \times 10^{12} \text{ sej/a} \div (1.4 \times 10^{12} \text{ sej/\$}) = 0.71 \text{ \$/a}$$

1995 年以前，H. T. Odum 和其他学者曾用术语"宏观经济价值"（macroeconomic value）来表达能值相当的经济价值，以表示资源能值对经济的价值。但这一术语与经济学上的"经济价值"容易混淆，因此 Odum 在 1996 年的能值专著中改用"能值-货币价值"

(emdollar value)。

通俗而言,所谓 Em＄系指某种能值对经济的贡献折算成货币的话,相当于多少市场货币值。其折算方法是将输入经济系统或经济生产活动的某种能值除以能值/货币比率,所得的这种 Em＄并非市场流通的货币价值,只是表明该能值"相当于"多少币值。

例如,中国每年生产的煤炭的能值很高,它的能值-货币价值也很高,居于各产品之首。但这价值并非市场经济价值,即不是说我国最大一笔经济收入就是煤炭。这只是把能值量折合成相当的币值,从能值出发以宏观的观点进一步了解某一资源或经济产品的"价值"。煤炭的 Em＄,实际上是将形成煤矿过程所应用的能值总量统一折算成了相当的币值量,故这种能值-货币价值绝对高于仅计算人类劳务成本的市场经济价值。

Em＄是从宏观上探讨经济的理想尺度,它可用于度量经济环境和资讯以及商品和劳务。取得最大能值-货币价值的系统必然是有最大能值产出的系统,它可以持续发展且具竞争力。

2. 通过 Em$ 评价储存资源和人类劳务

系统的能物流和它们的储存库均可用太阳能值来表达,并可评估它们的能值-货币价值。能物流可用单位时间流动的太阳能值和能值-货币价值（Em＄）来衡量。储存库（storage）的能值等于形成该库的能值总流量。例如,有 200 年历史的 1hm² 森林储存的能值等于其年能值应用量$[5\times10^{14}\,\text{sej}/(\text{hm}^2\cdot a)]$乘以该森林形成的年数：

$$储存能值 = [5\times10^{14}\,\text{sej}/(\text{hm}^2\cdot a)]\times 200a = 1\times10^{17}\,\text{sej}/\text{hm}^2$$

将储存能值除以当年的能值/货币比率,即可得到该森林的能值-货币价值：

$$\text{Em}\$ = (1\times10^{17}\,\text{sej}/\text{hm}^2)/(1.4\times10^{12}\,\text{sej}/\$) = 71428\,\$/\text{hm}^2$$

通过能值/货币比率也可计算人类劳务的能值。譬如,某人年收入为 14000 美元,乘以该年能值/货币比率则可得到其劳动贡献的能值量为：

$$(14000\,\$/a)\times(1.4\times10^{12}\,\text{sej}/\$) = 2.0\times10^{16}\,\text{sej}/a$$

（三）能值投资率

生态经济系统（环境经济系统）的能值投资率（emergy investment ratio）,等于来自经济的反馈能值（Em_F）除以来自环境的无偿能值输入（Em_I）。如图 8-10 部分能值指标图解所示,前者如燃油、电力、物资、劳务等均需花钱购买,称为"购买能值（purchsed emergy）"；后者为来自包括土地、矿藏等不可更新资源和太阳能、风、雨等可更新资源在内的自然界无偿能值（free emergy）。能值投资率也可称为"经济能值/环境能值比率"。

能值投资率是衡量经济发展程度和环境负载程度的指标。其值越大则表明系统经济发展程度越高；其值越小则说明发展水平越低而对环境的依赖越强。大到一个国家和地区,小到一个工厂、企业,其经济发展和增长均须有高能质的科技、劳务、物资和燃料的投入,并与当地环境资源和自然条件共同作用。也就是说,要有高质量和低质量的各种能量的能值适当搭配。全球平均能值投资率约为 2；发达国家比不发达国家的能值投资率要高,如美国和西班牙为 7,印度为 2.4,利比里亚为 0.1。某国家或地区对投资者的吸引力,取决于该国的能值投资率,低能值投资率的不发达国家比高能值投资率的发达国家具有更多未开发利用的资源可供投资者利用。因为乡村地区有良好的环境资源条件,能值投资率低,全球工厂企业和人口正呈现从发达而拥挤的区域向未开发的乡村地区迁移的趋势。

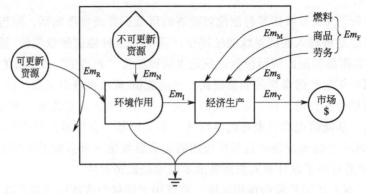

图 8-10　部分能值指标图解

能值投资率＝经济能值/环境能值＝Em_F/Em_I＝(Em_M+Em_S)/(Em_R+Em_N)
净能值产出率＝产出能值/经济能值＝Em_Y/Em_F＝Em_Y/(Em_M+Em_S)
环境负载率＝不可更新资源能值/可更新资源能值＝(Em_F+Em_N)/Em_R
劳务能值/资源能值＝Em_S/[(Em_R+Em_N)+Em_M]

能值投资率可用于确定经济活动在一定条件下的效益，并可测知环境资源条件对经济活动的负载率。如果某系统生产规模的能值投资率大大高于当地的平均能值投资率，那么该项生产规模可能超出当地环境条件承受能力。过大的经济投入，输进大量的能值，将使其生产的产品竞争能力降低。相反，如果某一生产系统具较低的能值投资率，意味着经济投资低，需投入的能值少，其生产的产品可以较低价格出售，市场竞争力较强，这也就是为什么开办工厂企业要首先考虑和立足于当地环境资源条件的缘故。诚然，决定产品的市场竞争能力的因素是多方面的，包括质量、市场需求信息等，但环境资源条件及其所制约的能值投资率无疑是一个重要因素。对一个经济实力和生产力发展水平不高的国家或地区，环境资源的影响尤为突出，是经济发展的关键因素。

（四）净能值产出率

1. 概念

净能值产出率（net emergy yield ratio，EYR）为系统产出能值与经济反馈（输入）能值之比。反馈能值来自人类社会经济，包括燃料和各种生产资料及人类劳务（图 8-10）。

净能值产出率是衡量系统产出对经济贡献大小的指标。与经济分析中的"产投比"（产出/投入比）相似，净能值产出率是衡量系统生产效率的一种指标。EYR 值越高，表明系统获得一定的经济能值投入，生产出来的产品能值（产出能值）越高，即系统的生产效率越高。净能值产出率对能源和进出口价值评估特别重要，可用以说明能源生产与利用的效率，显示经济活动的竞争力。

2. 净能值和净能值产出率

能源的净能值（net emergy）等于能源生产所产出的能值减去生产过程耗费的能值。图 8-11 表示墨西哥湾油井的净能值产出率。产出的石油能值在图 8-11 中以向右的箭头表示，而生产过程的经济投入使用的能值用向左的箭头表示；向右流动的产出能值，大于来自主要经济部门用于能源生产所投入的能值,这部分多出的产出能值就是净能值。用于生产的经济投资叫反馈。

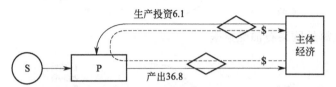

图 8-11 墨西哥湾一组油井的净能值产出率(单位:10^{19} sej/a)

S—墨西哥湾油井;P—海上石油钻井平台

净能值=产出能值-反馈能值=$36.8×10^{19}-6.1×10^{19}=30.7×10^{19}$ sej/a

净能值产出率=产出能值/反馈能值=$36.8×10^{19}/6.1×10^{19}=6.0:1$

在计算净能值时,产出和反馈需用同样的能值单位来表示。估算净能值的第一步是估算实际的能流量,然后将各能流量乘以该能流的太阳能值转换率,即得到以太阳能焦耳为单位的能值量。

投入生产的反馈多为货币兑现的商品和劳务,将货币量乘以能值/货币比率,结果便是以太阳能值为单位的反馈能值量。

评估一种能源对经济的贡献与价值,只计算净能值还不足以说明问题。能源的经济效益关系到该能源的开发利用价值,这要通过估算反馈(经济投资及能量)投入后可能获得的产出价值,换句话说需要计算产出能值与反馈能值的比率,这种比率即净能值产出率。

经济发达国家,例如日本、荷兰、美国、英国和德国,在 20 世纪 50 年代和 60 年代,每花费 1J 能量用于能源开发和生产,便可获得 40J 能量。但随着能源勘探和开发的难度增大,花费于勘探、运输和生产过程的能量越来越多,能源生产的净能值产出率便大为下降。

石油的净能值产出率,如图 8-11 计算所得结果为 6.0:1。这个比率小于 20 世纪 50~60 年代 40:1 的能源净产出率,但这是目前能源生产的典型净能值产出率。

通过比较净能值产出率,可以更好地了解某种能源生产是否具有竞争力及其经济效益。如果一种能源的净能值产出率远低于其他能源,开发利用这种能源所耗费的能量和资金都高,那么这种能源便尚无开发利用的竞争力,没有利用的必要,需要等到其他较高净能值产出率的能源使用完了才有可能考虑开发利用这种能源。

(五) 能值交换率

1. 商品买卖的能值受益率

能值交换率(emergy exchange ratio)亦称"能值受益率(ratio of emergy benefit of purchase)",是指商品能值(购买者获得的能值)与购买者支付货币相当的能值(emergy of money paid,即购买者"支付"的能值)之比率。如图 8-12 所示,商品的能值及其能值相当的货币价值(Em$ values)均可计算,从而可计算出购买商品的能值受益率。

能值受益率=产品的能值/货款的能值=

产品的能量(J)×能值转换率(sej/J)/[货款($)×能值/货币比率(sej/$)]

在图 8-12 石油购买案例中,石油的太阳能值等于其能量乘以相应的太阳能值转换率,购油货款的太阳能值等于货款乘以能值/货币比率(sej/$)。由分析结果可知,美国进口石油获得的石油能值等于其所付货款能值的13倍多。

例如，美国从海外购买石油受益率

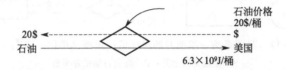

美国进口石油的能值受益率=(6.9×10⁹J/桶)×(5.3×10⁴sej/J)/[(20$/桶)×(1.4×10¹²sej/$)]=13.06

图 8-12　买卖过程的能值-货币流，表示能值受益率

1.4×10¹²sej/$ 为美国1991年的能值/货币比率

1桶=1.58987×10² dm³

表 8-8 为部分农产品和燃油的市场价格和购买者获得的能值受益率。自然环境资源产品的能值远高于市场货币体现的能值，购买这类产品将获得高能值受益。

表 8-8　购买农产品获得的能值受益率

序号	项目	单位	市场价/$（1983年）	能值受益率
1	水	英亩×ft	50.00	1.9
2	马铃薯	100lb	8.50	2.0
3	燃油(1984年)	gal	1.00	3.3
4	小麦	蒲式耳	3.55	3.5
5	棉花	lb	0.59	3.9
6	牛肉	100lb	55.00	6.5
7	化肥	t	164.00	11.8
8	木材	lb	0.83	16.7

注：1英亩=0.404686hm²；1ft=0.3048m；1lb=0.453592kg；1gal=3.78541L；1蒲式耳=35.239L。

2. 国际贸易的能值交换率

国家之间的贸易收益不能只以货币得益来衡量，因为货币不能真实反映商品的固有价值，也就不能体现贸易双方获得的真实利益。应以能值这一客观尺度来评价国际贸易的得益，即通过能值交换率来评议国际贸易。对外贸易的能值交换率等于贸易过程所获得的能值（emergy received）与输出的能值（emergy sent）之比（图 8-13）。

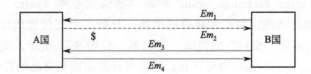

图 8-13　评估国际贸易或国际借贷的能值交换率

能值交换率=能值获取量/能值输出量；

能值交换率对比可为 $Em_1:Em_2$，$Em_3:Em_4$，$Em_2:Em_3$ 或所有交换比率

外贸的真实利益取决于国际贸易的能值交换率。一般说来，出口资源产品（原始产品）的国家吃亏，因为这些原始产品包含大量的自然资源能值，而购买国家只支付了开采加工劳务的费用，并没有给自然环境支付货币。发达国家通过廉价进口资源产品获得他国资源能值财富。所以，单纯追求商业利润而出卖国家资源将造成对外贸易的能值不平衡，损害本国经济资源基础。

平衡国际贸易的方法是调整进出口项目，减少出口原始资源产品，尽量出口最终产品，输入高能值的科技、文化教育、军备等。

七、其他常用的能值评价指标

1. 能值扩大率

一个系统过程中增加的产出能值与增加的投入该过程的能值之比，称为能值扩大率（emergy amplifier ratio）。能值扩大率是衡量能值应用效率的指标；由于能值投入增加，促使产出能值增加。经济过程的能值扩大率越高，说明该过程的效率越高，边际效应越高。例如，增加职工健康福利的投入可提高劳动者的劳动积极性，从而提高劳动生产率，提高产量，增加产出能值。

2. 能值自给率

能值自给率（emergy self-suifficiency ratio）是一个国家、地区或城市的本地资源能值投入（包括可更新资源能值投入和不可更新资源能值投入）与国外或外地输入能值之比。如第一章所述，能值自给率可以用来描述一个国家或地区的对外交流程度和经济发展程度。任何国家、地区或城市的发展都不是封闭、孤立的，而是要在自力更生的基础上与外界发生联系，但本身的自给能力是发展的前提和基础。一个系统总能值用量中自身不可更新资源能值和可更新资源能值所占比例的高低，反映其自给自足能力的大小。一般情况下，能值自给率越高，则该系统的自给自足能力越强，对内部资源开发程度也越高。一般来讲，国家或地区面积越大，其所蕴藏的不可更新资源就越多，从而使得能值自给率也高，说明系统自身资源相对比较丰富。但同时，对本地不可更新资源过多地进行开发，并且由于购买能值投入不够，可能会使本地区资源得不到最佳利用，使得这些国家或地区的经济欠发达，造成经济发展程度不高，这种情形在发展中国家尤为明显。

3. 能值密度

能值密度（emergy per area）即一个国家或地区能值总利用量与该国家或地区面积之比，单位是 $sej/(m^2 \cdot a)$。能值密度这一指标反映了被评价对象的两个特性：经济发展强度和经济发展的等级。一个国家或地区总是具有从农村到乡镇到中小城市到大城市的等级，整个世界系统从不发达国家到欠发达国家到发达国家也存在这样一个类似的情况。能值密度越大，说明经济越发达，在等级中的地位越高。一般来说，农业国家或地区的能值密度约为 $(1.3 \sim 4.0) \times 10^{11} sej/(m^2 \cdot a)$，城市化国家为 $(7 \sim 100) \times 10^{11} sej/(m^2 \cdot a)$，例如美国的能值密度为 $8 \times 10^{11} sej/(m^2 \cdot a)$。

4. 人均能值用量

从宏观的生态经济能量学角度考虑，用人均能值利用总量来衡量人们生存水平和生活质量的高低，比传统的人均收入更具科学性和全面性。个人拥有的真正财富除了可由货币体现的经济能值外，还包括没有被市场货币量化的自然环境无偿提供的能值、与他人物物交换而未参与任何货币流的能值等。人们享有的这几方面的"财富"，仅以个人经济收入是不可能全面体现的。

人均能值用量（emergy per person）指一个国家或地区内的人均能值利用量，是评价人民生活水平（standard of living）的指标。

在农业国家或欠发达地区，人们可以从环境资源系统直接获得某些生活必需品，没有必要为此付出任何金钱。因此，如果只是用货币来衡量他们的生活水平，并不能完全说明问题。而利用能值可以对这些无偿的环境资源投入进行恰当的评价，从而可以衡量人们的物质生活水平。

中国大陆 1985～1994 年人均能值利用见表 8-9。其人均能值用量在 10 年期间由 4.3×10^{15} sej 上升至 4.7×10^{15} sej，略高于世界平均水平 4.0×10^{15} sej/人，远低于发达国家和地区，如德国为 2.8×10^{16} sej/人，日本为 1.2×10^{16} sej/人，中国台湾地区为 8×10^{15} sej/人。和这些国家和地区相比，中国大陆的能值总耗用量并不算低，但由于人口太多（1994 年达到 119850 万人，而美国为 23000 万人），导致人均能值利用量远远低于美国及其他发达国家或地区。因此，在中国控制人口增长具有重要意义。

表 8-9　中国大陆生态经济系统 1985～1994 年人均能值用量[①]

年　份	人均能值用量/[10^{15} sej/(人·a)]	年　份	人均能值用量/[10^{15} sej/(人·a)]
1985	4.3	1990	4.4
1986	4.4	1991	4.5
1987	4.3	1992	4.5
1988	4.5	1993	4.5
1989	4.5	1994	4.7

① 资料来源：韩青海，1998。

人口过多的国家或地区，虽然能值应用总量绝对值较大，但人口多，形成"僧多粥少"的局面，人均能值占有量较低，平均生活水平不高，必须严格控制人口。

以上能值指标计算方法及其意义的论述表明，这些能值指标具有内在的有机联系。通过一个系统能值指标体系可以反映出系统发展水平和特征以及经济与环境的关系，从而为制定经济发展政策和环境与经济的协调发展提供理论依据。在应用能值分析理论和方法时，研究者无须局限于已有的指标，而应根据具体研究对象，按照具体情况具体分析的原则，按照实际的需要去探索和发展有助于反映系统变化规律及其特征的新的能值指标。

5. 城市复合生态系统的能值指标体系

表 8-10 是研究城市复合生态系统而拟建的能值指标体系。根据马世骏先生的理论，城市为社会—经济—自然三个亚系统复合而成的典型复合生态系统。社会亚系统以人口为核心，经济亚系统以资源利用为核心，自然亚系统以环境结构和生物为主线。然而，如何定量分析这样一种城市复合生态系统，如何将 3 个亚系统有机联系统一起来进行分析评价，成为亟待解决的问题。迄今，除能值理论方法外，尚无别的方法可以解决这个问题。以能值为共同基准，通过能值综合指标体系，城市复合生态系统的能流、物流、货币流、人口流得以综合分析（见表 8-10），社会、经济和自然 3 个亚系统得以统一定量分析，从而可获得反映各亚系统及整体系统特征的一系列能值指标。

表 8-10 社会—经济—自然复合城市生态系统能值指标体系

项目	能值指标	计算表达式	代表意义
能值流量	可更新资源能值 Em_R 不可更新资源能值 Em_N 输入能值 Em_I 能值总量 Em_U 输出能值 Em_Y	能值=能值流量/能值转换率 $Em_U = Em_R + Em_N + Em_I$	系统自有的财富基础 系统自有的财富基础 输入资源、商品财富 拥有的总"财富" 输出资源、商品财富
能值来源指标	能值自给率 购入能值比率 可更新资源能值比率 输入能值与自有能值比率	$(Em_R + Em_N)/Em_U$ Em_I/Em_U Em_R/Em_U $Em_I/(Em_R + Em_N)$	资源利用结构 评价自然环境支持能力 对外界资源的依赖程度 判断自然环境的潜力 评价产业竞争力
社会亚系统评价指标	人均能值量 能值密度评价 人口承载量 人均燃料能值 人均电力能值	Em_U/P $Em_U/$土地面积 $(Em_R + Em_I)/(Em_U/P)$ Em_{fuel}/P Em_{el}/P	生活水平与质量的标志 能值集约度和强度 目前环境水准下可容人口 对石化能源依赖程度 反映城市发达程度
经济亚系统评价指标	能值/货币比率 能值交换率 能值-货币价值 电力能值比	Em_U/GNP Em_I/Em_O 能值量/(能值/货币比率) Em_{el}/Em_U	经济现代化程度 评价对外交流的得失利益 能值相当的货币量 反映工业化水平
自然亚系统评价指标	能值投资率 可更新资源能值比率 废弃物与可更新资源能值比率 废弃物与总能值比率 人口承受力	$(Em_I + Em_N)/Em_R$ Em_R/Em_U Em_W/Em_R Em_W/Em_U $Em_R/(Em_U/P)$	自然对经济活动的容受力 自然环境利用潜力 废弃物对环境的压力 废弃物利用价值 自然环境的人口承受能

注：Em_R—可更新资源能值；Em_N—不可更新资源能值；Em_I—输入能值；Em_Y—输出能值；Em_U—能值总量；Em_W—废弃物能值；P—人口量；Em_{fuel}—燃料能值；Em_{el}—电力能值；GNP—国民生产总值。

八、系统可持续发展的能值综合指标

在 Odum 建议的能值分析指标体系中，部分指标间存在明显的相关关系。如能值产出率（emergy yield ratio，EYR）与能值投资率（emergy investment ratio，EIR）及能值自给率（emergy self-support ratio，ESR）之间，环境负载率（environment load ratio，ELR）与可更新能源投入率（RIR）之间，均存在明显的相关关系。按照指标体系的各分指标间要相互独立的原则，应予以归并简化。

（一）一些能值指标的相关性分析

1. 能值产出率、能值投资率与能值自给率

据 Odum 给出的定义，能值投资率为社会经济反馈投入能值与自然环境投入能值之比，如图 8-14 所示。当生态经济系统能值总投入等于能值总产出时，各项能值指标计算公式如下：

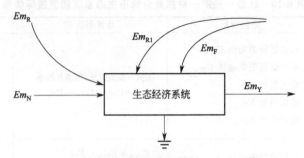

图 8-14　生态经济系统能值投入产出示意

Em_R—自然环境投入的可更新资源能值；Em_N—自然环境投入的不可更新资源能值；

Em_F—人类经济社会反馈投入的不可更新资源能值；Em_Y—产出能值；

Em_{R1}—人类经济社会反馈投入的可更新资源能值

$$EIR=(Em_F+Em_{R1})/(Em_N+Em_R) \tag{8-1}$$

能值产出率为系统总产出能值与社会经济反馈投入能值之比，即：

$$EYR=Em_Y/(Em_F+Em_{R1})$$

$$EYR=(Em_N+Em_R+Em_F+Em_{R1})/(Em_F+Em_{R1}) \tag{8-2}$$

$$EYR=1+(Em_N+Em_R)/(Em_F+Em_{R1}) \tag{8-3}$$

将式(8-1)代入式(8-3)可得：

$$EYR=1+1/EIR \tag{8-4}$$

能值自给率为系统自然环境投入能值与系统能值投入总量的比，即：

$$ESR=(Em_N+Em_R)/Em_Y$$

$$ESR=(Em_N+Em_R)/(Em_N+Em_R+Em_F+Em_{R1}) \tag{8-5}$$

$$ESR=(Em_N+Em_R+Em_F+Em_{R1}-Em_F-Em_{R1})/(Em_N+Em_R+Em_F+Em_{R1}) \tag{8-6}$$

$$ESR=1-(Em_F+Em_{R1})/(Em_N+Em_R+Em_F+Em_{R1}) \tag{8-7}$$

将式(8-2)代入式(8-7)可得：

$$ESR=1-1/EYR \tag{8-8}$$

由式(8-5)可知：

$$1/ESR=1+(Em_F+Em_{R1})/(Em_N+Em_R) \tag{8-9}$$

将式(8-1)代入式(8-9)可得：

$$1/ESR=1+EIR \tag{8-10}$$

由式(8-4)、式(8-8)、式(8-10)可知，能值产出率等于能值投资率的倒数加 1，与能值投资率成反比关系；能值自给率等于 1 与能值产出率倒数的差，与能值产出率成正比关系；能值投资率等于能值自给率的倒数减 1，与能值自给率成反比关系。能值产出率与能值投资率及能值自给率三者间存在着直接的相关关系，对于系统评价有重复作用，应予以归并简化，保留其一即可。鉴于原有能值分析案例中的使用额度和与经典经济学首要评价指标——产出/投入比的相似性，建议保留能值产出率 EYR。

2. 环境负载率与可更新能源投入率

环境负载率为系统不可更新能源投入能值总量与可更新能源投入能值总量之比，即：

$$ELR=(Em_F+Em_N)/(Em_R+Em_{R1}) \tag{8-11}$$

可更新能源投入率为系统可更新能源投入能值总量与系统能值投入总量之比，即：

$$RIR=(Em_R+Em_{R1})/Em_U$$

$$RIR=(Em_R+Em_{R1})/(Em_N+Em_F+Em_R+Em_{R1}) \tag{8-12}$$

式(8-12)两边同时求倒数推出：

$$1/RIR=1+(Em_N+Em_F)/(Em_R+Em_{R1}) \tag{8-13}$$

将式(8-11)代入式(8-13)可得：

$$1/RIR=1+ELR \tag{8-14}$$

由式(8-14)可知，环境负载率等于可更新能源投入率的倒数减1，与可更新能源投入率成反比关系，两者在对系统的评价中的作用发生重叠，应予以归并简化，保留其一即可。鉴于对环境承压程度评价的直观性和明确性，建议保留环境负载率ELR。

（二）评价系统可持续发展性能的新的能值指标

在归并后的新的能值指标体系中，EYR用以评价系统的产出效率，ELR用以评价系统的环境压力。二者分别评价了系统可持续发展性能的两个方面，仍未填补原有能值指标体系中评价系统可持续发展性能的综合性评价指标的空缺。为填补这一空缺，美国生态学家M. T. Brown和意大利生态学家S. Ulgiati提出了能值可持续指标ESI（emergy sustainable index），定义为系统能值产出率与环境负载率之比，即EYR/ELR。通过实证他们还确定了ESI的量化标准，即ESI<1为发达国家，1<ESI<10为发展中国家。ESI指标评估中有2点需要进一步思考和改进：①虽然从生态学角度出发，系统排出的废弃物质和能量仍有其价值所在，但由于目前知识和工艺的有限性而不能有效利用。所以并非所有的系统产出都是有益于人类的正效益产出，有的产出甚至是极其有害的负效益产出，具有负的能值交换率，如污染物、废弃物的产出等，即EYR越高并不一定越符合人类利益和越有利于实现可持续发展。②即使相同的能值产出，在交易过程中受市场、文化、伦理等的影响亦具不同的能值交换率，从而对系统发展产生不同的影响。

随着人类活动能力的日益增强，纯自然的生态系统越来越少，取而代之的是日益扩大的多样化的生态—经济复合系统。这种系统既具有自然生态系统的部分特征，又打上了人类活动的印记，既受到自然界客观规律的支配，又受到人类主观活动的影响，具有复合性特点。这种复合性特点要求人们在分析系统的可持续发展性能时，既要从客观出发分析其环境压力，又要考虑到它在人类社会经济中的实际作用。

1992年巴西里约热内卢世界环境发展大会所下的可持续发展的定义为：既满足当代人的需求，同时又不损害后代人满足需求的能力，既要保证适度的社会经济增长与结构优化，又要保证资源的永续利用和生态环境的优化，从而达到生态环境与社会经济相协调，实现持续共进、有序发展。此定义有两个方面的重要含义，一方面要社会经济发展，另一方面要生态环境持续。社会经济发展要求系统能值产出收益要高，更确切地说是要求系统能值产出给人类带来利益，即系统能值产出率（EYR）与其能值交换率（EER）的乘积要高；而环境可持续则要求环境负载率（ELR）低。

由上述可知，系统能值产出率（EYR）与能值交换率（EER）及环境负载率（ELR）间并无相关关系，因此可将三者合并，得到一个可同时兼顾社会经济效益与生态环境压力的系统可持续发展性能的复合评价指标。鉴于系统社会经济效益与发展目标成正比，环境负载率与可持续要求成反比，可将系统社会经济效益（即系统能值产出率与能值交换率的乘积）作为分子，环境负载率作为分母，构造出与系统可持续发展性能成正比的综合评价指标，并命名为评价系统可持续发展性能的能值指标（emergy index for sustainable development，EISD）。EISD 值越高，意味着单位环境压力下的社会经济效益越高，系统的可持续发展性能越好。其数学表达式为：

$$EISD = EYR \times EER/ELR$$

在系统优化分析中，可引入经济学中成熟的边际效益分析法，用能值扩大率（EAR）取代以往系统分析中的 EYR，进行单位新增能值投入所引起的系统 EISD 变化的分析：

$$\Delta EISD = EAR \times EER/ELR$$

$\Delta EISD$ 定义为评价系统可持续发展性能的能值指标边际效益，单位新增能值投入所引起的系统 EISD 正向变化越大则表明引入的正效益越显著。

以评价系统可持续发展性能的能值指标（EISD）为基本评价指标，以能值转换率（ETR）、能值扩大率（EAR）及能值交换率（EER）、环境负载率（ELR）、评价系统可持续发展性能的能值指标边际效益（$\Delta EISD$）等为内因分析辅助指标的新能值指标体系在具体的系统评价中可应用于以下 2 个方面。

① 用于产出相同的不同系统模式间的横向比较研究。EISD 越高的系统，在可持续发展的长远尺度上越具竞争优势。

② 对现存或新兴的某种系统模式进行纵向优化评价。在系统原有基础上不断引进新的技术创新组分，可提高能值扩大率，降低系统对不可更新资源的依赖程度，增加对可更新资源的利用能力，提高系统产出能值的能值交换率，避免无谓的交换性能值损失，提高单位环境压力所换取的社会效益和经济效益，从而实现系统模式的优化。

九、能值分析方法展望

能值分析方法仍然处于不断改进完善过程中，主要表现在以下几个方面。一是在理论上，热力学的前沿研究对能值分析方法具有重要影响。二是能值转换率的计算，如能值基准由原来的 9.44×10^{24} sej/a 调整为 1.2×10^{25} sej/a。目前大多数研究中采用的能值转换率主要参照美国佛罗里达大学环境政策中心的 EmCF 数据库。三是在计算各部分投入能值加和时，利用可更新比例系数（Renewability factor，RNF）分别计算资源的可更新资源投入（R）与不可更新资源投入（N），即传统意义上的不可更新资源中也包含部分可更新资源，这一部分可更新资源要通过可更新比例系数计算出来。四是新的可持续发展指数的建立，如健康能值指数等。五是能值分析方法与生态足迹（EF）、生命周期评价（LCA）、生态系统服务价值评估（ESV）、绿色 GDP 核算以及生态效率（EE）方法的结合等。

第四节 能值计算方法及应用

山东省桓台县位于华北平原东部，1990 年建成中国北方第一个吨粮县，1996 年建成小麦千斤县，是华北平原高产粮区的典型代表。桓台县粮食高产模式可以概括为三大特点：第一，小麦高留茬，麦秸、玉米秸秆大量还田；第二，施肥以氮肥为主，年施用量高达 527～633 kg/hm^2；第三，"有求必应""逢肥必跟"的水分管理。水肥的大量投入为桓台县粮食的高产做出了很大的贡献，但同时也带来了高昂的资源与环境代价。本研究以农田生态系统为边界，利用能值分析这一生态经济学研究方法，定量分析县域尺度 10 年（1996 年和 2006 年）间连续高产背景下，冬小麦/夏玉米轮作系统的投入、产出情况，探讨县域高产条件下农田生态系统的可持续性和调控策略。

一、绘制农田生态系统能值流动图

桓台县高产粮田生态系统的能值投入包括可更新环境资源 R（太阳能、雨水化学能、雨水势能、灌溉水化学能等）、不可更新环境资源 N（土壤表土层损失）、人工工业辅助能 F（化肥、燃油、农药、电力、农机具等）和人工可更新有机能 R_1（劳动力、种子、有机肥等）四个部分。根据 H. T. Odum 创立的能量系统符号语言，绘制高产粮田生态系统能值分析图，见图 8-15。

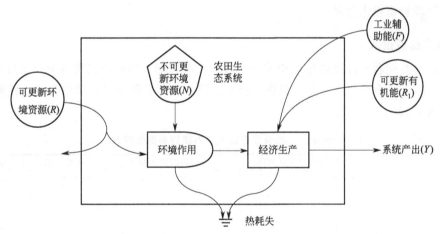

图 8-15　桓台县高产粮田生态系统能值分析简图

二、编制能值分析表

1. 环境资源能值投入

根据桓台县 1996 年、2006 年的气候资料，通过相关计算公式，获得了太阳能、雨水化学能、雨水势能、表土层净损失在内的环境资源的能量数据，此外根据问卷统计出灌溉量计算灌溉水化学能。经太阳能值转换率计算，得到五项环境资源的太阳能值，如表 8-11 所列。

表 8-11　桓台县农田生态系统环境资源能值投入

项目	原始数据/(J/hm^2)		太阳能值转换率/(sej/J)	太阳能值/(sej/hm^2)	
	1996 年	2006 年		1996 年	2006 年
可更新环境资源(R)					
太阳能	5.35×10^{13}	4.89×10^{13}	1	5.35×10^{13}	4.89×10^{13}

续表

项目	原始数据/(J/hm²)		太阳能值转换率 /(sej/J)	太阳能值/(sej/hm²)	
	1996年	2006年		1996年	2006年
雨水势能	$6.04×10^8$	$5.05×10^8$	$8.89×10^3$	$5.37×10^{12}$	$4.49×10^{12}$
雨水化学能	$2.17×10^{10}$	$1.82×10^{10}$	$1.54×10^4$	$3.35×10^{14}$	$2.81×10^{14}$
灌溉水化学能	$3.07×10^{10}$	$3.36×10^{10}$	$6.87×10^4$	$2.11×10^{15}$	$2.31×10^{15}$
地球旋转能	$1.87×10^{10}$	$1.87×10^{10}$	$2.90×10^4$	$5.42×10^{14}$	$5.42×10^{14}$
合计①				$2.99×10^{15}$	$3.13×10^{15}$
不可更新环境资源(N)					
表土层损失	$4.29×10^9$	$4.41×10^9$	$6.25×10^4$	$2.68×10^{14}$	$2.76×10^{14}$
合计				$2.68×10^{14}$	$2.76×10^{14}$

①一年内太阳能、雨水化学能、雨水势能实际上都是太阳辐射能的转化形式,故只取其中最大的一项与灌溉水化学能作为可更新环境资源投入总量。

可见,2006年与1996年相比,太阳能、雨水势能、雨水化学能能值投入减少,这主要与当地气候条件变化有关。灌溉水化学能投入量增加,且其太阳能值远大于雨水,这是因为桓台县为半湿润半干旱气候,农田水分来源主要依靠人工开采浅层地下水灌溉。在可更新环境资源投入中,为避免重复计算,同一性质的能量投入只取其最大值。一年内太阳能、雨水化学能、雨水势能实际上都是太阳能的转化形式,故只取其中最大的一项与灌溉水化学能作为可更新环境资源投入总量。

2. 购买能值投入

根据桓台县问卷统计及收集的相关资料数据,按照相关折能公式将各类数据折算为焦耳(J)和克(g),再乘以相应的太阳能值转换率,得到太阳能值总量,最终形成系统购买能值投入表(表8-12)。

表8-12 桓台县农田生态系统购买能值投入

项目	原始数据(每公顷计)		太阳能值转换率 /(sej/J)或(sej/g)	太阳能值/(sej/hm²)	
	1996年	2006年		1996年	2006年
不可更新工业辅助能					
电力	$5.08×10^9$ J	$7.08×10^9$ J	$1.59×10^5$	$8.08×10^{14}$	$1.13×10^{15}$
燃油	$2.71×10^9$ J	$4.47×10^9$ J	$6.60×10^4$	$1.79×10^{14}$	$2.95×10^{14}$
氮肥	$6.19×10^5$ g	$5.58×10^5$ g	$4.62×10^9$	$2.86×10^{15}$	$2.58×10^{15}$
磷肥	$1.69×10^5$ g	$3.26×10^5$ g	$1.78×10^{10}$	$3.01×10^{15}$	$5.80×10^{15}$
钾肥	$6.41×10^4$ g	$1.93×10^5$ g	$1.74×10^6$	$1.12×10^{14}$	$3.36×10^{14}$
农药	$3.46×10^3$ g	$4.91×10^3$ g	$1.62×10^9$	$5.61×10^{12}$	$7.95×10^{12}$
机械动力	$2.87×10^9$ J	$3.82×10^9$ J	$6.60×10^4$	$1.89×10^{14}$	$2.52×10^{14}$
合计				$7.16×10^{15}$	$1.04×10^{16}$
可更新有机能					
劳动力	$2.62×10^9$ J	$1.77×10^9$ J	$3.80×10^5$	$9.96×10^{14}$	$6.73×10^{14}$
种子	$3.43×10^9$ J	$2.41×10^9$ J	$7.86×10^4$	$2.70×10^{14}$	$1.89×10^{14}$
合计				$1.27×10^{15}$	$8.62×10^{14}$

由表8-12可见,2006年与1996年相比,除氮肥外,电力、燃油、磷肥、钾肥、农药、机械动力投入量均增加,这体现了桓台县农田生态系统化石能源投入量增加。劳动力、种子能值投入减少,这是因为桓台县机械化水平提高,劳动力部分为机械替代,同时通过优质良种的推广,播种质量有所提高。化肥投入中,氮肥投入量减少,磷肥、钾肥投入量增加。这可能是因为农业产业结构战略性调整阶段,特别是1998年出现了粮食"过剩"现象,农产

品"卖难"问题影响了农民的种粮积极性,导致氮肥投入量有所减少。另外,氮肥长期施用过量,增产效果已经不明显,使农民减少了氮肥投入。

3. 能值产出

根据问卷结果统计出1996年、2006年小麦、玉米的籽粒产量,根据折算系数折算出秸秆产量,乘以相应的太阳能值转换率,得出桓台县农田生态系统能值产出表(表8-13)。

表 8-13 桓台县农田生态系统能值产出

项目	原始数据/(J/hm²)		能值转换率 /(sej/J)	太阳能值/(sej/hm²)	
	1996 年	2006 年		1996 年	2006 年
小麦籽粒	1.05×10^{11}	1.11×10^{11}	6.80×10^{4}	7.14×10^{15}	7.55×10^{15}
玉米籽粒	1.24×10^{11}	1.33×10^{11}	2.70×10^{4}	3.35×10^{15}	3.59×10^{15}
合计				1.05×10^{16}	1.11×10^{16}

可见,桓台县农田生态系统能值产出结构单一,主要是小麦和玉米。1996年和2006年能值产出分别为 1.05×10^{16} sej/hm² 和 1.11×10^{16} sej/hm²,能值产出小幅增加。

4. 能值投入产出分析

综合表8-11~表8-13,得出能值投入产出总表(表8-14)。

表 8-14 桓台县农田生态系统能值投入产出总表

项目	代号或表达式	能值/(sej/hm²)		增长百分率/%
		1996 年	2006 年	
可更新环境资源	R	2.99×10^{15}	3.13×10^{15}	4.68
不可更新环境资源	N	2.68×10^{14}	2.76×10^{14}	2.99
不可更新工业辅助能	F	7.16×10^{15}	1.04×10^{16}	45.25
可更新有机能	R_1	1.27×10^{15}	8.62×10^{14}	−32.13
环境资源总投入	$I = R + N$	3.26×10^{15}	3.41×10^{15}	4.60
总辅助能投入	$U = F + R_1$	8.43×10^{15}	1.13×10^{16}	34.05
总能值投入	$T = I + U$	1.17×10^{16}	1.47×10^{16}	25.64
总能值产出	Y	1.05×10^{16}	1.11×10^{16}	5.71

从表8-14可以看出,桓台县农田生态系统每公顷能值投入量2006年比1996年增长了25.64%。其中不可更新工业辅助能投入量增加最多,达45.25%,环境资源能值投入量增加4.60%,可更新有机能投入减少32.13%,不可更新环境资源投入量增加2.99%。每公顷的总能值产出2006年比1996年增长5.71%。

对照表8-11~表8-14可知,由于气候原因,2006年的太阳辐射能、雨水化学能等投入量少于1996年,但由于灌溉水投入显著增加,直接导致环境资源能值投入总量的增加。桓台县2006年劳动力投入减少,种子播种量减少,反映了当地农田生态系统中人力被机械替代、播种质量提高的特点。电力、燃油、机械、磷肥、钾肥、农药等化石能源投入量都有大幅度的增加。尽管总辅助能值投入量大幅增加,系统能值产出增加量并不显著,购买能值对系统产出促进作用不明显。

三、建立并分析主要能值指标

根据农田生态系统的特点,构建桓台县农田生态系统的系统功能指标(表8-15),定量分析生态系统的功能及其可持续发展状况。

表 8-15　桓台县农田生态系统可持续发展能值综合指标

项目	代号或表达式	1996 年	2006 年
可更新环境资源比率	R/T	0.26	0.21
不可更新环境资源比率	N/T	0.02	0.02
工业辅助能比率	F/T	0.61	0.71
可更新有机能比率	R_1/T	0.11	0.06
能值自给率(ESR)	I/T	0.28	0.23
能值投入率(EIR)	U/I	2.59	3.31
净能值产出率(EYR)	Y/U	1.25	0.98
环境负载率(ELR)	$(F+N)/(R+R_1)$	1.74	2.67
可持续发展指数(ESI)	EYR/ELR	0.71	0.37

1. 能值自给率和能值投入率

能值自给率越低，能值投入率越高，系统对经济投入依赖程度越大。桓台县农田生态系统 1996 年、2006 年的能值自给率分别为 0.28 和 0.23，呈减小趋势，而能值投入率则显著增加，分别为 2.59 和 3.31，表明系统环境资源能值对系统产出所做的贡献下降，系统对自然环境的依赖程度下降，对经济投入依赖程度加强。

2. 环境负载率

环境负载率为投入系统的不可更新能值之和除以可更新能值之和。桓台县农田生态系统 1996 年、2006 年的环境负载率分别为 1.74 和 2.67，表明系统环境所承受的压力增大。与国内 2003 年山东省（6.54）、2005 年江苏省（2.83）、2005 年河北省（5.72）等相比，桓台县农田生态系统的环境负载率比较低。灌溉水对系统环境负载率有很大影响，由于桓台县农业灌溉主要为浅层地下水，灌溉水免费使用且投入量大，计入可更新环境资源，如果继续高强度开采地下水使地下水补给率小于排泄率，则灌溉水计入购买能值，此时环境负载率将显著增大。

3. 净能值产出率

净能值产出率为系统产出能值除以购买能值。桓台县农田生态系统 1996 年、2006 年的净能值产出率分别为 1.25 和 0.98，净能值产出率降低表明生产过程中购买能值的利用率降低，或系统运转效率降低。从边际分析角度，也表明购买能值投入量的大幅增加并没有显著增加能值产出，边际收益为负，说明 2006 年购买能值投入已饱和或过量。

4. 系统可持续发展指数

可持续发展指数为能值产出率除以环境负载率，用来评价生态经济系统的可持续发展能力。桓台县农田生态系统 1996 年、2006 年的可持续发展指数分别为 0.71 和 0.37，降低幅度较大，表明系统可持续发展能力减弱。对比山东省 2003 年（1.52）、江苏省 2005 年（0.68），桓台县农田生态系统可持续发展能力相对较差，系统可持续发展状况有待改善。

四、桓台县农田生态系统可持续发展建议

针对桓台县农田生态系统净能值产出率低，环境负载率高的现状，要想实现高产农田生

态系统的可持续发展，有两个基本途径：一是在产出不变的条件下，减少能值投入，这就需要提高能值利用率；二是在现有能值投入条件下，提高能值产出，这就需要优化系统结构，提高系统产出多样性。因此，桓台县农田生态系统要实现可持续发展建议采取以下策略。

1. 优化施肥，合理减少化肥投入，提高灌溉水利用率

由于化肥和灌溉水投入在桓台县所占的比重很大，通过调节这两项的输入，可以有效改善系统能值投入结构和系统可持续性。研究表明，桓台县小麦、玉米两熟高产系统安全合理施氮量应为 300 kg/hm^2 左右。桓台县 1996 年氮肥施用量为 619 kg/hm^2，为合理施氮量的两倍；2006 年氮肥施用量有所减少，为 549 kg/hm^2，仍大大高于合理施氮量。另外，当地施肥方式主要是表面撒施和浇水冲施，肥料利用率低。建议在桓台县适当减少氮肥投入，保证磷肥投入，增加钾肥投入，优化化肥投入结构，同时大力推广化肥机械深施技术，提高肥料利用率。桓台县农田灌溉定额偏大，目前主要的灌溉方式为大水漫灌，水资源利用率很低。桓台县属半湿润半干旱地区，水资源匮乏。由于地表水污染严重，农业灌溉用水全部依赖开采地下水，导致地下水位持续下降，如此发展下去，水资源不足将成为制约桓台县工农业生产的关键问题。因此，今后桓台县应加强农田灌溉水的管理，提高农民节水意识，大力推广先进的节水灌溉技术，如喷灌、微灌等，提高灌溉水资源的利用率。

2. 增大有机能值投入比例，减轻环境压力

桓台县农田生态系统呈现出有机能值被无机能值替代的特点，主要表现为人力和有机肥分别被机械动力和化肥替代。前者的替代有利于实行农业机械化，有利于解放农村劳动力，加快区域城市化进程。化肥对有机肥的替代虽然短期内可以提高生产力，但由此带来的生态环境问题往往会超过生产力提高所获得的收益。面对全球能源物质日益紧缺的现状，应尽可能使用可更新有机能，减少不可更新工业辅助能的投入，这是可持续发展的必然要求。另外，桓台县有机肥施用量很少，几乎全为化肥所替代，这也与当地畜禽养殖业不发达有一定关系。

3. 提高系统多样性，发展生态农业

华北平原作为中国重要的粮食产区，目前处于依赖化肥、农药、机械等化石能源投入的石油农业阶段。相比其巨大的能值投入，系统产出只有单一的粮食籽粒，因此达不到对资源的高效利用。越来越多的研究表明，农业生态系统功能的内在规律水平极大地依赖动植物多样性的存在。对于桓台县而言，种植业所占比重很高，产出结构单一，可以适当发展畜禽养殖业，畜禽粪便作为有机肥投入农田生态系统，可以促进系统农业生产的良性循环。发展生态农业，探索与当地相适应的生态农业模式，改善农田生态系统结构和功能，将是实现高产粮区农田生态系统可持续发展的重要对策，对于维护系统生态安全和粮食安全具有深远意义。

【复习思考题】

一、名词解释

1. 能值

2. 能值转换率
3. 能值功率
4. 能质
5. 能值/货币比率
6. 能值-货币价值
7. 能值投资率
8. 净能值产出率
9. 能值交换率
10. 能值扩大率
11. 能值自给率
12. 能值密度

二、简答题

1. 简述能量分析与能值分析的区别。
2. 简述净能值与净能值产出率的不同含义。
3. 简述能值功率在系统优化方面的作用和意义。

三、论述题

1. 试论述国际贸易中能值交换率的应用及其启示，并试举例说明。
2. 试论述系统能值可持续指标评价方法及其不足。
3. 试论述能值分析的基本步骤及其优缺点。

第九章

生态足迹核算

生物圈如同大海，人类经济体如同一艘在海上航行的"大船"，生态承载力如同"吃水线"，水可载舟，亦可覆舟。

——编者，2020

【导读材料】

食物经济中的"不经济"

美国著名环境保护主义理论家比尔·麦吉本（Bill McKibben）在其《幸福经济——从"更多"到"更好"》一书中描述了全球性食品工业的弊端和危害。书中提到，食品加工、包装以及在全国和全球配销所消耗的能源是耕种所消耗能源的4倍。美国人吃的每一口食物平均航行了1500多英里，然后才送到消费者嘴边，一路上平均转手6次。一项研究显示，在农业心脏地带的中心艾奥瓦州（美国人一想到农场就会想到这个地方），普通的胡萝卜来自1690英里外的加利福尼亚州，普通的马铃薯来自1292mi（1mi＝1.609344km）外的爱达荷州，而普通的肩胛里脊来自600多英里外的科罗拉多州。除了符合最低价位经济标准外，这种做法没有任何道理。瑞典食品研究所发现，种植和配销1lb（1lb＝0.4536kg）冷冻豌豆所消耗的能量是豌豆所包含能量的10倍。在加利福尼亚州萨利纳斯河谷种植1棵卷心莴苣，运到美国东部所消耗的化石能源量是卷心莴苣实际包含能量的36倍，运送到英国伦敦所消耗的能量会变成127倍。

（资料来源：比尔·麦吉本，《幸福经济：从"更多"到"更好"》，林丽冠译，2010）

【学习重点】 了解生态足迹作为一种环境账户工具的作用，重点掌握生态足迹家族的主要计算方法。

第一节 生态足迹核算基本理论与方法

地球是一个封闭的系统,在这个系统中只有和外界的能量交换,而没有物质的交换。因此对于一个相对封闭的系统来说,永远的增长是不可能的,增长是有一定极限的,因此要研究人类的经济增长和自然环境或者说是整个地球的承载力,以调整人类自身的发展方式。生态足迹就是研究地球承载力的有效方法。

一、生态足迹理论的提出

在人类经济系统迅速发展的今天,其产生的问题也越来越突出。因此当人们回过头来思考其发展方式时,不得不考虑整个自然环境和地球的容纳能力和人类的未来。自从1992年里约热内卢联合国环境与发展大会之后,一些国际组织及有关学者就开始了致力于可持续发展程度和地球承载力的研究,努力探寻能定量衡量国家或地区发展的可持续性指标。中国国家及各层次的可持续发展的指标体系研究也正在不断深入,如中国科学院可持续发展研究组(1999)提出的"中国可持续发展指标体系"。20世纪90年代以来,国际上又相继提出了一些直观的、较易于定量评价的方法及模型,如 Daly 和 Cobb 提出的"可持续经济福利指标"(ISEW)等,后来的生态足迹模型就是比较有代表性的一种。

生态足迹(ecological footprint,EF),或称生态空间占用,最早是由加拿大生态经济学家 W. Rees 及其博士生 M. Wackernagel 于1996年在《我们的生态占用:减少人类对地球的影响》中提出的一种衡量人类对自然资源利用程度以及自然界为人类提供的生命支持服务功能的方法。该方法通过估算维持人类的自然资源消费量和人类产生的废弃物所需要的生态生产性空间面积大小,并与给定人口区域的生态承载力进行比较,来衡量区域的可持续发展状况。人类的生态足迹涉及生物生产地、生物生产海域、能源用地、可建筑用地和生物多样性土地(图9-1)。

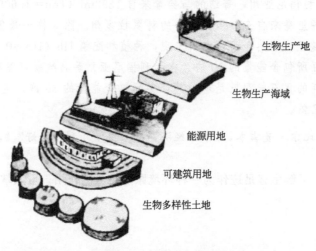

图 9-1 生态足迹示意

二、生态足迹的基本理论

1. 关于生态足迹的概念

W. Rees 曾将生态足迹形象地比喻为"一只负载着人类与人类所创造的城市、工厂……的巨脚踏在地球上留下的脚印"。1996 年以后，W. Rees 和 M. Wackernagel 又从不同的侧面对其进行了定义："一个国家范围内给定人口的消费负荷""用生产性土地面积来度量一个确定人口或经济规模的资源消费和废物吸收水平的账户工具"。总之，无论如何定义，关于生态足迹总有一个清晰、科学而严格的定义，那就是："生态足迹是一种可以将全球关于人口、收入、资源应用和资源有效性汇总为一个简单、通用的进行国家间比较的便利手段———一种账户工具。"生态足迹（M. Wackernagel, 1999）是指能够持续地提供资源或吸纳废物的、具有生物生产力的地域空间，它从具体的生物物理量角度研究自然资本消费的空间。

2. 生态生产性土地和全球性生态标杆

"生态生产性土地"是生态足迹分析法为各类自然资本提供的统一度量基础。生态生产也称生物生产，是指生态系统中的生物将从外界环境中吸收的生命过程所必需的物质和能量转化为新的物质，从而实现物质和能量的积累。生态生产是自然资本产生自然收入的原因。自然资本产生自然收入的能力由生态生产力（ecological productivity）来衡量。生态生产力越大，说明某种自然资本的生命支持能力越强。生态生产性土地（ecologically productive area）是指具有生态生产能力的土地或水体。这种替换的一个可能好处是极大地简化了对自然资本的统计，并且各类土地之间总比各种繁杂的自然资本项目之间容易建立等价关系，从而方便于计算自然资本的总量。根据生产力大小的差异，地球表面的生态生产性土地可分为六大类：化石能源地、可耕地、牧草地、森林、建成地、海洋。

生态足迹分析的一个基本假设是：各类土地在空间上是互斥的。譬如，一块地当它被用来修建公路时，它就不可能同时是森林、可耕地、牧草地等。这条"空间互斥性"使得人类能够对各类生态生产性土地进行加总，从宏观上认识自然系统的总供给能力和人类系统对自然系统的总需求。根据上面对各类生态性土地的分析，可以知道现在全球人均对各类生态性土地的拥有量分别为：$0.25hm^2$ 可耕地，$0.6hm^2$ 牧草地，$0.6hm^2$ 森林，$0.03hm^2$ 建成地及 $0.5hm^2$ 海洋面积。考虑到各类土地之间生产力的差异，分别赋予它们 1.1、2.8、0.5、1.1、2.8、0.2 的权重，然后将上述值加权求和，得到人均拥有约 $1.8hm^2$ 生态土地的一个结果。根据世界环境与发展委员会（WCED）的报告，至少有 12% 的生态容量需被保存以保护生物多样性，这意味着在人均 $1.8hm^2$ 拥有量中需扣除约 $0.2hm^2$ 土地来供给地球上其他生物生存所需。这样能为人所使用的土地面积仅剩下 $1.6hm^2$/人。这个 $1.6hm^2$ 的土地即是所谓的"全球生态标杆"（global ecological benchmark）的值。可见，全球生态标杆实际上是全球人均总生态承载力，衡量的是全球人均总生态容量。

3. 指标体系

（1）生态容量与生态承载力　传统研究中所采用的生态承载力以人口计量为基础，它反映在不损害区域生产力的前提下，一个区域有限的资源能供养的最大人口数。目前，这种计算方法已经很难衡量生态经济系统的发展。Hardin 在 1991 年进一步明确定义生态容量为在不损害有关生态系统的生产力和功能完整的前提下，可无限持续的最大资源利用率和废物产生率。生态足迹研究者接受了 Hardin 的思想,并将一个地区所能提供给人类的生态生产性土地的面积总和定义为该地区的生态承载力,以表征该地区生态容量。

(2) 人类负荷与生态足迹　人类负荷指的就是人类对环境的影响规模,正如前面所提到的,它由人口自身规模和人均对环境的影响规模共同决定。人类必须消费各种产品、资源和服务,人类的每一项最终消费的量都追溯到提供生产该消费所需的原始物质与能量的生态生产性土地的面积来分析。所以,人类系统的所有消费理论都可以折算成相应的生态生产性土地的面积。在一定技术条件下,要维持某一物质消费水平下的某一人口的持续生存必需的生态生产性土地的面积即为生态足迹,它既是既定技术条件和消费水平下特定人口对环境的影响规模,又代表既定技术条件和消费水平下特定人口持续生存下去而对环境提出的需求。在前一种意义上,生态足迹衡量的是人口目前所占用的生态容量;从后一种意义讲,生态足迹衡量的是人口未来需要的生态容量。由于考虑了人均消费水平和技术水平,生态足迹涵盖了人口规模与人均对环境的影响力。

(3) 生态赤字/盈余　当一个地区的生态承载力小于生态足迹时,就会出现生态赤字,其大小等于生态承载力减去生态足迹的差数;当生态承载力大于生态足迹时,则产生生态盈余,其大小等于生态承载力减去生态足迹的余数。生态赤字表明该地区的人类负荷超过了其生态容量,相反生态盈余表明该地区的生态容量足以支持其人类负荷。

(4) 全球赤字/盈余　假定地球上人人具有同等的利用资源的权利,那么各地区可利用的生态容量就可以定义为其人口与全球生态标杆的乘积。因此,如果一个地区人均生态足迹高于全球生态标杆,即该地区对环境的影响规模超过其按照公平原则所分摊的可利用的生态容量,则产生赤字,这种赤字称为该地区的全球生态赤字。相反,如果人均生态足迹低于全球生态标杆,即该地区对环境的影响规模低于其按照公平原则所分摊的可利用的生态容量,则产生盈余,这种盈余称为全球盈余。全球赤字用于测量地区发展的不可持续程度,全球盈余用来衡量可持续发展程度。

三、生态足迹的计算步骤

生态足迹的计算主要基于以下 2 个事实:①人类能够估计自身消费的大多数资源、能源及其所产生的废弃物数量;②这些资源和废弃物流能折算成生产和消纳这些资源和废弃物流的生态生产性面积。因此,任何特定人口(从单一个人到一个城市甚至一个国家的人口)的生态足迹,就是其占用的用于生产所消费的资源与服务以及利用现有技术同化其所产生的废弃物的生物生产土地或海洋的总面积。

一般生态足迹的计算和分析都遵循以下 5 个步骤。

1. 计算各主要消费项目的人均年消费量值

(1) 划分消费项目。M. Wackernagel 在 1997 年计算 52 个国家和地区的生态足迹时,将消费分为消费性能源和食物,而在 1998 年对智利首都圣地亚哥的研究中将消费分为粮食及木材消费、能源消费和日常用品消费等项目。

(2) 计算区域第 i 项年消费总量,计算公式为:

$$消费 = 产出 + 进口 - 出口$$

(3) 计算第 i 项的人均年消费量值(C_i/kg)。

2. 计算生产各种消费项目人均占用的生态生产性土地面积

利用生产力数据，将各项资源或产品的消费折算为实际生态生产性土地的面积，即实际生态足迹的各项组分。设生产第 i 项消费项目人均占用的实际生态生产性土地面积为 A_i (hm^2)，其计算公式如下：

$$A_i = C_i / P_i$$

式中，P_i 为相应的生态生产性土地生产第 i 项消费项目的年平均生产力，kg/hm^2。

3. 计算生态足迹

(1) 汇总生产各种消费项目人均占用的各类生态生产性土地，即生态足迹组分。

(2) 计算等价因子（γ）。六类生态生产性土地的生态生产力是存在差异的。等价因子就是一个使不同类型的生态生产性土地转化为在生态生产力上等价的系数。其计算公式为：

$$某类生态生产性土地的等价因子 = \frac{全球该类生态生产性土地的平均生态生产力}{全球所有各类生态生产性土地的平均生态生产力}$$

(3) 计算人均占用的各类生态生产性土地等价量。

(4) 求各类人均生态足迹的总和（ef）：$ef = \sum \gamma A_i$

(5) 计算地区总人口（N）的总生态足迹（EF）：$EF = N \times ef$。

4. 计算生态容量

(1) 计算各类生态生产性土地的面积。

(2) 计算生产力系数。由于同类生态生产性土地的生产力在不同国家和地区之间是存在差异的，因而各国各地区同类生态生产性土地的实际面积是不能直接进行对比的。生产力系数就是一个将各国各地区同类生态生产性土地转化为可比面积的参数，是一个国家或地区某类土地的平均生产力与世界同类土地的平均生产力的比率。

(3) 计算各类人均生态容量。其计算公式为：

$$某类人均生态容量 = 各类生态生产性土地的面积 \times 等价因子 \times 生产力系数$$

(4) 总计各类人均生态容量，求得总的人均生态容量。

5. 计算生态盈余（或赤字）和全球生态盈余（或赤字）

四、生态足迹的应用

M. Wackernagel 等首先应用生态足迹的模型和计算方法对 1997 年全球的生态足迹进行了分析，结果发现前景并不乐观，无论是人均的还是全球的生态足迹，都已经超过了地球资源的持续供给能力。对 1999 年的推算结果表明，1999 年全球人均生态承载力仅为 $2.2hm^2$，扣除 12% 的生物生产土地面积，实际上人均可利用的面积包括海洋在内将缩减到不足 $2.0hm^2$。所以人均 $2.0hm^2$ 的生物生产面积就是 1999 年全球人均生态承载力的底线或生态阈值。另据最新报告，自 1999 年起 5 年内全球生态足迹仍将以 5% 的速度增长。

国家的生态足迹分析最早出现在 1997 年，M. Wackernagel 在《国家生态足迹》中对世界上 52 个国家和地区的生态足迹进行了计算。研究结果表明，生态足迹最大的是美国，人均 $10.9hm^2$；孟加拉国的最低，人均仅 $0.6hm^2$；中国 1997 年的人均值为 $1.2hm^2$，其人均生态承载力仅为 0.8hm², 人均生态赤字为 0.4hm²。

在区域和城市层次上, Folke 等 (1997) 以欧洲波罗的海流域 29 个大城市为研究案例, 计算得出占波罗的海流域面积 0.1% 的这些城市, 其生态足迹至少需要整个波罗的海流域的 75%～150% 的生态系统, 是这些城市面积的 565～1130 倍; 全球 744 座大城市中生活的占全球 20% 的人口, 其海产品消费占用了全球 25% 的生产性海洋生态系统, 要消纳这些城市排出的 CO_2, 需要全球森林全部碳汇能力再增加 10%。M. Wackernagel 等将生态足迹指标应用于瑞典及其亚区, 改进了生态足迹与生物承载力的计算方法。Vuuren 等计算与分析了贝宁、不丹、哥斯达黎加和荷兰等国家的生态足迹。生态足迹的概念 1999 年被引入中国, 区域生态足迹研究的实践成果最早见于 2000 年, 并且较多的研究集中在中国的西部地区。白艳莹、王效科等对苏-锡-常地区生态足迹分析, 得出了苏-锡-常地区历年的人均生态占用不断增加, 1991～1999 年 9 年时间增加了 37.78%, 而人均生态承载力却不断减少, 9 年时间减少了 18.67%。该地区历年人均生态占用均出现赤字, 而且成连年增长的趋势, 到 1999 年人均生态赤字已高达 1.27hm²。

生态足迹模型在计算环境承载力和可持续发展状况方面使用的指数非常有效, 易于理解, 并且抓住了可持续发展的实质。生态足迹是一个能把可持续性、发展和公平的有关问题联系起来的优秀的聚合指数。生态足迹模型所提示的范围已经超出了承载力, 揭示出了人类对贸易的依赖, 也反映出了不同的收入水平效应和不同技术水平对生态的影响, 同时还考虑到了积累效应。它不用货币或者能源, 而是以土地面积作为计量单位, 使得生态足迹易于理解。但是, 这种模型没有包括一些主要的与土地有关的议题, 如由于污染、侵蚀及城市扩张、废弃物掩埋等原因而失去生态生产力的土地面积, 仅考虑了使用资源的经济活动对环境的影响; 同时, 由于生态足迹的计算采用的是简化模型, 按此模型计算可能还会导致过于乐观的估计。

第二节 碳、氮和水足迹核算方法

一、碳足迹

(一) 定义

在气候变化框架协定 (UNFCCC) 里, 温室气体排放 "源" (source) 是指 "向大气排放温室气体、气溶胶或有排放温室气体前兆的过程或活动"。而温室气体 "汇" (sink) 是指将这些温室气体从大气中移除的任一过程、活动或机制。固碳 (carbon sequestration) 是指固定并确保碳储存以免碳排放到大气中。因为一定单位温室气体 (N_2O、CH_4 等) 的温室效应相当于若干数量的 CO_2, 因此应将之转换为碳当量 (carbon equivalent)。所谓 "碳足迹" (carbon footprint) 就是指通过把 CO_2 设置为主要计算单位借以计算人类活动所产生的温室气体, 以此来组织生产、生活中的 CO_2 排放。而农业生产 "碳足迹计算" 就是指在农业生产的碳移除与生产过程中直接或间接引起的 CO_2 以及其他温室气体排放量的差值的计算, 亦即汇与源的差值的计算。

农业生产系统是一个复杂的物质和能量的输入与输出系统, 碳汇主要指农作物生长光合作用带来的碳吸收及对土壤无机碳的转化; 而碳排放源则有多种, 大致可以分为 3 类:

(1) 一般农业生产导致的碳排放，其中又涉及以下几个方面：①农药（除草剂、杀虫剂、杀菌剂）、化肥、农膜等农资的生产、运输、使用引发的直接或间接碳排放（施用氮肥还涉及 N_2O 的排放）；②农用机械生产及使用燃油所带来的碳排放；③整个粮食生产周期［即准备→播种→生育期田间管理→收获→残余物（秸秆）管理等］造成的碳排放；④农业灌溉所引起的碳排放；⑤农业生产用电及发电带来的碳排放；⑥劳动力每天的碳排放；等等。

(2) 特殊农产品尤其是水稻生长过程中所产生的 CH_4、N_2O 等温室气体的排放。

(3) 动物养殖带来的碳排放，其中主要包括动物肠道发酵所引起的 CH_4 排放和粪便管理过程中产生的 CH_4 排放。

（二）碳足迹测算方法

联合国政府间气候变化专门委员会（Intergovernmental Panel on Climate Change, IPCC）在其报告中提供了 3 种计算碳吸收与碳排放的方法。这里根据 IPCC 第一种方法建立了农业生产系统碳足迹的估算模型：首先对碳吸收和碳排放分别进行估算，再求二者的差值，得出碳足迹数值。

碳吸收主要依据农作物产量数据、经济系数和碳吸收率进行估算；碳排放主要从不同碳排放途径的角度，结合国外相关专家确定的碳转化系数进行估算。需要说明的是，作物凋落物和还田秸秆所含的碳经过生物分解作用成为土壤生物碳，因此作为惯例，不必计入碳排放之中。此外，由于数据较难获取，秸秆燃烧和劳动力带来的碳排放在此计算中被忽略不计。碳足迹计算公式为：

$$N_c = C_t - E_t$$

式中，N_c 为碳足迹；C_t 为碳吸收；E_t 为碳排放。

1. 作物生长期的碳吸收量

计算公式为：

$$C_t = \sum C_d = C_f D_w = C_f Y_w / H_i$$

式中，C_d 为日碳吸收量；C_f 为该作物成长期的碳吸收率；D_w 为该作物的生物产量；Y_w 为该作物的经济产量；H_i 为该作物的经济系数。

不同作物的碳吸收率和经济系数不同（表 9-1）。

表 9-1 我国主要农作物的经济系数与碳吸收率

农作物种类	经济系数	碳吸收率
小麦	0.40	0.4853
玉米	0.34	0.4709
大豆	0.40	0.4500
谷子	0.40	0.4500
水稻	0.45	0.4144
棉花	0.10	0.4500
高粱	0.35	0.4500
向日葵	0.30	0.4500
花生	0.43	0.4500
油菜籽	0.25	0.4500
薯类	0.70	0.4226
烟草	0.55	0.4500

2. 农药生产和施用带来的碳排放

常见的农药包括除草剂、杀虫剂和杀菌剂 3 种，其碳排放计算公式为：

$$E_P = \sum J_P F = E_{Ph} + E_{Pi} + E_{Pf} = J_{Ph} F_{Ph} + J_{Pi} F_{Pi} + J_{Pf} F_{Pf}$$

式中，J_P 为农药施用量；E_{Ph}、E_{Pi}、E_{Pf} 分别为除草剂碳排放量、杀虫剂碳排放量、杀菌剂碳排放量；J_{Ph} 为作物生长期的除草剂用量；J_{Pi} 为作物生长期的杀虫剂用量；J_{Pf} 为作物生长期的杀菌剂用量；F 为农药的碳排放因子；F_{Ph}、F_{Pi}、F_{Pf} 分别为除草剂、杀虫剂和杀菌剂的碳排放因子，根据各国特别是美国的实际情况，估算出 F_{Ph}、F_{Pi}、F_{Pf} 分别约为 4702.38kg/10^7kg、4931.93kg/10^7kg 和 5177.52kg/10^7kg。

3. 化肥生产和施用带来的碳排放

计算公式为：

$$E_f = \sum E_{fi} = E_{fn} + E_{fp} + E_{fk} = G_{fn} A_n + G_{fp} A_p + G_{fk} A_k$$

式中，E_f 为化肥的碳排放量；E_{fi} 为第 i 类化肥的碳排放量；E_{fn} 为氮肥的碳排放量；E_{fp} 为磷肥的碳排放量；E_{fk} 为钾肥的碳排放量；G_{fn}、G_{fp}、G_{fk} 分别为作物生长期的氮肥、磷肥和钾肥用量；A_n、A_p、A_k 分别为氮肥、磷肥、钾肥的碳排放因子。

根据美国的情况，估算出氮肥、磷肥、钾肥碳排放因子分别约为 857.54kg/10^7kg、165.09kg/10^7kg 和 120.28kg/10^7kg。复合肥按照氮、磷、钾含量比例均为 20% 折算为相应肥料的使用量。

4. 农膜生产、使用带来的碳排放

计算公式为：

$$E_{fm} = M F_{fm}$$

式中，E_{fm} 为农膜碳排放量；M 为农膜使用量，kg；F_{fm} 为农膜碳排放因子。

为计算方便，不区分塑料薄膜和地膜。据南京农业大学农业资源与生态环境研究所测定，F_{fm} 为 5.18kg/kg。

5. 农用机械生产、运输和使用带来的碳排放

计算公式为：

$$E_m = A_m F + W_m G$$
$$W_m = D_m F_d$$

式中，A_m 为该作物的种植面积；W_m 为该作物生长期所使用农业机械的总动力；F、G 分别为排放因子，根据各国特别是美国的实际情况，估算出 F 约为 50.01kg/hm^2，G 约为 0.18kg/kW；D_m 为柴油消耗量；F_d 为转换系数，根据经验，我国的农业机械柴油油耗与功率的转换系数一般为 5。

6. 农田灌溉带来的碳排放

计算公式为：

$$E_i = A_i F$$

式中，A_i 为该作物的灌溉面积；F 为排放因子，根据一般估算为 266.48kg/hm^2。

7. 生长期用电带来的碳排放

计算公式为：

$$E_e = W_e F$$

式中，W_e 为农村农业用电总动力；F 为排放因子，根据一般估计为 0.18kg/(kW·h)。

8. 稻田的碳排放

计算公式为：

$$E_r = Y_r F D$$

式中，Y_r 为水稻种植面积；F 为稻田碳排放因子，是由 CH_4 排放因子转换过来的〔据 2007 年 IPCC 第 4 次评估报告，1kg CH_4 所引发的温室效应相当于 25kg CO_2（约合 6.82kg C）所产生的温室效应，因此由 CH_4 到 C 的转化系数为 6.82〕，据测算约为 15×3.136g/(hm^2·d)；D 为水稻生长天数，水稻的生长周期介于 120～150d 之间，本研究取中位值 130d。

9. 动物肠道的碳排放

计算公式为：

$$E_a = NFd$$

式中，E_a 为动物肠道碳排放量，kg/a；N 为动物年末存栏数；F 为不同种类动物的 CH_4 排放因子（表 9-2）；d 为从 CH_4 到 C 的转换系数，约等于 6.82，下同。

表 9-2　动物肠道发酵 CH_4 排放因子　　　　　单位：kg/(头·a)

动物种类	排放因子	动物种类	排放因子
奶牛	56	骆驼	46
非奶牛[①]	44	马	18
水牛	55	驴、骡	10
绵羊	5	猪	1
山羊	5	家禽	未估算

① 非奶牛包括肉用奶牛、公牛、幼牛和黄牛，下同。

10. 动物粪便管理的碳排放

计算公式为：

$$E_b = NFd$$

式中，E_b 为动物粪便管理碳排放量，kg/a；N 为动物年末存栏数；F 为不同种类动物粪便管理的 CH_4 排放因子（表 9-3）。

表 9-3　动物粪便管理 CH_4 排放因子　　　　　单位：kg/(头·a)

动物种类	排放因子	动物种类	排放因子
奶牛	7.00	骆驼	1.28
非奶牛	1.00	马	1.09
水牛	1.00	驴、骡	0.60
绵羊	0.10	猪	1.00
山羊	0.11	家禽	0.01

注：排放因子按照地区年平均温度差别分为温暖（>25℃）、中温（15～25℃）、寒冷（<15℃）3 档。以邯郸为例邯郸地区年平均气温为 13.5℃，属寒冷地带，因此选择寒冷地带的排放因子。

二、氮足迹

(一) 定义

氮足迹的概念来源于生态足迹。目前，氮足迹还没有公认的定义，Leach 等将其简单概括为某种产品或服务在其生命周期过程中所排放的活性氮（Nr）的总量。而农业氮足迹可表述为：在一定经济技术条件下，为完成农业生产而投入各种资源所直接或间接占用和排放的活性氮总量。农业生产系统是一个复杂的生产要素投入产出系统。其中，自然要素、生产资料、劳动力、能源等是主要的物质性输入；农产品、秸秆、人畜粪便、污染废弃物等是主要的系统输出。氮素随不同的资源进入到农业生态系统，经过迁移转化后又以各种途径从这一系统中输出。因此，农业氮足迹有两种表现形式：输入氮足迹和输出氮足迹。输入氮足迹从农产品生产不同阶段所投入的各类资源的氮素含量来推算；输出氮足迹通过计算资源消耗产生的某种形式的氮排放量而得出。这两种氮足迹遵守物质守恒原理，在本质上是同一和平衡的。

(二) 农业氮足迹的计算方法

农业氮足迹的计算公式如下：

$$NF_{\text{total}} = \sum_{i=1}^{n} NF_i$$

式中，NF_{total} 为总的农业氮足迹；NF_i 为第 i 个氮足迹项目，包括生产资料氮足迹、食物消费氮足迹、能源氮足迹、自然过程氮足迹。

1. 农业生产资料氮足迹

（1）化肥氮足迹　农业生产中的肥料投入包括有机肥和化肥。有机肥的主要来源是人畜粪便和秸秆，粪便实质上是人畜消耗食物（饲料）的转化物，秸秆则是当季农作物的收割留余，两者都是氮素在同一评价周期的系统内部的二次利用，并没有产生新的占用。化肥氮足迹计算公式如下：

$$NF_{\text{fertilizer}} = \sum_{i=1}^{n} TF_i \times NB_i$$

式中，$NF_{\text{fertilizer}}$ 为化肥氮足迹；TF_i 为第 i 种化肥的施用量；NB_i 为第 i 种化肥的含氮量。

（2）饲料氮足迹　这里从各种肉乳类产品的料肉比出发，确定饲养过程中所消耗的饲料，并根据常见的饲料配方的氮含量，来计算饲料氮足迹。其计算公式如下：

$$NF_{\text{feed}} = \sum_{i=1}^{n} TP_i \times G_i \times RM_i \times ND_i$$

式中，NF_{feed} 为饲料氮足迹；TP_i 为第 i 种肉乳产品的产量；G_i 为第 i 种肉乳产品中饲料喂养所占比例；RM_i 为第 i 种肉乳产品的料肉比，见表 9-4；ND_i 为第 i 种肉乳产品饲料配方的含氮量。

表 9-4　主要肉乳类产品的料肉比

种类	猪肉	牛肉	羊肉	牛奶	禽肉	禽蛋	水产品
料肉比	3.2	7.8	5.9	0.8	2.2	2.1	1.5

注：料肉比根据文献整理，其中猪、禽、水产品为精饲料；肉牛、羊为精饲料、青粗饲料分别占 40%、60%；奶牛为产奶期精饲料，长成期的肉料比同肉牛。

ND_i 计算公式如下：

$$ND_i = \sum_{j=1}^{n} NC_j \times FC_j$$

式中，NC_j 为第 j 种原料的含氮量，可根据蛋白质含量乘以系数 0.16 得出；FC_j 为第 i 种饲料配方中第 j 种原料的含量。

根据饲料手册的资料，选取多种配方，求得配方中各原料所占比的平均值，在此基础上计算饲料配方的平均含氮量，见表 9-5。

表 9-5 各类饲料配方中的主要原料成分和含氮量　　　　　　　　　单位：%

饲料种类	原料成分									含氮量
	玉米	稻谷	米糠	小麦	麦麸	豆饼	豆粕	菜粕/菜饼	豆粉	
猪饲料	55.6	16	—	—	11	19	—	—	0.87	2.50
肉鸡饲料	57	—	—	—	3	—	27	4	4	3.15
蛋鸡饲料	58	—	—	—	3	—	28	—	2	3.07
鸭饲料	50	—	19	17	10	—	—	3	6.5	2.36
肉牛饲料	67	—	—	—	9	—	15	—	—	2.20
奶牛饲料	51	—	—	—	13	34	—	—	—	3.24
羊饲料	47	—	—	—	23	—	18	10	—	3.05
鱼饲料	—	—	40	—	38	10	—	—	10	3.24
含氮量	1.36	1.09	2.24	1.78	2.16	6.66	7.30	5.98	8.58	—

注："—"表示无取值，表中均为精饲料氮含量，配方来源于文献，氮含量来源于文献。此外，牛、羊的青粗饲料含氮量取 0.72%。

(3) 种子氮足迹　随着种子专业化和市场化发展，传统的自留种子方式已转变为购买商品种子为主。种子氮足迹的计算公式为：

$$NF_{\text{seed}} = \sum_{i=1}^{n} AS_i \times A_i \times NS_i$$

式中，NF_{seed} 为种子氮足迹；AS_i 为第 i 种农作物的单位面积平均用种量，见表 9-6；A_i 为第 i 种农作物的播种面积；NS_i 为第 i 种农作物种子的含氮量。

表 9-6 主要农作物的平均用种量和种子含氮量

项目	常规稻	杂交稻	大豆	甘蔗	花生	蔬菜	玉米	杂交玉米	薯类	木薯
用种量/(kg/hm²)	37.5	13.2	76.05	12000	285	0.75~30	39	10.02	225	309.37
种子含氮量/%	1.29	1.29	5.6	0.42	4.8	0.02~4.5	1.36	1.36	0.22	0.32

注：根据文献整理，甘蔗、薯类、木薯为种茎，部分蔬菜为种苗。

2. 农业人口食物消费氮足迹

农业人口消费氮足迹是指为保证农业劳动力再生产的生活消费所产生的氮足迹，主要包括食物和能源。本节只处理食物氮足迹，输出形式主要为粪便、生活污水和厨余垃圾。食物消费氮足迹的计算公式如下：

$$NF_{\text{food}} = P \times \sum_{i=1}^{n} FP_i \times NV_i$$

式中，NF_{food} 为食物消费氮足迹；P 为农业人口数；FP_i 为第 i 种食物人均消费量，来自统计年鉴中的调查数据；NV_i 为第 i 种食物含氮量，见表 9-7。

3. 农业能源氮足迹

能源氮足迹是指因化石燃料（如煤炭、石油、天然气等）燃烧所产生的 NO_x、N_2O 等气体的氮素含量。农业能源氮足迹的来源除机械设备使用、农业运输等生产活动外，还包括农村家庭生活中烹饪、取暖等活动。其计算公式如下：

表 9-7 食物的含氮量　　　　　　　　　　　　　　　　　　　单位：%

食物种类	含氮量	食物种类	含氮量
大米	1.28	羊肉	3.04
面粉	1.76	禽肉	2.67
玉米	1.36	蛋类	2.03
薯类	0.22	奶制品	0.55
豆类	4.02	水果	0.18
猪肉	2.11	蔬菜	0.32
牛肉	2.97	水产品	2.32

$$NF_{energy} = NF_{NO_x} + NF_{N_2O}$$

$$NF_{NO_x} = \sum_{i=1}^{n} EC_i \times EFH_i \times c_1$$

$$NF_{N_2O} = \sum_{i=1}^{n} EC_i \times EFM_i \times c_2$$

式中，NF_{energy} 为能源氮足迹；NF_{NO_x} 为 NO_x 氮足迹；NF_{N_2O} 为 N_2O 氮足迹；EC_i 为第 i 种能源消耗量；EFH_i 为第 i 种能源以 NO_2 计的 NO_x 排放因子；c_1 取常数 0.304，为 NO_x 的氮含量；EFM_i 为第 i 种能源的 N_2O 排放因子；c_2 取常数 0.727，为 N_2O 的氮含量。

NO_x 排放因子受燃烧设备、燃料类型、燃烧状况、燃烧周边环境等多种因素影响。例如根据国内外相关研究，确定了广东省各能源消费活动的 NO_x 排放因子（表 9-8）。

表 9-8 能源消费活动的 NO_x 排放因子　　　　　　　　　　　　单位：kg/t

能源消费活动	煤	汽油	柴油	燃料油	LPG（液化石油气）
发电	9.95	—	7.4	10.1	—
农用机械使用	—	22	31	—	—
交通运输	—	21.2	25	—	18.1
生活消费	4.2	16.7	3.2	—	0.88

有关能源领域 N_2O 排放量的研究比较零散，其系统性有待提高。例如以 IPCC 数据和国内有关研究为参考，确定了广东省各种能源的 N_2O 排放因子（表 9-9）。

表 9-9 主要能源的 N_2O 排放因子　　　　　　　　　　　　　单位：g/t

能源消费活动	煤	汽油	柴油	燃料油	LPG
生活消费	31.36	25.84	25.59	25.09	5.02

4. 农业自然过程氮足迹

大气沉降和生物固氮是农业用地获得活性氮的主要自然过程。大气沉降部分来自农业能源使用、农田施肥挥发等，不再重复计算。另一部分源于工业生产、交通运输、居民生活中的燃料燃烧，这里的大气沉降氮足迹特指这部分农业系统外的净输入氮，其计算公式如下：

$$NF_{diposition} = NF_{energy} \times Y \times AR$$

式中，$NF_{diposition}$ 为大气沉降氮足迹；NF_{energy} 为除农业消费外的能源氮足迹；Y 为含氮气体的沉降率，取 70%；AR 为农地面积占总面积的比例。

生物固氮包括共生固氮和非共生固氮 2 个方面。农业生物固氮足迹的计算公式如下：

$$NF_{biofixation} = \sum_{i=1}^{n} SA_i \times BN_i$$

式中，$NF_{biofixation}$ 为生物固氮足迹；SA_i 为第 i 种农作物的播种面积；BN_i 为第 i 种农作物的固氮因子，见表 9-10。

表 9-10　不同作物的固氮因子　　　　　　　　　　单位：kg/(hm² · a)

种类	大豆	花生	甘蔗	稻谷	其他作物
固氮因子	80	85	25	30	15

作物的固氮因子受土壤的温度、湿度、氮含量、碳含量、pH 值、其他营养物质等多种要素的影响，在一定范围内浮动。这些要素与作物固氮能力的定量关系非常复杂，尚未能完全明确。因此，这里的作物固氮因子省略了环境要素的年际变化，设定为平均状态下的固氮量。

5. 农业污染氮足迹

农业输出氮足迹包括农产品收获、秸秆产出、人畜粪便以及生产生活过程中的氮排放与流失等。其中，秸秆的处理方式有用作饲料、还田、用作生活能源、用作工业原料、废弃和焚烧等；粪便大部分经过有机堆肥、沼气发酵、废水去污等无害化处理，但也有部分未处理而直接排放。秸秆用作饲料、秸秆还田等属于农业生产系统的内部循环，未纳入前文中氮足迹的计算；而能源氮排放，秸秆废弃、焚烧，粪便未经处理而直接排放，化肥的 NH_3、N_2O 挥发，硝化氮的淋失和径流等过程使氮素排放到大气或流失于水体中，对环境构成潜在威胁，形成潜在污染氮足迹。综上，农业污染氮足迹计算公式如下：

$$NF_{pollution} = NF_{total} - NF_p - NF_d - NF_m - NF_s$$

式中，$NF_{pollution}$ 为污染氮足迹；NF_{total} 为总氮足迹；NF_p 为农产品氮足迹，是指作物、禽畜等农产品收获物的氮含量，根据每种产品的产量乘以单位产量的氮含量因子得出。

NF_d 为反硝化 N_2 氮足迹。土壤中硝酸根在氧气不足的条件下被反硝化细菌作用而还原成氮气。反硝化作用除产生对环境无害的 N_2 之外，还形成 N_2O。N_2O 是一种温室气体，应归之为污染氮足迹。反硝化产物中 N_2O 与 N_2 的比例受土壤 pH 值、硝酸根浓度、水分与通气状况以及植物根系生长等多种因素影响，比较复杂。根据文献，确定广东省土壤反硝化作用的产物占土壤含氮量的比率为水田 30%，旱田 15%，N_2O/N_2 比为 3/7，并以此计算反硝化 N_2 氮足迹。

NF_m 为无害化处理粪便氮足迹，等于粪便氮足迹乘以无害化处理比例。禽畜粪便氮足迹根据畜禽的年末出栏数（或年末存栏数）与饲养周期（或存栏动物饲养天数，按 365d 除以饲养周期天数后取余数获得）以及粪尿日排泄量相乘计算（表 9-11）。人的粪便氮足迹按平均每人每年排泄 5.4kg N 计算。

表 9-11　主要禽畜的饲养周期、日粪便排泄量与含氮量

禽畜种类	肉牛	羊	猪	禽
饲养周期/d	300	243	155	48
日粪便排泄量/(kg/d)	18	1.5	2	0.13
粪便含氮量/%	0.383	1.014	0.545	0.761

NF_s 为秸秆工业原料氮足迹，等于秸秆氮足迹乘以工业原料处理比例，秸秆氮足迹根据各种农作物的谷草比乘收获量推算秸秆的量，再乘以秸秆氮含量计算（表 9-12）。

表 9-12　农作物的草谷比和秸秆氮含量

作物类型	稻谷	玉米	花生	薯类	大豆	甘蔗	蔬菜
草谷比	1.32	1.27	1.35	0.50	1.30	0.30	0.10
含氮量/%	0.83	0.87	1.66	0.31	1.63	0.48	0.37

农业污染氮足迹包括土壤流失污染氮足迹、秸秆污染氮足迹、粪便污染氮足迹、能源污

染氮足迹等。其中，能源污染氮足迹是化石能源燃烧的氮排放，等同于能源氮足迹；粪便污染氮足迹等于粪便氮足迹减去无害化处理粪便氮足迹；秸秆污染氮足迹等于秸秆氮足迹乘以秸秆的焚烧废弃比例，根据曹国良等提出的估算方法和相关调查数据获得；土壤流失污染氮足迹是农田系统输入氮足迹中未被作物所吸收并可能造成环境污染的部分，可通过总污染足迹减去能源、粪便、秸秆等其他污染氮足迹来推算。

三、水足迹

为了更加全面理解农业生产对水资源的影响，荷兰学者 Hoekstra 基于虚拟水（virtual water，VW）概念提出了"水足迹"理论。水足迹评价手册指出，水足迹是消费者或生产者直接和间接使用水资源的衡量指标，包括水资源消耗量和污染量。

产品水足迹的研究内容主要包括产品水足迹计算以及产品水足迹环境可持续评价。近年来随着生命周期评价研究（life cycle assessment，LCA）的兴起，一些学者对基于 LCA 的水足迹研究产生了浓厚兴趣。目前国内外对基于 VW 产品水足迹和基于 LCA 产品水足迹进行了大量研究。

基于 VW 产品的水足迹计算方法主要包括绿水足迹（降雨形成的土壤水）、蓝水足迹（地表水和地下水）和灰水足迹（稀释污染物需要的水量）的计算和环境可持续性影响评价两部分。

（一）绿水和绿水足迹

1993 年在世界粮农组织召开的大会上，瑞典科学家就雨养农业提出了绿水的概念。绿水即来源于降水，未形成径流或补充地下水，但储存于土壤或暂时存留在土壤或植被表层，并最终通过蒸发或植物蒸腾而消耗的水。绿水足迹（green water footprint，$WF_{pro,green}$）指生产产品过程中消耗的雨水量。农作物这些产品的绿水足迹指雨水总蒸散量（来自田地或植被）加上储存在作物内的水分。

根据绿水定义进行计算，可得作物在理想条件下的绿水足迹（$WF_{pro,green}$，m^3/t），计算过程如下：

$$WF_{pro,green} = CWU_{green}/Y$$
$$CWU_{green} = 10\sum_{d=1}^{lgp} ET_{green}$$
$$ET_{green} = \min(ET_a, P_{eff})$$
$$ET_a = K_c ET_o$$

式中，CWU_{green} 为作物绿水耗水量，m^3/hm^2；ET_{green} 为绿水蒸散量，mm；ET_a 为实际作物蒸散量，mm；P_{eff} 为有效降雨量，mm；ET_o 为参考作物蒸散量，mm；K_c 为作物系数；常量因子 10 是将水的深度（mm）转化为单位陆地面积水量（m^3/hm^2）的转化系数；综合 Σ 是从种植（第一天）到收获日期的累计量（lgp 为生长长度，以日计量）；Y 为作物产量，t/hm^2。

作物绿水消耗指在生长期间田间总雨水蒸散量。通过经验公式模型可以估算蒸散量，或者通过实验数据获得。若在非充分灌溉条件和雨养条件下，农作物总蒸散（ET_a）大于

P_{eff},其绿水足迹计算公式如下:

$$WF_{\text{pro,green}} = 10 \sum_{d=1}^{lgp} P_{\text{eff}}/Y$$

(二) 蓝水和蓝水足迹

Falkenmar 于 1995 年提出了蓝水的概念,以评价其在陆地生态系统的地位。蓝水是地表水和地下水的总称,也就是传统的水资源。蓝水足迹 (blue water footprint, $WF_{\text{pro,blue}}$) 指人类消耗的径流,即被人类利用而不再回到原流域的径流。根据蓝水的定义进行计算,可得农作物在理想条件下的蓝水足迹 ($WF_{\text{pro,blue}}$, m^3/t),计算公式如下:

$$WF_{\text{pro,blue}} = CWU_{\text{blue}}/Y$$

$$CWU_{\text{blue}} = 10 \sum_{d=1}^{lgp} ET_{\text{blue}}$$

$$ET_{\text{blue}} = \max(0, ET_a - P_{\text{eff}})$$

式中,CWU_{blue} 为农作物蓝水耗水量,m^3/hm^2;ET_{blue} 为蓝水蒸散量,mm。

作物蓝水蒸散指用于田间灌溉的蒸散量,可以通过田间试验或经验公式模拟计算。若在非充分灌溉条件下,有效灌溉量 (I_{eff}) 并不能满足作物在理想条件下的蒸散,因此以 I_{eff} 作为 ET_{blue},计算公式如下:

$$WF_{\text{pro,blue}} = 10 \sum_{d=1}^{lgp} I_{\text{eff}}/Y$$

若在雨养条件下,农作物生长期间没有灌溉,则 $WF_{\text{pro,blue}} = 0$。

(三) 灰水和灰水足迹

由于化肥(氮、磷)、除草剂、杀虫剂等污染物的不合理使用,以及不合理的灌溉方式,造成大量水资源被污染,人们将这些被污染而不能利用的水称为灰水 (grey water)。2008 年 Hoekstra 等首次提出灰水足迹 (grey water footprint, $WF_{\text{pro,blue}}$) 的概念,经过 Zarate 的不断完善,认为灰水足迹是稀释污水所需的水量,即一定范围内稀释污染物以达到允许的水质标准所需的水量。根据灰水足迹定义,农作物生长过程中的灰水足迹 ($WF_{\text{pro,grey}}$,m^3/t) 计算公式如下:

$$WF_{\text{pro,grey}} = \alpha AR/(C_{\max} - C_{\text{nat}})/Y$$

式中,AR 为每公顷土地的化肥施用量,kg/hm^2;α 为淋溶率,即进入水体的污染量占总化学物质施用量的比例;$C_{\max}$ 为最大容许浓度,kg/hm^3;C_{nat} 为污染物的自然本底浓度,kg/hm^3;Y 为作物产量,t/hm^2。通常,只需计算最关键的污染物,即产生最大灰水足迹的污染物。

综上所述,农作物水足迹是其绿水足迹、蓝水足迹和灰水足迹之和:

$$WF_{\text{pro}} = WF_{\text{pro,green}} + WF_{\text{pro,blue}} + WF_{\text{pro,grey}}$$

(四) 环境可持续性影响评价

水足迹环境可持续性影响评价就是将水足迹与可利用水资源量进行比较,以更加明确农业生产水足迹对水环境造成的影响。

1. 绿水足迹环境可持续性影响评价

在农业生产中绿水的作用主要体现在对土壤水分的利用与调控上，提高雨养农业和牧草地土壤水分利用效率或绿水利用效率极为重要。在时间段 t 内流域 x 绿水资源短缺程度（green water scarcity，WS_{green}）指流域内绿水足迹总量与可利用绿水资源量的比值，即：

$$WS_{green} = \sum WF_{green}(x,t)/WA_{green}(x,t)$$

式中，WA_{green} 为特定时间范围 t 内子流域 x 的可利用绿水资源量；$\sum WF_{green}$ 为流域内绿水足迹总量。通过计算可以得到日、月、年等不同时间段内绿水稀缺状况，月际绿水稀缺数据可以很好地反映一年中绿水稀缺变化情况。绿水稀缺指数达到100%说明该地区所有可利用的绿水资源量都已经消费光了；超过100%则说明该地区的绿水足迹是不可持续的。由于绿水足迹并不会对环境产生影响，因此有些研究者提议忽略绿水足迹。

2. 蓝水足迹环境可持续性影响评价

蓝水足迹环境可持续性影响评价取决于它影响蓝水流量和存量的程度。为了保证可持续性，单位时间内水资源使用量不能超过可利用水资源量。流域 x 的蓝水缺乏程度（blue water scarcity，WS_{blue}）指流域内所有产品或服务消耗的蓝水足迹与流域内可利用蓝水资源量的比值，即：

$$WS_{blue} = \sum WF_{blue}(x,t)/WA_{blue}(x,t)$$

式中，WA_{blue} 为特定时间范围 t 内子流域 x 的可利用蓝水资源量；$\sum WF_{blue}$ 为流域内蓝水足迹总量。与绿水短缺程度类似，蓝水短缺程度达到100%意味着当地所有可利用的蓝水已经全部使用；一旦超过100%，则其水资源利用是不可持续的。蓝水短缺程度与时间密切相关，年内和年际变化较大。虽然可以计算每天蓝水短缺程度，但月水平的数据已经可以很好地反映其年内变化。如 Hoekstra 等计算了1996~2005年全球主要流域月水平蓝水缺乏程度值。Zoumides 等核算了塞浦路斯农作物蓝水缺乏程度值以及对环境的影响，为塞浦路斯共和国国际贸易政策制定提供了理论依据。

3. 灰水足迹环境可持续性影响评价

流域灰水足迹的影响取决于流域中可容纳污染物径流的大小。流域内水污染程度（water pollution level，WPL）指已经消耗的纳污能力占总纳污能力的比例，是衡量一个流域污染程度的指标。流域水污染程度等于一个流域所有产品的灰水足迹与流域实际径流的比值。

$$WPL(x,t) = \sum WF_{grey}(x,t)/R_{act}(x,t)$$

式中，R_{act} 为特定时间范围 t 内子流域 x 的实际径流量；WF_{grey} 为流域内灰水足迹总量。水污染程度达到100%意味着所有水体的纳污能力都已经全部使用，不能再容纳更多的污染物；超过100%说明现在的水质超出了水质标准。灰水足迹和径流都存在年内变化，因此一年中水污染程度也会不断变化。通常情况下，按月计算就能够很好地反映水污染程度的变化；在一些特殊情况下，可能需要更小时间尺度的计算。有学者对北京市灰水足迹进行评价，结果表明北京市灰水足迹逐年增多，水质逐年恶化，严格控制灰水足迹是实现水环境总体改善的重要途径。

四、其他

除了上述的碳、氮、水足迹之外，学者们还对磷足迹、化学足迹、土地足迹、能源足迹和生物多样性足迹等进行了研究，形成了"生态足迹家族"。人均磷足迹为满足每人食物消费所需开采的矿石磷的量；化学足迹相对完善的定义为产品由于其化学成分而对人类和生态可能造成的潜在风险危害；土地足迹反映了人类通过土地利用（耕地、草地、林地、渔业用地等）对生物资源的占用；能源足迹指化石燃料的使用所产生的二氧化碳需要被吸收的生物生产型面积及核电、风电等其他能源生产建设占用土地所形成的足迹；生物多样性足迹的引入，让人们更理性地认识所消费物资的生物多样性代价，有利于推动生态文明时代的进一步发展。

【复习思考题】

一、名词解释

1. 生态足迹
2. 生态容量
3. 生态生产性土地
4. 生态赤字
5. 生态盈余
6. 全球生态标杆
7. 等价因子
8. 生产力系数
9. 碳足迹
10. 氮足迹
11. 水足迹

二、简答题

1. 简述等价因子与生产力系数的异同点。
2. 简述绿水、蓝水和灰水足迹的含义及区别。

三、论述题

1. 试论述生态足迹核算的基本方法及优缺点。
2. 试论述碳/氮/水足迹的计算方法及应用。

第十章

生态系统服务价值的估算

中央计划经济崩溃于不让市场反映经济的真理；自由市场经济则可能崩溃于不让市场反映生态的真理。

——莱斯特 R. 布朗《B 模式——拯救地球延续文明》

【导读材料】

"生物圈 2 号" ——人类的梦想？

生物圈（Biosphere）一词是 1875 年由奥地利地质学家 Eduard Suess 提出来的，指地球表面生物及其生存环境的总和。科学家们把生命休养生息的地球称为"生物圈 1 号"。美国一些自称为"太空生物圈冒险家"的学者出于对太空旅行和人类是否能移居到月球上生活的极大兴趣，于 1984 年开始设计并建造了模拟地球情形的"生物圈 2 号"，使它作为一个实验基地去研究地球生态系统；研究生态系统中各因素的相互作用；研究植物、动物，特别是人能否长期生活在里面。还可以获取一些有价值的资料，以便更清楚地了解"生物圈 1 号"——地球。

"生物圈 2 号"设置在美国亚利桑那州图桑市北部的卡塔利纳山麓，它是一个巨大的、具有未来派风格的用玻璃、钢筋、混凝土建造的形状独特而美观的建筑。"生物圈 2 号"耗资 2 亿美元，占地 13000m^2，最高点有 91ft（1ft＝0.3048m），地面用重 500t 的不锈钢内衬与大地分开，整个构架有 6000 多个绝对密闭的玻璃窗，形成一个完全密封的、与世隔绝的结构。"生物圈 2 号"里面的布局完全模拟自然界，有人造太阳、人工降雨、人工通风；有海洋、沙漠、草原、沼泽、雨林；有农作物生产区；有人的居住区；还有 3000 多种动物和植物，简直就是一个完全独立的生命支持系统。设计和制造者们对"生物圈 2 号"的运作进行了周密的安排。"生物圈 2 号"能源中心有一个很大的天然气发生器，它能产生所需电能 3 倍的能量，来驱动所有系统的工作。另外，还有一个能源紧急恢复系统，以确保能量供应。这个能量中心也通过控制密闭管道中水的冷热来调节"生物圈 2 号"内部的温度。此外，还有 750 个电子探测器，每 3 分钟监测一次土壤、气压和湿度。"生物圈 2 号"有两个圆顶建筑是参照肺脏用橡胶膜建造的可改变自身体积的气压调节室，它随着"生物圈 2 号"内部气压的变化而膨胀或收缩来调节气压，以预防高大密闭的"生物圈 2 号"建筑内陷或爆炸。

"生物圈 2 号"里的海洋是世界上最大的人工海洋，海水表面积为 $700m^2$，最深处达 25ft，容量大约有 100 万加仑。它是一个通过技术控制的自我助益的系统，可自动调节海水的含盐量、温度和 pH 值，驱动泵使海水持续围绕着珊瑚礁流动而形成海浪。海藻控制着养分和含氧量，一些并不凶猛的海鱼在水中游来游去。这个人造海洋成为研究海洋生物学极为便利的地方。"生物圈 2 号"里 $2000m^2$ 的热带雨林为生物圈居民提供氧气、食物、纤维和药品。它呈立体布局，有高层的大树、中层的木本植物、低层的灌木和地表的草本植物共 300 余种。还通过控制降雨量来保持热带雨林的温度在 23～34℃。

在"生物圈 2 号"建设的同时，来自美国、英国、德国、墨西哥、比利时、澳大利亚和尼泊尔的 15 位科学家也分别接受了严格的科学技能的训练，除了已具有的知识外，还获得了工程学、化学、海洋生物学、农学、电子学、医学等学科的知识及必备的潜水技巧、电脑操作技能和实验技能。1991 年 9 月 26 日，8 位科学家（4 男 4 女）怀着雄心壮志进入"生物圈 2 号"，成为首批生物圈居民。他们边观察、边试验、边探究、边体验，看看在这个微缩的生态系统中能过多久自给自足的生活。他们在农作物生产区种植粮食和蔬菜，为了防止机械种植污染大气，每种农作物都手工种植和收获。一方面，由于禁止使用杀虫剂，大批疯蚁十分猖獗，危害了蝴蝶、飞蛾、蜜蜂、甲虫这些给农作物授粉的昆虫，使农作物减产。另一方面，阴绵的气候和光照不足，也使农作物产量不足以维持生物圈居民的生活需要。为生物圈居民提供肉类的动物是鱼类、尼日利亚矮种山羊、日本丛林野禽和野猪。然而这些经过精心挑选的动物仍不能满足生物圈居民对奶、蛋、肉的需要，尤其是空气中二氧化碳含量的增高和氧气含量的下降对生物圈居民造成了威胁。两年后的"生物圈 2 号"出现以下问题：

（1）上层的温度远远高于预计的数字，而下层的温度又远远低于预计的数字；

（2）空气中二氧化碳量猛增（由 $340\mu L/L$ 增至 $571\mu L/L$），氧气量减少（从 21% 降至 14%），不足以维持人的生存；

（3）过高的湿度把沙漠变成了绿油油的草地；

（4）用来吸收二氧化碳的牵牛花疯狂蔓延，把农田都覆盖了，农作物由于大气变酸而种植失败；

（5）25 种脊椎动物有 19 种全部死亡，除了蟑螂、蟋蟀和疯蚁外，其余昆虫全部死亡；

（6）那些靠昆虫传粉延续后代的植物也灭绝，大树摇摇欲坠；

（7）一氧化碳量猛增到 $79\mu L/L$，足以减弱人体合成某种维生素的能力，危害大脑健康；

（8）生物圈居民普遍体质减弱，体重下降，一位居民两年来体重从 190lb 降到 150lb，而且出现多疑症状，总怀疑食物被盗。

残酷的现实使试验者们不得不承认"生物圈 2 号"的失败，1993 年 9 月 26 日 8 位生物圈居民从"生物圈 2 号"里出来。经过 6 个月过渡期，第二批 5 男 2 女科学家又进入"生物圈 2 号"，他们在里面仅居住了 6 个半月就不得不于 1994 年 9 月 17 日出来。自那以后，再也没有人类有在"生物圈 2 号"里面居住的计划了。

1996 年 1 月 1 日，哥伦比亚大学接管了"生物圈 2 号"，并任命国家科学基金会副会长 W. Harris 为"生物圈 2 号"的负责人，他于 10 月 14 日上任后启动了新的研究项目，焦点集中在高温和高浓度二氧化碳对生物的影响，因为高温和高浓度二氧化碳将是 21 世纪末给地球上的生命带来毁灭性威胁的大气气候。"生物圈 2 号"已将居民区与其他 6 个区域（海洋、沙漠、草原、沼泽、雨林、农业区）隔开，居民区作为教育、研究、旅游基地于 1996 年

11月26日正式向游客开放。美国自然历史博物馆和国家环境保护基金会在那里举办了"地球生物学展览",还提供了一系列令来访者感兴趣的环境教育项目。哥伦比亚大学专设了"生物圈2号"园地,那里有学生公寓、教室、实验室和开放性的试验场所,还设置了"生物圈2号"课程,每年都有来自世界各地的大学生在这里接受"生物圈2号"专家组的指导,来研究地球整体无限的潜在力。"生物圈2号"也从另一方面告诉人们:在目前现有条件下,人类还无法模拟出类似地球可供人类长期生存的生态环境,地球是人类唯一的家园!

(资料来源:夏晓烨编译,世界科学,1999)

【学习重点】 了解生物圈生态服务价值的不可替代性;生态资本与生态系统服务价值之间的关系;生态服务价值的内涵及类型。掌握生态系统服务价值的评估方法;生态系统生产总值(GEP)的概念及核算框架、GEP核算方法等。

第一节 生态系统服务价值的定义

一、生态资本的内涵

生态资本的概念是由生态和资本两个概念组合、延伸和发展来的。生态是生态系统结构和功能的简称,现在多用于表达生态系统生物体系与非生物环境之间的相互依存性、整体性与和谐性等特征。资本是一个经济学名词,其经典定义是指人类经济制度产生的用来生产其他产品和服务的有形或无形财富的存量形式,强调经济学中财富的生产与再生产等投资性使用的"基金"特性,其价值量因使用而具有收益回报和折旧。后来随着人力资本与自然资本概念的提出,资本也被扩展到流量和服务形式,前者比如太阳光,后者比如生态系统的生命支持功能。

(一) 生态资本的特征

与生态资本关联的是生态环境质量及其实现货币转化的可能、方式和效果等,生态资本具有如下三个重要特征,即生态资本是生态环境质量的要素,具有支持生产功能或者服务价值,支持和服务具有货币转化的潜力。

根据这些特征,生态资本定义为:生态资本是指一个边界相对清晰的"生态—经济—社会"复合系统内,具有生态服务价值或者生产支持功能的生态环境质量要素的存量、结构和趋势。生态资本的价值可以体现为生态资本自身的存在价值、功能服务价值和实现货币转化后的货币价值三个层次。

生态资本的概念尽管建立在自然资本的理论基础之上,但是二者具有很多区别。最显著的是自然资本着重指资源(包括物资和信息)的存量,而生态资本着重指生态环境质量要素,包括物质、能量和信息的存量、结构和趋势。其中,存量包括种类、品位和数量;结构主要指丰度、配比和相互的空间关系与生态效应;趋势包括流量和各种相关的意识、政策、法规、风俗、行为方式等。

生态环境质量要素是生态资本组分的存在状态，不是所有的自然资本都与生态环境质量相关，因而不一定属于生态资本。具有生产支持功能或生态服务价值，使得生态资本具有效用，具有转化的潜力，所以称其为资本。没有效用、没有价值、不能实现转化的自然存在，是不具备资本特征的。

（二）构成生态资本的条件

根据定义，生态资本具有生态和资本的双重特征。作为生态资本的自然和社会资源，必须满足如下的基本条件。

1. 是生态环境质量的要素

生态资本首先是生态环境质量的要素，只有组成、影响或者决定特定生态系统的生态质量的因素才可能成为生态资本。有些自然资源，例如矿物和石油存量，是非常重要的资源和社会经济发展原料，但是因为它们只是物质基础，而不直接与环境质量相关，因此不属于生态资本范畴。

2. 具有生产支持或者生态服务功能

资本的本质特征就是具有价值。生态资本的价值表现在能够支持生产或者提供生态服务。例如生态环境优良的地区，可以少使用化肥、农药而生产出优质的农产品，不使用抗生素和药物预防而畜禽能够健康生长，这都是生态环境质量要素具有生产功能的表现。生态服务是该区域的生态环境质量优良到不仅提供了本地生命活动的支撑，而且对更大区域甚至对整个生物圈的稳定有序都具有一定的贡献力量。生态资本必须具备这两种价值之一，或者同时具备。

3. 具有稀缺性

稀缺性是资本的基本特性。一定范围内的生态环境质量具有价值，但是与周围相比，不仅不具备优势，相反还处于邻近地区的落后水平，就谈不上是一种生态资本。生态资本的稀缺性是由生态品质的相对优越性形成的。这种相对性的比较，不仅仅指空间区位上相邻，而是一种广义上的相关。很多空间不临近的地区，在一些生产、生活和其他经济活动中，例如贸易、关联生产等都会发生直接的联系，这种联系很容易缩短空间上的距离。稀缺性是生态资本价值实现转化的前提，只有具备稀缺性才可经营，实现保值、增值等。

4. 具有主体性

主体性即边界和所有权。生态资本的研究对象是明确的，其所有权也必须是清晰明确的。所有权明确是资本的基本特性之一。只有边界明确、所有权清晰，资产的价值才具有计量的可能性，其生产和服务价值才能被经营、控制和管理。

需要说明的是必须同时具备以上 4 个条件，资源或要素才称其为生态资本。生态资本是相对应于人造资本、人力资本而存在的，表现为生态系统所具有的生态环境质量、资源生态潜力、环境自净能力、生态系统对人类的整体有用性等生态质量因素的总和。这种资本就实体形态来说，是自然的资本存量和人为改造过的生态环境的总称，它可以在未来特定的经济活动中给有关经济行为主体带来剩余价值或利润收益。

1995年世界银行制定的国家或者地区财富计算方法中，把资本分为人造资本、人力资本、自然资本和社会资本4种。这种分法虽然明确了自然资本的地位和价值，突出了人力资本的重要性，并且已经为大多数国家和地区接受，但是并不完善，尤其在生态优势特征突出的地区，这种方法体现不出其生态优势特征。因为一方面人力资本、人造资本和社会资本之间的界限不清楚，自然资本和人造资本之间的界限不清楚；另一方面，自然资本更多地关心生物物理体系和自然资源存量，而不直接关心生态环境质量。生态资本对资本形态做出了有益的补充，尽管如此，生态资本与自然资本并不是相互独立存在的，生态资本也不与人造资本、人力资本和自然资本共同构成资本的全部子集。生态资本建立在自然资本的基础上，并与之有一定交叉。

（三）生态资本概念的意义

第一，明确生态环境质量的资本属性。提出生态资本的概念，意味着良好的生态环境不仅仅是财富或宝藏，而且还是一个能够产生效益的、产生财宝的聚宝盆。让公众更容易爱护它、保护它，永保其生财之性能，同时也引导、鼓励民众充分发挥其资本的功能，即通过人的实践或劳动，不断扩大、增加、改善自然的繁衍和环境的美化，使自然能够向人类提供更多、更好的物质资料和优雅、适宜的环境。

第二，更好地规范人类行为。针对资本，人类自然会遵照保值和增值的法则来经营，在不影响生态资本充分发挥其功能的基础上来对待各个要素，即在保证生态资本增加其数量和价值的前提下，利用自然或向自然索取。例如，盖房需要木材，通过砍伐森林来取木材。但是，这种砍伐必须考虑到森林的再生，也就是说当把这片森林砍伐完毕时，新的再生林又茂盛地长出来了。那就要求要有计划地砍伐，而且要一面砍伐一面栽种，经过二三十年森林砍伐完毕，新的树木又高耸入云地挺立在原砍伐的地方。这样，人类对自然的利用和索取就是在自然资本发挥其功能的基础上进行的，而不是在破坏自然资本功能的基础上来索取的。

第三，提高资源利用效率。资本的属性会让人类意识到，它不是取之不尽、用之不竭的，必须要充分地、更好地利用自然，也就是说要使自然资本发挥更大的功能和作用，即用少量的自然资本取得更大的效益，不断提高自然资本的利用效率。

第四，调整人与自然之间的和谐关系。人们认识到自然是一种生态资本，这为人类进一步认识和调整人与自然的关系奠定了理论基础。也就是说，在人与自然的关系中过去过分地强调了人对自然的主宰作用，即人不仅要认识、利用和改造自然，而且还要征服自然，让自然完全听命于人的召唤、吩咐和摆布。现在，人们看到自然是一种资本，那就是说它有一定的稀缺性，然而它又能不断地再生自己、扩大自己，这就决定了人们不能随意或无度利用自然。如果把某种自然资本完全用完，它不仅不能再提供可用之物，而且它的再生能力也被彻底毁了，这样人类就失去了物质资料的来源，就要危及人类的生存和发展。

由于滥用自然（即对自然掠夺性地开发）而造成的大气、水等的污染以及其他不良后果，也都严重地损害了人的生存和发展。人们为了更好地生存和发展，不仅要使自然保证能够向人类提供当前所需要的物质生活资料和环境，而且还要使自然能够保证以后（即向人类的子孙后代）可提供足够的物质生活资料和舒适的自然环境或生态环境。这就必须改变过去的观念，重新认识和调整人与自然的关系。那就是人不能只向自然索取，还要向自然投入；

不仅是要利用、改造自然，还要珍惜、爱护、保护自然；不仅要让自然听命于人类的盼咐，也要受自然的制约，遵从自然的法则和规律；人类不仅仅要征服自然，还要维护、扩大自然资本的功能作用。总之，要使人类与自然达到高度而充分地和谐发展，即不仅人类更好地生存和发展了，自然也能更好地生存和发展，这样自然会源源不断地向人类提供更多、更好的物质资料和优美的生态环境，实现人与自然的共生共荣。

第五，生态资本理论为实现社会经济可持续发展和良性循环提供了理论基础和依据。人类的实践活动要有利于生态资本功能的发展，那就是说要使自然不断地发展、扩大，即不断地增加数量和价值，实际上也就是社会经济可持续发展和良性循环实现的表现，二者是一致的。

二、生态系统服务价值的概念

大自然为人类提供两类服务：一类是人类辛勤劳作的条件和对象，获取这种服务需要人类征服自然，改造自然，如耕地资源、矿产资源、森林资源、渔业资源等，可以称这类服务为"资源服务"；另一类是无需人类耗费劳动和资本就自发地免费地提供的服务，如大气层、水循环、碳循环、废弃物的净化等，获取这类服务需要人类顺从自然、保护自然，称这种服务为"生态服务"。

生态系统——从湿地、森林、珊瑚礁和冻土到草地、藻床、河口和海洋——提供给人类广泛的必需品和服务。

大多数人都能意识到人类对于自然的索取，如索取海产品、家畜饲料、木材、药品、基因等。人们一直在购买、销售和经营这些物品，而直到最近人们才稍稍意识到人类还受益于自然生态系统所给予的另一种恩惠——基本生存支持服务，没有它人类文明就会停滞。

生态服务包括大气调节、气候调节、扰动调节、水调节、水供应、侵蚀控制、土壤形成、营养物循环、废物处理、花粉传授、生物控制、栖息地、食物生产、原材料、遗传资源、娱乐、文化服务等。

美国生态协会最近指出，基于已有的科学证据，可以确信：第一，生态服务是人类文明所必需的；第二，生态服务的作用范围如此之大，动作方式如此之复杂，因此其绝大部分不能为技术所替代；第三，人类活动已经在大范围内危害了生态服务的流动。如果这种势头继续下去的话，人类在数代以内就会对现有的生态系统做出显著的实质性改变。很多人类活动改变或者破坏了自然生态系统，导致了生态服务的退化，从长期来看所带来的损失减少了其带给社会的短期利益。从全球来看，丰富的物种和众多的生物物质是维持生态服务所必需的。如果采取适当的行动，很多生态系统的功能将被恢复。土地利用和开发的政策会有力地维持至关重要的生态服务，并追求与有价值的经济发展目标之间的平衡。

生态系统服务是指人类直接或间接从生态系统得到的利益，主要包括向经济社会系统输入有用的物质和能量，接受和转化来自经济社会系统的废弃物，以及直接向人类社会成员提供服务（如人们普遍享用洁净空气、水等舒适性资源）。与传统经济学意义上的服务（它实际上是一种购买和消费同时进行的商品）不同，生态系统服务只有一小部分能够进入市场被买卖，大多数生态系统服务是公共品或准公共品，无法进入市场。生态系统服务以长期服务流的形式出现，能够带来这些服务流的生态系统是自然资本。

生态系统是生命支持系统，是人类经济社会赖以生存发展的基础，零自然资本意味着零人类福利。载人宇宙飞行和"生物圈2号"实验的高昂代价表明，用纯粹的"非自然"资本代替自然资本是不可行的，人造资本和人力资本都需要依靠自然资本来构建。

随着生态经济学、环境和自然资源经济学的发展，生态学家和经济学家在评价自然资本和生态系统服务的变动方面做了大量研究工作，将评价对象的价值分为直接和间接使用价值、选择价值、内在价值等，并针对评价对象的不同发展了直接市场法、替代市场法、假想市场法等评价方法。生态环境评价已经成为今天的生态经济学和环境经济学教科书中的一个标准组成部分。Costanza 等（1997）关于全球生态系统服务与自然资本价值估算的研究工作，进一步有力地推动和促进了关于生态系统服务的深入、系统和广泛研究。

专栏 10-1：全球生态系统服务价值

美国生态经济学家康斯坦扎（Robert Costanza）等人在测算全球生态系统服务价值时，首先将全球生态系统服务分为 17 类子生态系统，之后采用或构造了物质量评价法、能值分析法、市场价值法、机会成本法、影子价格法、影子工程法、费用分析法、防护费用法、恢复费用法、人力资本法、资产价值法、旅行费用法、条件价值法等一系列方法，分别对每一类子生态系统进行测算，最后进行加总求和，计算出全球生态系统每年能够产生的服务价值。他们的计算结果是：全球生态系统服务每年的总价值为 16 万亿～54 万亿美元，平均为 33 万亿美元。33 万亿美元是 1997 年全球 GNP 的 1.8 倍。

资料来源：Costanza, et al. Nature, 1997。

三、全球生态系统服务总价值

生态服务为人类社会所必需，但直到今天为止它们仍然基本上运行于人类的经济系统之外。人类经济活动已经在前所未有的规模上威胁着生态服务的供给，但对于这些服务供给量的改变以及产生这些服务的生态系统的恶化，人类尚未创造出有效的信息系统给予足够的灵敏反映。人们越来越深刻地认识到，人类在征服自然、改造自然和顺从自然、保护自然之间往往面临着痛苦的抉择：是多一点资源服务还是多一点生态服务？为此，人们尝试着用各种办法来计算全球生态服务的价值，所有的估算结果都在万亿美元数量级上。

戴维·皮尔斯等将生态服务的价值区分为使用价值和内在价值。

使用价值或有用性价值反映的是一物品当它被使用时满足某种需要或偏好的能力。它们被划分为直接使用价值、间接使用价值和选择价值或期权价值。

直接使用价值是指自然资源产品提供的货币流量或潜在货币流量，如木材、干果等的市场价格是可以直接观测到的货币流量。而有些产品或者没有市场价格，或者虽有市场价格却不能准确反映其重要性，如药用植物等。这类使用价值需要以其市场收购价格作参考，综合运用价值评估技术来衡量。

间接使用价值相当于生态学家所说的生态服务功能，例如涵养水源、保持水土、营养循环、野生动物栖息、碳循环和温室效应等。间接使用价值是自然资源本身而不是其产品的潜在货币流量，没有市场可供实现，只能通过重置成本法之类的方法予以评估。例如，森林的水源涵养和水土保持功能就可以通过设想在没有这片森林的情况下予以评估，即将采用工程方法达到同等功效的收入或营造森林所需的投资作为估计值。

选择价值涉及自然资源的时间选择。将一处资源保存到未来开发可能比现在开发具有更大的效益。选择价值就是人们现在愿意为这种可能性所支付的货币额。故皮尔斯认为选择价值类似于保险费保证一种资源或服务的供应（这种供应是不确定的），显然选择价值不一定都是正的，但是皮尔斯认为热带森林的选择价值肯定是正的。另外，与信息不确定性相联系的选择价值称为准选择价值。例如，随着人们对原始森林的生态功能认识的不断深入和全面，保存森林的价值就会增加。

内在价值也称存在价值，是指人们为使资源处于自然状态或原始状态所愿意支付的货币额。内在价值被生态学家视作某种物品的内在性的东西，但内在价值到底包含什么存在着许多不同观点。由于绝大多数人对环境资产的存在，例如野生生物和环境的服务功能等具有支付意愿，所以内在价值的直觉基础较易于理解。通过意愿调查评估法（简称为"CV价值评估法"）可以评估内在价值，唯一性或不可塑性资源具有较高的内在价值。

表10-1是迄今为止第一个对全球服务价值的估算。目前全球生态服务的年均价值是33万亿美元，相当于1999年全世界GDP约28万美元的1.2倍。可持续发展的本质要求：人类对自然的索取应当与人类对自然的回馈平衡。如果要在未来的世代中，人类能始终保持1.2的比值不变或上升，地球有可能承载人类的压力，否则人类的未来将会陷入灾难的深渊之中。

表10-1　1994年生态服务的全球年均价值[①]

生态群落区	面积/($10^6 hm^2$)	每公顷总价值/[美元/(公顷·年)]	全球总价值/(10^9美元/年)
海洋	36302	577	20949
公海	33200	25	8381
近海	3102	4052	12568
海湾	180	22832	4110
珊瑚礁	62	6075	375
大陆架	2660	1610	4283
陆地	15323	804	12319
森林	4855	969	4706
热带	1900	2007	3813
温带/北极带	2955	302	894
草场/牧场	3898	232	906
湿地	330	14785	4879
沼泽/泛洪区	165	19580	3231
湖/河	200	8498	1700
沙漠	1925		
冰/岩石	1640		
耕地	1400	92	128
城区	332		
总计	110429		83242

①　资料来源：中国科学院可持续发展研究组，2000。

以上研究结果根据目前全球表面积的估计值、每个主要生物群落区提供的17种生态服务的价值得出，生态系统至少每年提供价值33×10^{12}美元的服务。其中，大气调节（1.3×10^{12}美元/年）、扰动调节（1.8×10^{12}美元/年）、废物处理（2.3×10^{12}美元/年）、营养物循环（17×10^{12}美元/年）之类服务的价值目前大部分处在市场系统的范围之外。生态服务价值的63%来自海洋生态系统（20.9×10^{12} 美元/年），其中大部分又来自沿海生态系统，主要来自森林（4.7×10^{12} 美元/年）和湿地（4.9×10^{12} 美元/年）。

第二节 生态系统服务价值分类

与传统意义上的服务（它实际上是一种购买和消费同时进行的商品）不同，生态系统服务只有一小部分能够进入市场被买卖，大多数无法进入市场，甚至在市场交易中很难发现对应的补偿措施。按照进入市场或采取补偿措施的难易程度，生态系统服务可以划分为生态系统产品和生命系统支持功能。生态系统产品是指自然生态系统所产生的能为人类带来直接利益的因子，它包括食品、医用药品、加工原料、动力工具、欣赏景观、娱乐材料等，它们有的本来就是现实市场交易的对象，其他的则容易通过市场手段来对应地补偿。

一、生命支持系统功能的特点

生命支持系统的功能主要包括固定二氧化碳、稳定大气、调节气候、对干扰的缓冲、水文调节、水资源供应、水土保持、土壤熟化、营养元素循环、废弃物处理、传授花粉、生物控制、提供生境、食物生产、原材料供应、遗传资源库、休闲娱乐场所以及科研、教育、美学、艺术等。从经济和社会的高度来看，生命支持系统功能的特点有如下4个方面。

1. 外部经济效益

外部经济效益是指不通过市场交换，某一经济主体受到其他经济主体活动的影响，其效益有利者称为外部经济，如林业部门栽树水利部门与旅游服务业受益；其影响无利而有害者称为外部不经济，如水土流失、大气污染等公害。森林生态系统能给社会带来多种服务，如涵养水源、保持水土、固定二氧化碳、提供游憩场所、保护野生生物等，因此森林生态系统提供的服务属于典型的外部经济效益。目前，国内外的理论和实践证明：生态系统服务的价值主要表现在其作为生命支持系统的外部经济价值上，而不是表现在作为生产的内部经济价值上。外部经济价值能影响市场经济对资源的合理分配。市场经济的最重要功能之一是资源的最佳分配，市场经济充分发挥资源最佳分配功能的前提是要有完全竞争的市场，但完全竞争的市场除了受垄断和社会制度影响外，外部经济效果对它影响也很大。完善市场经济结构，实现资源最佳分配的有效方法之一是先对外部经济效果进行评价，然后再把外部经济内部化。作为外部经济的生命支持系统功能关系到国家资源的最佳分配，因此有必要对生态系统的外部经济效果进行经济评价，实现外部经济内部化。

2. 属于公共商品

不通过市场经济机构即市场交换用以满足公共需求的产品或服务就称为公共商品。公共商品的两大特点是：一是非涉他性，即一个人消费该商品时不影响另一个人的消费；二是非排他性，即没有理由排除一些人消费这些商品，如清新的空气、无污染的水源。生态系统的生命支持系统服务是一种重要的公共商品。

3. 不属于市场行为

私有商品都可以在市场上交换,并有市场价格和市场价值,但公共商品没有市场交换,也没有市场价格和市场价值,因为消费者都不愿意一个人支付公共商品的费用而让别人都来消费。西方经济学中把这种现象称之为"灯塔效应"和"免费搭车"。生态系统提供的生命支持系统服务都属于公共商品,没有进入市场,因而生命支持系统服务不属于市场行为,这给公共商品的估价带来了很大的困难。

4. 属于社会资本

生态系统提供的生命支持系统服务有益于区域,甚至有益于全球全人类,决不是对于某个私人而言的,如森林生态系统的水源涵养功能对整个区域有利,森林生态系统的固碳作用能抑制全球温室效应。因此,生命支持系统被视为社会资本。

二、生态服务价值的内涵及类型

生态系统及生态系统过程形成和维护着人类赖以生存的自然环境条件及效用。人类早就意识到了生态系统对人类生存和发展的重要作用,但关于生态系统服务功能或环境服务功能的研究直到20世纪60年代才开始。从Westman提出"自然的服务"的概念及其价值评估问题开始,到1997年Daily主编的《自然的服务——社会对自然生态系统的依赖》的出版及Costanza等的文章《世界生态系统服务于自然资本的价值》的发表,标志着生态系统服务的价值评估研究正逐渐成为生态学和生态经济学研究的热点和前沿。

地球生态系统——陆地生态系统和海洋生态系统——给人类提供着广泛的生活必需品和服务,这种"生态服务"包括:空气和水的净化;旱涝的缓解;废弃物的去毒和分解;土壤及其肥力的形成和更新;农作物和天然植物的授粉;农作物大量潜在害虫的控制;种子的传播和养分的循环;生物多样性的维护;农业、医药、工业的关键生产要素的提供;太阳紫外线的防护;气候的局部稳定;极端温度、大风和大浪的调节和抑制;人类多样性文化的支撑;人类审美和益智需求的满足等。地球生态系统是地球上所有生命的生存支持系统。生态产品和服务是人们理解生物多样性、气候、土地转型、平流层臭氧、水、氮的变化对人类的中长期影响的关键,因为人类的福利和繁荣依赖于生态系统的多样性和调节作用。

生态系统提供的商品(食物、木材等)和服务代表着人类直接和间接从生态系统得到的利益。Costanza等将生态系统提供的商品和服务统称为生态系统服务。Cairns认为生态系统服务是对人类生存和生活质量有贡献的生态系统产品和生态系统功能。因此,生态系统服务可分为两大方面,即生态系统提供的人类生活必需的生态产品和保证人类生活质量的生态功能。生态系统服务包括来自自然资本的物流、能流和信息流,它们与人造资本和人力资本结合在一起产生人类的福利。生态系统服务是生态系统功能的表现,但生态系统服务与生态系统功能并不一一对应,在某些情况下一种生态系统服务是两种或多种生态系统功能共同产生的;在另一些情况下一种生态功能可以提供两种或多种服务。

Costanza等将全球生物圈分为海洋、海湾、海草/海藻、珊瑚礁、大陆架、热带森林、温带/北方森林、草原/牧场、潮汐带/红树林、沼泽/洪泛平原、湖泊/河流、沙漠、苔原、冰川/岩石、农田、城市16个生态系统类型,并将生态系统服务分为17个类型(表10-2),

这是目前最有影响的对生态系统类型的研究结果。最近的一些研究者均根据此生态系统服务分类方案开展对生态系统服务价值的评估研究。

表 10-2　生态系统服务与生态系统功能的类型

序号	生态系统服务	生态系统功能	举　例
1	气体调节	调节大气化学组成	CO_2/O_2 平衡，O_3 对 UV-B 的防护，SO_x 的浓度水平
2	气候调节	调节区域或全球尺度上的温度、降水及其他生物参与的气候过程	调节温室气体，生成影响云形成的 DMS
3	扰动调节	生态系统对环境扰动的容量、抑制和整合响应	主要由植被结构控制的生境对环境变化的响应，如防止风暴、控制洪水、干旱恢复等
4	水调节	调节水流动	为农业（如灌溉）、工业过程和运输提供水
5	水供给	储存和保持水	由流域、水库和地下含水层提供水
6	控制侵蚀和保持沉积物	生态系统内的土壤保持	防止风力、径流和其他动力过程造成土壤流失，将淤泥储存于湖泊和湿地
7	土壤形成	土壤的形成过程	岩石的风化和有机质的积累
8	养分循环	养分的储存、内部循环、处理和获取	N、P 及其他元素和养分的循环
9	废物处理	易流失养分的再获取，过剩或异类养分和化合物的去除或降解	废物处理、污染控制、解毒作用
10	传粉	植物配子的移动	为植物群的繁殖供给传粉媒介
11	生物控制	生物种群的营养动态调节	不是对动物本身而是对动物种类的控制，高级食肉动物使食草动物减少
12	避难所	为定居和迁徙种群提供生境	育雏地，迁徙种群的嬉戏地，本地主要物种的区域生境，越冬场所
13	食物生产	总初级生产中可用作食物的部分	通过渔、猎、采集及农耕的鱼、猎物、坚果、水果、作物等的生产
14	原材料	总初级生产中可用作原材料的部分	木材、燃料和饲料的生产
15	基因资源	特有的生物材料和产品的来源	医药，材料科学的产品，抵制植物病原和作物害虫的基因，装饰物种（宠物和园艺植物品种）
16	休闲	提供休闲活动的机会	生态旅游，体育垂钓，其他户外休闲活动
17	文化	提供非商业用途的机会	生态系统的美学、艺术、教育、精神和科学价值

农业、淡水、森林、草地、海岸等不同的生态系统，因为它们的生态系统的结构和功能有其各自的特点，因此其所提供的生态系统服务——物品或服务也有其各自的特点（表10-3）。

表 10-3　主要生态系统提供的基本物品和服务

生态系统	物　品	服　务
农业生态系统	食品作物 纤维作物 作物基因	维持有限的流域功能（渗透、水流控制、部分土壤保护） 提供鸟类、传粉物种、土壤有机质（对农业十分重要）的生境 形成土壤有机质 固定大气碳 提供就业机会

续表

生态系统	物 品	服 务
森林生态系统	木材 薪材 饮用水和灌溉水 草料 非木材林产品(藤、竹子、叶子等) 食品(蜂蜜、蘑菇、水果、其他可食植物、猎物) 基因资源	吸收大气污染物,释放氧气 循环养分 维持一系列流域功能(渗透、净化、水流控制、土壤固定) 维持生物多样性 固定大气碳 弱化极端天气及其影响 形成土壤 提供就业机会 提供人类和野生生物生境 提供艺术美景和休闲机会
淡水生态系统	饮用水和灌溉水 鱼类 水电 基因资源	缓冲水流(控制时间和流量) 稀释和运走废弃物 循环养分 维持生物多样性 提供淡水生境 提供运输通道 提供就业机会 提供艺术美景和休闲机会
草地生态系统	家禽(食物、猎物、兽皮、纤维) 饮用水和灌溉水 基因资源	维持一系列流域功能(渗透、净化、水流控制、土壤固定) 循环养分 维持生物多样性 形成土壤 固定大气碳 提供人类和野生生物生境 提供就业机会 提供艺术美景和休闲机会
海岸生态系统	鱼类和贝壳 鱼食(动物饲料) 海藻(食品或工业原料) 盐 基因资源	弱化风暴影响(红树林、障壁岛等) 提供人类和野生生物(海洋、陆地)生境 维持生物多样性 稀释和处理废弃物 提供海港和运输通道 提供艺术美景和休闲机会

生态系统的开放形式的生态系统服务（特别是其生态效益）具有无偿性和外部性，使全人类受益。保持一定的面积和生物多样性水平，不仅是各类生态系统自我维持的关键，也是自然生态系统提供生态系统产品和生态功能服务的基础。随着人类活动范围和强度的日益扩大和提高，地球上的生态系统都难以保持自然状态，直接影响到自然生态系统服务的正常提供。为了得到足够的生态系统服务，人类只有部分依赖人工生态系统的服务。在大多数情况下，人类管理的生态系统能够更为有效地提供某种生态系统服务，但其适度、时段往往是有限的。自然生态系统不仅可以同时提供多项服务，而且其提供的是最有效、最廉价、最持久的生态服务，其生态服务并不能由技术轻易地取代。

第三节 生态系统服务价值的估算方法

成本-效益分析是环境经济学的基本分析方法，是目前有关生态系统服务价值的各种评估方法的基础。

依据生态系统服务与自然资本的市场发育程度，可将生态系统服务与自然资本的经济价值的评估研究方法分为如表10-4所列三类。

表10-4 生态系统服务与自然资本经济价值评估研究方法及其特点

方法类型	具体方法	适用范围及优缺点
常规市场评估技术	生产率变动法	利用生态服务/环境物品变化引起的生产率的变动来评估生态系统服务变化的经济价值。适用于有实际市场价格的生态系统服务的价值评估,当生态系统服务/环境物品的变化主要反映在生产率的变化上时可用该方法。缺点是只考察直接使用价值而不能考察缺乏市场价格的生态系统服务
	剂量-反应法	以建立损害与其原因之间的关系,来评价生态服务的产出的变化,进而通过市场价格（或影子价格）评估这种产出变化的价值。不适用于对非利用价值的评估
	机会成本法	以保护某种生态系统服务的最大机会成本来估算该种生态系统服务的价值。该方法使用潜在的支出确定生态环境资源变化的价值,比较适用于对具有唯一性特征或不可逆特征的自然资源开发项目的评估
	预防性支出法	从消费者的角度来评价生态效益的价值,以人们为防止环境质量下降、生态系统服务减少所准备支出的费用作为环境破坏、生态系统服务减少的最小成本,来评估环境质量或该生态服务的经济价值。缺点是只能评估利用价值,而不能评估非利用价值,评价结果只是对生态系统服务的经济价值的最低估计
	重置或恢复成本法	以恢复或保护某种生态系统不被破坏所需要的费用作为这种生态资源被破坏后的损失来评估生态系统服务的经济价值。这种方法的评价结果只是对生态系统服务的经济价值的最低估计
	影子工程法	是恢复成本法的一种特殊形式,以人工建造一个替代生态工程的投资成本来估算生态系统的经济价值。缺点是影子工程的成本难以全面估算生态系统的多方面的功能效益
	替代成本法	根据现有的可用替代品的成本评价生态系统服务的经济价值。该方法的有效性取决于3个主要条件:a.替代品能提供原物品的相同功能;b.替代品应是最低成本的;c.对替代品的人均需求应与原物品完全相同。缺点是生态系统的许多功能是无法用技术手段代替和难以准确计量的
	有效成本法	不考虑福利的货币化和定量化,只计算成本,选择达到某一预定目标的不同方法及成本中的最小成本。不能全面衡量生态系统的多方面的福利
隐含/替代市场评估技术	旅行成本法（TCM）	用于评价生态系统的游憩休闲价值,以人们的旅行费用作为替代物来衡量旅游景点或其他娱乐物品的价值。TCM法计算出的结果只是生态风景资源的游憩利用价值的一部分
	享乐价格法	利用物品的多种特性估计环境质量因素对房地产等资产的价值、工作环境舒适性价值的潜在影响。缺点是要求很高的经济统计技巧,需要大量的精确数据,不能估算非利用价值,会低估总体的环境价值等
假想市场评估技术	条件价值法	适用于那些没有实际市场或替代市场交易和市场价格的生态系统服务的价值评估,是公共物品价值评估的重要方法。缺点是评估的依据是人们的主观观点而非市场行为,所得结果受许多因素的影响而难免偏离实际价值量;另外,需要大样本的数据调查,费时费力
	选择试验法	主要用于确定"复合物品"（由一系列有价值的特征组成的物品,如自然保护区）的某种特征的质量变化对"复合物品"的价值的影响

一、常规市场评估技术

常规市场评估技术把系统服务或环境质量看作是一个生产要素,生产要素的变化导致生产率和生产成本的变化,从而导致产品价格和产出水平的变化,而价格和产出水平的变化是可以观测的。因此，常规市场评估技术以直接市场价值计算生态系统产品和服务及其变化的经济价值。其评估方法很多，包括生产率变动法或者生产函数法、剂量-反应法、机会成本法、防护费用法或预防性支出法、重置或恢复成本法、替代成本法、有效成本法以及人力资本法等。常规市场评估技术建立在足够的、可以直接测量或者统计的数据基础之上，所以在数据不足的条件下就无法使用。

二、隐含/替代市场评估技术

生态系统的某些服务虽然没有直接的市场交易和市场价格，但具有这些服务的替代品的市场和价格，可通过估算替代品的花费而代替某些生态服务的经济价值，即以使用技术手段获得与每种生态系统服务相同的结果所需的市场费用为依据间接估算生态系统服务的价值。这种方法以"影子价格"和消费者剩余来估算生态系统服务的经济价值。评估方法主要有旅行成本法、资产价值法或享乐价格法。

三、假想市场评估技术

对没有市场交易和实际市场价格的生态系统产品和服务，只有人为地构造假想市场来衡量生态系统服务和环境资源的价值。其代表性的方法是条件价值法和选择试验法。

条件价值法是一种直接的调查方法，是在假想市场情况下直接询问人们对某种生态系统服务的支付意愿，以人们的支付意愿来估计生态系统服务的经济价值。与市场价值法和替代市场价值法不同，条件价值法不是基于可观察到的或预设的市场行为，而是基于被调查对象的回答。参与者的回答告诉人们在假设的情况下他们将采取什么行动。直接询问调查对象的支付意愿是条件价值法的特点，也是其缺点所在。条件价值法可用于评估生态资源的利用价值和非利用价值，并被认为是唯一可用于非利用价值评估的方法，是近十年来国外生态与环境经济学中最重要的和应用最广泛的关于公共物品价值评估的方法。由于条件价值法仅仅依靠询问调查对象而没有观察人们的实际行动，它的最大问题是调查是否正确模拟了现实世界，参与者的回答是否反映了他们的真实想法和真实行为，即所得数据受参与者对生态系统服务重要性的认识、回答问题的态度、假设条件是否接近实际等问题的影响，其结果难免偏离实际价值量；另外，需要较大样本的数据调查与处理，调查和分析工作费时费力。由于条件价值法在实施中可能出现信息偏差、工具偏差、初始点偏差、假想偏差、策略性偏差等多方面的偏差，因此为避免偏差所导致的结果失真，通常需进行条件价值法可靠性检验。

选择试验法是一种基于随即效用理论的非市场价值评估的揭示偏好技术，尚处于发展的早期阶段，但却提供了比条件价值法更好的一些潜在的优点。它包括联合分析法和选择模型法两种。在联合分析研究中，给参与者提供一种"复合物品"的几种简洁描述，每一种描述被当作一种完整的"特征包"而与有关该物品的一种或多种特征的其他描述相区别。对"复合物品"自然保护区而言，有关的这些特征包括野生生物的总体多样性，自然保护区可到达性，某种特殊稀有物种的数量、总面积，以及为了进入保护区或保持某种特殊动物的支付意愿等与价格有关的最重要的问题。然后，参与者基于个人的偏好，在各种描述情景之间进行两两比较，接受或拒绝一种情景。在建立一系列这类反映以后，就有可能区分单个特征的变化对价格变化的影响。在描述情景中能够研究的特征的数量受回答处理所描述的详细特征的能力的限制，一般地7～8个特征数量是上限。价格-质量特征之间关系的计算本身是复杂的，但尽管有这样或那样的问题，选择试验法在解决与环境价值评估相关的"效益转移"问题方面特别有价值。

第四节 生态系统服务估算的实例分析

国际上对生态系统服务的价值评估研究的努力开始于20世纪70年代末，只是由于地球生态系统提供的服务绝大部分价值难以准确计量以及缺乏相应的价值评估理论与方法体系而进展缓慢。Costanza和Odum分别于1981年和1983年基于能量的分析研究可以说是早期有影响的研究案例。

生态系统服务由于其复杂性和不确定性，其价值估算问题一直困扰着生态学家和经济学家。近年来，这方面的研究成为生态学和生态经济学研究的前沿和热点，并取得了显著进展。生态系统服务的价值评估研究可分为全球或区域生态系统服务价值的评估、单个生态系统服务价值的评估、生态系统单项服务价值的评估等几个方面。

Costanza等综合了国际上已经出版的用各种不同方法对生态系统服务价值的评估研究结果，在世界上最先开展了对全球生物圈生态系统服务价值的估算。其方法是先将每个生态系统的每一种服务按公顷折算出一个平均的货币价格，再将每个生态系统的各种服务的单位公顷价格相加得到每种生态系统单位公顷提供的生态系统服务价值，然后乘以该种生态系统在地球上的总面积，再相加，得到地球生物圈所有生态系统服务的总价值。计算结果表明：目前全球的生态系统服务的年度价值为 $(16～54)×10^{12}$ 美元，平均为 $33×10^{12}$ 美元（表10-5、表10-6），相当于同期全世界国民生产总值（约 $18×10^{12}$ 美元）的1.8倍。其中，海洋生态系统服务的价值约占63%，陆地生态系统服务的价值约占38%。海洋生态系统服务的价值主要来源于海岸生态系统，陆地生态系统服务的价值主要来源于森林和湿地。由于对某些类型生态系统（如沙漠、冻土带和耕地等）知之甚少，因而缺乏对这些生态系统服务的估价。

表10-5 全球生态系统服务的年度平均价值（按生态系统类型）

生态系统	面积/($10^6 hm^2$)	每公顷的价值/[美元/(公顷·年)]	全球价值/(10^{12} 美元/年)
大洋	33200	252	8.4
海岸	3102	4052	12.6
热带森林	1900	2007	3.8
其他森林	2955	302	0.9
草地	3898	232	0.9
湿地	330	14785	4.9
湖泊与河流	200	8498	1.7
耕地	1400	92	0.1
全球生态服务总价值			33.3

表 10-6　全球生态系统服务的年度平均价值　　　　单位：10^{12} 美元

生态系统服务类型	生态系统服务价值	生态系统服务类型	生态系统服务价值
养分循环	17.075	气候调节	0.684
文化价值	3.015	侵蚀控制	0.576
水资源供应及调节	2.807	生物控制	0.417
废物处理	2.277	栖息地	0.124
食物与原材料生产	2.107	传粉	0.117
干扰调节	1.779	基因资源	0.079
气体平衡调节	1.341	土壤形成	0.053
游憩价值	0.815	全球生态服务总价值	33.266

森林是地球上最重要的多功能生态系统，为人类提供了多方面的利益。由于对森林生态系统功能价值的不了解，人类对森林生态系统进行了大量砍伐和过度利用，因此对森林生态系统的价值评估最早引起国际上研究者的关注。国际上已开展了较多的对森林生态系统的单项服务价值的研究。

有学者对墨西哥 1/4 国土的 $5150\times10^4 hm^2$ 森林的直接利用价值（仅计算了旅游价值）、间接利用价值（功能性价值）、选择价值（药物植物）和存在价值等进行了评估研究。其评估结果表明：墨西哥森林的经济总价值的下限为每年 40 亿美元，这些价值的最大构成是水分循环和碳循环这样的功能性价值，而墨西哥境内仅仅利用了这些价值的一小部分，其大部分是全球性的。

湿地是向人类提供多方面生态服务的另一类重要的生态系统。到 1999 年 11 月，有 116 个国家成为《国际湿地公约》的签字国，全球有 1005 处湿地被列入《Ramsar 国际重要湿地名录》，这些湿地的面积达 $71.7\times10^4 km^2$，约占地球陆地面积的 0.5%。就全球而言，湿地因人类的巨大影响而不断退化和消失，一个重要原因是世界范围内大多数人认为湿地没有什么价值或者具有负价值，这种认识导致在决策中对湿地保护缺乏优先考虑，致使湿地被破坏或被彻底地改变用途。巴西 Pantanal 是位于南美洲地理中心的热带季节性湿地，面积为 $13.8\times10^4 km^2$，在 Costanza 等的研究中该区域的年价值高达约 1 万美元/hm^2。

第五节　生态系统生产总值核算

一、生态系统生产总值的概念和内涵

生态系统生产总值（Gross Ecosystem Product，GEP）可以定义为生态系统为人类提供的产品与服务价值的总和，是与国内生产总值（Gross Domestic Product，GDP）相对应的生态经济统计与核算指标体系。

生态系统主要包括森林、湿地、草地、荒漠、海洋、农田、城市 7 个类型。生态系统产品与服务是指生态系统与生态过程为人类生存、生产与生活所提供的条件与物质资源（表 10-7）。生态系统产品包括生态系统提供的可为人类直接利用的食物、木材、纤维、淡水资源、遗传物质等。生态系统服务包括形成与维持人类赖以生存和发展的条件等，包括调节气候、调节水文、保持土壤、调蓄洪水、降解污染物、固碳、产氧、传播植物花粉、控制有害生物、减轻自然灾害等生态调节功能，以及源于生态系统组分和过程的文学艺术灵感、

知识、教育和景观美学等生态文化功能。

表 10-7　生态系统产品与服务类型

类型	产品与服务（举例）
生态系统产品	食物：粮食、蔬菜、水果、肉、蛋、奶、水产品等
	原材料：药材、木材、纤维、淡水、遗传物质等
	能源：生物能、水能、潮汐能、风能、热能等
	其他：花卉、苗木、装饰材料等
生态调节服务	调节功能：涵养水源、调节气候、固碳、产氧、保持土壤、降解污染物、传粉等
	防护功能：防风固沙、调蓄洪水、控制有害生物、预防与减轻风暴灾害等
生态文化服务	景观价值：旅游价值、美学价值等
	文化价值：文化认同、知识、教育、艺术灵感等

核算生态系统生产总值，就是分析与评价生态系统为人类生存与福祉提供的产品与服务的经济价值。生态系统生产总值是生态系统产品价值、调节服务价值和文化服务价值的总和。在生态系统服务功能价值评估中，通常将生态系统产品价值称为直接使用价值，将调节服务价值和文化服务价值称为间接使用价值。生态系统生产总值核算通常不包括生态支持服务功能（如有机质生产、土壤及其肥力的形成、营养物质循环、生物多样性维持等功能）的价值，原因是这些功能支撑了产品提供功能与生态调节功能，而不是直接为人类的福祉做贡献，这些功能的作用已经体现在产品功能与调节功能之中。

GEP 的概念是借鉴国内生产总值（GDP）概念提出的，生态系统生产总值的核算目的是评价与分析生态系统对人类经济社会发展的支撑作用，以及对人类福祉的贡献。通过生态系统生产总值的核算还可以认识和了解生态系统的状况以及变化。生态系统生产总值是与国内生产总值平行的核算指标，前者关注生态系统的运行状况，后者关注经济系统运行的状况。

生态系统生产总值一词首次出现在 2012 年，朱春全提出把自然生态系统的生产总值纳入可持续发展的评估核算体系，以生态系统生产总值来评估生态状况。建立一个与 GDP 相对应的、能够衡量生态状况的评估与核算指标，即生态系统生产总值。Mark Eigenraam 等也提出生态系统生产总值（GEP）一词，他们将其定义为生态系统产品与服务在生态系统之间的净流量。欧阳志云、朱春全等认为 GEP 是生态系统为人类提供的产品与服务价值的总和，通过建立国家或区域 GEP 的核算制度，可以评估其森林、草原、荒漠、湿地和海洋等生态系统以及农田、牧场、水产养殖场和城市绿地等人工生态系统的生产总值，来衡量和展示生态系统的状况及其变化。2013 年 2 月 25 日，由世界自然保护联盟（IUCN）、亚太森林组织（APFNet）等在共同主办的"生态文明建设指标框架体系国际研讨会"上启动了中国首个生态系统生产总值（GEP）项目。

二、生态系统生产总值核算框架和内容

生态系统生产总值核算的思路源于生态系统服务功能及其生态经济价值评估与国内生产总值核算。根据生态系统服务功能评估的方法，生态系统生产总值可以从生态功能量和生态经济价值量两个角度核算。生态功能量可以用生态系统功能表现的生态产品与生态服务量（如粮食产量、水资源提供量、洪水调蓄量、污染净化量、土壤保持量、固碳量、自然景观吸引的旅游人数等）表达，其优点是直观，可以给人明确具体的印象，但由于计量单位的不

同，不同生态系统产品产量和服务量难以加总。因此，仅仅依靠功能量指标难以获得一个地区以及一个国家在一段时间内的生态系统产品与服务产出总量。为了获得生态系统生产总值就需要借助价格，即将不同生态系统产品产量与服务量转化为货币单位表示产出，然后加总为生态系统生产总值。因此生态系统生产总值核算的基本任务有以下三个（图10-1）。

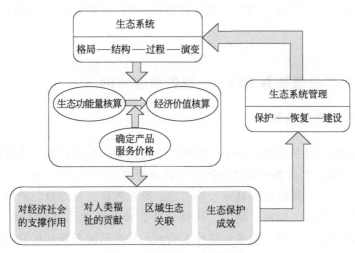

图10-1　生态系统生产总值核算框架

一是生态系统产品与服务的功能量核算，即统计生态系统在一定时间内提供的各类产品的产量、生态调节功能量和生态文化功能量，如生态系统提供的粮食产量、木材产量、水电发电量、土壤保持量、污染物净化量等。尽管尚未建立生态系统服务功能监测体系，然而大多数生态系统产品产量可以通过现有的经济核算体系获得，部分生态系统调节服务功能量可以通过现有水文、环境、气象、森林、草地、湿地监测体系获得，部分生态系统服务功能量可以通过生态系统模型估算。生态系统及其要素的监测体系，生态系统长期监测、水文监测、气象台站、环境监测网络等可以为生态系统产品与服务功能量的核算提供数据和参数。

二是确定各类生态系统产品与服务功能的价格，如单位木材的价格、单位水资源量价格、单位土壤保持量的价格等。自20世纪90年代以来，在生态调节服务和文化服务的价格确定方面取得巨大进展，根据生态系统服务功能类型，建立了不同的定价方法，主要有替代市场技术法和模拟市场技术法。替代市场技术法以"影子价格"和消费者剩余来表达生态系统服务功能的价格和经济价值，其具体定价方法有费用支出法、市场价值法、机会成本法、旅行费用法等，在评价中可以根据生态系统服务功能类型进行选择。模拟市场技术法（又称假设市场技术法），它以支付意愿和净支付意愿来表达生态服务功能的经济价值，在实际研究中从消费者的角度出发，通过调查、问卷、投标等方式来获得消费者的支付意愿和净支付意愿，综合所有消费者的支付意愿和净支付意愿来估计生态系统服务功能的经济价值。

三是生态系统产品与服务的功能量核算，在生态系统产品与服务功能量核算的基础上，核算生态系统产品与服务的总经济价值。可以用式(10-1)计算一个地区或国家的生态系统生产总值。

$$GEP = EPV + ERV + ECV \tag{10-1}$$

$$EPV = \sum_{i=1}^{n} EP_i \times P_i \tag{10-2}$$

$$ERV = \sum_{j=1}^{n} ER_j \times P_j \tag{10-3}$$

$$\text{ECV} = \sum_{k=1}^{n} EC_k \times P_k \tag{10-4}$$

式中，GEP 为生态系统生产总值；EPV 为生态系统产品价值；ERV 为生态系统调节服务价值；ECV 为生态文化服务价值；EP_i 为第 i 类生态系统产品产量；P_i 为第 i 类生态系统产品的价格；ER_j 为第 j 类生态系统调节服务功能量；P_j 为第 j 类生态系统调节服务功能的价格；EC_k 为第 k 类生态系统文化服务功能量；P_k 为第 k 类生态系统文化服务功能的价格。

三、生态系统生产总值核算实例——以贵州省为例

（一）生态系统产品核算

贵州省生态系统产品是指贵州省生态系统为人类提供的最终产品。先分别核算各类产品的产量，最后用式(10-2) 计算生态系统产品总经济价值。

（1）农业产品　包括种植业、林业、养殖业、渔业的产品与产量。种植业的产品与产量包括粮、棉、油料、糖料、烟叶、蔬菜、药材、瓜类和其他农作物的产品与产量，以及茶园、桑园、果园的产品与产量；林业包括林木栽培、林产品的采集和村及村以下的林木采伐的产品与产量；畜牧业包括动物饲养和放牧的产品与产量；渔业包括水生动物的养殖和捕捞的产品与产量。

（2）水电　是指贵州省 2010 年全年各类型水电站的总发电量。

（3）薪柴使用量　薪柴是贵州省农村重要的生活能源。2010 年全省农村 710.73 万户，据对贵州省农村 216 户调查，其中 82% 的农户用薪柴做饭、取暖，农村生活用柴平均每户为 2072.22kg/a。

（4）水资源　贵州生态系统水资源总量包括为本省和省外提供两部分。本省水资源主要包括农业灌溉用水、工业用水、城镇公共用水和居民生活用水，根据贵州省水资源公报统计各类生产生活用水量。为省外提供的水资源量是贵州出境水量与入境水量之差。

生态系统产品的价格根据当年市场价格确定。

（二）生态调节服务核算

贵州省生态系统生态调节功能包括土壤保持、固碳、产氧、水源涵养、洪水调蓄、大气净化、水净化、气候调节、病虫害控制 9 个方面，首先分别核算各指标的功能量，确定各项功能的价格，最后根据式(10-3) 计算生态调节服务的总经济价值。

1. 土壤保持功能核算

生态系统土壤保持功能从保持土壤肥力和减轻泥沙淤积灾害两个方面评价。土壤保持量用潜在土壤侵蚀量与现实土壤侵蚀量之差计算。土壤营养物质保持量根据土壤流失量与流失土壤中 N、P、K 含量估算。本研究应用 GIS 技术获取贵州省不同土壤类型的 N、P、K 含量。本研究运用机会成本法、影子价值法和替代工程法从保护土壤肥力和减轻泥沙淤积灾害两个方面评价植被对土壤保持的经济价值。

依据式(10-5) 估算出贵州省不同生态系统保护土壤营养物质的经济价值。

$$E_f = \sum_i A_c C_i P_i \quad (i = N、P、K) \tag{10-5}$$

式中，E_f 为保护土壤肥力的经济效益，元/a；A_c 为土壤保持量，t/a；C_i 为土壤中氮、磷、钾的纯含量；P_i 为化肥平均价格，元/t。

减轻泥沙淤积灾害价值估算：按照我国主要流域的泥沙运动规律，全国土壤侵蚀流失的泥沙24%淤积于水库、河流、湖泊，而我国 $1m^3$ 库容的水库工程费用为6.11元。根据蓄水成本来计算生态系统减轻泥沙淤积灾害的经济效益，见式(10-6)。

$$E_n = 24\% A_c C / \rho \tag{10-6}$$

式中，E_n 为减轻泥沙淤积灾害的经济效益，元/a；A_c 为土壤保持量，t/a；C 为水库工程费用，元/m^3；ρ 为土壤容重，t/m^3。

化肥价格和水库工程费用根据《森林生态系统服务功能评估规范》确定。

2. 固碳功能核算

主要从森林、草地、湿地和城市绿地四个方面计算贵州省生态系统碳固定的价值。由光合作用方程式可知，植物生产162g干物质可吸收264g CO_2，即1g干物质需要1.62g CO_2，并释放1.20g O_2，而干物质量可根据植被净初级生产力（NPP）计算。因此，植物固碳价值为生态系统干物质总量乘以固碳价格。

固碳价格根据欧盟碳交易的价格进行确定。

3. 产氧功能核算

以植被净初级生产力为基础计算氧生产功能量。根据光合作用过程，每生产1g干物质需要1.62g CO_2，并释放1.20g O_2。氧的价格按照工业制氧价格计算。

氧生产价格根据《森林生态系统服务功能评估规范》确定。

4. 水源涵养功能核算

采用水量平衡法计算生态系统涵养水源量，采用替代工程法以水库蓄水成本法确定价格，从而评价生态系统涵养水源的总价值。

$$W_f = R + I_w - E_r - O_w \tag{10-7}$$

$$E_w = W_f P \tag{10-8}$$

式中，W_f 为区域内总的水源涵养量，m^3；R 为年降水总量，m^3；I_w 为入境水量，m^3；E_r 为区域内年蒸发量，m^3；O_w 为出境水量，m^3；E_w 为水源涵养总价值量，元/a；P 为建设单位库容的投资价格，元/m^3。

水库工程费用根据《森林生态系统服务功能评估规范》确定。

5. 洪水调蓄功能核算

水库、湖泊、塘坝等湿地具有蓄洪、泄洪、削减洪峰的作用，对减轻与预防洪水的危害发挥了重要作用。基于可调蓄水量与湖面面积之间的数量关系，可构建湖泊洪水调蓄功能评价模型。

$$L_p = 134.83 \exp(0.927 \ln L_a) \tag{10-9}$$

式中，L_p 为可调蓄水量，$10^4 m^3$；L_a 为湖面面积，km^2。

水库的洪水调蓄量可通过水库总库容和水库枯水期蓄水量之差计算：

$$R_p = T_v - S_v \tag{10-10}$$

式中，R_p 为水库可调蓄水量，$10^4 m^3$；T_v 为水库总库容，$10^4 m^3$；S_v 为水库枯水期蓄水量，$10^4 m^3$。

贵州省生态系统洪水调蓄价值根据湖泊和水库调蓄能力乘以水库建设单位库容造价进行核算：

$$E_a = (L_p + R_p) P_v \tag{10-11}$$

式中，E_a 为洪水调蓄功能价值量，万元；P_v 为水库建设单位库容价格，元/m^3。

水库工程费用根据《森林生态系统服务功能评估规范》确定。

6. 大气环境净化功能核算

主要考虑生态系统对 SO_2 净化与滞尘功能量及价值。由于贵州省生态系统大气污染物净化能力远大于贵州省 SO_2、烟尘和工业粉尘排放量，在本研究核算大气污染物净化量及其价值时，直接运用全省 SO_2 排放量、烟尘排放量和工业粉尘排放量分别乘以单位 SO_2、烟尘和工业粉尘处理的费用。

SO_2 治理费用和除尘价格根据《森林生态系统服务功能评估规范》确定。

7. 水环境净化功能核算

主要考虑生态系统对 COD 和氨氮净化功能的价值。由于贵州省湿地水污染物净化功能潜力远大于贵州省 COD、氨氮等主要污染物排放量，在本研究核算水污染物净化量及其价值时，直接运用全省 COD 和氨氮排放量分别乘以单位 COD 与氨氮处理的费用。

COD 与氨氮处理价格根据《森林生态系统服务功能评估规范》确定。

8. 气候调节功能核算

生态系统气候调节功能的价值主要指吸热降温产生的价值。生态系统吸热降温价值量包括植物蒸腾和水面蒸发两方面。植物蒸腾价值：据测算，夏季 $1hm^2$ 绿地在周围环境中可吸收 $81.1 \times 10^3 kJ$ 的热量，全省绿地面积按森林和草地面积之和计算，根据达到同样效果用电量和电价可计算相应的价值量。水面蒸发价值：贵州省全年平均蒸发量约为 1100mm，根据贵州省水面面积和蒸发相同的水量所需的电量计算全省水汽蒸发产生的价值。

$$E_c = E_v + E_w \tag{10-12}$$

$$E_v = (F_a + G_a) H_a \rho P_e \tag{10-13}$$

$$E_w = W_a E_p \beta P_e \tag{10-14}$$

式中，E_c 为气候调节总价值量，万元；E_v 为植物蒸腾价值量，万元；E_w 为水面蒸发价值量，万元；F_a 为森林面积，km^2；G_a 为草地面积，km^2；H_a 为单位绿地面积吸收的热量，kJ/km^2；ρ 为常数，$1kW \cdot h / 3600kJ$；P_e 为电价，元/$(kW \cdot h)$；W_a 为水体面积，m^2；E_p 为年平均蒸发量，m；β 为蒸发单位体积的水消耗的能量，kJ/m^3。

用电价格根据贵州省当年居民用电价格确定。

9. 病虫害控制功能核算

大规模单一植物物种的栽培容易导致害虫的猖獗和危害，而物种多样性高的群落可以降低植食性昆虫的种群数量，减少病虫害导致的损失。以贵州省人工林发生病虫害高出天然林所产生的损失核算生态系统病虫害控制功能价值。

$$E_b = NF_a(MF_r - NF_r)P_b \qquad (10\text{-}15)$$

式中，E_b 为病虫害控制功能价值，万元；NF_a 为天然林面积，km^2；MF_r 为人工林病虫害发病率，%；NF_r 为天然林病虫害发病率，%；P_b 为单位面积病虫害防治的费用，万元/km^2。

病虫害治理价格根据单位面积使用农药费用和人工费用确定。

（三）休闲旅游功能核算

截至 2010 年 12 月，贵州省各类省级及以上级别自然景观 151 个，包括世界自然遗产地 2 个，国家级风景名胜区 18 个，省级风景名胜区 54 个，国家级自然保护区 10 个，省自然保护区 8 个，国家级森林公园 21 个，省级森林公园 26 个，国家级地质公园 9 个，省级地质公园 3 个。参考成程对自然景观的分级标准，根据 2012 年游客量和景点级别，把贵州省自然景观分为国家级、省级和地县级三个等级（表 10-8）。

表 10-8　贵州省自然景观分级

级别	风景名胜区	自然保护区	地质公园	森林公园	总计
国家级	6	2	0	0	8
省级	12	1	2	0	15
地县级	56	15	10	47	128
总计	74（包括 2 个世界遗产地）	18	12	47	151

本研究运用旅行费用法和条件价值法核算生态观赏娱乐等游憩价值，包括使用价值和非使用价值。自然景观的使用价值被看作是一种替代价值，为消费者支出与消费者剩余之和。消费者支出为旅行费用与旅行时间价值之和，消费者剩余的计算应用区域旅行费用法，非使用价值运用条件价值法进行计算。本研究对贵州省 8 个典型以自然景观为主题的旅游区开展了问卷调查，其中国家级 3 个，省级 3 个，地县级 2 个。

（四）具体核算结果

1. 生态系统产品与价值

2010 年，贵州省生态系统产品总价值为 2083.45 亿元。贵州省生态系统提供粮食产量 2445.46 万吨，肉类 194.99 万吨，农林牧渔产品总价值为 976.50 亿元。水资源总量 1009.90 亿米^3，其中贵州省生产生活用水量 97.97 亿米^3，为省外提供水资源 911.93 亿米^3，总价值为 1036.29 亿元。水电发电量为 146.58 亿千瓦·时，产值为 3.03 亿元；农村薪柴使用量 1207.67 万吨，经济价值为 67.63 亿元。

2. 生态系统调节服务功能量与价值

贵州省生态系统调节服务总价值 13793.13 亿元。其中水源涵养价值 5278.98 亿元，占总价值的 38.27%；氧生产价值 2080.00 亿元，占总价值的 15.08%；气候调节价值 5337.31 亿元，占总价值的 38.69%。

（1）土壤保持价值　贵州省土壤保持总量为 38.71 亿吨，保肥总量为 65.27 万吨，总经济价值为 16.97 亿元；因土壤保持功能减轻泥沙淤积量为 0.97 亿米^3，经济价值 5.93 亿元，贵州省土壤保持功能总价值 22.9 亿元。

（2）**固碳价值** 2010 年，贵州省生态系统植被固碳总量为 2.76 亿吨，总固碳价值为 331.20 亿元。其中森林固碳量为 2.05 亿吨，经济价值 246.00 亿元，占 74.28%；草地固碳量为 0.66 亿吨，经济价值 79.2 亿元，23.91%。

（3）**产氧价值** 贵州省 2010 年生态系统产氧量为 2.08 亿吨，经济价值为 2080.00 亿元。其中森林产氧量为 1.54 亿吨，经济价值 1540.00 亿元，占 74.04%；草地产氧量为 0.50 亿吨，经济价值 500.00 亿元，占 24.04%。

（4）**水源涵养价值** 2010 年贵州省年降水总量为 1948.15 亿米^3，入境水量为 126.25 亿米^3，出境水量为 1038.18 亿米^3，贵州省水面平均年蒸发量为 1100mm，湿地面积（包括水田）15657km^2，年蒸发量 172.23 亿米^3，生态系统水源涵养总量 863.99 亿米^3，生态系统水源涵养总价值为 5278.98 亿元。

（5）**洪水调蓄价值** 贵州省湖泊面积 85.14km^2，根据湖泊洪水调蓄功能评价模型计算贵州省湖泊调蓄洪水能力为 0.83 亿米^3，湖泊调蓄价值为 5.07 亿元。至 2010 年，贵州省共建成各类水利工程 2073 处，总库容约 354.27 亿米^3，2010 年末蓄水量 236.68 亿米^3，贵州省各类水利工程蓄洪能力为 117.59 亿米^3，水库调蓄洪水功能价值为 718.47 亿元。湖泊、水库调蓄洪水总经济价值 723.54 亿元。

（6）**净化空气价值** 2010 年贵州省二氧化硫排放总量为 114.89 万吨，烟尘排放总量为 25.1 万吨，工业粉尘排放总量为 8.83 万吨，净化空气总经济价值为 14.30 亿元。

（7）**净化水质价值** 2010 年贵州全省废水排放总量为 6.08 亿吨，其中工业废水排放量 1.41 亿吨，生活污水排放量 4.67 亿吨，工业废水排放达标率为 77.27%，生活污水处理率达 66.08%，因此进入自然界中的实际废水排放量为 1.91 亿吨，生态系统净化水质的价值为 3.99 亿元。

（8）**气候调节价值** 2010 年贵州省森林、草地和城市绿地等植被覆盖面积为 12.54 万千米^2，全省植被在夏季因蒸腾作用吸收的热量为 10.25×10^{11}kJ，合 2.85×10^8 度（1 度＝1kW·h）电；全省水面年蒸发量为 17.22 亿米^3，在气温 25°C 环境下，1m^3 水汽化为相同温度的水蒸气需消耗 2.43×10^6kJ 的热量，全省水面蒸发消耗的总热量为 4.18×10^{15}kJ，合 1.16×10^{12} 度电。植物蒸腾和水面蒸发产生的经济价值为 5337.31 亿元。

（9）**病虫害控制价值** 据贵州省 2010 年林地调查资料，贵州省林地总面积 86404.19km^2，其中天然林面积 52151.86km^2，人工林面积 34252.33km^2，天然林中发生病虫害的面积是 717.16 km^2，占天然林面积的 1.38%，人工林中发生病虫害的面积是 869.22km^2，占人工林面积的 2.54%，全省发生病虫害林地总面积是 1586.38 km^2，占林地总面积的 1.84%。生态系统病虫害控制服务总价值为 0.91 亿元。

3. 生态文化服务价值

通过对全省 8 个不同级别景点调查和分析，根据每个等级的平均价值计算出全省自然景观总价值为 4136.88 亿元。其中国家级自然景观总价值为 950.00 亿元，占 22.96%；省级自然景观总价值为 734.40 亿元，占 17.75%；地方级自然景观总价值为 2452.48 亿元，占 59.28%。

4. 贵州省生态系统生产总值

贵州省生态系统生产总值是 20013.46 亿元，其中生态系统产品总价值为 2083.45 亿元，占10.41%；调节服务总价值为13793.13亿元，占68.92%；文化服务总价值为4136.88亿元，占20.67%。生态系统调节服务价值为生态系统产品价值的6.6倍，生态系统文化服务价值为生态系统产品价值的近2倍。2010年，贵州省人口3479万人，人均GEP 57526元，与当年的GDP相比，贵州省GDP总量为4602.16亿元，人均13119元，人均GEP是人均GDP的4.3倍。

第六节 生态系统服务研究的发展趋势

一、开展生态经济综合研究，揭示生态和经济过程的联系及其动态变化

目前，对生态系统服务与自然资本的价值只能评估而难以准确确定的原因是，人们对生态系统的复杂结构、功能和过程以及生态过程与经济过程之间的复杂关系等还缺乏准确的定量认识，生态系统的各种服务价值的定量化及各组成部分之间的可加性等仍存在问题。

生态系统服务价值评估研究理论和方法的发展和完善，生态系统服务的经济价值的准确确定，需要经济生态学的研究和观测，有赖于对生态系统的结构、功能和过程及其机理的深入定量了解，有赖于对生态系统基本过程和经济系统过程之间复杂和隐含联系的合理界定，从而不仅可为生态系统服务价值的定量经济评价提供准确依据，而且可为生态系统的可持续发展管理提供政策依据。因此，除了更多地开展对各类生态系统的服务价值的评估研究、积累更多的研究案例外，构建把生态系统与经济系统联系在一起的区域与全球模型，以便更好地理解其中的物理/生物过程的复杂动态以及这些过程对人类福利的价值，是生态系统服务与自然资本价值评估研究的重要方面。另外，目前对生态系统服务与自然资本价值的评估研究只是对复杂和动态的生物圈及其各类生态系统的价值的瞬时静态描述，如何建立它们的动态模型，也将是这方面研究的焦点之一。

二、完善生态系统服务与自然资本评估的理论与经济技术方法

从生态系统服务价值评估的研究进展可以看出，有关生态系统服务以及自然资本的经济价值的研究，由于对生态系统服务的项目分类、各种生态服务的单位面积价值的确定、不同生态服务的价值的重要性及权重的确定、价值评估方法的运用等诸多方面的不同认识和观点分歧，对同一生态系统的各种服务或同一种生态服务的价值评估研究结果差别很大。造成这一结果的很重要的一个原因是这方面的研究才刚刚起步，评估理论和评估研究方法等还很不成熟，也很不规范，这也正说明该领域研究的重要性。

如果生态系统服务与自然资本的价值核算的理论完善与经济技术方法的标准化方面不能实现突破，就不可能有一个公认的标准评估结果，也就不可能实现生态—环境—经济综合核算。因此，研究非市场化的自然生态系统服务的合理分类、生态系统服务单位价格量化方法、数据标准化、完善生态系统服务价值评估的经济技术方法体系以及提出符合生态系统服务价值评估要求的数据统计体系要求等，是今后亟待解决的核心问题和研究的重点内容。

三、建立生态-环境-经济综合核算体系

生态系统服务的价值目前大部分处于经济核算的范围之外,而国民生产总值这样的经济指标对经济发展及可持续性来说,越来越被认为是有缺陷的估量方法,因为它们不能明确反映出工农业和商业活动造成的对生态服务的破坏,没有反映自然资源、环境资源的流量与价值变化。有学者提出 GNP 应至少再增加下面四个方面的信息才能判断福利水平:一是不平等和贫穷;二是生活水平(儿童死亡率、文化程度、学校教育、医疗保障水平等);三是环境;四是福利的社会、政治和精神方面。

从可持续发展的角度出发对 GNP 加以改进和修改,成为绿色 GDP。由于 1968 年颁布的国民经济核算体系存在未考虑自然资源方面出现的稀缺和未考虑环境下降两大缺陷,联合国于 1993 年提出了"环境与经济综合核算体系(SEEA)",提出了环境调整的国内生产总值的概念。"环境与经济综合核算体系"将对各国生态、环境核算体系的设计产生决定性的影响。

对未来生态损失的成本的估计是相当困难的,要得到充分可靠的估计值,需要有关生态经济学和社会经济发展的详细的综合数据信息。因此,将生态和环境在经济发展中的作用纳入国民收入核算中去的想法既不能快速推广,也不是一个能快速完成的过程。虽然存在着各种困难,但建立包含生态系统服务与自然资本价值核算在内的国家生态—环境—经济综合核算体系——环境调整的国内生产总值,是生态系统服务价值评估研究的根本目标。

【复习思考题】

一、名词解释

1. 生态资本
2. 生态系统服务价值
3. 选择价值
4. 内在价值
5. 生态系统生产总值
6. 机会成本

二、简答题

1. 简述生态资本的构成条件。
2. 简述生态服务价值的内涵及类型。
3. 简述生态资本与生态系统服务价值之间的关系。

三、论述题

1. 试论述生态系统服务价值的主要评估方法及其特点。
2. 试论述生态系统生产总值的核算框架及主要内容,并举例说明。
3. 试论述"生物圈 2 号"失败的主要原因及启示。

第十一章

生态经济规划原理与方法

在应对人与自然的关系上,我们的答卷不是非常令人满意。向自然学习,而非征服自然,这样一个看似简单的问题,人类却付出了巨大代价。

——编者,2020

【导读材料】

面向 2030 年的全球可持续发展目标(SDGs)

1972 年,联合国斯德哥尔摩人类环境会议正式提出将环境保护纳入发展的重要内容。1987 年,世界环境与发展委员会发布了《我们共同的未来》,奠定了可持续发展的理论框架。1992 年,在巴西里约热内卢召开的联合国环境与发展会议上,102 个国家首脑共同签署了《21 世纪议程》,可持续发展成了人类的共识。在 20 世纪 80～90 年代国际社会对可持续发展所达成的一系列共识的基础上,2000 年世界各国领导人在联合国总部一致通过了《千年宣言》,承诺共同实施包括消除极端贫困与饥饿、普及小学教育、促进性别平等和增强妇女权能等八项千年发展目标(Millennium Development Goals, MDGs)。在里约热内卢会议 20 周年之际,2012 年"里约+20"联合国可持续发展大会召开,在呼吁变革经济发展模式的背景下提出了绿色经济的理论。2015 年,《千年发展目标》(2000—2015)的 15 年时间期限已到。《千年发展目标》为全球尤其是欠发达国家的发展发挥了重要推动作用。尤其是在减贫、教育、医疗、改善饮用水源等方面。例如,发展中地区的极端贫困人口比例从 1990 年的 47% 下降到 2015 年的 14%,极端贫困人口从 19 亿减少到 8.36 亿;2000～2015 年,发展中地区的小学入学率从 83% 增加到 91%;全球 5 岁以下儿童死亡率从 1990 年的 1000 例活产婴儿死亡 90 人下降到 2015 年的 43 人;消耗臭氧层的物质基本被消除;全球获得改进饮用水的人口比例从 76% 上升到 91%;等等。

与此同时,一些全球性问题仍然严峻!并且随着社会经济的不平衡发展,新问题在不同的地区不断涌现。一是贫困问题依然突出,2013 年估计 7.67 亿人口生活在每天 1.9 美元的国际贫困线以下;二是医疗资源在部分地区依然稀缺,发展中地区产妇死亡率仍是发达地区的 14 倍;三是青少年尤其是女性教育问题仍然突出,世界上有 1.03 亿青少年缺乏基本的读写算技能,其中 60% 为女性。此外,在饮用水、能源、卫生方面问题仍然突出。全球还有 6.63 亿人仍然没有获得安全饮用水，水资源短缺仍然影响着全球 40% 的人口，而且这一数字预计还将增长；有五分之一的人仍然无法使用现代电力；全世界约有 25 亿人无法获得基本的卫生设施。在生态保护领域形势依然严峻，在 8300 个已知动物品种中，8% 已经灭绝，22% 濒临灭绝。一连串的问题预示着人类的可持续发展仍然面临着严峻的挑战。

更为重要的是，《千年发展目标》主要针对解决欠发达国家的贫困、粮食安全、水、健康等基本需求问题，并要求发达国家和国际组织提供资金和技术援助。但在欧美发达国家自己陷入经济危机之后，他们对这种"失衡"的全球发展战略提出了质疑，提出"一个都不能少"，要求联合国全面关注包括发达和发展中国家在内的全球可持续发展问题。2015 年，在联合国的后发展议程中，联合国通过了 2016～2030 年全球可持续发展目标（Sustainable Development Goals，SDGs），意味着可持续发展将成为指导未来全球经济社会发展的核心理念，继续引导全球解决社会经济与环境领域的突出问题。联合国设立一组集成的 SDGs，从经济、社会和环境三个关键维度共 17 个目标和 169 个分目标，来指导各个地区包括发达国家和发展中国家在未来 15 年（2016～2030）的可持续发展。

（资料来源：吕永龙等，《关于中国推进实施可持续发展目标的若干思考》，2018）

【学习重点】 了解"协同自然的设计（Design with Nature）"思想，生态经济规划的基本原理与方法，生态经济规划的内容与原则，强调生态与经济的耦合性、适应性、协调性。

第一节　生态经济规划的基本原理

一、生态经济规划的概念

生态经济规划这一思想在 20 世纪 60 年代一经提出，立即受到人们的广泛关注，并得到了迅速的普及和发展。但生态经济规划这一概念，在不同时期不同学者对其理解不尽相同，迄今为止还没有一个被大家共同接受的完整定义。

麦克哈格（1969）在《协同自然的设计》（Design with Nature）一书中指出："生态规划是指在没有任何有害的情况或多数无害条件下，对土地的某种可能用途进行的规划。"即其认为利用生态学原理而制定的符合生态学要求的土地利用规划称为生态规划。

但随着生态学的迅速发展，生态规划已不仅仅局限于空间结构布局、土地利用等方面的内容，而已渗入经济、人口、资源、环境等诸多方面。联合国人与生物圈（MBA，1984）计划第 57 集报告中指出："生态规划就是要从自然生态和社会心理两方面创造一种能充分融合技术和自然的人类活动的最优环境，诱发人的创造精神和生产力，提供高的物质和文化水平。"因此，生态规划的"生态"已经不是狭义上的生物学概念了，其包含了社会、经济、环境符合协调、可持续发展的含义。

我国学者欧阳志云（1996）认为生态经济规划是指运用生态经济学原理及其相关学科的知识，通过生态区理论的生态适宜度分析，寻求与自然和谐、与资源潜力相适应的资源开发方式和社会经济发展途径。于法稳（1997）认为生态经济规划是指按照生态学原理，对某地区的社会、经济、技术和生态环境进行全面的综合规划，以便充分有效和科学地利用各种资源条件，促进生态系统的良性循环，使社会经济持续稳定地发展。

一般认为，生态经济规划是指在自然综合体系的天然平衡不做重大变化、自然环境不遭破坏和一个部门的经济发展不会给其他部门造成损害的情况下，计算并合理安排组织天然资源利用的一种计划。生态经济规划是将合理利用大自然各组成部分的原则和合理利用整个大自然的原则相结合，以满足人类社会活动中生产性领域和非生产性领域要求的综合性计划，具有极强的社会性和经济性。

生态经济规划既不同于一般的农业区划，也不同于一般的生产发展计划和一般的经济规划。生态经济规划是从自然、经济、社会全面发展的角度多方面综合，它既包括生产计划和经济规划，也包括农业区划、环境规划、社会发展计划，是多种规划和计划的综合。

二、生态经济规划的产生与发展

1. 生态经济规划的产生

生态经济规划的产生最早可追溯到19世纪末以George Marsh、John Powell 及Patrick Geddes 等为代表的生态学家、规划工作者以及其他社会科学家的规划实践与著作，他们的工作标志着生态经济规划的产生和形成。

Grorge Marsh 对自然具有敏锐的洞察力，并对刚刚产生的以研究生物与其环境相互关系的生态学有较好的理解。地中海地区受人类活动的巨大影响使他震惊，从而促使他进一步探讨"自然恢复的重复性与可能性"。Marsh 在以历史的观点详细考察荷兰开发项目以后指出：在定居过程中，许多问题都需对人与环境的关系进行合理的规划。Marsh 在其1864年出版的"Man and Nature Physical Geography as Modified by Human Action"著作中，首次提出合理地规划人类活动，使之与自然协调，而不是破坏自然，并呼吁"Design with nature rather than against the environment"。Marsh 的这个规划原则，直至今天仍是生态经济规划的一个重要思想基础。

John Powell（1879）在他的"Report on the Lands of the Arid Region of the United States"中指出："恢复这些土地（指不适当耕作而导致的沙化地与废弃地）需要广泛而且综合的规划"，规划"不仅要考虑工程问题及方法，还应考虑土地自身的特征"。正如Kraenzel 在1955年指出的那样，Powell 给国会的报告"强调要求制定一种土地与水资源利用政策，并要求选择能适应干旱、半干旱地区的一种新的土地利用方式、新的管理机制及新的生活方式"。Powell 无疑是最早呼吁通过立法与政策促进与生态条件相适应的发展规划的人之一。

苏格兰植物学家与著名规划学家Patrick Geddes，不仅是一位著名的生物学家，而且还是人类生态学的奠基人、传统区域与城市规划的先驱思想家之一，他创立的城市与区域规划程序调查—分析—规划方案的建立，一直为规划者视为经典程序。Geddes 强调把规划建立在研究客观现实的基础上，即周密地分析地域自然环境潜力及环境限制对土地利用与地方经济体系的影响及相互关系。Geddes 强调在规划中应注意人类与环境之间联系的复杂性与综合性，他指出："社会的类群、人们的工作方式及其环境均反映了社会的观念，还将影响社会每个人的行为。"Geddes 在《城市的演进》（Cities in Evolution）一书中，从人与环境的关系出发，系统地研究了决定现代城市成长与变化的动力。他认为他的目标是将自然引入城市，强调在规划过程中通过充分认识与了解自然环境条件，根据自然的潜力与制约制定与自然和谐的规划方案。

生态经济规划的先驱 Marsh、Geddes 与 Powell 分别从生态经济规划的指导思想、方法以及规划的实施途径等方面开展了开创性工作，为后来生态经济规划理论和实践的发展奠定了基础。

2. 20 世纪初的生态经济规划的发展

在 20 世纪之初，生态学自身已完成其独立过程，形成了一门年轻的学科，并在植物生态学、群落生态学、生态演替、湖沼生态学、动物行为学等分支领域发展很快；同时，生态学思想也更广泛地向社会学、城市与区域规划以及其他应用学科渗透。在生态史上盛极一时的芝加哥人类生态学派，也促进了生态学思想的发展与应用。生态经济规划在生态学自身大发展与生态学思想传播的氛围中得到发展。20 世纪初，生态经济规划的繁荣还与规划实践的要求、规划方法的发展直接相关。

这个时期人们开始认识到动植物的美学价值与功能价值以及保护自然景观对城市发展与城市生活的重要性。Ebenener Howard 在《明日的田园城市》中，描绘了明日理想的城市，这种由人工构筑物与自然景观（指包围城市的绿带与农村景观以及城市内部大量的绿地与开阔地）组成的所谓"田园城市"，实质上就是从城市规划与建设中寻求与自然协调的一种探索。Howard 在《明日的田园城市》中的图解是这样描述田园城市的："具有自然美，富有社会机遇，接近田野公园，有充裕的工作可做，高工资、低租金、低税收、低物价，没有繁重的劳动，企业有足够的发展场所，资金周转快，洁净的空气与水，明亮的住宅和花园，无烟尘，无贫民窟，自由协作。"从这个蓝图来看，Howard 在这里还不只是在描述一个城市，而是在呼唤一个理想的社会。从这里，可以看到今天人们所描述的"持续发展社会"的影子。《我们共同的未来》指出持续发展是要满足所有人的基本需求，向所有人提供实现美好生活愿望的机会。Howard 的田园城市运动对城市与区域规划以及 McHarg 等生态经济规划工作均产生了深远的影响。同时，在芝加哥当时具有很大影响的芝加哥成员中的两位成员，景观设计师 Jens Jensen 与芝加哥大学的生态学家 Henry Cowles 曾携手探索如何在不断扩展的城市区保护自然景观。

如果说从 Marsh 到 Howard 及 Jensen 等的理论探索与规划实践，是一批具有远见的生态学家与规划师自发地将生态学思想应用于规划之中，那么到 20 世纪 20 年代美国区域规划协会的成立则明确宣布规划与生态学之间的密切关系。

受 Geddes 与英国花园城市运动的影响，美国区域规划协会于 1923 年成立，其主要成员包括 Benton Mackaye、Lewis Mumford、Clarence Stein、Henry Wright 及 Catherine Bauer 等，尤其 Mackaye 与 Mumford 强烈支持以生态学为基础的区域规划。Mackaye 曾巧妙地将区域规划与生态学联系起来，他将区域规划定义为："在一定区域范围内，为了优化人类活动、改善生活条件而重新配置物质基础的过程，包括对区域的生产、生活设施、资源、人以及其他可能的各种人类活动的综合安排与排序。"按照 Mackaye 的定义，规划首先应抓住自然所表现的永久的综合"秩序"，以与人类所创造的"秩序"相区别。Mackaye 还引用 Plato 的名言"要征服自然，首先必须服从自然"来强调他的规划思想。最后 Mackaye 总结为：

"区域规划就是生态学,尤其是人类生态学。"他还从区域规划的角度将人类生态学定义为:"人类生态学关心的是人类与其环境的关系,区域是环境单元。规划是描绘影响人类福祉的活动,其目的是将人类与区域的优化关系付诸实践。因此,区域规划简言之就是人类生态学。"后来,McHarg、Steine 及 Young 等继承这一观点,将生态经济规划称之为人类生态经济规划或应用人类生态学。

Mumford 也曾指出:"如果人类不能向实现人类潜力或可能性的方向努力,那么人类这种无意识选择的继续,将导致一个无生命的环境。"在 Mumford 之后的生态经济规划者通过有意识的选择竭力将自然过程协调综合于人类活动之中。这正是 Mumford 等的整体论与整体论者观察、理解作为一个整体的人类文化与自然环境的方法,这种思想方法使 Mumford 的工作至今仍具有生命力。

野生生物学家、森林学家 Aldo Leopold 在他著名的有关土地利用的著作中,就因为将人类伦理扩展到土地与自然世界而备受称赞。而且这篇文章也深刻地探讨了将生态学方法应用于规划之中的问题,他指出"生态学反应与条件规定与制约着所有依赖于土地的企事业,无论是经济的,还是文化的。"在这里 Leopold 首先注意到自然生态过程与人类活动的相互关系,同时还指出运用生态学理论与方法意味着追求"广泛与土地共生",适当的规划意味着向"人与土地和谐相处的状态努力,通过土地与地球上所有的东西(生物)和谐共处"。他还警告"人与土地的相互作用是极其重要的,不可抱侥幸心理,而必须通过十分仔细的规划与管理"。

在这个时期,生态经济规划理论与方法的探讨还涉及许多论题,例如:生态经济规划的最佳单元;试图阐明城市交接带(interface)的生态功能;如何为环境保护运动明确对象与目标;怎样通过规划方法论的建立,将生态经济规划作为管理与规划的多用途理论与方法;怎样将可持续产量与承载力的概念引入区域与城市规划之中;怎样推动"整体规划"(Holistic planning)的发展;如何实现与自然共同规划与设计,而不是破坏自然。不过值得注意的是,这个时期的生态经济规划虽然处理人与自然环境关系的指导思想与生态学思想一致,但在讨论生态经济规划的文献与著作中,很少使用生态学的学科语言,即使像公认的现代生态学家 Mumford 在讨论生态经济规划时也很少使用生态学科语言。

第二次世界大战后,各国忙于战后的恢复与重建,人们在科学与技术的突飞猛进中寻求经济的高速增长。同时,新的技术和手段的发展也极大地提高了人类干预自然的能力,人们对改造自然的信心也大为提高,以协调人类活动与自然过程为目标的生态经济规划一词一度在研究报告和学术杂志中消失了。然而,在资源开发与经济发展中无视自然过程,无视自然生态系统对维护地球生命支持系统的功能和意义,自然界以其特有的方式对人类文明予以警告。环境污染,资源衰竭,物种绝灭速度大大加快,土地潜力退化、沙化等生态环境问题日益加剧,尤其是气候变化、臭氧层损耗等使人类文明及其进一步发展受到威胁,以卡尔逊《寂静的春天》为代表的著作掀起了 20 世纪 60 年代和迄今仍在继续高涨的环境运动。

环境运动在促进人们认识人类活动对自然造成巨大损害和破坏的同时,也启发人们去重新思考人与自然的关系,重新探讨协调人类活动与自然过程的途径,寻求社会经济持续发展与自然共同进化的道路。以生态系统理论为特征的现代生态学的基本框架在 20 世纪 50 年代已基本形成,它为人们认识环境危机的生态学本质提供了理论基础。现代生态学告诉人们自然是一个由生物与其环境相互作用构成的整体,对自然生态系统组分的损害与破坏,最终将通过复杂的反馈给整个系统造成损害,人作为自然的一个成员,人的活动和行为也必然受制于这一规律。生态经济规划正是在环境保护要求高涨,现代生态学理论迅速发展中得到了人们的重新认识和重视,而得以复苏并取得新的发展。

20 世纪 60 年代以后的生态经济规划更多地从生态学理论和方法中吸取营养,使用的语言也开始生态学化,尤其强调生态经济规划应是以生态学为基础的规划。许多具有远见卓识的生态学家都曾致力于将生态学理论与方法应用于规划之中。

在 20 世纪 60 年代生态经济规划的复苏与发展中,McHarg 的 "Design With Nature" 及其规划实践起到了推波助澜的作用。在 "Design With Nature" 中,McHarg 建立了一个城市与区域规划的生态学框架,并通过案例研究(如海岸带管理、城市开阔地的设计、农田保护、高速公路的选线以及流域综合开发规划等的分析)对生态经济规划的工作流程及应用方法做了较全面的探讨。McHarg 的生态经济规划框架对后来的生态经济规划影响很大,成为 20 世纪 70 年代以来的生态经济规划的一个基本思路,以后许多工作大多是遵循这一思路展开的,并将这个框架称之为 McHarg 方法。

三、生态经济规划的原理

生态经济规划思想虽然萌芽于人类社会早期,但生态经济规划发展缓慢,直到目前还没有形成一套比较规范化的规划原理,而是借鉴经济规划的原理、生态规划的原理。在已有的生态经济规划研究成果基础上将生态经济规划的原理总结介绍如下。

(一)系统论

系统科学包括系统论、控制论、信息论、耗散结构理论、协同论、突变论和超循环论等。这些分支学科与经济学、生态学、管理科学相互结合形成一些基本原理,适用于生态经济规划。系统论包括以下基本观点。

(1)系统的整体性 系统是由两个以上的要素组成的整体,整体性通常表述为"系统的整体不等于它各个部分的总和"。这个系统的定律包含两个方面的含义:一是系统的性质、功能和运动规律不同于它的组成要素的性质、功能和运动规律;二是作为系统整体中的组成要素具有它自身不具备的整体性。整体性观点告诉人们在认识和改造生态经济系统时,要从整体出发,从全局考虑问题。

(2)系统的相关性 系统要素、环境都是相互联系、相互作用、相互依存、相互制约的,这种特征称为"相关性"或"关联性"。系统之所以运动并具有整体功能就在于系统与要素、要素与要素、系统与环境之间存在着相互联系、相互作用关系。相关性观点表明,要想改变系统中某些不符合要求的因素,必须考察与该因素有关的其他因素的影响,并且使这些因素也得到相应改变,只有这样才能真正达到预期的目的。

(3)系统的结构性 系统的结构是系统保持整体性及具有一定功能的内在根据,是指系统内部各要素相互联系、相互作用的方式和秩序。系统内部各要素的稳定联系形成有序的结构,才能保持系统的整体性。

系统结构与功能之间存在着辩证的关系,这表现在:①一定的结构总是表现一定的功能,一定的功能总是由一定的结构单元产生的;②系统的结构决定系统的功能,结构变化制约着功能变化,但功能也可以反作用于结构。与结构相比,功能是比较活跃的因素,结构是比较稳定的因素。

结构与功能的辩证关系为人们认识和改造地域系统提供了重要的原则和方法：①认识事物就要研究事物的结构，研究事物的结构就是探索事物规律的基础；②优良结构可以保持优良功能；③改变结构从而改变功能，以满足人的需要。

（4）系统的层次性　一方面系统由一定的要素组成，这些要素又是更小一层要素组成的子系统；另一方面系统本身又是更大系统的组成要素，这就是系统的层次性。层次性观点要求人们在研究系统时，注意整体与层次、层次与层次之间的相互制约关系。

（5）系统的动态性　系统的动态性是指系统自身及其环境都处在不断运动、发展、变化的过程中。动态性观点要求人们要用发展变化的观点研究系统，善于在动态中平衡系统，改革系统运动的过程，以便充分发挥系统的效益。

（6）系统的目的性　任何系统都是由其要素按一定的目的组成的，主要表现为客体系统在和环境发生作用的时候，总要通过反馈不断调整自己的行为使其达到某一目标。系统论把目的性与有序性联系起来，认为开放系统之所以朝有序方向运动，是因为有序方向正好是系统追求的目标方向。目的性观点要求人们在生态经济规划设计时一定要把握系统运动的目标。

（7）系统的环境适应性　系统表现出的功能是系统本身与环境共同决定的。在一定条件下，外部环境影响系统的结构、有序度和功能。研究系统不仅要注意系统内各要素之间的调节，而且要考虑系统与环境的关系。只有系统内部关系和外部关系相互协调统一，才能全面地发挥其功能，保证系统整体向优化方向发展。

（二）控制论与系统调控

控制论是指导地域生态经济规划、对生态经济复合系统实行有效控制的系统科学理论。1948年法国著名数学家维纳的《控制论》一书问世，标志着控制论的诞生，随后控制论成功地应用于自然、经济、社会、技术等各种研究领域，其基本原理和方法对研究有组织系统的控制具有重要的作用。在规划设计中，这一理论的运用越来越被人们重视，突出表现在对人口控制和经济社会调控的研究方面。在生态经济规划设计中，运用控制论的基本原理和方法解决问题要重点掌握下述基本要点。

1. 实现控制的必要条件

要对生态经济系统的整体部分实现控制，必须具备以下三个条件。

（1）被控制的对象必须存在有多种发展变化的可能性空间。被控制对象的可能性空间是指被控制对象在发展变化过程中面临的各种可能性的集合。被控制对象变化的不确定程度取决于可能性空间的大小，可能性空间越大，不确定性就越大，可能性空间越小，不确定性则越小。

（2）目标状态在各种可能性中是可选择的控制，归根到底是一个在可能性空间中进行有方向选择的过程，是实现系统有目的变化的活动，因此目标状态在各种可能性中应是可选择的。

（3）具备一定的控制能力，如果使被控制对象向既定目标改变，达到控制的目的，就必须创造一定的条件，缩小可能性空间。控制能力就是创造一定的条件缩小可能性空间的能力。控制能力是一切控制过程中带有普遍意义的量，它可用实现控制前后的可能性空间之比表示。如果存在多种达到控制目的的控制方式，一定要选用需要较小控制能力的那种。

这三个条件表明：对生态经济系统的控制是一个借助控制能力在被控制对象的可能性空间中进行有方向选择的过程，是实现生态经济系统有目的变化的活动。通过规划设计帮助实施控制：要了解控制对象面临的可能性空间是什么；要根据控制的目的，在可能性空间中选择某一些状态或某一种状态作为目标；找到能使控制对象向既定目标转化和发展的可控条件。

2. 基本控制方式

构成复杂控制方式的基本控制有五种，即随机控制、记忆控制、共轭控制、负反馈控制和程序控制。在依据规划目标控制系统时经常采用后两种控制方式。

（1）负反馈控制　系统利用负反馈原理进行调节，实现目标差的减小，克服干扰带来的不稳定性，使系统实现动态平衡的过程就是负反馈控制。使用负反馈控制应注意的问题是：尽量缩短信息反馈的过程；尽量提高反馈信息的真实可靠性；防止控制过度，以避免形成振荡，使控制失效；针对具体控制对象的不同，选择适当的控制方式。

（2）程序控制　程序控制能使被控系统的状态保持在预先给定的状态 $X_0(t)$ 周围，而 $X_0(t)$ 是时间的函数，随时间 t 的变化而变化。很显然，这是系统追随一个程序的控制问题。所以，通俗地讲程序控制就是使被控对象按给定的方式变化。

3. 反馈系统原理

反馈系统原理是控制论的基本原理之一，目前被广泛应用于规划和战略研究的系统动力学，就是由美国麻省理工学院（MIT）著名管理学家福雷斯特（Forrest）基于反馈系统原理创立的。反馈系统（亦称闭环系统）受它本身过去行为的影响，有一个闭合的回路结构，其闭合的回路结构使系统过去的控制作用的结果可以调节系统将来的控制，即是一个系统输出对系统输入有影响的系统。

反馈系统可分为负反馈系统和正反馈系统。负反馈系统是在运行时寻求目标，若没有达到目标就会产生反应，并施加控制作用的系统。正反馈系统是在运行时发生一个持续单向变化过程的系统，这个系统由控制作用引起的结果会导致发生更强的控制作用。判断一个系统是开环还是闭环系统其结果并不是固定的，这应根据观测者确定系统的目的时的着眼点来决定。在反馈系统中存在一个或多个相互联系的反馈回路。反馈回路是按一定的顺序将产生控制作用的决策环节、系统水平变量和关于系统水平变量的信息变量连接在一起，从调节控制作用的决策环出发，而后返回到决策环节的闭合回路。在反馈回路中，可利用的信息是调节控制作用流的现行决策的基础，但信息不是由系统现在时刻的真实状态决定的，而是由已被观测、传递、分析和整理的过去状态决定的，现在时刻的真实状态不能瞬时完全地利用，这是产生延迟和失真的根源。

反馈回路可以分为正反馈回路和负反馈回路。在负反馈回路内，各组成部分活动的相互影响会使系统的行为分布在一定的范围内，这个范围从回路正在寻求的目标平稳实现开始，一直到回路所寻求的目标无法实现（将产生不稳定的波动）时为止。在正反馈回路中，可以产生持续增长或持续下降的系统行为。

一个系统常由多个正、负反馈回路通过线性或非线性方式连接而成。在非线性连接的多回路中，系统能够引起控制优势从一个回路到另一个回路的转移，系统行为受正处于控制优势的回路影响最大。

对于不同的反馈系统，系统动态行为的本质差异是由构成系统的反馈回路的类型或连接方式存在区别所致。对于一个非线性连接的多回路反馈系统，系统动态行为质的变化是由于系统能引起控制优势从一个回路到另一个回路的转移。由此可知，反馈回路的差别是反馈系统的动态行为存在着多样性的根本原因。

反馈回路除了有正负之分，还依据回路的连接方式有阶的区别。反馈回路的阶等于系统中主要反馈回路中串联的水平变量个数。一阶负反馈回路和一阶正反馈回路是最简单的反馈回路。在一阶负反馈回路的系统中，仅有一个水平变量，反馈回路内的控制作用能调节系统水平，使其达到在回路外所规定的目标值。在二阶负反馈回路的系统中有两个水平变量串联在一个反馈回路上，由于延迟的作用，二阶负反馈系统对控制决策的响应与一阶负反馈系统不同，在达到目标之间存在明显的振荡。在一阶正反馈回路的系统中，仅有一个水平变量，反馈回路内的控制作用能增加系统水平值与一个参考点之间的距离。

对于一个正反馈系统的正反馈过程如果不加以限制，系统的增长过程或衰减过程将持续到系统被摧毁时才能终止；对于一个负反馈系统，如果负反馈过程不受干扰，经过一段时间系统的水平就会稳定在目标水平或在其周围波动。但对于有正反馈回路和负反馈回路相互联系的非线性系统，是很难直观地描述出系统行为变化规律的。为了解决这个问题，福雷斯特创建了用流图和仿真模型表达复杂反馈系统的方法，利用这种方法通过模拟可以帮助人们认识非线性反馈系统的行为。

（三）循环经济理论

循环经济是指在人、自然资源和科学技术的大系统内，在资源投入、企业生产、产品消费及其废弃的全过程中，把传统的依赖资源消耗的线性增长的经济，转变为依靠生态型资源循环来发展的经济。循环是指在一定系统内的运动过程，循环经济的系统是由人、自然资源和科学技术等要素构成的大系统。循环经济观要求人在考虑生产和消费时不再置身于这一大系统之外，而是将自己作为这个大系统的一部分来研究符合客观规律的经济原则，将"退田还湖""退耕还林""退牧还草"等生态系统建设作为维持大系统可持续发展的基础性工作来抓。过去的经济发展模式是"资源—产品—废物"，是单向的"直线形"产业链条。而循环经济追求的应该是"资源—产品—再生资源"的"圆圈形"产业链，实际上是把资源尽可能地充分有效利用，使经济发展的成本最低，质量最好，效益最高，污染物排放最少甚至为零。循环经济追求的理念是：世界上没有垃圾，只有放错地方的资源。另外一个含义或者目标是构建一种人与自然相和谐、相协调的人居环境。

1. 循环经济的原则

循环经济在实际的操作中需遵循"3R"原则。"3R"原则是指减量化原则（Reduce）、再利用原则（Reuse）和资源化原则（Resource）。

减量化原则针对的是输入端，旨在减少进入生产和消费过程中的物质和能源流量。换句话说，对废弃物的产生是通过预防的方式而不是末端治理的方式来加以避免。在生产中，制造厂可以通过减少每个产品的原料使用量、通过重新设计制造工艺来节约资源和减少排放。在消费中，人们可以选择包装物较少的物品，购买耐用的可循环使用的物品而不是一次性物品，以减少垃圾的产生。

再利用原则属于过程性方法，目的是延长产品和服务的时间长度。也就是说，尽可能多次或以多种方式使用物品，避免物品过早地成为垃圾。在生产中，制造商可以使用标准尺寸进行设计，例如使用标准尺寸设计可以使计算机、电视和其他电子装置非常容易和便捷地升级换代，而不必更换整个产品。在生活中，人们可以将可维修的物品返回市场体系供别人使用或捐献自己不再需要的物品。

资源化原则是输出端方法，能把废弃物再次变成资源以减少最终处理量，也就是废品的回收利用和废物的综合利用。资源化能够减少垃圾的产生，制成使用能源较少的新产品。资源化有两种：一是原级资源化，即将消费者遗弃的废弃物资源化后形成与原来相同的新产品；二是次级资源化，即将废弃物变成与原来不同类型的新产品。原级资源化利用再生资源比例高，而次级资源化利用再生资源比例低。与资源化过程相适应，消费者应增强购买再生物品的意识来促进整个循环经济的实现。

2. 循环经济的特点

与现行经济相比，循环经济具有以下特点。

（1）循环经济是以物质在经济体系中的循环为基础的，故其对自然资源利用效率高，排放到环境中的废物最少。循环经济所要求的物质循环包括两个方面：一是物质在经济体系内被多次重复利用；二是经济体系排放到环境中的废物可以为环境所同化，并且排放总量不超过环境的自净能力。

（2）循环型经济是物质层级利用的经济，其强调经济系统整体的最优化，而不是强调单个经济链条的清洁和高效。

（3）循环型经济是功能型经济，而不是数量型经济。这就是生产和消费的"非物质化"，所谓"非物质化"是指在生产和消费过程中尽量减少对物质的消耗，特别是减少对自然资源的消耗。实现"非物质化"的重要途径是提供功能化的服务，而不仅仅是提供产品，应做到物质商品的"利用"最大化，而不是"消费"的最大化，达到在满足人类不断增长的物质需要的同时，大幅度地减少物质的消耗。

（4）循环型经济要求经济体系各部门联合并协调运作，实现在现有产业体系中将一个部门的废弃物用作另一个部门的原材料，实现物质能源在体系中的循环利用。

（四）可持续发展理论

可持续发展思想是在1980年由世界自然保护同盟等组织发起，多国政府官员与专家参与并制定的《世界自然保护大纲》中第一次被明确提出。一经提出，在全世界受到高度重视，各国各地区的政府相继制定了可持续发展战略用来指导该国（地区）社会、经济、环境的发展。

1. 可持续发展的概念和内涵

可持续发展是指既满足现代人的需求又不损害后代人满足需求的能力的发展。换句话说，就是指经济、社会、资源和环境保护协调发展，它们是一个密不可分的系统，既要达到发展经济的目的，又要保护好人类赖以生存的大气、淡水、海洋、土地和森林等自然资源和环境，使子孙后代能够永续发展和安居乐业。可持续发展的核心是健康的经济发展应该建立在生态可持续发展能力、社会公正和人民积极参与自身发展决策的基础上。它所追求的目标是既要使人类的各种需要得到满足，个人得到充分发展；又要保护资源和生态环境，不对后代人的生存和发展构成威胁。可持续发展要求人类在其发展中正确规范两大基本关系：一是"人与自然"之间的关系；二是"人与人"之间的关系。要求人类以最高的智力水准与道义上的责任感，去规范自己的行为，创造一个和谐的世界。

可持续发展涉及可持续经济、可持续生态和可持续社会三个方面的和谐统一，也就是说人类在发展中不仅追求经济效率，还追求生态和谐和社会公平，最终实现全面发展。因此可持续发展是一项关于人类社会经济发展的全面性战略，它包括以下几个方面的内容。

(1) 经济可持续发展　可持续发展鼓励经济持续增长，而不是以保护环境为由取消经济增长。经济持续增长不仅指数量的增长，而且指质量的增长。例如，改变以高投入、高消耗、高污染为特征的粗放式的经济增长，实现以提高经济效益、节约资源、减少废物为特征的集约式的经济增长。

(2) 生态可持续发展　可持续发展要求发展与有限的自然承载力协调，因此它是有限制的。正是这种有限制的发展，保护和保证了生态的可持续性，才可能实现持续的发展，也就是说没有生态的可持续性就没有可持续发展。因此，生态的可持续性是可持续发展的前提，同时通过可持续发展能实现生态的可持续发展。

(3) 社会可持续发展　可持续发展强调社会公平，没有社会公平就没有社会稳定，结果是资源和环境保护难以实现。无论对什么样的国家、区域或地区，在不同时期可持续发展的具体目标是不同的，但本质是改善人类生活质量，提高人类健康水平，创造一个保障人人平等和免受暴力、保障人人有受教育权和发展权、保障人权的社会环境。总之，在人类可持续发展系统中，经济可持续发展是基础，生态可持续发展是条件，社会可持续发展是目的。

2. 可持续发展的基本原则

可持续发展是一种全新的人类生存方式，它不但涉及以资源利用和环境保护为主的环境领域，而且涉及作为发展源头的经济生活和社会生活领域。因此，可持续发展应当遵循以下一些基本的原则。

(1) 公平性原则　公平体现在两个方面。一是代内公平，即可持续发展要满足当代人的基本需要，要为他们创造并提供满足其欲望的机会。代内公平意味着贫富悬殊、两极分化的世界不可能实现可持续发展。因此，还世界公平的分配权和公平的发展权，消灭贫困是首要任务。二是代际公平，由于自然资源是有限的，所以可持续发展要求当代人不能以损害后代人满足所需要的自然资源和环境为条件，还后代人公平的自然资源和环境的利用权。

(2) 持续性原则　持续性是指人类的经济活动和社会发展不能超过自然资源与生态环境的承载力，即可持续发展不仅要求人与人之间的公平，还要求人与自然之间的公平。资源和环境是人类赖以生存与发展的基础，离开了资源和环境，人类的生存与发展就无从谈起。因此，可持续发展是在保护自然资源与生态系统前提下的发展。

(3) 共同性原则　由于世界各国历史、文化和发展水平的差异，可持续发展的具体目标、政策和实行过程不可能是一样的。但为了人类共同的家园——地球，人类的目标是共同的，行动是一致的，因此可持续发展作为全球发展的总目标所体现的公平性原则和持续性原则应该是共同的。

(4) 自然资源价值性原则　在可持续发展中，自然资源都是有价值的，这是一种全新的观念。人们应该抛弃只有能换成金钱的东西才是有价值的陈旧观念。事实上,自然资源的破坏、环境的污染、生态的失衡、物种的灭绝等是无法用货币金钱来度量的。

(5) 公众性原则　可持续发展关系到人类共有的家园——地球,关系到每一个国家、地区和企业,关系到每一个民族、社会群体和家庭,关系到每一个人。只有作为社会成员的每一个人真正树立了可持续发展观,并且付诸行动,才能实现可持续发展。

(6) 法制性原则　在人类发挥能动性和自觉性实施可持续发展的过程中,在教育的前提下,法制的强制性是不可缺少的。在这方面任何人都不能凌驾于法律之上,对那些破坏与浪费资源、污染环境的人必须绳之以法,严惩不贷。

四、生态经济规划的指导思想和原则

(一) 生态经济规划的指导思想

生态经济规划的目标是建设一个物质能量高效利用、生态良性循环、社会经济持续稳定协调发展的社会—经济—自然复合生态系统。它不仅包括经济建设,还包括城市建设、社会发展和环境保护。

在生态经济规划过程中,要始终坚持以保护和改善生态环境和维护生产的良性循环为基本指导思想,从实际出发运用现代管理决策的科学技术,将数学方法、计算机技术和人的智慧有机结合,确定建设目标。同时建立一套便于掌握、符合实际、科学实用的规划方法和决策支持系统及相应的规划方案。

(二) 生态经济规划的原则

生态经济规划强调合理利用资源,维护好人类生存的环境,既要考虑当代人的福利,又要为后代留下发展的空间。与传统的规划不同,生态经济规划能充分体现人为调控生态功能的能动性,具有明确的经济、社会和生态建设目标,在规划中需要贯彻以下原则。

1. 整体优化原则

生态经济规划首先十分强调宏观的整体性和综合性,谋求经济效益、社会效益、环境效益的协调统一和同步发展,规划要具有全盘统筹的战略眼光,促进生态稳定,追求最佳效益。规划仅仅考虑物质环境是远远不够的,还要提出社会、经济的生态对策,如社会生态方面提出保持合适的性别比、合理的年龄构成等对策。

规划要变单因单果的链式思维为系统思维,综合分析、研究和处理系统各要素的整体关系。生态经济规划不是单一的物质形体规划,而是兼顾社会、经济、自然可持续发展的整体规划。它不再仅仅是为了单纯物质建设的需要,必须同时考虑生态环境和社会后果。规划工作也不应只是单学科背景人员的规划,而应是多学科共同参与,是跨学科、多层次的综合研究。

2. 协调共生原则

协调是指要保持部门与子系统各层次、各要素以及周围环境之间相互关系的协调、有序和动态平衡;共生是指不同的子系统合作共存、互惠互利的现象,其结果是所有共生者都大大节约了原材料、能源和运输量，系统获得了多重效益。

生态系统是多目标、多属性的，不同目标之间往往相互矛盾。追求单一的目标必然要以牺牲其他利益为代价，各目标之间应互相协调，使综合目标达到最优。生态经济规划利用一切可利用的机会，充分提高物质能量利用效率，使系统风险最小，而综合效益最高，社会、经济、环境三大系统得到协调发展。

3. 生态化原则

生态经济规划遵循生态平衡理论，重视搞好水资源和土地资源、大气环境、人口容量、经济发展水平、绿地系统的结构和布局，广泛应用生态学原理来规划设计，调控系统中的各种生态关系。

4. 动态性、持续性原则

生态环境是发展变化的、动态的，生态经济规划应该研究规划内容的现状，掌握生态环境的变化规律和特征，做出相应的规划，并注意信息的反馈，进行必要的调整和补充。

生态经济规划以人与自然和谐为价值导向，从长远利益出发，凭借必要的技术手段保证规划设计既满足当前的发展需要，又不危及子孙后代的发展，合理配置资源，保证每个阶段发展目标、发展途径的科学性、合理性。

第二节　生态经济规划的内容和方法

一、生态经济规划的内容

生态经济规划就是在对社会—经济—自然复合生态系统进行分析与评价的基础上，对某个区域社会、经济、科技和生态环境统筹规划、综合治理，实现社会、经济和自然环境的同步协调发展，实现宏观效益和部门效益，长远利益和当前利益，社会效益和经济效益、生态环境效益的统一。其规划的主要内容如下。

1. 生态经济状况调查与评价

在实地调查的基础上，深入分析区域社会—经济—自然复合生态系统状况，是生态经济规划工作的第一步。生态经济状况调查和评价应包括：区位条件评价；自然地理条件及其评价；社会经济条件及其评价；生态环境现状评价；生态经济现状分析与评价。通过以上分析评价达到下述目的：明确规划各种资源的组合状况及对经济发展的影响；明确影响规划区域经济、生态、社会持续发展和进步的有利因素、制约因素及相互关系，并明确哪些是关键因素，哪些是一般因素；明确规划区域内存在的主要生态经济问题及其产生原因与解决办法。

2. 生态经济规划的目标选择

生态经济规划目标是指规划期内区域社会、经济、生态系统所要达到的目的指标。在确定各项发展指标时，要紧密结合当地情况并参照上一级国民经济计划和规划目标，提出不同地区、不同阶段的发展指标。对不同层次、不同规划阶段的指标，应提出数种发展方案。指标既要先进又要切实可行，定性与定量结合，以定量为主。

3. 生态经济分区与规划布局

生态经济分区是从生态经济系统整体出发，根据自然环境特征和经济社会发展状况，把特定的空间划分为不同功能的区域单元，也就是说对生态经济要素和生态经济活动在空间存在状态的分类。其理论依据主要是生态经济系统的地域差异性、区内相似性和发展阶段性。生态经济分区的指标设计必须满足全面性、科学性、可行性、适用性和完整性原则。区域生态经济分区指标体系主要有：生态经济本底指标，包括地形地貌指标、气候指标、土地类型及利用状况指标、人口指标、产业结构指标、人均GDP指标、人均收入指标、森林覆盖率指标等；生态经济平衡指标，有能量投入产出指标、成本费用指标、森林蓄采比指标、矿藏储采比指标等；生态经济效益指标，包括森林覆盖变化率、土地退化治理率、土地利用率、环境治理率、资金利润率等指标。通过上述三类指标衡量、对比、分析和综合，就可将水平相似或大体接近的地区划为同类型生态经济区。在生态经济分区的基础上，因地制宜，扬长避短，发挥优势，合理地配置土地、劳动力、资金、技术等生产要素，进行生态经济的布局规划。

4. 生态经济主要建设领域和重点建设任务规划

生态经济规划中包含着许多重要建设领域，如发展生态农业、生态工业、生态旅游业、环保产业，改善能源结构和住区环境，保护耕地、脆弱生态经济系统和珍稀、濒危野生动植物，防灾能力建设等，以上各领域（因具体情况不同可有增有减或个别交叉合并）都应规划重点建设任务并安排具体建设项目，重点建设领域应制定专题（子）规划。

5. 生态经济规划经费概算与效益分析

经费概算应包括两部分：一是部门规划预算和总体预算；二是经费渠道。合理安排经费预算并确保经费来源是保证生态经济建设顺利实施的重要环节。效益分析要从经济、生态、社会三个方面进行。经济效益分析，主要内容有分析资源利用的合理性和系统的抗干扰能力，物质、能量的利用水平及生产力发展水平，系统价值产投比，总产值，总利润，产业结构，人均产值，人均收入等。生态效益分析，主要分析系统结构是否合理，自然资源利用效率（土地利用率、光能利用率、能量产投比等），系统绿色植被覆盖率及对环境污染的降解和自净能力，环境优美舒适度等。社会效益分析，主要看规划后的区域生态经济建设是否有利于人民物质文化生活的提高和社会人员素质的提高，生态意识是否增强，是否有利于区域的科技进步和文化教育水平的提高，区域是否具有高效的信息反馈系统和先进的决策支持系统。

6. 生态经济规划的保障措施

根据规划目标的要求和生态经济现状与存在的问题，提出与规划、主要建设领域及重点建设任务相适应的对策与措施。通常包括经济措施、行政措施、法律措施、市场措施以及能力建设、资金筹措、国际交流与合作等方面，尤以能力建设（科教事业发展与人力资源开发等）、政府和生态经济政策调整最为重要。

二、生态经济规划的方法

生态经济规划直到目前还没有形成一套比较规范化的规划体系及规划方法。现在国内生态经济规划方法都是作者根据对生态经济环境系统的理解，与新兴发展起来的现代科学系统论、控制论、信息论、非平衡系统理论相结合来研究生态经济系统。现将目前广泛使用的生态经济规划方法介绍如下。

(一) 目标规划方法

目标规划是一种有效和实用的构模、求解和分析多目标系统问题的数学规划方法，借助联合国提出的"可持续发展"（sustainable development）概念，以获取较快的经济增长和环境开发破坏程度最小为目标，以区域资源、自然条件为限制因素，就能获取"可持续发展"最佳途径。在目标规划中，人们把通过决策变量变化达到最优的目标称作理想目标。理想目标的数学表达是 $\max f(X)$ 和 $\min f(X)$。理想目标配上期望值 b 就变成了现实目标，现实目标的数学表达为 $f(X) \geqslant b$，$f(X) = b$，$f(X) \leqslant b$；X 需满足的约束条件在目标规划中通常被当作一组特殊的现实目标。

目标规划的基础模型可表达为：

$$\max f_r(X) \tag{11-1}$$

$$\min f_s(X) \tag{11-2}$$

X 需满足条件：

$$f_j(X) \leqslant b_j (或 = b_j, 或 \geqslant b_j) \tag{11-3}$$

$$X \geqslant 0 \tag{11-4}$$

基础模型是按照问题的本来面目构造出的统一模型，只有通过形式转换才能求解。常用的转换有两种方式。

(1) 从基础模型向单目标规划模型转换　将基础模型转换成单目标数学规划模型需要经过两个步骤。

① 从式(11-1) 和式(11-2) 中选出一个在系统问题中被认为是最重要和最有意义的理想目标，把它作为单目标规划问题的目标。

② 把上述未选到的理想目标用期望值作右端项转换为单目标规划问题中的约束条件。经过上述转换，一个多目标规划问题就可以按单目标规划问题来求解。

(2) 从基础模型向标准目标规划模型转换　将基础模型转换成标准的目标规划模型要经过两个步骤。

① 把所有的理想目标转换成现实目标，即把式(11-1) 和式(11-2) 变换成 $f_j(X) \leqslant$（或 $=$，$\geqslant$）b_j 形式。

② 在所有现实变量中引入正负偏差变量（η_j 和 ρ_j），从而转换为等式。

求解目标规划问题，就是使引入的正负偏差中不希望的偏差最小化。

偏差变量 η_j 和 ρ_j 为人们提供了衡量一个现实目标未达到程度的方法，见表 11-1。

表 11-1　衡量现实目标未达到程度的方法

加偏差前的目标形式	加偏差后的目标形式	必须最小化的偏差变量
$f_j(X) \leqslant b_j$	$f_j(X) + \eta_j - \rho_j = b_j$	ρ_j
$f_j(X) = b_j$	$f_j(X) + \eta_j - \rho_j = b_j$	$\eta_j + \rho_j$
$f_j(X) \geqslant b_j$	$f_j(X) + \eta_j - \rho_j = b_j$	η_j

(二) 敏感度模型

联邦德国的 F. Vester 和 A. V. Hesler 为研究法兰克福城市生态系统，于 1980 年提出一个"敏感度模型"，这是一个以系统动力学理论为基础的未定量化模型。该模型不仅反映了系统组分间的相互关系的动态、结构与功能变化趋势的定性描述（即通过系统中各种关系在干扰后的适应来判断系统的结构稳定性、适应能力的增强或减弱、不可逆的变化趋势、系统崩溃的风险或出现变态的可能性以及操纵系统向有利方面变化的主导因素等），而且还给予了控制论的解说和评价。

1. 敏感度模型的基本思路

敏感度模型的基本思路包括：①将一个规划对象作为一个整体，着重分析系统要素之间的相互关系与相互作用，以把握系统的整体行为；②在系统对要素变化的反应的基础上，对系统进行动态调控；③运用生物控制论原理，调节系统要素的关系（增强或削弱），以提高系统的自我调控能力。敏感度模型强调系统要素之间的相互作用关系及其对系统整体行为的影响，以及在规划过程中公众的广泛参与。敏感度模型也可以说是生物控制论与计算机技术相结合及其在规划上应用的产物，在敏感度模型中将规划对象描述成由相互联系与相互作用的变量构成的"反馈图"，可以通过对构成变量状态的改变模拟整个系统的行为，一旦构筑了"反馈图"，就可以在计算机上进行模拟规划，还可以对各种规划方案进行比较，即"政策试验"。敏感度模型将规划由传统的"野外"工作搬进了实验室，并使规划成为可测试和可验证的过程。敏感度模型重点关心的是系统结构与功能的时间动态，对空间关系与空间格局的动态过程则难以反映出来。

2. 敏感度模型的基本工作程序

敏感度模型的系统分析过程和工作程序如下。

(1) 确定边界和问题　根据规划人员的要求和具体问题来定义系统的边界，弄清其主要状态、过程、关系和问题，同时搜集各种统计数据和规划资料。

(2) 建立基本变量表　将所研究系统的一切有关变量整理为基本变量表，包括经济、人口、土地利用、人类生态、自然平衡、基础设施、市政管理及边界条件等方面。

(3) 标准卡片　利用一种叫作"筛网矩阵"的打洞卡片对变量进行过滤，先用基本部门、控制论特性、物理特性、动态特征、系统关系 5 组标准来筛选，旨在把数量庞大的基本变量压缩成具有代表性的能反映系统关系的少数变量。

(4) 临时变量集和影响因子　用标准卡片筛选出若干变量组成的临时变量集，作为进一步分析的基础。

(5) 变量关系图的构思　运用生态、地理、系统科学等专业知识，以及历史动态、传统规划和一般常识，并通过控制论标准的检查，建立起这些临时变量间相互作用的意向图，用以模拟系统相互作用的真实关系。

(6) 专家咨询　利用事先准备好的调查表格及问题，对当地知情人士进行咨询，并将答案编码组成相互作用模型。

(7) 确定变量之间的关系　调查结果整理出来后，用文字说明和各种定性与定量数据补充和修改变量关系图中的各种关系，使其能反映系统的真实情况。

(8) 相互作用模式的修正 将各组分间的关系及其正负反馈回路组成一个完整的关系图。对一些重要变量间的相互关系进行重点考察和分析，例如以人口为中心，对它与其他部门之间的一些主要反馈关系做详细分析。

(9) 带函数的直观模拟模型 用系统动力学（SD）符号去定义相互作用模式的主要函数及其表达式，并将其转换成集结的 SD 流图。在系统动态的初次模拟试验中，找出相互作用模式中存在的基本差距。将总模型的重要或敏感因子进行分解，研究子模型、子变量或子函数相互作用格局及其内部替换影响函数表达式，最后定义工作函数（数学函数或表函数），将其结合到模拟模型中去。

(10) 编制模拟程序 利用数学模型、流图和模拟方法编制与专家咨询过程一致的模拟程序。

(11) 系统动力学模型 输入城市的实际数据，运行程序，通过人机对话方式修改程序，使模拟的关系与实际行为相一致，并进行所谓"1%摄动"（微小的参数变化）的灵敏度分析，记录下系统最主要的动态特征，将其储存下来留做进一步解释。

(12) 系统行为的控制论解释 着重解释系统总体 9 个最主要的特征，即影响指标、反馈回路、自我调节、依赖性、流通量、多样性、交叉联系程度、系统负担和不可逆性等。必要时，在基础数据基础上做进一步调查和补充，以确立控制特性等级和基本解释模型。利用人机对话重新输入特定数据模拟系统动态，从而得出更复杂的具体的控制论解释。具体的解释由 5 个独立的子模型构成，即反馈回路、依赖性、生产量、多样性和影响指标模型。

(13) 系统行为的总体生物控制论评价 综合各种解释模型，可以确定系统的自我调节能力、系统负荷及关键因子，与其他控制论特征结合，构成对复杂系统行为进行生物控制论评价的基础。系统主要的控制论特征由风险、稳定性、不可逆性、负荷量及控制论成熟度 5 个子模型来评价，并且借助生物控制论检查表和因子矩阵同系统相联系。

(14) 系统行为的宏观分析 是模拟模型的终端输出，是上述几个阶段的成果总结。将对系统的理解作为决策的依据定义行为矩阵，确定系统各组分的作用及其相互关系的重要程度，使得在规划开始阶段就避免某些错误决策。

(15) 控制策略的建议 借助功能矩阵、因子矩阵和生物控制论标准的检查，提出新的控制策略。

(16) 制订具备控制功能的具体措施 借助措施矩阵形成一个对系统关系的可能变化采取的措施及调控对策表，通过对系统行为施加影响来改善系统存活的机会。

(17) 敏感度模型的综合政策试验 某一改善措施的后果可通过敏感度模型来模拟。通过模拟发现系统对某一发展对策所期望的反应。

(18) 提供系统决策帮助和可供选择的措施 模型的输出结果为决策者提供了一系列备选的对策，决策者可结合当地实际情况，利用该模型和传统规划方法，从中选择最适宜的方案。

上述过程也可简化为界定问题、筛选变量、建立模型、宏观模型、系统行为总体解释与评价、系统决策、政策试验和优化选择 8 个基本步骤。

（三）系统动力学方法

系统动力学方法是美国 MIT 的福雷斯特（Forrest）发明的一种计算机系统模拟方法，

它以解决如社会系统等这类大系统的模拟问题为特色，从原理上来说是一组偏微分方程组在计算机上模拟解，它不要求对某一事物的精确解，只要求在已知组成事物的要素间相对变动关系的前提下求解事物的发展趋势。一般认为系统动力学很适合于城乡生态经济系统的研究，因为它可以解决组成元素繁杂、相互关系了解不甚明了的难题。

1. 系统动力学的观点

（1）系统的理解和描述　福雷斯特认为：①系统是指为了一个共同的目的而一起运行的各个部分的组合，它不仅可以包括一般物质，而且可以包括人；②系统原理是人们能够成功地解释在系统中出现的矛盾、弄清意义模糊的事物和解答在社会科学中有争论的问题的一种知识结构；③反馈系统的原理可以作为使社会系统的观察结果条理化的基础结构。

福雷斯特为了使系统条理化，使用的结构概念有闭合的边界、反馈回路、水平变量、速率变量及构成速率变量的目标、表观状态、偏差和控制作用。根据结构的概念，反馈系统可分为四个层次：第一层次为闭系统，闭系统能够在系统边界内形成不依赖于外部输入的系统行为；第二层次为反馈回路，反馈回路是在系统边界内组成闭系统的基本结构单元；第三层次为水平变量和速率变量，水平变量和速率变量是组成反馈回路的基本变量；第四层次包括作为速率变量组成部分的目标、与目标相比较的表观状态、在目标和表观状态之间的偏差和由偏差引起的控制作用。

研究系统首先要界定系统边界，确定系统边界的原则是：既要在这一边界内包含研究所必需的任何相互关系和发生的动态行为，又要使这一边界包围组成部分最少。

在反馈系统的边界内，基本的组成部分是反馈回路。系统的动态行为是反馈回路产生的，决策环节总是存在于反馈回路之中，比较复杂的系统都是相互联系的反馈回路组合。在每一个反馈回路中，有两种基本变量——水平变量和速率变量，这两种变量是组成回路的充分和必要条件。水平变量能描述系统在任一特定时刻的状态，能够通过累积输入流速率和输出流速率之间的纯差值对系统内控制作用的结果进行累积。速率变量的作用是表示水平变量变化的快慢，把系统决策环节产生的控制作用的强弱表达出来。

为了更好地把握水平变量和速率变量，要深刻理解下述6个原理：①只有速率变量能改变系统的水平变量；②不能用度量单位来区别水平变量和速率变量；③不能在瞬时测得流速变量值；④速率变量只依赖水平变量和常数；⑤水平变量和速率变量必须交替设置；⑥水平变量能完整地描述系统的状态。

水平变量用水平方程表示，速率变量用速率方程表示，一个能表述决策环节控制作用的速率方程有四个组成部分。

（2）模型与仿真　福雷斯特认为：①模型是客体或系统的一种代表，它可以有许多种形式并能为不同的目的服务。一般地讲，描述某事物的任何一组规则或关系都是那个事物的模型。②思维的、数学的或描述性的模型都说明实际事物，但是这些模型表述事物的精确程度是不完全相同的。③数学仿真模型属于抽象模型中的一类重要模型，在处理随时间变化的复杂系统时，它可以弥补凭直觉得到的动态系统思维模型所存在的主要缺点。

动态系统思维模型的主要缺点是：①不能确切地定义思维模型，不能清楚地确定出假说；②用思维模型进行相互交流比较困难，也不能有效地处理动态系统的行为。产生这两个缺点的主要原因是：人们通常不清楚头脑中的许多思维模型是如何建立的，是为何目的服务的，这就很难做到随系统行为变化及时改变思维模型中的假说和结构来包含从所观察结果中得出的结论。因此，假说、结构与所包含的结论之间常存在着很大的矛盾。

仿真是利用描述系统如何积累变化的方程，计算出系统将来状态的一步步求解过程，仿真过程所用方程总起来称为仿真模型。仿真模型在现代科学决策中的作用越来越大，一方面是因为它能够迅速和方便地给出模型所代表的实际系统行为；另一方面是因为在社会系统中，大多数动态行为只能用非线性和十分复杂的模型来描述，这些模型一般都无法求得解析解，只能使用仿真方法逐步求出仿真数值解。

（3）评价模型有效性的标准　在评价动态系统模型有效性时，系统动力学提出了评价有效性的基本标准。它认为评价动态模型的正确性和有效性时，不应认为人们所建立的动态模型是想象中完美无缺的模型，而应认为与人们在其他领域中使用的思维和描述性模型相比具有正确性和有效性。通过建立一个有效的模型可以清楚地展现人们头脑中想象的系统行为，并且能以数值形式给出其大小、数量和影响的较全面说明。

评价一个动态模型的有效性应从 4 个方面考虑：①与在语言描述的模型中经常出现的模糊性和不完整性相比，有效的模型应具有清晰的结构；②与人们在思考过程中不能完全揭示基本假说相比，有效的模型应更清楚地揭示其基本假说；③与人们根据头脑中对系统结构和系统行为的关系的印象推理得到的不可靠结论相比，有效模型所说明的随时间变化的结果具有可靠性；④与相互交流文字描述的模型结构相比，相互交流的动态模型的结构应该是比较有效的。

2. 系统动力学的方程

方程是系统动力学描述系统的主要方法之一，它能精确地说明仿真模型中每个元素的作用，并被看作是一种容易交流的数学语言。系统方程主要集中说明每个水平方程和每个速率方程的组成。

系统动力学的方程主要有四类，即水平方程、速率方程、辅助方程和初始值方程。一个水平方程相当于一个容器，它积累变化的流速率，积累水平用水平变量表示。一个水平变量的新值计算方法是在前面时刻的基础上加上或减去在现时刻与前时刻之间这一时间里所产生的变化值，可用下面形式表述水平方程，即：

$$LK = LJ + DT(RA \times JK - RS \times JK)$$

式中，LK 为在时刻 K 计算出的水平变量的新值；LJ 为前时刻 J 的水平值；DT 为在时刻 J 和时刻 K 之间求解区间的长度；$RA \times JK$ 为在 JK 时间区间中增加水平变量 L 的流速率值；$RS \times JK$ 为在 JK 时间区间中减少水平变量 L 的流速率值。

对于上述方程中的求解区间 DT 只能存在于所有的水平方程中，而不能在其他类型的方程中存在。

速率方程用来表示系统内的各种流是如何被控制的。一个速率方程的输入有系统的水平变量和常数。速率方程的输出控制着流入水平变量、流出水平变量或在各种水平变量之间流动的流。速率方程可表示为 $RKL = f$（水平变量和常数），KL 表示从现时刻到将来某一时刻。速率方程有 3 个禁令：①一个速率方程不应包括求解区间 DT；②在速率方程右边决不应有速率变量；③在速率方程左边只能包含有方程定义的速率变量。

速率方程是一种政策表示式，它们表示应当如何做出"决策"。政策（速率方程）是如何将有关的信息转换成为一种决策（或流，或现控制作用的趋势，或具有相同意义的其他关系）的综合说明。速率方程又使人们知道系统是如何实现自身控制的。

辅助方程是由速率方程细分产生的具有独立性的方程，这种细分可提高速率方程的清晰度。辅助方程的右端可包含水平变量、常量和其他辅助变量，但不能包含速率变量。

常量方程形式如 $AB=15$，它既可以表示其他方程中出现的常数符号的取值，也可表示变量的初始值，当表示后者时称为初始值方程。

（四）情景分析方法

在当今的社会，不确定性因素正越来越强烈地影响着社会、经济、技术、自然系统的变化趋势。在这种情况下，研究受不确定性因素影响的经济发展问题是十分必要的。例如，如何考察经济发展战略目标在长期实施过程中与系统发展环境的相互关系，采取哪些措施来改进这些目标以确保它们适应未来环境；怎样及早发现可能被疏忽的未来发展机会，对新的、重大的技术进展和突变事件通过应急措施迅速灵活地给予反应；如何增强管理系统对决策中内在风险和环境未来变化的敏感性；等等。这些问题都是地域生态经济规划设计中要解决的重要问题。情景分析方法正是能用于解决上述问题的一种灵活而富有创造性的系统分析方法，它能够通过若干步分析，设想未来的情景和各种关键影响因素的变化趋势，从而更好地帮助地域规划设计者制定出灵活而富有弹性的战略规划。

1. 情景分析的内涵

情景分析是在推测的基础上，对所分析的对象系统（简称对象系统）可能的未来情景的描述。尽管对象系统的未来实际上只会有一种，但就预测分析而言，未来是一个由若干极端情景包络着的可能性空间。一般预测期越长，不确定因素就越多，可能性空间也就越大。

尽管理论上讲可以给对象系统的未来构想出许多情景，但由于一种情景的形成既受现有的条件变量、行为选择变量与状态变量之间关系延续作用的制约，也受未来条件变量和行为选择变量对状态变量的作用方式及可能性空间的影响，所以能构想出的具有代表性的情景还是为数不多的。在实际应用中，大多数情景分析者常常构想 3~5 种具有代表性的情景。其中，一种是"无突变"情景，余下的为极端情景。"无突变"情景假设对象系统当前的变化趋势将不受重大干扰而延续到未来。考虑到现在未来之间在因果关系上有一定连贯性，因此在一定的范围内可以合理地期望"无突变"情景是最可能出现的结果。极端情景通常描述当前的变化趋势将受重大干扰而偏离"无突变"情景最远的未来情景。考虑到不确定性因素的影响和决策者行为选择的作用，对象系统未来的现实将介于"无突变"情景和极端情景之间。

2. 情景分析与常用预测方法的比较

情景分析本质上是一种系统分析方法，而不是精确预测方法，它的重点不放在对未来的精确预测上，而主要放在预测未来条件变量和行为选择变量对状态变量影响方式及可能性空间上。与常用预测方法比较，情景分析法有以下几个特点。

（1）灵活性　传统的预测方法通常假设影响预测对象过去的主导因素在未来仍然起主导作用，这就使预测方法本身有很大的局限性，因此对于长远的复杂多变的未来趋势的预测往往会由于一些有重大影响的突发事件的出现而失去其准确性。情景分析法通过考虑假想的有重大影响的突变事件对未来情景的影响，系统地分析假想的未来情景，从中选择几种有代表性的典型情景作为预测结果，因此比传统预测方法更富有灵活性。

(2) 间接地起影响未来的作用　对政府或管理部门来说，情景分析的艺术导致了决策，而这些决策又反过来使这种情景分析更为现实可行。在这种意义上，情景分析不仅是一种对未来的预测，而且还间接地起影响未来的作用。

3. 情景分析的基本步骤

在进行情景分析时，尽管不同的分析者所采取的具体步骤不同，但一般都包含以下八步内容。

(1) 确定情景分析的主题目标　确定情景分析的主题目标，即明确需要解决什么问题，这是情景分析的第一步。明确需要解决的问题通常采用头脑风暴法、专家调查法和文献分析法。在这一步通常要找出用于描述对象系统变化的特征变量。

(2) 分析并构造主题的影响区域　对影响情景分析主题的外部因素（即条件变量）进行分析，并将这些因素分类构成影响区域，寻找这些影响区域与情景分析主题之间的关系，确定有重大影响的区域。构造主题区域也可以采用头脑风暴法、专家调查法和文献分析法。

(3) 确定描述影响区域的关键变量　运用层次分析、交叉影响分析等方法从上一步找出的影响因素中确定出代表每一影响区域的关键变量，以便定性和定量地描述现有的状态和未来的情景。关键变量是导致情景分析对象系统变化的直接原因变量，其他因素都通过它们间接地影响对象系统的变化，因此是引致原因变量。

(4) 构筑各种可能的满足自洽条件的对象系统变化趋势集合　通过假设上步选出的关键变量的变化趋势，构出一个满足自洽条件的情景分析对象变化趋势集合，以便进行有意义的情景分析。这里所谓的自洽是指集合中给出的对象系统各种变化趋势相容不悖。

(5) 选择并解释环境情景　根据自洽性、可能性和有代表性，从上述构出的情景分析对象系统变化趋势集合中选出3~5个假想的发展趋势，构筑环境情景。为了能描述情景主题的"未来空间"中十分不同的点，选择的发展趋势具有代表性是十分重要的。通过定性和定量的方法，确定并解释情景分析主题的未来状态、通往这些状态的路线以及假想的不同发展趋势之间的相互关系。

(6) 引入"突发事件"以检验其对未来情景的影响　第五步中构筑的可能的未来情景，会由于一些未曾预见的突发事件而发生根本性的变化。为了使计划者能有准备地面对这些可能的突发事件，就要预先分析这些事件，按这些事件的可能性和重要性进行排列。在未来情景中引入可能发生并具有重大影响的事件，研究其效应。如果引入这些突变事件使未来情景发生了极有意义的变化，就需要分析这一新的情景。

(7) 详细阐明主题情景　系统地评价环境情景对情景分析主题目标的重大影响，对情景分析主题未来状态建立一幅自洽的图像。最后通过分析行为选择变量对状态变量的影响后果找出解决问题的可能途径。

自第四步开始可以把情景分析思想与系统动力学方法相结合进行对象系统仿真，研究对象系统的变化趋势集合和突变事件出现的决策者行为选择对策。

(8) 执行计划　经过上面一系列步骤后，计划者们就可以获得新的方案并加以执行。这些方案对未来各种可能环境变化更为敏感，所以计划者在执行这些方案时可以迅速有效地处理突发事件带来的问题。

为了有效地进行情景分析，建立一个内容充实的数据库是十分必要的。数据库应是全面的，包括可能影响战略目标实现的种种内部和外部因素。

4. 情景分析模型

作为一种定性与定量相结合的分析方法，情景分析通常要借助定量模型构筑主题情景。所建立的情景分析模型至少要具备 2 种功能：①帮助情景分析者定量地构筑各种可能的主题情景；②分析突发事件的干扰和优化决策者的行为选择。

若要具备上述两点功能，情景分析模型至少要包括两大类变量：一类是用于描述主题情景的特征变量；另一类是用于表达主题情景形成的原因变量。

原因变量可分为表达主题情景形成必要条件的关键原因变量和通过关键原因变量诱发主题情景形成的引致原因变量。

引致原因变量又可分为不可控的环境条件变量和可控的行为选择变量。

图 11-1 给出了特征变量、关键原因变量、环境条件变量和行为选择变量之间的逻辑作用关系。根据图 11-1，结合情景分析的步骤总结出了情景分析的建立模型步骤和运行模型步骤。

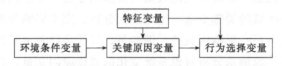

图 11-1 情景分析模型变量之间的逻辑作用关系

建立情景分析模型大体分为三步：第一步是找出能描述主题情景的特征变量；第二步是找出代表主题情景形成必要条件的关键原因变量，并建立特征变量与关键原因变量之间的关系方程；第三步是找出影响关键原因变量的环境条件变量和行为选择变量并建立三类变量之间的关系方程。

运行情景分析模型的过程大体分为两步：第一步为通过假想条件变量的取值构筑环境变化情景；第二步为在每种环境情景下，通过模拟行为选择变量的取值优化决策方案。

生态经济规划方法和体系尚处于探索发展之中，目前发展的趋势是从定性的描述向定量化方向发展，从单项规划向综合规划方向发展。高度综合是生态经济规划的特色之一，它是由规划对象——生态经济系统的特点（即系统大、结构复杂、功能综合、目标多、规模宏大、因子众多）所决定的。生态经济系统的特点同时也决定了生态经济规划必须向多目标、多层次、多约束的动态规划方法发展。各种生态经济规划方法的使用主要是根据所要规划的对象不同来合理选择。

第三节 生态经济建设的实践

一、国外生态经济规划的实践

在生态经济规划的先驱思想家们从理论、方法上构筑生态经济规划的同时，生态经济规划的实践已悄然开展起来了，并在规划实践中丰富与发展了生态经济规划的理论与方法。在世纪之交，美国的中西部与东北部许多城市公园与开阔地的规划，或许可视作生态经济规划开先河之作。因为在这些规划中，规划师们开始有意识地协调处理自然景观、自然过程与人工环境的关系，如 Olmsted 与 Voux 1878 年设计的 Boston Back Bay 与 Mutty River Cleveland，1888 年设计的 Minneapolis 和 St. Paul 的公园，Eliot 1893 年的 Boston 综合规划及 Jensen 在 1920 年对 South Chicago 的规划。

后来，受英国 Howard 花园城运动及 Geddes 思想的影响，在美国开始了从区域整体角度探索解决城市环境恶化及城市拥挤问题的途径，例如：①重视城市—农村过渡带的规划与保护，通过在过渡带建设缓冲绿带及公园，创造一个更接近自然的居住环境，并限制城市的扩张；②新城运动（Greenbelt New Town），"新政"（New Deal）经济学家 Rexford Tugwell 首先建议美国住房局用综合的途径来减轻农村社会经济问题，在不到两年的时间里 Tugwell's Agency 规划和建设了 4 个新的社区。

Tugwell 的新社区规划思路与区域规划协会的观点不尽一致，Tugwell 在自然综合的同时很重视社会文化因素的综合，在新区规划中考虑到了传统的低收入的单一或多家住房单元，商业与公共设施的聚集，环城的绿带，以及社区之间、社区与其相邻都市之间的交通网络。每个社区都有其由景观设计、规划工程师和建筑师等领域专家组成的多学科设计组。随着时间的推移，证明这些社区深受其居民的欢迎，并已成为美国新城规划中的杰作。Tugwell 综合自然与社会文化因素的规划方法以后又为 McHarg 等发扬光大，成为生态经济规划方法主流。

田纳西河流域的综合规划与实施将第二次世界大战前的生态经济规划推向高潮。当时的田纳西河流域丰富的自然资源（如木材、石油等）已被掠夺式地开发，留下的是一片废墟和贫穷失业的人们，是当时美国最穷的地区之一。罗斯福总统在呼吁国会批准建立田纳西河流域管理机构时，把田纳西河流域规划称为"国家级的规划"，还要求"规划应为流域及邻近区域的自然资源开发、流域保护提供保障"。在罗斯福新政的立法下，产生了包括 $6.3 \times 10^4 \text{km}^2$、涉及 7 个州的规划方案，这个方案充分地认识到作为基本资源的水在恢复流域经济过程中的重要性及潜力，方案的 3 个基本目标是防洪、发展航运及开发水电，后来扩大到植被恢复、水土保护、新社区建设、农田肥力恢复等多个目标。田纳西河流域成为区域整体综合规划成功的代表作，也是后来 E. P. Odum 称流域为生态经济规划最优单元的经典例证。

在规划方法上，这个时期的显著贡献是创立了地图叠合技术及其在规划中的运用，为综合分析社会经济及自然环境信息提供了一个有效、便利的方法。Warren Manning 似乎是这一方法的首创者，1913 年他首先用这一方法做了 Massachusetts 的 Billerica 的规划。地图叠合技术今天已成为地理信息系统、空间分析技术以及生态经济规划的方法与技术基础。

二、国内生态经济规划的实践

尽管生态经济规划的研究与实践在我国起步较晚，但它一开始就吸取了现代生态学的新成果，并与我国区域（尤其是城市、农村）发展、生态环境问题以及持续发展的主题相结合，无论是理论与方法的研究还是规划实践均已形成自己的特色，有的方面已达到国际领先水平。

在理论上，马世骏、王如松提出的复合生态系统理论认为，以人的活动为主体的城市、农村实际上是一个由社会、经济与自然三个亚系统以人类活动为纽带而形成的相互作用与制约的复合生态系统。生态经济规划的实质就是运用生态学原理与生态经济学知识调控复合生态系统中各亚系统及其组分间的生态关系，协调资源开发及其他人类活动与自然环境与资源性能的关系，实现城市、农村及区域社会经济的持续发展。

在方法上，吸取系统规划及敏感度模型的思想，建立了自己的生态经济规划程序与步骤，即辨识—模拟—调控的生态经济规划方法。还在数学方法引入生态经济规划方面做了成功的探索，创立了泛目标生态经济规划方法。泛目标生态经济规划将规划对象视为一个由相互作用要素构成的系统，其主要特征为：①规划目标在于按生态学原理、生态经济学原则调控以人为主体的生态系统（即城乡复合生态系统）的生态关系，优化系统的功能，追求整体功能最优。②在优化过程中，主要关心的是那些上、下限的限制因子动态以及这些限制因子与系统内部组分的关系。③一般多目标规划方法的基本思想都是在固定的系统结构参数之下，按某种确定的优化指标或规划去求值，其规划结果不过是系统参数与最优结果间的一种特殊映射关系而已，而使优化结果缺乏普遍性和灵活性；而泛目标生态经济规划则在整个系统关系组成的网络空间中优化生态关系，并允许系统特征数据不定量与不确定，输出结果是一系列效益、机会、风险矩阵和关系调节方案。④在规划过程中强调决策者的参与。

在方法论上，对运用现代生态学理论与方法以及地理信息系统技术于生态经济规划之中进行了尝试。如欧阳志云等根据持续发展理论的要求，探讨了区域资源环境生态评价的理论与方法，即生态过程分析、景观格局、生态敏感性、生态风险以及土地质量及区位的生态学评价方法，并根据区域资源性能与自然环境特征及其与区域发展的关系，建立了生态位适宜度模型，借助于地理信息系统进行空间模拟，对定量分析区域资源与环境的生态适宜性进行了探索，为建立合理的区域资源开发与区域发展策略提供了生态学基础。

在实践中，我国生态经济规划的发展一开始就与我国农村、城市及区域的发展以及生态环境问题相结合，大丰生态县规划，天津城市发展生态对策的研究，宜昌、马鞍山、长沙等城市的生态经济规划大大丰富了生态经济规划的理论与实践。

三、案例——厦门马銮湾生态经济规划

此规划方案设计时间为2002年。

（一）厦门马銮湾地区自然概况

厦门马銮湾地区位于E117°52′11″～118°01′41″，N24°30′11″～24°37′06″之间，东至杏林杏西路和新阳大桥，南至翁角路，西至孚莲路，北抵鹰厦铁路，规划区总面积约43km^2（含现状水面）。

整个马銮湾地区的形状像一巨掌，腕部为马銮湾口。西北部有高山环境，最高峰天柱山海拔933.1m，地势自西北向东南倾斜，山麓以下是一片低丘平原。南面有由文圃山、蔡尖尾山等组成的中低山脉，与海沧开发区形成天然分界。最高峰文圃山海拔422.2m，蔡尖尾山海拔381.6m，地势自南向北倾斜，沿山麓至海湾有一东西长约8km、南北宽约2km的大片平地。

马銮湾建堤前原有水域面积17km^2，马銮海堤建成后，马銮湾成为一个与西港基本没有水交换的封闭水体，湾内水面后来缩小为8～9km^2，现状仅为3.36km^2。大堤两端的排洪闸定时排水入西港，湾内水位基本不受堤外潮汐涨落影响。1984年后马銮湾水域成为水产养殖基地，同时兼有排洪蓄洪功能。

马銮湾流域共有9条汇水溪流入湾。其中4条汇水溪较大，发源于西北高山地区，上游坡陡流急，下游平缓，自西北流向东南；5条汇水溪发源于南部中低山区，源短面小，自南

向北流入湾内。溪流上源多数建有蓄水工程，下游河道与灌溉渠道串通，形成纵横交错的水网，洪水时常溢入两岸农田。

马銮湾流域覆地层属于第四纪淤（冲）积地层，基岩为燕山期花岗岩，土层主要为花岗岩风化的赤红壤及第四纪红色黏土。西北部高山地带和南部山区多花岗岩裸露，土壤多为红壤；沿马銮湾西部和南部为大片冲积平原，土壤为赤红壤，土质松散，沿岸滩涂为海塘土。土壤 pH 值介于 5.3~7.0 之间。

厦门地带性植被属南亚热带季风常绿阔叶林。由于长期的人类活动，原生植被早已绝迹，代之以次生植被和人工植被。在马銮湾地区现存植被类型中分布较广、生长较好的有相思树林、马尾松林和杉木林，分布在丘陵台地。滨海沙地有人工营造的防风固沙的木麻黄林，泥质滩涂的高中潮滩有局部少量红树林分布。在低丘荒地上一般为稀树草丛和灌草丛。人工栽培植被，主要是农作物和果树，农作物有水田作物（水稻、蔬菜等）和旱地作物（甘薯、花生等），果树以龙眼为最多。

流域内气候温湿，宜于林木的生长，但由于近年来在低山丘陵地区开山采石，植被破坏较为严重，目前流域内的植被主要分布在天竹山林场附近，其他均为分散的林果林和低丘风景林，森林覆盖率为陆地面积的 17%，低于全市平均 27% 的植被覆盖率。

海洋生物群落结构调查结果表明，目前生物种类很少，7 个底栖生物采样站仅在 4 个站采到 12 种底栖生物，而浮游植物数量却高达 $1.62 \times 10^9 / m^3$，说明马銮湾的自然海洋生态系统已被破坏，物种很少，结构简单，有些地方底栖生物绝迹，水体明显富营养化。这种严重的生态问题主要是由马銮海堤的建筑和湾内的超负荷养殖引起的。

（二）社会经济概况

马銮湾地区分属海沧管委会、杏林和集美三个区，规划内村庄包括海沧的霞阳村、新垵村和祥露村，东孚镇的鼎美村、芸尾村、后柯村、东瑶村和贞岱村，灌口镇的陈井村和浦林村，杏林的前场村和西滨村，现居民人口约 3.2 万人。马銮湾地区内人口密度除杏林区在 0.1 万~1.0 万人/千米^2 外，其余均在 0.1 万人/千米^2 以下。

马銮湾地区内有新阳工业开发区，区内至今已经引进了多个国家和地区的投资企业，如夏新、戴尔等大型企业；此外，区内还有一些乡镇企业和花卉苗木培养基地。马銮湾地区内主要作物是水稻、花生、甘蔗、地瓜、大豆、蔬菜，农业复种指数为 206%。另外，本区也是有名的水果之乡，有龙眼、荔枝、菠萝、柑橘等，品种繁多。

马銮湾为天然海湾，马銮海堤建成后，马銮湾成为一个与西港基本没有水交换的封闭水体，湾内水面严重萎缩。马銮湾事实上已成为耕海（农牧化）高度发达的大鱼塘。马銮湾水产养殖主要有对虾、锯缘青蟹、海鱼和淡水鱼，近 3 年来全湾水面大面积发展吊养牡蛎。湾内养殖区面积由 1987 年的 4.50km^2 增加到 1995 年的 14.10km^2，而水面面积则从 7.50km^2 减为 4.49km^2，现状仅有 3.36km^2。

（三）马銮湾地区开发建设的生态环境优劣势分析

1. 主要问题

伴随着马銮湾地区经济的高速发展、海岸开发强度的加大和海域生产活动的日趋频繁，所产生的生态环境问题和管理体制矛盾也越来越突出，具体表现为以下几个方面。

(1) 生态环境问题　海域生态环境质量退化，由于围海造地致使马銮湾水面面积大幅度减少，导致纳潮量减小，潮流明显减弱，海域自净能力减弱；资源破坏严重，渔业资源衰退，由于过去盲目扩大水产养殖面积，导致单产下降。同时由于海滩挖沙，以及占滩建筑，加剧了海岸侵蚀，沿岸旅游资源受到不同程度的破坏。此外，养殖业、种植业、工业污染和生活用水污染对马銮湾地区的生态环境也带来很大的影响。

(2) 管理体制问题　管理体制不顺，缺乏规划和管理法规，未能形成统一协调、综合管理的机制，导致不同行业在开发过程中争占海域空间和岸线的矛盾增多，并且马銮湾周围地区行政管理的不断变更也导致管理上的困难。

2. 马銮湾地区开发的优势条件

① 环西海域的城市开发将成为新一轮厦门城市发展的重要组成部分，为经济和社会发展提供了必不可少的物质空间载体。在环西海域的四个城市组团中，马銮湾的城市发展用地更为充沛，随着海沧大桥和其他大型基础设施的建成，城市基础设施的投资门槛已经大为降低。

② 杏林城区和新阳工业区南部已经基本建设成型，区内生态环境良好，没有大型重化工业，工业均为轻型制造业，并多集中在海湾的南部地区。

③ 具有广阔的水域和丰富的岸线资源，地理单元相对较为独立，较易分隔管理。

④ 马銮湾地区具有良好的对外交通区位，北部的鹰厦铁路、厦漳泉高速公路和福厦公路构成区域性的交通走廊。

(四) 马銮湾地区生态经济规划目标和指标体系

1. 马銮湾地区功能定位

马銮湾地区是厦门城市发展中一个相对独立的以高科技产业园区、海上娱乐、度假和商住为一体的滨海新城区，同时也是海沧台商投资区的战略发展备用地。

2. 规划目标

(1) 总体目标　根据厦门市的"十五"规划及厦门城市发展规划，通过对马銮湾地区的综合整治，高起点规划、高标准建设，实现区域人口、资源、环境和社会的协调发展，保证资源永续利用、环境质量不断改善、社会经济持续发展，生态环境和资源合理利用，海洋污染得到控制，产业结构调整合理，建成沿海生态经济区，为构建生态型海湾城市框架奠定良好的基础，从而加大厦门的现代化国际性港口风景旅游城市的建设步伐。

(2) 近期目标　2003～2005年，改善现有的环境质量状况，加强绿地系统建设和自然保护，严格控制大气、水体和噪声污染，改善居民生活质量，为马銮湾地区经济发展创造良好的生态与环境基础。

(3) 中期目标　2006～2010年，在第一阶段的基础上继续改善环境质量，促进马銮湾地区的生态系统向绿化、净化、美化、活化的可持续生态系统演变；同时通过调整产业结构与产业布局，优化环境功能区划，促进知识型产业和生态型产业的进一步发展；引导居民在生产方式、生活方式及消费价值观念等方面向环境友好、资源高效、系统和谐、社会融洽的生态文化方向发展，大力提高居民的生态环境意识和生态环境保护的公众参与程度。

（4）远期目标 2011~2020年，把马銮湾地区建设成为一个规划布局合理、环保基础设施完善、生态环境质量优良、产业结构布局合理、经济发达高效、适合人们生活和创业的滨海生态新城区。

（五）马銮湾地区生态经济规划指标体系

1. 基本框架

本规划根据马銮湾地区的自然环境、社会和经济特点，从总体结构上将该地区的生态经济规划指标体系分成自然生态指标体系、经济指标体系和社会指标体系三个子系统，此为一级指标；在每一个子系统内，再区分为二级指标若干；最后，根据不同的侧重点确定30个单项指标作为三级指标。

2. 指标体系现状和目标值

本项规划的目标是有步骤、有计划地将马銮湾地区建设成为环保基础设施完善、环境质量优良、产业布局合理、经济发达高效、适合人们生活和创业的滨海生态新城区，为此特建立以2005年、2010年和2020年为期限的分阶段指标体系，并用来指导马銮湾地区的生态经济规划与环境建设，促进该地区自然、经济和社会的可持续发展（表11-2）。

表11-2 马銮湾地区的生态经济规划与环境建设

现状与规划	人均公共绿地面积/(m²/人)	绿化覆盖率/%	山系森林覆盖率/%	水土流失控制区覆盖率/%	工业固体废物综合利用率/%	生活垃圾处理率/%	城市污水处理率/%
现状	9.7	17.66	75	—	89.80	95.46	57.63
2005年	12	22	78	80	95	97	70
2010年	15	30	85	90	98	98	85
2020年	20	45	90	100	100	100	100
备注	国内城市最大值	参考深圳现状	外推	外推	国际水平	国际水平	国际水平

现状与规划	饮用水水源水质达标率/%	DO/(mg/dm³)	COD$_{Mn}$/(mg/dm³)	石油类/(mg/dm³)	无机氮/(mg/dm³)	无机磷/(mg/dm³)	空气污染指数（API）
现状	98.11	7.88	1.17	0.06	0.452	0.038	52
2005年	99	4	4	0.3	0.43	0.036	50
2010年	100	4	3	0.3	0.41	0.032	50
2020年	100	4	3	0.3	<0.4	<0.03	50
备注	国际水平	参考《东亚海域海洋污染预防与管理厦门示范计划——制定厦门示范区沿岸海水水质标准》					API分级优先

现状与规划	交通噪声（昼/夜）/dB	居住噪声（昼/夜）/dB	GDP/(万元/人)	经济增长率/%	单位能源消耗的GDP产出/(万元/标吨煤)	三产占GDP比重/%	高新技术产值占全区工业总产值比重/%
现状	70.2/65.4	54.6/47.9	3.8021	12	—	42.96	53.7
2005年	70/60	55/45	6	11	1.63	46	55
2010年	70/55	55/45	10	8	1.92	55	58

续表

现状与规划	交通噪声（昼/夜）/dB	居住噪声（昼/夜）/dB	GDP/（万元/人）	经济增长率/%	单位能源消耗的GDP产出/（万元/标吨煤）	三产占GDP比重/%	高新技术产值占全区工业总产值比重/%
2020年	70/55	55/45	19~20	3~5	2.5	60~80	65
备注	参照国家标准	参照国家标准	参考东京、纽约、伦敦、中国香港和新加坡平均值	发达国家经济增长率	中国香港现状值	发达国家现状值	外推

现状与规划	人口总数/万人	人均收入/（万元/年）	恩格尔系数	人均住房面积/（m²/人）	环保投资指数/%	科教投资占GDP比重/%	大专以上学历人数/万人
现状	3.2	1.1365	0.454	14.52	2.22	—	600
2005年	5	1.3	0.4	16	2.4	2	720
2010年	8	1.8	0.32	18	2.6	2.2	900
2020年	13~15	2.5	0.15~0.2	22	3.0	2.5	1200
备注		现状外推	参考大连、深圳	中高收入国家平均水平	现状外推	根据发达国家现状外推	参考汉城现状

（六）马銮湾地区生态环境功能区划

从环境特征与人类活动和谐的角度来确定马銮湾地区的生态环境功能定位，以合理布局来协调环境与经济、人口的关系。根据马銮湾地区的自然环境特征、社会经济特点、开发利用现状及发展趋势，本规划设计了"一心、二环、三带、多廊的生态经济规划总体格局"（表11-3）。"一心"即"蓝心"，指由马銮湾海水水体组成的水生生态改造区；"二环"指马銮湾地区外围环形的山体植被生态控制区以及水体与山体环境之间形成的环形的城市发展备用区；"三带"指由水体和山体之间的主要生态廊道（即湿地生态保育带、果林生态保护与建设带和沿湾生态敏感带）；"多廊"指由9条马銮湾汇水溪流组成的溪流生态保护带、马銮海堤改造带和滨海生态景观廊道。

表11-3 厦门马銮湾地区生态环境功能区划

编号	功能区划	自然生态环境特征（位置及范围）	社会特征	经济特征	规划建设目标与措施
1	水生生态改造区	马銮湾现有水面和周边围垦的鱼塘及盐场。海水水质属超Ⅳ类	污染源主要有周边陆地的工业废水、汇水区农业废水和生活污水及养殖自身污染	水产养殖主要有对虾、锯缘青蟹、海鱼和淡水鱼以及吊养牡蛎，马銮湾事实上已成为耕海（农牧化）高度发达的鱼塘	增大水面，增加纳潮量，改善海水水质，美化景观。改造后水面达到8km²，海水水质执行Ⅲ类标准，环境空气质量执行Ⅰ级标准，区域环境噪声执行Ⅰ类标准
2	山体植被生态控制区	山体植被生态控制区包括翁角路至蔡尖尾山，孚莲路至文圃山，鹰厦铁路至天柱山的广大区域	此区域有农场、林场、果园、农田、养鱼塘等多种用地类型	农业复种指数高，水果品种繁多，林地树种多样性程度较高	增大绿化面积，规划森林覆盖率为85%，环境空气质量执行Ⅰ级标准，水质执行Ⅱ级标准，区域环境噪声执行Ⅰ类标准，要求优化景观，增加植物多样性，保护水土，涵养水源，防涝泄洪

续表

编号	功能区划	自然生态环境特征（位置及范围）	社会特征	经济特征	规划建设目标与措施
3	城市发展备用区	包括新阳工业区在内的广大区域。此区内村庄包括霞阳村、新垵村和祥露村，东孚镇的鼎美村、芸尾村、后柯村、东瑶村、贞岱村，杏林的西滨村，灌口镇的陈井村等地区。边界为鹰夏铁路、孚莲路、翁角路至海水养殖塘，东北至西滨，东南至新阳工业区	此区域聚居了规划区的大部分人口，人口密度较大，地形地貌适宜于作为建筑用地	目前，众多企业分布于此区域内，多为工业企业，进行环境承载力评价是必要的	对用地类型用生态适宜度法进行分类、比较，使得各类型用地开发度不超过其承载力。环境空气质量执行Ⅱ级标准，水质执行Ⅱ类标准，区域环境噪声按城市小区功能分别执行Ⅱ类和Ⅲ类标准
4	湿地生态保育带	马銮湾北部，靠近西滨村的湿地区域，有白鹭等鸟类栖息	目前由于人为的围海养鱼等生产活动，形成了一定规模的湿地	目前该区已被道路隔开，且周围有房屋建造	形成大片的湿地保育区，保护鸟类及湿地植物资源，建议建设相当规模的红树林加以保护。环境空气质量执行Ⅰ级标准，水质执行Ⅱ类标准，区域环境噪声执行Ⅰ类标准
5	果林生态保护与建设带	鼎美村、芸尾村、后柯村、祥露村以西至第一农场有大片果林地	此区域主要有大片的果园用地，但较凌乱无序	果树主要以荔枝、龙眼为主，间种瓜、菜	以原有的果林为基础设置果林生态保护与建设区，和规划的绿化带连成整体。环境空气质量执行Ⅰ级标准，水质执行Ⅱ类标准，区域环境噪声按城市小区功能分别执行Ⅱ类和Ⅲ类标准
6	沿湾生态敏感带	环马銮湾水面一周从海水养殖区1/2处至陆域设置约500m宽的生态敏感保护带	主要分布有水产养殖区、河沟、滩涂湿地、杂草及灌丛群落等	主要有个体渔民经营的水产养殖业	保护岸线不受侵蚀，防止海水水质继续恶化，保护海洋生态系统不受破坏，维持陆域生态系统的稳定性。环境空气质量执行Ⅰ级标准，水质执行Ⅱ类标准，区域环境噪声执行Ⅰ类标准
7	马銮海堤改造带	包括马銮海堤及堤两边50～100m的水面和底质	1960年建成了全长1670m、宽7m、顶高9m的马銮海堤，堤南、北两端分别建纳潮闸、排洪闸与泄水闸	最初用途为制盐工业和交通需要，后来亏损改变为养殖区	开堤建闸，改造后作为调节马銮湾纳潮量的主要手段。同时也是海洋生物的重要生态廊道。环境空气质量执行Ⅱ级标准，水质执行Ⅱ类标准，区域环境噪声执行Ⅱ类和Ⅲ类标准
8	滨海生态景观廊道	包括沿马銮湾海岸线的绿化带和堤坝构成的滨海生态景观廊道。景观现状呈破碎状，宽约150～300m	使海湾成为一个整体，同时又不破坏生态系统的完整性和它们之间的交换作用	目前主要为水产养殖场，但经济效益因环境受到污染已下降	规划为生态景观廊道，一方面具有生态廊道的作用，另一方面也是景观的重要组成部分。环境空气质量执行Ⅰ级标准，水质执行Ⅱ类标准，区域环境噪声执行Ⅰ类标准

续表

编号	功能区划	自然生态环境特征（位置及范围）	社会特征	经济特征	规划建设目标与措施
9	溪流生态保护走廊	瑶山溪、深青溪、过芸溪、祥露溪、埭头溪（集水面积较大，且靠近马銮湾水面；宜做亲水景观绿带）	溪流上源多数建有蓄水工程，下游河道与灌溉渠道串通，形成纵横交错的水网，由于人为活动的影响，部分溪流走向发生了较大的变化	主要功能为灌溉和排污，下游因工业污水的排入受到的污染较为严重	主要在瑶山溪、深青溪、过芸溪、埭头溪、祥露溪两侧设置绿化带，保持水土，并且作为陆域的重要生态廊道。环境空气质量执行Ⅰ级标准，水质执行Ⅱ类标准，区域环境噪声执行Ⅰ类标准

（七）马銮湾地区生态环境保护规划

1. 总体目标

改善环境质量状况，严格控制大气、水体和噪声污染，加强绿地系统建设和自然保护。至规划期末，马銮湾地区的大气、水体和噪声环境质量应按单要素环境功能区划的结果分别达到国家规定的相关要求，海水水质的各项指数按 GB 3097—1997 要求达到Ⅱ类标准以上，人均公共绿地面积达 $20m^2$，绿化覆盖率达 45%，工业固体废物综合利用率、生活垃圾无害化处理率和城市污水处理率均达 100%，从而达到促进马銮湾地区的生态系统向绿化、净化、美化、活化的可持续生态系统演变，把马銮湾地区建设成为一个规划布局合理、环保基础设施完善、生态环境质量优良、产业结构布局合理、经济发达高效、适合人们生活和创业的滨海新城区。

2. 海域生态环境保护规划

（1）水产养殖业污染综合整治与发展规划　改革开放以来，马銮湾地区的海水养殖业有了巨大的发展，养殖种类和养殖规模不断扩大。但由于缺乏宏观调控和总体规划，养殖的时空密度已使马銮湾不堪重负，同时也造成了该地区资源的压力空前增大，各种养殖污染累积效应十分惊人。目前马銮湾地区水产养殖业主要存在以下几方面的问题：①养殖面积发展过快，远远超过马銮湾环境容量，未能与环境协调；②养殖区和养殖品种缺乏统一规划、合理布局和科学搭配，致使初级生产力降低；③养殖池老化，缺乏改造；④养殖模式不规范；⑤病虫害频繁发生；⑥饲料质量不高等。总体来说，马銮湾的水产养殖仍然属于传统海洋产业，其发展方向应该是依靠科学，以提高单位面积的产量，提高经济效益，保护海湾环境。具体规划措施是：①合理规划与布局马銮湾的水产养殖业；②适当控制水产养殖业的规模、养殖密度和养殖面积；③提高水产养殖业的科技含量，对传统水产养殖业进行改造；④加强公众教育，树立水产养殖的环境保护意识。

（2）工业区污水治理　目前马銮湾的工业废水主要来自杏林工业区和新阳工业区。对于杏林工业区的污水处理要早日纳入管网，提高污水纳管率和污水处理率。对于新阳工业区的污水应纳管处理后往南排入海中，禁止就近排入马銮湾。目前，新阳工业区禁止污染严重的企业进入，只能允许无污染或者污染很轻的一、二类轻型工业进入。沿马銮湾四周修建污水截流系统，增建二级污水处理厂，并同时开展马銮湾环境容量和水质控制的补充研究，建立海域环境监测体系，制定和实施入海污染物总量控制制度，加强和改善海域环境管理，提高马銮湾海域的水环境质量。

(3) 非点源污染源治理　在非点源污染源整治中,养殖业污染是首位,其次是种植业(包括农业、高尔夫球场施用的化肥和农药)污染,最后是工业污染和生活用水污染。对于农业污染源应把防止水土流失和控制面源污染作为重点。为此,必须要求汇水区内的各级政府部门认真贯彻执行有关水土保持的法规及措施。在治理过程中要以山坡地为重点,按"封、造、管"治理原则,对中、轻度流失的山坡地实施封山育林,对低丘台地及土层深厚的无林地按园地标准整治,在强度流失的山坡地,以营造林地等生物措施为主,并结合工程建造挡土墙、反坡梯田、鱼鳞坑等。加强生态环境保护和防护林的绿化建设,要有计划地对25°以上的陡坡地退耕还林还草,加强9条汇水溪流治理,积极营造水土保持林和水源涵养林,较大幅度地提高林草覆盖率,减少因水土流失引起的泥沙流入马銮湾。此外,必须积极减少低效化肥、农药的施用量,积极控制农业面源污染。

3. 岸线生态环境保护规划

(1) 加强湿地保护　马銮湾北部西滨村小海湾湿地自然环境条件优越,气候温和,是白鹭等鸟类繁殖栖息的重要场所。但随着经济建设的发展、人为活动的干扰,该湿地环境受到严重污染,从而使得白鹭不得不迁徙寻找适宜的生境。因此,要想留住白鹭关键是要保护好白鹭觅食和栖息的生态环境,首先是要减少大量的生活污水和工业废水排放,减少滩涂湿地的填围,并保护沿岸红树林。

(2) 合理岸线利用　厦门城市性质是港口风景旅游城市,具有"城在海上,海在城中"的特色,拥有港口资源、滨海旅游资源优势,海岸线是厦门发展的生命线。根据厦门市岸线利用规划和海域功能区划,马銮湾长达20km的岸线主要为旅游岸线。为了保护马銮湾的岸线资源,确保岸线资源的永续利用,必须对此进行合理规划和开发建设:①坚持深水深用、浅水浅用、兼顾生产、美化生活的原则,合理利用岸线;②应根据规划确定各类岸线的用途,合理安排近岸陆域城市建设用地项目,禁止建筑占滩、侵占公共绿地以及娱乐沙滩、偷挖沙等现象,加强岸线的合理开发;③加强岸线旅游资源的开发建设工作,严格控制开发强度,制定保护生态环境的开发标准和建筑设计准则;④加强岸线资源的保护管理工作,尽快制定相应的海岸带管理条例,并成立专门执法监察队伍。

(3) 禁止填海造地　对于填海造地包括围海、护岸扩地等工程,一定要谨慎,以免影响马銮湾地区的纳潮能力,并且要根据规划区功能的需要,尽最大可能"还地归海"。

(4) 防护林带建设　做好马銮湾沿岸和9条汇水溪流两侧的绿化建设工作,巩固和建设沿海防护林体系;改变原有的林种树种结构单一,防护林比例偏少,防护效能低,抵抗台风能力不够强的状况,形成点、片、网、带和乔、灌、草相结合的防护林体系,实现生态效益、景观效益和经济效益三者的统一。

4. 陆域生态环境综合整治规划

(1) 陆域水环境治理规划　①禁止破坏植被的开采活动,同时加强马銮湾地区尤其是汇水区两岸的绿化建设,提高森林覆盖率,防止地表径流,减少水土流失;②建设和完善马銮湾地区的污水收集系统,进一步提高污水处理率;③进一步加强雨污分流管理,扩大分流制范围,分流制地区基本实现雨污分流,提高污水截流率;④合理设置马銮湾地区的水监测站点,健全水环境监测网络和指标体系。

(2) 大气环境保护规划　①建立健全污染防治控制区的监督管理,贯彻大气污染排放许可证制度；②加强尘污染控制、机动车大气污染控制，削减 SO_2 排放量，控制固定源 NO_x 排放，加强工业废气治理和管理力度，加强工业废气监测能力；③制定清洁生产标准及相应经济政策，开发清洁技术及装备，开发无污染、少污染的生产工艺，在各企业中实施 ISO 14000 环境管理体系；④采取有利于清洁能源利用的经济、技术政策和措施，鼓励和支持清洁生产工艺的开发和推广；⑤完善马銮湾地区的空气环境自动监测网络，提高空气环境监测能力。

(3) **固体废物整治规划** ①全面实施固体废物分类收集，建立固体废物收集系统；②全面推行清洁生产，实现循环经济，从源头削减废物产量，推行产品环境标志和清洁生产公告制度，实现固体废物减量化；③完善固体废物处理处置设施和措施；④继续大力推动环保相关的科学研究，提高固体废物的综合利用率；⑤加强对固体废物管理建设，按照相关法律和规章，强化对固体废物从产生到处理的全过程管理，严格执法，通过政策和经济手段引导工业企业实施清洁生产。

(4) **马銮湾地区绿地系统建设规划** 近期绿化建设的重点是要加大绿化建设投入，开展楔形绿地、主题公园、海岸带防护林、河道防护林和主干道道路绿化带工程建设。近期绿地建设的目标是营造一个完善马銮湾地区的绿地系统，沿路、沿海、沿江、沿河建设宽窄不等、经纬交错的绿色走廊，将星罗棋布的公园绿地、单位附属绿地、旅游绿地和海岸、河道防护林连为一体，形成大中小结合、点线面结合、环楔结合、平立面结合的绿色空间。①加快马銮湾地区"绿色生态走廊"的建设：a. 以高速公路、快速干道为重点，大力开展道路绿化建设；b. 加强沿海防护林工程建设；c. 完成马銮湾水源保护区河道防护林的建设和高压走廊绿地建设。②选择耐盐碱植物在马銮湾地区周边种植。经实践证明，榕树、菩提、黄槿等木本植物，海枣、夹竹桃、扶桑、蒲葵等灌木，以及细叶狗牙根、斑节草、马尼拉草等草本植物，均可在区内良好地生长。③按规划修建岸线，并沿湖设置公园及绿化带。④引入市场机制，确保绿化建设资金，积极探索多元化的投资机制，建立与绿地系统规划相适宜的完善的绿地建设投融资体系。⑤依靠科技进步，不断提高绿地的配置和养护水平。⑥结合产业结构的调整，积极探索绿化建设与管理的新机制，推进绿化养护的市场化和绿化养护资金投入的多元化，形成全社会共建、共管的新局面。

5. 环境管理与建设规划

具体措施包括：①政策法规建设；②环保组织机构建设；③环境监测能力建设；④环境保护资金筹措机制建设；⑤公众参与能力建设；⑥增加生态保护投入，完善环境经济政策；⑦强化环境宣传教育，提高全社会生态环境保护意识。

四、生态经济规划发展趋势

1. 更强调规划的生态学基础

20 世纪 60 年代以来的生态经济规划，虽然在理论和方法上得到了较大的发展，但它基本上仍承袭 20 世纪初的传统，偏重于生态学思想的应用，强调人的活动对自然环境的适应，正如 McHarg 指出的"适应依赖于人类的选择，规划就是实现这种适应的途径"。在方法论上，环境与资源的适宜性分析关心的是发展中所面临的自然环境与资源的潜力与限制，对自然生态系统自身的结构与功能以及它们与人类活动的关系则显得有些漠不关心，也很少将现代生态学尤其是生态系统生态学与景观生态学的新成果应用于规划之中。因此，今后生态经济规划将更多地运用生态学知识，使规划建立在生态学合理的基础上。

在规划中，通过深入分析城市与区域生态系统景观生态的结构与功能，物流、能流特征，空间结构、生态敏感性以及发展与资源开发所带来的生态风险等，维护与改善城市与区域生态系统结构与功能的完整性，将成为生态经济规划的重要组成部分。

2. 摆脱"生态决定论"的束缚，走上新的综合

20世纪60年代环境运动之初，生态经济规划在理论上与实践上主要是生态决定论，要求人类活动服从于自然的特征与过程，而对人类本身的价值观及文化经济特征注意不够，显然这与当时环境运动的主流相适应，以至于后来人们将生态经济规划视为"生态保护"的同义词。自20世纪60年代以来，人们开始注意到生态经济规划不只是生态学概念在城市、区域规划与资源开发中的应用，它应该从能真正协调人与自然的关系的高度来认识，必须综合自然、经济、文化的特征及其相互作用关系来指导规划实践。McHarg后来也指出"我们必须将区域（规划对象）描述成为一个自然—生物（包括人）—文化相互作用的系统，并用资源及其社会价值重新构筑"，并称生态经济规划为"人类生态经济规划"。Rose、Young、Steiner等认为规划关心的是有机体与生物的相互关系，在这个意义上规划是生态学的，但规划主体是人的活动，因此它又是人类生态学，若重新定义生态经济规划，那么它是应用生态学概念、生态学方法对人类环境的安排，因此生态经济规划的最终表达方式应是应用人类生态学。由于持续发展的要求，生态经济规划必然从"生态决定论"的束缚中摆脱出来，走向自然环境、社会与经济的新的综合。

3. 从定性分析向定量模拟方向发展，计算机技术在生态经济规划中得到广泛的应用

生态经济规划的定量分析还很薄弱，目前应用的大多为统计分析及聚类分析等统计学方法。随着生态学自身的发展，人们对自然过程及其与人类活动的关系的认识加深，以及计算机技术的广泛使用，使得多属性、大范围的空间模拟分析成为可能，从而可推动定量分析与模拟在生态经济规划中的发展与应用。

生态经济规划通常涉及的是空间结构多样、属性多、组分关系复杂的城市或区域，只有通过广泛使用计算机技术及空间资源分析技术（如地理信息系统）才有可能使生态经济规划得到广泛应用。

4. 从物质化到非物质化的转变，更加强调人类智力资源替代性

地球生物圈的物质资源是有限的，"大量开发、大量生产、大量消费、大量排放"的资本逻辑贯穿于现代经济发展，物质化资源的不合理利用也是造成生态环境危机的根源。随着IT产业和人工智能（AI）的发展，智力密集型产品逐渐取代资源消耗性产品，从物质化到非物质化转变是人类实现可持续的根本途径。今后生态经济规划中应当体现这种变化，突出非物质化或智力密集型产业发展及技术创新，提供更多具有较高使用价值和低物质消耗的产品和服务。

【复习思考题】

一、名词解释

1. 生态规划

2. 生态经济规划
3. 可持续发展
4. 系统动力学
5. 反馈系统

二、简答题

1. 简述生态经济规划的基本原则。
2. 简述可持续发展的内涵和基本原则。

三、论述题

1. 试论述生态经济规划的基本理论及主要内容。
2. 试论述如何认识生态文明建设过程中生态经济规划的重要性,并举例说明。

第十二章

生态经济管理与政策

人类认知的有限性导致不可避免的错误。在处理人与自然的关系上，我们的试错限度有多大？

——编者，2020

【导读材料】

渔夫与商人

一个美国商人坐在墨西哥海边一个小渔村的码头上，看着一个墨西哥渔夫划着一艘小船靠岸。小船上有好几尾大黄鳍鲔鱼，这个美国商人问渔夫需要多少时间能抓这么多鱼。墨西哥渔夫回答说捕捉那几条鱼仅花费其较短时间。美国人接着问他为什么不待久一点，以便抓更多的鱼。墨西哥渔夫则不以为然，认为那些鱼已经足够他一家人生活所需。

美国人又问渔夫一天剩下那么多时间都在干什么。墨西哥渔夫解释说他每天睡到自然醒，出海抓几条鱼，回来后跟孩子们玩一玩，再跟老婆睡个午觉，黄昏时晃到村子里喝点小酒，跟哥儿们玩玩吉他，他的日子可过得充实又忙碌呢！

美国人不以为然，帮他出主意，他说：我是美国哈佛大学企管硕士，我倒是可以帮你忙！你应该每天多花一些时间去抓鱼，到时候你就有钱去买条大一点的船，再买更多渔船。然后你就可以拥有一个渔船队。然后你可以自己开一家罐头工厂。如此你就可以控制整个生产、加工处理和行销。然后你可以离开这个小渔村，搬到墨西哥城，再搬到洛杉矶，最后到纽约，在那里经营你不断扩充的企业。

墨西哥渔夫问：这又花多少时间呢？美国人回答：十五年到二十年。

然后呢？

美国人大笑着说：然后你就可以在家当"皇帝"啦！时机一到，你就可以宣布股票上市，把你的公司股份卖给投资大众。到时候你就发财啦！你可以几亿几亿地赚钱！

然后呢？

美国人说：到那个时候你就可以退休啦！你可以搬到海边的小渔村去住。每天睡到自然醒，出海随便抓几条鱼，跟孩子们玩一玩，再跟老婆睡个午觉，黄昏时晃到村子里喝点小酒，跟哥儿们玩玩吉他啰！

墨西哥渔夫说：我现在不就是这样了吗？

【学习重点】 了解生态经济管理的基本理念、国内外的主要政策策略；生态补偿的含义、机制和实施路径；科斯定理及其政策意义；生态教育的内容及方式等。

第一节 生命周期评价

一、生命周期评价的内涵

生命周期评价（Life Cycle Assessment，LCA），是一项自 20 世纪 60 年代末开始发展起来的重要环境管理工具和生态设计工具，是一种按系统路径（"从摇篮到坟墓"）评价产品或工业行为产生环境影响的方法。早期的生命周期评价是指对一种产品及其包装物、生产工艺、原材料、能源或其他某种人类活动行为的全过程，包括原材料的采集、加工、生产、包装运输、消费和回收以及最终处理等，进行资源和环境影响的分析与评价。

对于 LCA 的定义，目前较具代表性的有以下三种。

国际环境毒理学与化学学会（SETAC）的定义为：LCA 是一个评价与产品、工艺或行动相关的环境负荷的客观过程，它通过识别和量化能源与材料使用和环境排放，评价这些能源与材料使用和环境排放的影响，并评估和实施影响环境改善的机会。该评价涉及产品、工艺或活动的整个生命周期，包括原材料提取和加工，生产、运输和分配，使用、再使用和维护，再循环以及最终处置。

联合国环境规划署（UNEP）的定义为：LCA 是评价一个产品系统生命周期的整个阶段——从原材料的提取和加工，到产品生产、包装、市场营销、使用、再使用和产品维护，直至再循环和最终废物处置——的环境影响的工具。

国际标准化组织（ISO）的定义为：LCA 是对一个产品系统的生命周期中输入、输出及其潜在环境影响的汇编和评价。

关于 LCA 的定义尽管存在不同的表述，但各国际机构目前已经趋向于采用比较一致的框架和内容，其总体核心是：LCA 是对贯穿产品生命周期全过程（即所谓"从摇篮到坟墓"）——从获取原材料、生产、使用直至最终处置——的环境因素及其潜在影响的研究。

二、生命周期评价的发展过程

LCA 最初应用可追溯到 1969 年美国中西部资源研究所（MRI）的研究者为美国可口可乐公司做的一项研究，当时称为资源与环境状况分析（Resources and Environmental Profile Analysis）。研究机构帮助可口可乐公司在考虑是否以一次性塑料瓶替代可回收玻璃瓶时，从最初的原材料采掘到最终的废弃物处理进行了全过程的跟踪与定量分析，比较了两种方案对环境的影响。研究结束后，美国环保局（EPA）于 1974 年撰写了相关研究报告，提出了一系列早期的生命周期评价框架。随后，美国的 Illinois 大学、富兰克林研究会以及斯坦福大学的生态研究所也相继开展了一系列针对其他包装品的类似研究。最初 LCA 主要集中在对能源和资源消耗的关注,其后 LCA 方法被进一步扩展到研究废物的产生情况(杨建新,2002)。

20 世纪 80 年代,生命周期评价方法日臻成熟。1990 年,国际环境毒理学与化学学会(SETAC)首次主持召开了有关生命周期评价的国际研讨会,在会上首次提出了"生命周期评价"的概念。20 世纪 90 年代以后,由于国际环境毒理学与化学学会及欧洲生命周期评价开发促进会(SPOLD)的大力推动,LCA 方法在全球范围内得到较大规模的应用。如今国际标准化组织制定和发布了关于 LCA ISO14040 系列标准。一些国家(如美国、荷兰、丹麦、法国、日本、韩国、印度等)和有关国际机构(如联合国环境规划署)通过实施研究计划和举办培训班,研究和推广 LCA 的方法学,并从环境生命周期评价(Environmental Life Cycle Assessment,ELCA)发展到社会生命周期评价(Social Life Cycle Assessment,SLCA),促进了 LCA 的全面应用。1996 年,第一份专门关注生命周期评价的学术期刊《InternationalJournal of Life Cycle Assessment》正式出版。

三、生命周期评价的主要方法

根据系统边界及方法学原理的不同,生命周期评价方法可分为过程生命周期评价(process-based LCA,PLCA)、投入产出生命周期评价(input-output LCA,I-O LCA)以及混合生命周期评价(hybrid LCA,HLCA)。

过程生命周期评价(PLCA)是一种自下而上的分析方法,主要是基于产品生产、系统或服务全生命周期过程中物质、能量和环境排放的投入产出清单来进行评价。根据 ISO 的规定,LCA 分为目标和范围的定义、清单分析、影响评价和结果解释四个部分,主要是通过实地调查、实验、监测或利用二手统计资料收集产品生产过程各阶段的能源和物料投入,计算产品、系统或活动的潜在的环境影响。

经济投入产出生命周期评价(economic input-output LCA,EIO-LCA)是基于投入产出表建立的一种自上而下的生命周期分析方法。该方法首先利用投入产出表计算出部门层面的能耗及排放水平,再通过评价对象与经济部门的对应关系评价具体产品或服务的环境影响。在评价具体产品或服务时,只需要将所评价的产品或服务的投入乘以对应的能耗或排放强度,即可算出该产品生产或服务提供过程所引起的潜在环境影响。

混合生命周期评价(Hybrid LCA,HLCA)是指将 PLCA 和 EIO-LCA 结合使用的方法。

四、生命周期评价的基本框架

国际标准化组织(ISO)将 LCA 定义为"对一个产品系统的生命周期中输入、输出及其潜在环境影响的汇编和评价",并将其分为四步,即目标和范围定义、清单分析、影响评价和结果解释。

(一)目标和范围定义

这是生命周期评价的第一步,用于指导和贯穿 LCA 的各个阶段,定义目标就是说清楚开展此项生命周期评价的原因和目的，以及研究结果可能运用的范畴；确定范围包括明确研究对象、系统边界，说明数据的要求，指出重要的假设及限制。LCA 的研究对象既可以是产品，也可以是系统或者服务。至于系统边界，完整的 LCA 评价是"从摇篮到坟墓"（Cradle-to-Grave），即从煤、石油、天然气等化石燃料的开采、运输、加工，到产品的生产、加工、销售、废弃物处理全过程。但在实际研究中，众多研究根据研究目标和数据获取情况，有的研究边界设定为"从摇篮到大门"（Cradle to Gate）或者"从大门到大门"（Gate to Gate）。

目标和范围定义中还有一项重要任务就是确定"功能单位"（Functional Unit）。定义功能单位的主要目的是为有关的输入输出数据提供一个参照基准，以保证评价的可比性。农业领域 LCA 通常以 1t 或者 1kg 作物产品为功能单位，也有以 $1hm^2$ 生产面积或者人体一日摄入的能量需求或营养需要作为功能单位的。工业领域常以 1 单位功能产品或者功能活动为功能单位，例如冰箱产业以 $1m^3$ 有效容积为功能单位，流通领域以 1t 货物每千米运输距离为功能单位等。

（二）清单分析

清单分析是进行生命周期评价的基础，是对在确定的系统中与功能单位相关的所有投入资源和排放物进行以数据为基础的客观量化过程。由于工农业 LCA 涉及众多的领域，拥有若干子系统，情况复杂，因此实际分析中以子系统为单元，按照选定的功能单位进行清单分析。

清单分析的第一步就是要获取第一手的原始数据，原始数据质量的好坏直接影响 LCA 最终结果的可信程度。因此，LCA 的数据收集过程必须注意以下事项。①注意数据搜集的时间尺度和空间尺度。以农用化肥为例，虽然国外相关研究和模型有着比较详细的数据，但由于我国化肥产业无论能耗和污染物排放均与国外有较大差距，因此不能直接引用国外的原始数据，而应该从统计报告、行业年鉴和各种公开发表的文献入手，搜集有关数据，形成自己的产品生命周期清单。②数据的代表性和典型性。在各个子系统中，必须选择具有代表性和典型性的数据清单，尽可能反映研究系统的真实情况。③数据的完整性。必须通过各种途径，尽可能搜集与各个子系统生命周期相关的数据，建立比较完整的数据库。④数据质量评价。清单数据搜集整理完毕，必须进行数据质量评价。数据质量评价是对数据的可靠性、完备性、精确度、代表性等指标进行定性和定量评价，看其是否满足要求。

在建立清单的过程中，由于数据来源的多元化，涉及如何选择数据的问题。对此，一般遵循从近从新从权威从细化最后综合的原则。从近就是以研究区域的实验数据优先；从新就是采用最新的研究成果；从权威就是同类杂志采用权威期刊、专家文献数据；从细化就是采用研究得更加细化详尽的数据；综合就是将搜集的试验、调研数据罗列对比后综合处理，选择最接近调研地区的数据纳入 LCA 评价体系。

在各个子系统数据搜集后，由于选取的采集单位不一致，还必须进行综合归一。例如在农作系统中采用生产 1t 或者 1kg 收获作物籽粒为参照量，在运输系统中以 1kg·km 作为参照量，然后计算该子系统每生产单位参照量的物质能量投入以及废弃物的排放。但是，收集完毕各子系统数据清单之后，由于参照单位不一致，因此不能对数据进行简单相加，必须按照先定义的功能单位对各单元过程的数据进行换算,最后得到的数据都以同一功能单位为参照,在此基础上收集每功能单位产品的能源消耗和环境排放数据。

(三) 影响评价

影响评价是根据清单分析的结果,鉴别系统的投入产出可能对自然资源、人体健康、生态健康产生的定性或定量影响的系统化过程,是 LCA 中最重要的步骤。根据 ISO 的模型和步骤,完整的影响评价分为分类、特征化、标准化、加权评估四步。

1. 分类

环境影响是各种环境干扰因子综合作用的结果。从环境保护的角度出发,环境影响可以分为资源消耗、环境保护以及生态系统健康几个方面;从影响范围来看,可以分为全球性、区域性和局地性影响。综合国内外研究成果,环境影响可以从不可再生资源、可再生资源和环境负荷三方面分为 3 大类 12 小类(见表 12-1)。

表 12-1 农业生命周期评价影响类型框架

具体环境影响类型		一般保护领域			主要地域类型
		资源	人体健康	生态健康	
不可再生资源耗竭	金属矿产资源耗竭	＋			全球性
	能源资源耗竭	＋			全球性
可再生资源耗竭	淡水资源耗竭	＋			区域性、局地性
	土地资源耗竭	＋	(＋)	(＋)	局地性
环境负荷	全球变暖		(＋)	＋	全球性
	臭氧层耗竭		(＋)	(＋)	全球性
	光化学烟雾		＋	＋	区域性
	环境酸化		(＋)	＋	区域性
	富营养化			(＋)	区域性
	人体毒性		＋		全球性、区域性
	水生生态毒性		(＋)	＋	局地性
	陆生生态毒性		(＋)	＋	局地性

注:＋表示存在的直接影响;(＋)表示潜在的间接影响。

2. 特征化

分类是将清单分析结果划分到影响类型的过程,由于性质不同的生态影响因子对同一种环境负荷的贡献潜力是不一样的,因此需要通过一定的方式建立环境负荷与数据清单之间的联系,这个过程就是特征化的过程。"当量系数法"(Equilalent Factor)是特征化最常见的方法,即以某影响类型中某一种生态影响因子为基准,把其影响潜力视为 1,然后将等量的影响因子与其比较,从而得出各类影响因子的相对影响潜力大小,即当量系数,进而计算出各种影响类型的环境影响潜值。

对于不可再生资源的特征化存在多种方式。一种是将不可再生资源折算成能量进行比较;一种是以某种物质为参照物,计算其他不可再生资源对应当量系数,从而对不同产品、工艺和服务的生命周期进行比较。表 12-2 是以金属铁为参照资源计算的全球主要不可再生资源的当量系数(王寿兵,1999)。

表 12-2　全球主要不可再生资源当量系数　　　　　　　　　　　　单位：kg/kg

资源	油	煤	天然气	铁	铝	锌	铜	铅	锑
当量系数	1.33	0.03	1.02	1	11.2	2823.55	668.57	5552.77	45279.97

对于水资源的消耗，工业领域一般以功能单位水资源消耗总量减去重复利用部分来计算。农业、生态和环境领域的 LCA 则采取"虚拟水"或者"水足迹"方法来评估水资源消耗（Hoekstra，2015）。

对土地资源的评估国内外方法较多，生态和农业种养涉及草地、林地、水域的使用，用净初级生产力乘以土地利用系数得出的现实生产力来作为各种土地资源的当量系数，如表 12-3 所列。

表 12-3　我国各类农用地/水体资源的当量系数[①]

资源	耕地	林地	草地	海水水域	内陆水域
当量系数	1	0.04	0.16	0.1	0.24

① 资料来源：陈冬冬，2008。

每种环境负荷都是由多种生态影响因子造成的，但不同影响因子的影响比重是不同的（M. A. J. Huijbregts，2008），如表 12-4 所列，所以通常考虑每种环境负荷中几种最关键的影响因子。例如，致全球变暖气体主要有六种，即二氧化碳（CO_2）、甲烷（CH_4）、氮氧化物（NO_x）、氢氟碳化合物（HFCs）、过氟碳化合物（PFCs）和六氟化合物（SF_6），但由于前四种影响因子影响力之和已经占据其影响因素比重 95% 以上，因此其他影响因子一般不予考虑。

表 12-4　相关影响因子对各种环境影响类型的比重[①]　　　　　　　　　单位：%

影响类型	物质	来源	比重	影响类型	物质	来源	比重
全球变暖	CO_2	空气	66	光化学烟雾	NO_x	空气	33
	CH_4	空气	16		NMVOC（非甲烷挥发性有机化合物）	空气	48
	CFCs（氯氟碳化物）	空气	12				
	NO_x	空气	4.5	人体毒性	硒	空气	21
臭氧层耗竭	CFCs(tot)（总氯氟碳化物）	空气	70		砷	空气	12
	哈龙总量	空气	20		锌	空气	13
	HCFCs（氯氟烃）	空气	10		农药总量	空气	8
				水体毒性	氯气	水体	60
					农药总量	水体	30
环境酸化	总 NH_3	空气/农业土壤	44	土壤毒性	农药总量	农业土壤	68
	SO_2	空气	35		镍	农业土壤	8
	NO_x	空气	20		钒	农业土壤	4
淡水富营养化	TP	淡水	80		铜	农业土壤	2
	TP	农业土壤	20				

① 资料来源：M. A. J. Huijbregts，2003，2008。

目前，全球变暖、富营养化、酸化、臭氧层耗竭等环境影响已经建立了比较统一的当量模型，Huijbregts 等（2000）设计了一个计算潜在毒性的改进模型，以 1,4-DCB 为当量因子，计算出 181 种物质（包括 86 种农药）在人体、水体、陆地等 6 个方面的潜在毒性，逐步得到世界认可。各种环境影响类型的主要影响因子及当量系数见表 12-5。

表 12-5　环境影响类型及主要影响因子的当量系数[①]

环境影响类型	排放物质	当量系数	环境影响类型	排放物质	当量系数
全球变暖	CO_2	1	光化学烟雾	C_2H_4	1
	CH_4	21		HC（烃类化合物）	0.416
	N_2O	298		CH_4	0.007
	SF_6	22200		汽油	0.398
臭氧层耗竭	CFC-11（一氟三氯甲烷）	1	人体毒性	1,4-DCB（1,4-二氯苯）	1
	HALON-1201（溴二氟甲烷）	1.4		莠去津	4.5
	CFCs	0.959		氧化乐果	44
	CCl_4	1.09	水体毒性	1,4-DCB	1
环境酸化	SO_2	1		莠去津	5000
	NH_3	1.88		氧化乐果	170
	NO_x	0.7	土壤毒性	1,4-DCB	1
	SO_x	1		莠去津	6.6
富营养化	PO_4^{3-}	1		氧化乐果	0.8
	TP	3.06		Cu	14
	NO_x	0.13		Zn	25
	NO_3^-	0.42		Cd	170
	NH_3	0.33		Pb	33

① 资料来源：M. A. J. Huijbregts 等，2000；邓南圣，2003。

各种环境影响潜值可以根据公式（12-1）计算。

$$E_{P(x)} = \sum E_{P(x)i} = \sum [Q_{(x)i} E_{F(x)i}] \tag{12-1}$$

式中，$E_{P(x)}$ 为系统对第 x 种环境影响的潜值，即特征化结果；$E_{P(x)i}$ 为第 i 种胁迫因子对第 x 种环境影响的潜值；$Q_{(x)i}$ 为第 i 种胁迫因子排放量；$E_{F(x)i}$ 为第 i 种胁迫因子对第 x 种潜在环境影响的当量系数。

3. 标准化

标准化的目的就是要消除各单项结果在量纲和级数上的差异，选择的基准量一般可为全球、全国或某一地区的资源消耗或环境排放的总量或均量数据，均量数据有人均占有/排放量、地均占有量、单位产值量等。理论上来说，标准化的基准尺度应该与环境影响尺度对应。例如对大气变暖潜值而言，应该选择世界人均排放当量为标准化基准；而对水体富营养化、酸化等局地性环境影响，应该选择全国或者地区人均排放量为标准化基准。但有时候根据实际需要，可以选择统一的全球标准或地区标准。表 12-6 是国内外不同时期的标准化基准值（梁龙，2009；M. A. J. Huijbregts 等，2008；Liang 等，2018）。

表 12-6　国内外不同时期的标准化基准值

环境影响类型	单位	中国		世界		中国	
		基准值	基准年	基准值	基准年	基准值	基准年
不可再生资源	MJ/(人·年)	31785	1990	73329	2000	72608	2010
土地资源	m²/(人·年)	1198.6	1990	5423	2000	909	2010
水资源	m³/(人·年)	472	1990	657.3	2000	452	2010
全球变暖（以 CO_2-eq 计）	kg/(人·年)	1527	1990	6869	2000	7864	2010
臭氧层耗竭（以 CFC-11-eq 计）	kg/(人·年)	0.2	1990	0.035	2000	—	2010

续表

环境影响类型	单位	中国		世界		中国	
		基准值	基准年	基准值	基准年	基准值	基准年
环境酸化（以 SO_2-eq 计）	kg/(人·年)	36	1990	56.26	2000	28.8	2010
富营养化（以 PO_4-eq 计）	kg/(人·年)	6.21	1990	1.90	2000	3.8	2010
光化学烟雾（以 C_2H_4-eq 计）	kg/(人·年)	0.31	1990	23.99	2000	—	2010
人体毒性（以 1,4-DCB-eq 计）	kg/(人·年)	—	—	197.21	2000	—	2010
水生生态毒性（以 1,4-DCB-eq 计）	kg/(人·年)	—	—	4.83	2000	—	2010
陆生生态毒性（以 1,4-DCB-eq 计）	kg/(人·年)	—	—	6.11	2000	—	2010
固体废物	kg/(人·年)	251	1990	—	—	—	—
危险废弃物	kg/(人·年)	18	1990	—	—	—	—
烟尘和粉尘	kg/(人·年)	18	1990	—	—	—	—

标准化一般是用基准值去除特征化的结果，可用公式(12-2) 表示：

$$R_x = E_{p(x)}/S_{(2000/2010)} \quad (12\text{-}2)$$

式中，R_x 为第 x 种潜在环境影响标准化结果；$E_{p(x)}$ 为第 x 种潜在环境影响特征化结果；$S_{(2000/2010)}$ 为选定某年的基准值。

4. 加权评估

数据标准化说明的是潜在影响的相对大小，但即使两种环境影响潜值同样大，它们对同一国家或地区可持续发展的重要程度也是不一样的，因此一般需要对不同环境影响类型赋予一定的权重，然后才能进行加权。常见的权重确定方法有目标距离法、专家组评议、层次分析法3种。表 12-7 是我国工农业 LCA 中确定的 3 种权重系数，可供各领域 LCA 研究参考。

表 12-7 我国 3 种权重值及其方法

环境影响类型 a	权重 a	环境影响类型 b_1	权重 b_1	环境影响类型 b_2	权重 b_2
不可再生资源耗竭	—	不可再生资源耗竭	0.15	不可再生资源耗竭	0.1123
可再生资源耗竭	—	可再生水资源耗竭	0.13	可再生资源耗竭	0.1216
全球变暖	0.83	全球变暖	0.12	全球变暖	0.0975
臭氧层耗竭	2.7	臭氧层耗竭	—	臭氧层耗竭	0.1510
环境酸化	0.73	环境酸化	0.14	环境酸化	0.085
富营养化	0.73	富营养化	0.12	富营养化	0.0764
光化学污染	0.53	人体毒性	0.14	光化学污染	0.0825
固体废物	0.62	水体毒性	0.11	人体毒性	0.1488
危险废弃物	0.45	土壤毒性	0.09	生态毒性	0.1253
烟尘和粉尘	0.61	—	—	—	—

注：a 为目标距离法（权重来自杨建新，2002）；b 为专家组评议法（b_1，其权重来自王明新等，2006；b_2，其权重来自杨印生等，2015）。

加权评估可以用公式(12-3) 计算：

$$EI = \sum W_x R_x \quad (12\text{-}3)$$

式中，EI 为系统环境影响值；W_x 为第 x 种潜在环境影响的权重；R_x 为第 x 种潜在环境影响标准化结果。

（四）结果解释

生命周期结果解释是根据 LCA 前几个阶段的研究发现，以透明的方式来分析结果，形成结论，解释局限性，提出建议并报告生命周期解释的结果。对于农业 LCA 来说，由于横跨工业、农业、服务业等诸多领域，因此在分析资源耗竭和环境负荷时要区分不同行业在整个生命周期中应承担的责任以及需要采取的措施，同时必须注意各子系统存在的不确定性，对可能存在影响却没纳入评估范畴的因素做出相应解释。

五、案例——"五结合"生态温室生命周期评价及比较分析

设施农业是现代农业的重要组成部分，对设施农业的评价也是国内外研究的热点，而生命周期评价法被国内外广泛应用。在众多模式中，在我国发展起来的种养一体生态模式一直受到众多学者的关注。该模式发源于 20 世纪 80 年代辽宁省盘锦市大洼县清水农场，1989 年被辽宁省政府科学技术进步奖评审委员会命名为"北方庭院生态农业模式"，即集温室、畜舍、厕所和沼气池于一体的"四位一体"模式。近 30 年来，该模式被不断创新、改进和推广，生态效益和经济效益不断提高。"五结合"就是在"四位一体"基础上的创新，该模式在结构上由前温室、后温室、畜舍、沼气池、蓄水池组成，在功能上实现种养结合、节水节地、农业废弃物资源化综合利用等，既可以单栋生产，也可串联成为规模化设施农业生产基地，主要种养结合模式包括畜禽/沼-菜、畜禽/沼-果、畜禽/沼-粮-菜等。迄今为止，人们对国内外不同类型设施农业生产缺乏综合比较分析，本案例以"五结合"生态温室和典型地区节能日光温室为代表，采用 LCA 方法对中国设施蔬菜生产的生态模式和常规模式进行环境评价，并与国外相关研究进行比较，探讨生态模式发展潜力及替代常规模式的可能性。

（一）研究对象和方法

1. 研究对象

本案例研究对象是河北省唐山市丰润区某农场"五结合"生态温室生产模式和山东省寿光市节能日光温室生产模式。唐山市丰润区位于东经 118°17′，北纬 39°83′，面积 1152.8km^2，属暖温带大陆性季风气候，年平均气温 10.8℃，年降雨量 710mm。寿光市位于山东省中部（118°44′~119°10′E，36°41′~37°19′N），面积 2180 km^2，年降雨量和平均气温分别是 593.8mm 和 12.5℃，属典型的大陆性季风气候。20 世纪 90 年代，寿光市开始大规模发展温室大棚蔬菜生产，1995 年被国家相关部门命名为"中国蔬菜之乡"，是中国设施蔬菜生产的典型区域。"五结合"生态温室和常规节能日光温室的相关参数和基本特性见表 12-8。

表 12-8　两种典型温室的基本参数和特性

比较要素	节能日光温室	"五结合"生态温室
组成结构	种植区、工房	前温室、后温室、沼气池、畜禽舍、蓄水池
基本参数	跨度 10m 左右，脊高 4.2~4.3m，地面下沉 0.3~0.5m，后墙底宽 3.5~4.5m，顶宽 1.0~1.5m	跨度 18m，东西长 100m，脊高 4.5m，前温室、后温室、畜禽舍各 1000m^2、500m^2、90m^2，沼气池和蓄水池各 50m^3 和 120m^3
土地利用情况	只能利用 32%~37% 的土地面积	土地利用率可以达到 72%~85%

续表

比较要素	节能日光温室	"五结合"生态温室
采光特性	充分利用直射光，散射光利用不充分，受光不匀	充分利用直射光和散射光，还能利用沼气增温补光，受光均匀
保温特性	被动吸收和存储太阳能升温保温	被动保温和利用沼气主动加温相结合
种养方式	单一种植模式	种养循环模式
农资投入	高投入，较高产出，潜在高污染	相对常规模式肥水药用量能降低50%～80%
产量和品质	可以获得高产，产品整齐度稍差	容易获得高产，而且品质较好
成本和效益	建设成本100～120元/m²，折旧+运营30元/(m²·a)，产投比(2.1～2.5):1	建设成本150～180元/m²，折旧+运营10元/(m²·a)，产投比(5～6):1

2. 研究方法

本研究采用生命周期评价方法（LCA）进行比较分析，完整的 LCA 由 4 个相互关联的部分组成，即目标和范围定义、清单分析、影响评价和结果解释。

(1) 目标和范围定义 唐山市丰润区某农场采用五位一体生态模式，种植子系统种植"番茄—芹菜"，养殖子系统则以育肥猪为主，通过沼气子系统将猪粪尿转换为沼渣、沼液供种植系统使用，沼气作为农场生产和生活用能，蓄水系统收集、净化、存储天然雨水供种植、养殖系统使用，整个温室通过沼气系统形成种养循环。设定该种养循环模式为模式1，同时以无沼气和养殖的"番茄—芹菜"单一种植模式作为模式2，用等量化肥 N 替代模式1的有机肥，根据作物预期产量和肥的需求量补充模式1和模式2的磷肥和钾肥的不足。另外，以寿光市典型模式（种植两茬番茄）为模式3。对三种模式每亩（1亩=667m²）的投入产出进行能耗和环境比较分析。功能单位是1t蔬菜产品，系统边界从农资生产到蔬菜种植、畜禽养殖，不包括温室建设，以及蔬菜、肉类运输到市场及消费者消费的过程。整个系统分成农资、农作及养殖三大子系统，其中养殖子系统仅存在于模式1。

(2) 清单分析 清单分析是对研究系统整个生命周期阶段能源消耗、污染物排放进行量化的过程。研究数据来源于实地调研和理论计算，其中模式1通过当地种植记录以及相关文献获取；模式2是在模式1的基础上除去沼气和养殖系统，通过实验测算确保肥、药和灌溉水投入完全一致；模式3是通过调研获得的数据，三种模式的投入产出见表12-9。

表12-9 三种模式亩均投入产出值

	类型	模式1	模式2	模式3
投入	玉米/kg	2856	0	0
	豆饼/kg	374.85	0	0
	麦麸/kg	285.6	0	0
	仔猪/kg	510	0	0
	人力/d	30	30	35
	种子/kg	0.31	0.31	0.02
	N/kg	0	35.34	20.71
	P_2O_5/kg	11.51	13.19	20.39
	K_2O/kg	39.77	44.14	17.98
	鸡粪/kg	0	0	1555.6
	农药/kg	0.03	0.03	0.19
	电力/(kW·h)	15.78	15.78	46
	水/m³	150①	150①	368
		24.9②	0	0
产出	番茄/t	6.04	6.04	10
	芹菜/t	5.48	5.48	0
	活体猪/kg	1190	0	0
	沼气/m³	1050	0	0

① 灌溉用水，模式1与模式2中灌溉用水有120m³来自搜集的自然降水。
② 养殖用水。

农资生产阶段的能源消耗和污染排放主要来自化肥、农药、电力等农资的生产，参考胡志远（2006）、梁龙（2009）等的研究成果加以计算。农作子系统的污染物排放主要来源于肥料使用中氮和磷肥的流失，重金属污染以及农药残留。根据樊兆博（2014）和 He（2009）的研究成果，化肥和有机肥混用 N 淋洗（$NO_3^- $-N）流失量占总施氮量的 22%，单用化肥则为 29.4%，氨挥发（NH_3-N）占氮肥投入的 1.9%，以氧化亚氮（N_2O-N）形式流失的氮为 0.98%。P 流失量取总磷的 1%，重金属残留采用梁龙（2009）的研究成果。进入空气、水体和土壤中的农药分别以使用量中有效成分的 10%、1%、43%来计算（Van 等，2004）。模式 1 中养殖子系统全部使用精饲料，其中玉米、豆饼、麦麸各占 70%、9%和 7%。由于其他成分含量较少而且缺乏相关资料，只计算玉米、豆饼和麦麸部分生产、加工和运输的潜在环境影响，并按照经济系数法计算猪粪尿所应承担的环境负荷比例。

(3) 影响评价　环境影响评价是根据清单分析与环境的相关性，鉴别系统的投入产出可能对自然资源、人体健康、生态健康产生的潜在影响的定量或定性的过程，包括分类、特征化、标准化、加权评估四个步骤。

① 分类和特征化　本研究仅考虑农产品生命周期中的能源和水资源消耗、气候变化、环境酸化、富营养化、人体毒性、水体毒性和土壤毒性 8 种潜在环境影响，同类污染物通过当量系数转换为参照物的环境影响潜力，各种环境影响潜值根据公式(12-1) 计算。

② 标准化和加权评估　采用 2010 年中国人均环境影响潜力作为环境影响基准值进行标准化处理，采用王明新设置的权重系数进行加权评估，标准化和加权后各模式的潜在环境影响总值根据公式(12-2) 计算。

（二）结果分析

1. 特征化结果

运用公式(12-1) 对表 12-9 中各因素潜在环境负荷的影响因子进行特征化，其结果见表 12-10。

(1) 能源消耗和气候变化　三种模式单位产品的能源消耗分别是 1900MJ、4120MJ 和 2610MJ，模式 2 和模式 3 中能源消耗分别是模式 1 的 2.17 倍和 1.37 倍。模式 1 中能源消耗主要来自农资和养殖两个子系统，各占 40.7%和 59.1%，分别源于农资生产及饲料生产和加工。模式 2 和模式 3 的能源消耗主要发生在农资子系统，接近 100%，主要源于农资生产。由于模式 2 中无机氮投入最多，因此该模式的能耗也最高。从气候变化潜力比较，模式 1 潜在影响最小，仅为 242 $kgCO_2$-eq，模式 2 和模式 3 为 456$kgCO_2$-eq 和 330$kgCO_2$-eq，分别为模式 1 的 1.88 倍和 1.36 倍。从各个环节所占比重来看，模式 1 养殖和农资两子系统分别占总温室气体排放的 64%和 30%，养殖主要源于饲料的生产和加工，农资主要源于磷肥和钾肥的生产和运输；而模式 2 和模式 3 农资分别占 96%和 93%，因为这两种模式中化肥氮是肥料投入的主体，而氮肥在生产过程中产生大量温室气体。

(2) 水资源消耗　模式 1～模式 3 单位产品的水资源消耗分别是 13.5m^3、13.8m^3 和

$37.5m^3$，水资源消耗在农作子系统均超过90%，可见农业耗水仍是我国水资源消耗的主体，农资和养殖系统水消耗源于农资生产和畜禽养殖耗水。模式3远远高于模式1和模式2，主要是因为模式3仍然采取传统的漫灌方式，而模式1、模式2则根据作物生长规律实施喷灌。另外，模式1、模式2中灌溉水有80%来源于蓄水池存储的自然降水，极大地缓解了地表和地下水资源压力。模式1沼肥替代化肥，减少了农资生产用水，故水资源消耗较模式2低。

表12-10 三种模式单位产品各项环境负荷指数特征化结果

项目	模式1				模式2			模式3		
	农资	养殖	农作	合计	农资	农作	合计	农资	农作	合计
能源消耗/MJ	7.71×10^2	1.12×10^3	4.82	1.90×10^3	4.12×10^3	5.53	4.12×10^3	2.61×10^2	8.57	2.61×10^3
水资源/m^3	2.78×10^{-1}	2.17×10^{-1}	1.30×10	1.35×10	8.13×10^{-1}	1.30×10	1.38×10	7.01×10^{-1}	3.68×10	3.75×10
气候变化/$kgCO_2$-eq	7.20×10	1.54×10^2	1.62×10	2.42×10^2	4.39×10^2	1.74×10	4.56×10^2	3.06×10^2	2.35×10	3.30×10^2
环境酸化/$kgSO_2$-eq	4.18×10^{-1}	8.66×10^{-1}	2.28	3.57	2.65	3.11	5.76	1.78	3.45	5.23
富营养化/$kgPO_4^{3-}$-eq	6.03×10^{-2}	1.78×10^{-1}	4.76×10^{-1}	7.14×10^{-1}	5.55×10^{-1}	6.37×10^{-1}	1.19	3.86×10^{-1}	8.74×10^{-1}	1.26
人体毒性/kg1,4-DCB-eq	2.93×10^{-2}	1.10×10^{-2}	9.76×10^{-2}	1.38×10^{-1}	3.36×10^{-2}	9.77×10^{-2}	1.31×10^{-1}	5.21×10^{-2}	5.32	5.37
水体毒性/kg1,4-DCB-eq	1.01×10^{-3}	2.63×10^{-4}	3.20×10^{-1}	3.21×10^{-1}	1.16×10^{-1}	3.20×10^{-1}	3.21×10^{-1}	1.79×10^{-1}	1.76×10^2	1.76×10^2
土壤毒性/kg1,4-DCB-eq	2.19×10^{-3}	3.12×10^{-4}	2.20×10^{-2}	2.45×10^{-2}	2.52×10^{-2}	2.20×10^{-2}	2.46×10^{-2}	3.90×10^{-3}	2.65	2.65

(3) 环境酸化和富营养化

三种模式单位产品的环境酸化潜力分别是 $3.57kgSO_2$-eq、$5.76kgSO_2$-eq 和 $5.23kgSO_2$-eq，模式2和模式3分别为模式1的1.61倍和1.45倍。从各子系统所占比例来看，模式1中农资、养殖和农作子系统所占比例分别是12%、24%和64%，农资和养殖子系统主要源于农资生产和饲料加工过程中产生的 SO_x 和 NO_x，农作子系统主要源于N肥的应用导致的 NH_3 挥发。模式2中农资和农作子系统各占46%和54%，模式3是34%和66%，主要是农资生产中产生的 SO_x 和 NO_x 以及农作子系统中 NH_3 挥发所致。

水体富营养化潜力三种模式依次是 $0.71kgPO_4^{3-}$-eq、$1.19kgPO_4^{3-}$-eq、$1.26kgPO_4^{3-}$-eq，模式2和模式3分别是模式1的1.67倍和1.76倍。从各子系统来看，模式1中养殖和农作子系统分别占25%和67%，养殖子系统主要是饲料生产加工中产生的 NO_x 和 NH_4^+ 所致，农作子系统N应用产生的 NO_3^- 和P肥的流失是重要原因。模式2农资和农作子系统分别占47%和53%，模式3则是31%和69%，主要原因是农资生产中产生的 NO_x、NH_4^+，以及农作系统中 NO_3^- 和P肥的流失。

(4) 潜在毒性影响 人体毒性的主要影响因素是重金属和农药残留。模式1和模式2以物理和生物防控为主，以微量杀菌剂为辅，因此其潜在人体、水体、土壤毒性都极低。相反，模式3投入的杀虫剂和杀菌剂分别高达7kg/hm^{2}和22kg/hm^2，使用品种大多是联苯菊酯、辛硫磷、百菌清、多菌灵等高残留农药，三种潜在毒性分别达到5.37kg 1,4-DCB-eq，176kg 1,4-DCB-eq、2.65kg 1,4-DCB-eq，因此农药的减量化、高效化是未来设施农业发展的目标之一。事实上，由于五位一体模式通过优化设计，具有更好的通风、采光效果，加上沼液和沼渣本身含生物农药成分，促使温室内病虫害极少，蔬菜产量和质量同步提升，而常规模式环境控制较差，易发病虫害，导致农药用量较大。

2. 标准化和加权评估

通过式(12-2)和式(12-3)进行标准化和加权评估，结果见表12-11和表12-12。在标准化结果中，三种模式潜在的富营养化指数最高，分别是0.188、0.313和0.332，这意味着单位产品的人均富营养化指数分别达到2010年中国人均负荷的18.8%、31.3%和33.2%；其次是环境酸化、气候变化、水资源消耗和能源消耗等。从单项指数来说，模式3的水体毒性高达36.4kg 1,4-DCB-eq，这意味着单位产品的潜在水体毒性超过中国人均环境负荷的36.4倍，潜在水体污染极为严重。

表12-11 三种模式单位产品标准化结果

影响类型	模式1	模式2	模式3	基准值/(人/年)	标准化结果 模式1	模式2	模式3
能源消耗/MJ	1.90×10^3	4.12×10^3	2.61×10^3	7.26×10^4	2.62×10^{-2}	5.67×10^{-2}	3.59×10^{-2}
水资源/m^3	1.35×10	1.38×10	3.75×10	4.52×10^2	2.99×10^{-2}	3.05×10^{-2}	8.30×10^{-2}
气候变化/kg CO$_2$-eq	2.42×10^2	4.56×10^2	3.30×10^2	7.86×10^3	3.08×10^{-2}	5.80×10^{-2}	4.20×10^{-2}
环境酸化/kg SO$_2$-eq	3.57	5.76	5.23	2.88×10	1.24×10^{-1}	2.00×10^{-1}	1.82×10^{-1}
富营养化/kg PO$_4$-eq	7.14×10^{-1}	1.19	1.26	3.80	1.88×10^{-1}	3.13×10^{-1}	3.32×10^{-1}
人体毒性/kg1,4-DCB-eq	1.38×10^{-1}	1.31×10^{-1}	5.37	1.97×10^{-2}	7.00×10^{-4}	6.64×10^{-4}	2.72×10^{-2}
水体毒性/kg1,4-DCB-eq	3.21×10^{-1}	3.21×10^{-1}	1.76×10^2	4.83	6.65×10^{-3}	6.65×10^{-3}	3.64×10
土壤毒性/kg1,4-DCB-eq	2.45×10^{-2}	2.46×10^{-2}	2.65	6.11	4.01×10^{-3}	4.03×10^{-3}	4.34×10^{-1}

加权是为了对整个系统各项潜在环境影响指数进行归一化，方便不同产品、系统的综合评价和比较。从表12-12可以看出，单位产品模式1~模式3的综合指数分别是0.059、0.093和4.13，这意味着单位产品的综合环境负荷分别是2010年中国人均环境总负荷的5.9%、9.3%和413%。模式3>模式2>模式1，模式3的综合环境影响指数为模式1的70倍，模式1相对模式3下降了98.6%。

表12-12 三种模式单位产品加权评估结果

环境影响	能源消耗	水资源	气候变化	环境酸化	富营养化	人体毒性	水体毒性	陆生毒性	总计
权重系数	1.50×10^{-1}	1.30×10^{-1}	1.20×10^{-1}	1.40×10^{-1}	1.20×10^{-1}	1.40×10^{-1}	1.10×10^{-1}	9.00×10^{-2}	1.00
模式1	3.93×10^{-3}	3.89×10^{-3}	3.70×10^{-3}	1.74×10^{-2}	2.26×10^{-2}	9.80×10^{-5}	7.32×10^{-3}	3.61×10^{-4}	5.92×10^{-2}
模式2	8.51×10^{-3}	3.97×10^{-3}	6.96×10^{-3}	2.80×10^{-2}	3.76×10^{-2}	9.30×10^{-5}	7.32×10^{-3}	3.63×10^{-4}	9.28×10^{-2}
模式3	5.39×10^{-3}	1.08×10^{-2}	5.04×10^{-3}	2.55×10^{-2}	3.98×10^{-2}	3.81×10^{-3}	4.00	3.91×10^{-2}	4.13

（三）讨论和结论

1. 讨论

近年来，国内对于种养结合"四位一体"生态温室研究较多，但与节能日光温室等常规模式进行环境影响系统比较的极少（Cheng等，2011；李金才等，2009；Wei等，2009；

Wu 等，2015）。本研究以"五结合"生态温室和节能日光温室为例，对生态模式和常规模式进行了比较分析，结果表明生态模式单位环境负荷综合指数降低了 98.6%，可见生态模式具有巨大的环境效益。当前，国外设施农业以加温的玻璃温室为主，因此欧美国家更注重节能减排，通过不断引入太阳能储热系统、PV 系统，采取高绝缘技术，加强对地热和生物质能的使用等方式来改进温室生产（Ntinas 等，2012，2014，2017）。但这些系统本身就需要运营 5 年才能收回成本，其潜在的环境负荷巨大，经济和环境瓶颈很难突破（Hassanien 和 Li，2016）。正因如此，国外也出现了生态温室模式，例如 Stoknes 等（2016）采用园林废弃物和生活垃圾作为沼气发酵原料，将沼气系统和温室一体设计，零距离循环，实现了环境和经济的双重目标。从各项环境指数来看，本研究中生态温室单位产品的能源消耗、水资源消耗、气候变化、潜在的环境酸化、富营养化、人体毒性、水体毒性和土壤毒性较常规模式分别降低了 30%～90%，综合指数降低 98.6%。Stoknes 等（2016）的生态模式与常规模式比较，单位产品温室气体排放和水资源消耗分别降低 95% 和 80%，有机废弃物 100% 利用。可见，生态模式与常规模式相比，其环境效益、生态效益和社会效益潜力巨大。

与国外设施农业相比，中国特有的节能日光温室具有自身的优势。以温室气体排放为例，欧美国家玻璃温室未加工番茄温室气体排放（以 CO_2-eq 计，下同）是 1.7～5.1kg/kg，有的高达 10.1kg/kg，拱棚番茄温室气体排放 0.24～0.51kg/kg，露地番茄在 0.1～0.5kg/kg 之间（Ntinas 等，2017；Dias 等，2016）。本研究中生态温室和节能温室气体排放分别是 0.24kg/kg 和 0.33kg/kg（表 12-13），属于低排放产品，这主要是因为中国节能日光温室充分利用太阳能升温保温生产，而欧美国家利用各种能源给温室加温。与国际同类生产模式比较（表 12-13），结果表明以寿光为代表的中国常规节能温室模式在能源消耗和温室气体减排两方面优势明显，但环境酸化、富营养化、水体毒性和土壤毒性等各项指数较国外有较大差距。除潜在环境酸化外，生态模式各项指数全面优于国外设施农业生产。因此，生态温室具有解决国内外设施农业生产面临的能源消耗、气候变化、富营养化、生态毒性等瓶颈性问题的潜力。

表 12-13　国内外设施农业中每吨番茄生产的各项环境指数

温室模式	能源消耗 /MJ	水资源 /m^3	气候变化 /$kgCO_2$-eq	环境酸化 /$kgSO_2$-eq	富营养化 /$kgPO_4^{3-}$-eq	人体毒性 /kg1,4-DCB-eq	水体毒性 /kg1,4-DCB-eq	土壤毒性 /kg1,4-DCB-eq	研究区域
生态温室	1900	13.5	242	3.57	0.71	0.14	0.32	0.02	中国
节能温室	2610	37.5	330	5.23	1.26	5.37	176	2.65	中国
玻璃温室	30860	14.1	1928	3.25	0.86				中欧
玻璃温室	28200		2020	3.40	1.37	275		4.2	法国
玻璃温室	15600	84.3	897	5.10	1.80				意大利
拱棚	4700		508	1.39	1.25	122		0.9	法国
拱棚	3144	28.8	202	0.94	0.50				南欧
拱棚	4000		250	1.00	0.49				西班牙
拱棚	16200	88.9	740	5.70	2.10	430.4	194.5	2.9	意大利

2. 结论

设施生产是世界农业生产的重要组成部分，中国设施蔬菜生产在做出巨大贡献的同时也存在较大的环境风险。本研究将种养结合的"五结合"生态温室与典型地区节能日光温室生产模式进行 LCA 分析，结果表明生态模式的能源和水资源消耗、气候变化、潜在环境酸化、富营养化和各种毒性指数全面优于常规模式，综合指数降低 98.6%。与国外同类生产模式比较，中国常规模式在能耗和温室气体减排方面优势明显，其他各项环境指数上还有较大差距，但生态模式各项指数全面优于或接近国外同类生产模式，具有极大的发展潜力和应用价值。

第二节　清洁生产

一、清洁生产的含义

1. 含义

清洁生产的定义在第五章已有论述，在此进一步论述清洁生产的含义。清洁生产的概念是在对"末端治理"的分析批判及寻找解决环境污染问题的新策略过程中诞生的。但是清洁生产在不同的地区和国家，在不同的时期有不同而相近的提法。如在欧洲，清洁生产被称为"少废无废工艺"和"无废生产"；在日本，清洁生产则被称为"无公害工艺"；在美国，则有"减废技术""污染预防"和"废料最小化"的提法。此外，还有"绿色工艺""绿色生产""生态工艺""环境无害工艺""环境友好工艺""预测和预防战略""避免污染战略""源削减""再循环"等说法。这些提法实质上就是清洁生产。但是，对于清洁生产不同的组织和机构有不同的定义，甚至同一组织和机构在不同的时期对清洁生产的定义也不同。

下面给出清洁生产 5 种不同但是相近的定义。

(1) 联合国环境署（UNEP）1989 年的定义　1989 年，联合国环境署巴黎工业与环境活动中心在总结各国工业污染防治概念和实践的基础上提出了清洁生产的名称，并在 1990 年英国坎特布里召开的第一次国家清洁生产高级研讨会上正式推出了清洁生产的定义：清洁生产是对工艺和产品不断运用综合性预防战略，以减少其对人体和环境的风险。对于生产工艺来说，清洁生产包括节约原材料和能源，消除有毒原材料，并在一切排放物和废弃物离开工艺之前，削减其数量和毒性；对于产品来说，战略重点是沿着产品的整个寿命周期，即从原材料获取到产品的最终处置，减少其各种不利影响。

(2) UNEP 1996 年的定义　1996 年，联合国环境署进一步把清洁生产的内涵从生产过程扩展到产品和服务上，提出了清洁生产的新定义：清洁生产是指将综合性预防战略持续地应用于生产过程、产品和服务中，以增加生态效率和减少对人类和环境的风险。对生产过程来说，要求节约原材料和能源，淘汰有害的原材料，减少和降低所有废弃物的数量和毒性；对产品来说，清洁生产是指降低产品全生命周期（包括从原材料的开采到寿命终结的处置）对环境的有害影响；对服务来说，要求将预防战略结合到环境设计和所提供的服务中。

(3)《可持续发展与中国 21 世纪议程》中的定义　清洁生产是指既满足人们的需要，又可合理地使用自然资源和能源，并保护环境的实用生产方法和措施。其实质是一种物料和能耗最少的人类生产活动的规划和管理，旨在将废弃物减量化、资源化和无害化或消灭在生产过程之中。同时对人体和环境无害的绿色产品的生产亦将随着可持续发展进程的深入而日益成为今后产品生产的主导方向。

(4)《中华人民共和国清洁生产促进法》的定义　该法的第二条规定："本法所称清洁生产，是指不断采取改进设计、使用清洁的能源和原料、采用先进的工艺技术与设备、改善管理、综合利用等措施，从源头削减污染，提高资源利用效率，减少或者避免生产、服务和产品使用过程中污染物的产生和排放，以减轻或者消除对人类健康和环境的危害。"

（5）其他定义和解释　我国有的学者根据我国长期以来的环境保护实践，认为清洁生产是以节能、降耗、减污、增效率为目标，以技术、管理为手段，通过对生产全过程的排污审核筛选并实施污染防治措施，以消除和减少工业生产对人类健康和生态环境的影响，从而达到防治工业污染、提高经济效益双重目的的综合性措施。这一概念是从清洁生产的目标、手段、方法和终极目的等方面阐述的，相比较而言较为具体、明确，易被企业和人们所接受。

从本质上来看，上述定义可以说是殊途同归，实际上讲的就是在生产过程中实现减量化、再利用、再循环。为了使读者对清洁生产的定义有更深刻的理解，表12-14对清洁生产和末端治理的效果做了比较。

表12-14　清洁生产和末端治理效果比较

项目	清洁生产	末端处理
污染控制方式	生产过程中控制，产品生命周期全过程控制	污染物排放前控制，污染物达标排放控制
污染物产生量	减少	无变化
污染物排放量	减少	通过治理后减少
污染物转移和二次污染的可能性	减少	增加
资源利用效率	增加	无显著变化
资源消耗量	减少	增加了治理过程的消耗
产品质量	改善	无变化
产品产量	增加	无变化
产品生产成本	降低	增加
经济效益	增加	减少
治理费用	减少	增加
治理效果	很好	在一定程度上减少
实施的主动性	积极主动	消极被动

2. 清洁生产的内容

清洁生产包括以下3个方面的内容。

（1）清洁能源　清洁能源是指：常规能源的清洁利用；可再生能源的利用；新能源的开发；各种节能技术的应用等。

（2）清洁的生产过程　清洁的生产过程是指：尽可能少用甚至不用有害的原材料；保证中间产品的无毒无害；尽量减少或者消除生产过程中的各种危险性因素，如高温、高压、低温、低压、易燃易爆、强噪声、强振动等；采用少废甚至无废的工艺；采用高效的设备；进行物料再循环；能量梯级使用；简便可靠的操作和优化控制；完善的科学量化管理等。

（3）清洁的产品　清洁的产品是指：节约原料和能源，少用昂贵和稀缺的原材料生产的产品；利用二次原料生产的产品；在使用过程中以及使用后不致危害人体健康和生态环境的产品；易于回收、重复使用和再生的产品；合理包装的产品；具有合理功能（包括节水、节电、降低噪声的功能）的产品；合理的使用寿命的产品；报废后易处置、易降解的产品。

推行清洁生产在于实现两个全过程控制：在微观层面上进行物料转化生产全过程的控

制,包括原材料的开采、运输、预处理、加工、成型、包装,产品的运输、销售、消费,以及废品处理等环节;在宏观层面上组织工业生产的全过程控制,包括资源和地域的评价、规划设计、组织、实施、运营管理、维护、改建、扩建、报废、处置以及效益评价等环节。这两个全过程控制可用工业生产过程周期十字架示意表示,见图12-1。

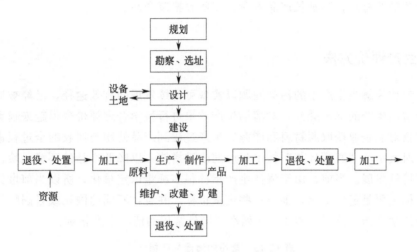

图12-1 工业生产过程生命周期十字架

二、清洁生产的原则

1. 原则

清洁生产主要遵循以下4个原则。

(1) 持续性原则 清洁生产是一个没有终极目标的活动,而不是一时的权宜之计,要求对产品和工艺持续不断地改进。所谓清洁是相对的,需要公众、企业和政府坚持不懈的努力。

(2) 预防性原则 清洁生产要求在产品的整个生命周期内,从原材料的获取,到生产、销售、消费和最终回收,实现全过程的污染预防。其方式主要是通过原材料替代、使用清洁能源、产品替代、工艺重新设计、管理改进等措施对污染物从源头上进行削减,而不是在污染物产生后再进行治理。

(3) 广泛性原则 清洁生产不应看作只是对企业的一种约束,而是要求生产活动所涉及的所有员工、消费者、相关利益者、社会公众和政府的普遍参与。

(4) 集成性原则 清洁生产的要求不只是"只见树木,不见森林",而是要求采用全局的观点和生命周期分析的方法来考虑整个产品生命周期对环境造成的影响,从更大的时间和空间跨度上寻求环境问题的解决方案。

2. 目的

清洁生产谋求达到以下两个目标。

(1) 通过资源的综合利用、短缺资源的替代、二次资源的利用以及节能、省料、节水,合理利用自然资源,减缓资源的耗竭。对于工业企业来说,应在生产和产品服务中,最大限度地做到:①尽量利用可再生能源;②利用清洁能源;③开发新的无污染能源;④尽量节省能源;⑤利用各种节能技术和措施;⑥节省原材料;⑦减少使用稀有原材料;⑧就地再循环;⑨异地再循环。

(2) 减少废料和污染物的生成和排放，促进工业产品的生产和使用与环境相容，把整个工业活动对人类和环境的危害降到最小。企业行为对环境危害的最小化要求其在生产和服务中，最大限度地做到：①采用少废和无废的生产技术和工艺；②减少有毒有害物质的使用；③减少生产过程中的危险因素；④使用可循环利用的包装材料；⑤合理包装产品；⑥采用可降解和易处置的原材料；⑦延长产品寿命；⑧回收报废产品。

三、清洁生产评价方法

清洁生产作为解决生产中的污染问题以实现可持续发展的有效途径，已经被普遍接受和认可。随着清洁生产的逐步展开，对清洁生产效果进行科学合理评价变得越来越重要。清洁生产评价是指对从企业获取原材料和能源、生产过程到产品使用与回收的全过程进行综合评价，并且针对其中的"瓶颈环节"提出相应的改进措施，以降低产品的环境风险，实现企业和社会的可持续发展。当前，由于清洁生产指标很多都难以定量化，所以当前世界上采用的清洁生产指标主要是定性指标，辅以一些定量指标。并且，不同的国家或者国际组织都构建了不同的清洁生产指标体系，表 12-15 列举了国外常用的清洁生产指标。

表 12-15 常用的清洁生产指标[①]

指标名称	内容简述	备注
生态指标（eco-indicator）	从生命周期评价的观点出发，将所排放的污染物质对环境的影响进行量化评估，并建立量化的生态指标（eco-indicator），共建立 100 个指标	由荷兰的废弃物再利用研究项目（National Reuse of Waste Research Program）完成
气候变化指标（climate change indicator）	污染物排放量，所选择的标准物质，包括 CO_2、CH_4、N_2O 的排放量以及氯氟烃（CFCs）、哈龙（halons）的使用量，以上均转换为 CO_2 当量。逐年记录以评估对气候变化的影响	由荷兰开发应用
环境绩效指标（environmental performance indicators，EPI）	针对铝冶炼业、油与气勘探与制造业、石油精炼、石化、造纸等行业，开发出能源指标、空气排放指标、废水排放指标、废弃物指标以及意外事故指标	挪威和荷兰环境保护局委托非营利机构欧盟绿色圆桌组织（European Green Table）开发
环境负荷因子（environmental load factor，ELF）	$ELF = \dfrac{废弃物质量}{产品质量}$ 产品质量：产品销售量	英国 ICI 公司开发
废弃物产生率（waste ratio，WR）	$WR = \dfrac{废弃物质量}{产品质量}$ 产出量：所有原副产品产量	
减废信息交换所（pollution prevention information clearinghouse，PPIC）	比较使用清洁生产工艺前后的废弃物产生量、原材料消耗量、用水量以及能源消耗量，来判断是否属于清洁生产（相对原来工艺而言）	美国国家环境保护局

① 资料来源：沈满洪等，2016。

清洁生产的内容包括清洁能源的使用、清洁的生产过程和清洁的产品 3 个方面，因此清洁生产的指标体系也应从上述 3 个方面来考虑，在每一层次下又细分出下一层次的指标体系。由于不同的国家、地区、行业和部门的差异，清洁生产的指标体系所适用的对象和范围也不相同，因而清洁生产的指标体系可以分为通用指标体系和特定指标体系。

四、清洁生产审核

1. 清洁生产审核的内涵

对清洁生产而言,最有效的污染预防措施是源头削减,即把污染消灭在"摇篮"中。掌握污染产生的原因是削减污染的基础,所以一旦明确污染产生的起源和原因,就能有的放矢地采取有效的措施实施污染预防,达到清洁生产的目的。清洁生产审核是从污染预防的角度对整个生产过程进行科学的核查与评估,发现问题所在。

清洁生产审核最早来自美国国家环境保护局的《废弃物最小化评价手册》,后来联合国环境规划署(UNEP)与联合国工业发展组织(UNIDO)又联合编写了《工业排放物及废弃物审计削减手册》。1993年起,我国接受世行贷款,在联合国环境规划署的帮助下,开展了清洁生产审核的试点工业,并以国家环保局的名义编写出版了《企业清洁生产审核手册》。国内外的清洁生产审核实践表明,推行清洁生产审核制度能起到推动清洁生产的作用。

2. 清洁生产审核的步骤

根据清洁生产审核的思路与要求,整个审核过程可以分为准备阶段、审核阶段、方案阶段和实施阶段。每个阶段又可以分为若干步骤,其逻辑关系如图12-2所示。

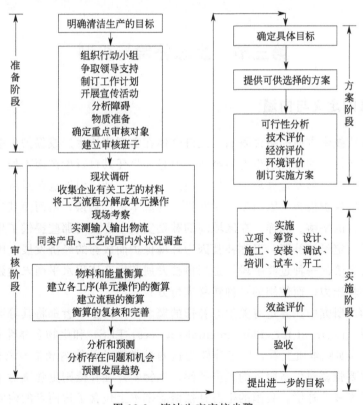

图 12-2 清洁生产审核步骤
(资料来源:沈满洪等,2016)

(1)准备阶段 首先是思想上的准备,通过宣传教育使企业的领导和职工对清洁生产有一个初步的、比较正确的认识,消除思想观念上的障碍,提高清洁生产意识;其次是组织上的准备，一定要取得企业最高层领导的支持和参与，组建清洁生产审核小组，制订审核工作计划，确定重点审核对象。

（2）审核阶段 通过对物料平衡的分析与评估，发现物料流失的环节，找出废弃物产生的原因，查找物料储运、生产运行、管理以及废弃物排放等方面存在的问题，并与国内外同类产品和同类工艺进行比较，弄清楚该企业所处的水平，提出可能改进的措施。

（3）方案阶段 本阶段就是研制、筛选和产生清洁生产方案的过程。根据审核的结果，制订审核重点的清洁生产方案，对产生的方案加以整理和初步筛选，剔除明显不现实的方案，对剩下来的方案进行可行性分析，并从中选择和推荐最佳的可行方案。

（4）实施阶段 本阶段的任务就是通过推荐方案的实施，促进企业的技术进步，获得显著的经济效益和环境效益。通过评估已实施的清洁生产方案的成果，激励企业推行清洁生产。工作的重点是总结已实施的清洁生产方案的成果，统筹规划推荐方案的实施。

经过清洁生产审核的4个阶段，使企业清洁生产上升到一个新的台阶。但是这并不意味着这项工作已经结束，而应该适时地提出新的目标，展开新一轮的推进清洁生产活动的努力。在不断推进的清洁生产活动中，广大企业职工的参与很重要，并最终决定清洁生产的成功与否。因此要将清洁生产培养成企业文化的组成部分，在广大职工亲身参与和努力中激发其满腔的热情，提高环保意识，使企业的清洁生产水平不断攀上新高。

第三节 生态补偿与机制

一、生态补偿的定义与内涵

由于受经济或技术方面的条件限制，经济个体在实现清洁生产或保护生态环境时，并不能同时实现其经济性，即常说的生态不经济。但是如果任其自行生产而不加以约束，又会出现经济不生态的情况。随着地球环境危机日益严重，要鼓励或引导这些经济个体在生产的同时采取一定的环境保护措施，因而就要对其投入的成本进行补偿，从而使其从成本核算上达到生态性与经济性的平衡。同样，在区域间的补偿实践中需要对那些提供了生态服务和环境保护的区域给予一定经济补偿，以弥补其因为环境保护而放弃的经济发展。因此，生态补偿是社会走向生态经济的一种过渡手段，是当科技发展和生产流程水平尚未达到生态经济程度时，为了缓解环境压力，而使用的一种转移支付方式。

目前相关学术研究中在界定有关生态补偿的概念时，许多学者都将其等同于国际上通用的环境服务付费（payment for environmental services，PES）和生物多样性补偿（biodiversity offset）。从其实践本质上看，生态补偿与这两种类型的补偿内涵都有着较大的相通性。生态服务付费主要强调对生态服务的经济补偿，生物多样性补偿则更强调对生物多样性和生态环境破坏后的恢复性补偿。我国的生态补偿概念基本上包含了这两者的内涵。

国际上对生态补偿或者生态环境服务付费概念的界定是比较严格并且狭义的。目前比较有影响的一个是由国际农发基金（IFAD）参与的生态环境服务付费与奖励山地穷人的行动研究项目RUPES界定的，另一个是由国际林业研究中心（CIFOR）界定的。这两者的概念都由几个条件构成，只有达到了条件要求才是生态环境付费，或称为生态补偿。

RUPES 在定义生态补偿时,要求其必须具备以下条件:①现实性,即现实情况中确实存在的因果关系;②自愿性,即补偿双方都充分知情而进行的自愿行为;③条件性,即补偿量是有办法监测的;④公平性,即补偿是有利于穷人的,补偿机制应公平配置资源,不损害穷人利益。国际林业研究中心在界定生态补偿概念时,要求其必须具备以下特点:①一种自愿的交易行为;②进行交易的"生态环境服务"需要明确界定;③具有交易双方,即生态服务的购买方和提供方;④付费情况只出现在提供了界定明确的生态环境服务时。

国内关于生态补偿的内涵有一个演进的过程,比较有代表性的概念如下(吴健等,2018)。20 世纪 90 年代前期,我国开始关注生态环境损害,生态补偿通常是生态环境加害者付出赔偿的代名词,即按照"污染者付费原则"补偿环境,消除对环境的负面影响。庄国泰等认为生态环境补偿是为损害生态环境而承担的一种责任,是减少对生态环境损害的经济刺激手段。20 世纪 90 年代中后期,生态补偿开始更多地强调生态服务受益者为生态服务建设者或提供者支付补偿,即"受益者支付原则",目的是激励正外部性而非仅仅弥补损失,最有代表性的是 20 世纪 90 年代末开始的退耕还林等大型生态补偿项目。毛显强等提出:生态补偿是通过对损害(或保护)资源环境的行为进行收费(或补偿),提高该行为的成本(或收益),从而激励损害(或保护)行为的主体减少(或增加)因其行为带来的外部不经济性(或外部经济性),达到保护资源目的的一种使外部成本内部化的环境经济手段。王金南等认为生态补偿的外延包括狭义、中义和广义三个层次。狭义的理解即指生态(环境)服务功能付费,对应国际主流的生态补偿概念。中义的理解是在生态(环境)服务功能付费的基础上,增加生态破坏恢复的内容,构成生态补偿政策的核心。广义的生态补偿泛指有利于生态环境保护的经济手段,不仅包括对生态环境成本内部化的手段,也包括与自然地域环境相关的区域协调发展政策。中国生态补偿机制与政策研究课题组提出:生态补偿是以保护和可持续利用生态系统服务为目的,以经济手段为主调节相关者利益关系的制度安排。目前较有共识的"生态补偿"的定义是:以保护生态环境、促进人与自然和谐为目的,根据生态系统服务价值、生态保护成本、发展机会成本,综合运用行政和市场手段,调整生态环境保护和建设相关各方之间利益关系的环境经济政策。

二、生态补偿理论与方法

(一)生态产品与服务及其公共产品特点

1. 生态产品

生态产品是指由环境和自然资源的自身发展机制而为人类提供的能为人类带来益处或可供人类消费的物品和服务。相对于整个生态系统来说,这些产品和服务都是无偿的。即便是部分资源产品被赋予价格,也是相对于人类社会来说的,是市场机制作用的结果。

根据物品(包括服务)在消费和使用过程中是否具有排他性和竞争性,可以把物品分为公共物品和私人物品。公共物品是公共经济学领域的核心研究内容,如果一种物品同时满足了效用的不可分割性、消费的非竞争性和受益的非排他性,就说该物品为纯粹的公共物品。沿用萨缪尔森(P. A. Samuelson,1954)关于"公共物品"的理论模型,可以用数学公式来严格地表述私人物品与公共物品的区别:

$$X_{私人物品} = \sum_{i=1}^{n} X_i (i = 1, 2, 3, \cdots, n)$$

$$X_{公共物品} = X_1 = X_2 = \cdots = X_n$$

由于私人物品具有排他性和竞争性，并且是可以分割的，所以私人物品的总量 X 等于每一个消费者所拥有或消费的该物品 X_i 的总和。相应地，由于公共物品具有消费的非排他性和非竞争性，并且一般不可分割，所以对于任何一个消费者而言，每个人所消费的公共物品的数量都与该公共物品的总量是一致的。

因此，生态产品的无偿使用性质在某种程度上使其也具有了公共物品的非竞争性与非排他性特征，在进行经济学分析时可以把其纳入公共物品范畴。

2. 生态产品的性质

公共物品具有两个重要性质，即非排他性和非竞争性。简单地说，非排他性是指公共物品在提供给某人进行消费时，它不能排斥其他人同时消费该物品。也就是说公共物品很难将付费与否作为消费权利的标准，因为对公共物品消费的付费很难进行，或者区分的成本比其消费成本更高。非竞争性是指公共物品在消费上不具有竞争的特性，即在公共物品的当前产出水平下，增加一单位的消费不会减少或不会影响其他人对该物品的消费水平。也就是说，对于消费者来说，公共产品的边际使用成本为零。这里之所以要强调在"当前的产出水平之下"，是因为公共物品也是具有承载力的，如果消费的水平超出了其承载极限，边际成本将不再为零，而是会急速增加甚至到无穷大。

生态产品在许多情况下就具有公共物品属性，例如水资源和空气资源的使用，由于它不具有分割性和排他性，相对每个人的消费价值来说其成本很低甚至为零。由于这两种资源具有流动性和地域间的连贯性，对其进行分割显然在技术上不具有可操作性。而期望对其使用进行收费或提高费用以排除或减少他人使用将受到巨大的阻力，执行成本高昂。同样，在一定的生态承载力下，生态产品的使用对每个人都是基本均等的，不会因为增加对其消费而降低其他人的消费水平，此即生态产品的有条件非竞争性。正是由于这两个性质，在人类经济发展过程中，很少有人关注到生态服务与生态产品的价值，只是当人类消费逐渐接近生态承载极限，生态产品开始表现出"竞争性"时才开始注意到生态服务价值问题。

（二）市场机制及其缺陷

1. 拥挤点是生态产品产出丰缺的拐点

对于生态产品来说，在一定的环境承载力下，非竞争性体现得比较明显。在近代以前，自然相对于人类来说是取之不尽用之不竭的，每个人对自然资源的使用并不会影响其他人对该资源的使用量，此时生态产品的产出或供给处于盈余状态。但随着消费人数的增加，以及经济发展过程中对自然资源使用范围的加宽和使用量的激增，使生态产品的产出水平开始显得相对有限。一方面，对于不可更新资源来说，人类使用量不断增加导致其过快地衰减；另一方面，对于可更新资源来说，经济规模扩张导致对其需求的增长速度远远高于资源本身的更新速度。此外，技术进步相对于需求增长来说还有所滞后。因此，当地球上某一生态产品的需求量逐渐达到了其总使用水平的拥挤点时就会出现供给不足的情况，此时的生态产品产出不能满足所有人的需求水平，出现了一定程度的短缺。如果任凭矛盾继续发展，使产出与需求间的缺口越来越大，并最终超出了生态物品供给的极限水平，则会导致供求关系的彻底崩溃。此外，生态产品的非排他性会使市场经济中"搭便车"行为的普遍存在，最终也会导致生态物品的供给短缺。因为每个经济主体都会在不付费的情况下尽可能多地消费物品，而不会顾及未来后果，当消费的数量不断上升而超过了自然供给能力或速度时，即达到或超过"拥挤点"，生态产品就会出现消费紧张甚至绝对数量减少的情况。

2. 边际成本变化特征

鉴于生态产品和服务供给的特点，其边际成本的变化也会遵循拥挤点的原则。在供给充足的条件下，每消费1单位生态物品所增加的成本几乎为零。随着消费量超过供给的拥挤点后，生态物品的产出增长速度跟不上消费量的增长，则边际消费成本就会开始逐渐增加并很快上升（如图12-3所示），如果超出了生态产品供给的极限水平，则成本会上升至无穷大。

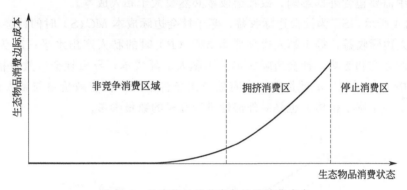

图12-3 生态物品的非竞争性及消费成本

概括来说，就是在生态服务与产品供给未达到拥挤点前，供大于求的状态使其使用时非排他或是低成本的，市场机制无法约束需求方的行为；而在接近或达到拥挤点后，生态产品与服务供给不足，使其与人们需求的关系日渐紧张，但供给边际成本的无限上升导致最终出现供求缺口不可弥补，则市场机制又无法通过价格杠杆调解。

（三）外部性问题

1. 外部性的经济学解释

外部性概念源自马歇尔（Marshall），他认为一种货物的生产规模扩大可以引发两类经济效率：外部经济和内部经济。其中，外部经济是由于该产业成长而带来的经济；内部经济则是由生产组织内部资源、组织和经营效率带来的经济。在此基础上，庇古（Pigou，1920）系统研究了外部性问题，提出了对于经济活动中出现的外部性问题必须依靠政府通过征税或补贴来解决，进而将外部性划分为：外部经济和外部不经济。之后萨缪尔森（P. A. Samuelson，1976）对"外部性"进行了清晰界定：外部性就是一个人的经济行为对另一个人福利所产生的效果（这种影响很可能是无意识的），而这种效果并没有从货币或市场交易中反映出来，即产生影响的一方并没有对被影响的一方进行补偿。当然，这种"效果"可以是好的（正外部性），也可以是不好的（负外部性），但出于人们对利益本身的追求，一般来说市场经济中所造成的负外部性往往要多于正外部性。

2. 生态产品的公共性质产生外部性

以自然资源与环境经济学理论中对外部性的讨论，因为与环境有关的外部性不论是正外部性还是负外部性都是公共物品性的。例如植树育林保护了森林而对当地及周围区域产生很强的正外部性，但造林当事人并没有为此而得到利益，这项投资所得的收益（木材）往往要在数年之后方能兑现，从而有正外部性的生态服务并不会在市场经济下自发形成。反之，企业排污会产生很强的负外部性，但如果没有政策约束其为此付费，则企业会得到由生态破坏而造成的额外利润，从而促进了负外部性的继续存在。这就是生态物品外部性所导致的市场失灵问题，即负外部性期望依靠经济主体自发解决是不可能的。

由于存在环境的影响（外部性），从而无法实现资源的社会有效配置。另外，私人在计算产出水平时只会考虑私人边际成本与私人边际收益相等，而不会考虑产品生产过程中的外部影响。但是，计算整个社会产品产出水平时，需要产品的社会边际成本与社会边际收益相等，由于其中需要包含外部影响，故社会成本必然要大于私人成本。

如图12-4所示，S^*为社会边际收益，等于社会边际成本$MC(S)$时的社会产品供给水平；S为私人边际收益，等于私人边际成本$MC(P)$时的私人产出水平；D为需求水平。由于外部性的存在和影响，社会边际成本大于私人边际成本，导致社会有效价格P_y^*大于竞争市场价格P_y。其中cd就是在社会有效产出条件下，社会有效价格与私人价格之间的差额，代表了一个影子价格，也是对外部性进行征税的数量参考。

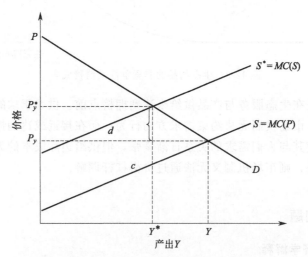

图12-4 具有外部负效应商品的私人利润最大化产量与社会有效产量

3. 付费方式可以减弱生态物品的外部性

根据外部性理论，如果产生外部性的一方对受到外部性影响的一方进行补偿，消除了影响，也就相应地解决了外部性的问题。由于生态物品的非排他性和非竞争性的性质，生产和生活中对生态环境造成的外部性影响很难找到明确的影响对象和影响范围来要求补偿，因此生态物品的外部性问题解决就显得更加复杂和困难。

政府作为公民代表和监管者，可以对该问题进行干预，目前比较流行的一种方法就是对影子价格部分征收污染税费，将外部性问题内部化。这种做法在全世界都比较普遍，例如对化石燃料所排放的大气污染物进行收费处理等。但从中央政府角度来看，由于各区域生态外部性问题的类别和水平程度各不相同，采取统一的内部化生态政策是比较困难的。因此，具体的外部性内部化生态政策应该由各地方政府根据区域情况而分别制定，即区域政府在内部化政策方面应处于主导地位，使其执行和监管效率都大大提高。

4. 区际的生态外部性问题

一旦外部性问题扩展到区域经济范畴就会产生所谓区际外部性，即一个区域的经济活动对其他区域产生影响，这种影响可能是正的也可能是负的。相关的区域经济理论最典型的是区域集聚（或回波）效应和区域扩散效应，就是区域经济的负外部性与正外部性的两种表现形式。简单地说，就是一个区域经济的充分发展会同时为其周围区域或落后区域的经济增长提供市场、就业、资金、技术等有利条件，但同时也可能会过分吸收其他区域的劳动力、资金等经济发展要素而阻碍其他区域的经济发展。另外，一个区域经济的高速增长所带来的污染、环境破坏与资源短缺压力也会转嫁到其他区域。一般来说，当区域对资源和市场的需求超出了区域边界的时候，或者当其发展的效应超出了区域边界的时候，才具有了外部性。这里，地理边界是一个关键，如果一个地区的环境变化、生态服务或"生态功能位"超过了边界也就出现了生态外部性，而这种区域经济活动对其周围区域的外部性影响是不受被影响区域所控制的。

如果把区际外部性理论外延到生态经济领域，不难发现生态问题也具有十分明显的区际外部性。首先，对于资源类生态物品来说，区域间产权的界定不清晰，在使用权限上区域间经常会出现利益冲突。比如水资源的使用区域间具有很强的竞争性，经常需要为确定使用权限而进行区域间的博弈和协调。而森林资源就更加具有特殊性，由于森林对于调节气候具有十分重要和不可替代的作用，因此森林所在的区域并不能随心所欲地自主进行任意开采，而是要将对周围区域气候的影响程度等外部性因素考虑在内，但是却会因此而放弃部分本区域的经济利益。其次，水及大气污染会在区域间进行转移和扩散，顺着河流的流向时常会发生上游污染下游，而大气污染则会随着气流运动方向在区际漫延。由于区际生态物品广泛存在外部性，因此生态经济政策需要区域间配合，单靠区域自身的力量进行治理污染是远远不够的。

不难从上述问题进行引申，进行区域生态保护则具有很强的正外部性。当一个区域对本区域内部的自然资源进行治理或保护时，其获得的生态优势不仅被本区域享用，同时也对其周围区域形成良好的生态影响。而相对于该区域所做的生态保护所投入的成本而言，显然其他区域属于一种"搭便车"行为，而这种行为又由于生态物品的公共属性无法控制和界定。因此，也就在很大程度上削弱了区域主动进行生态保护和环境恢复的积极性。这也就从另一个角度解释了外部性对生态经济政策效率的影响。

三、生态补偿支付原则

1. 污染者付费

"谁污染，谁治理，谁污染，谁付费"这一原则是最早进行生态破坏后补偿的主要原则，也是目前较为流行的补偿原则之一。例如征收环境治理税费时，都是向制造污染的企业收取，并作为财政转移支付补偿方式的主要资金来源。

2. 受益者付费

"谁受益，谁付费"原则是生态补偿发展到事前补偿时的主要原则，即在生态未破坏前，实施了生态措施以恢复和保护资源和环境的参与者由于向其他人提供了生态服务而应该得到回报，而这一部分回报就由生态受益者支付。

另外，按照补偿与生态建设的时间差，还可以分为事前补偿和事后补偿，即补偿是发生在生态破坏前还是破坏后。其实严格地说，还应该有事中补偿，即破坏与补偿同时进行。这种情况是比较常见的，因为经济发展伴随着生态破坏是不可避免的问题，也就必然涉及一边造成污染，一边进行治理恢复的情况。例如信贷性质的补偿，就是一边生产，一边监测，一边补偿的情况。

四、生态补偿交易方式

1. 财政性补偿

这是目前国际上最为普遍的生态补偿交易方式，主要运用于以政府为主导的生态补偿情况下。由于生态补偿仍然作为国家政府或区域政府的一项政策或制度实施，其补偿支付就需要由政府承担下来，以税收或付费的形式从生态受益区或因经济发展导致生态破坏的地区（如污染企业或矿山）提取上来，再以转移支付的方式发放到生态服务区和需要生态恢复重建区（植树造林或放弃经济发展机会）。对于全国性的生态补偿政策，其补偿款一般由中央政府支付，而区域内实施的生态补偿政策，则由区域政府承担。

2. 建立信贷补偿额度

这种方式主要用于补偿对象比较多，而且有明确的生态指标监测标准可供参考的情况下。也就是对某一生态指标建立信用额度，通过项目实施者的努力达到了预期的减排量，并被监测属实，则可以得到减排量的信用额度，这种信用可以通过减排交易制度售给排放污染物的企业或个人，从而获得因采取生态措施的报酬。例如美国的污染信贷交易以及澳大利亚土地的减盐信用和水分蒸发蒸腾信贷等都属此类。

3. 国际贸易补偿

主要是基于CDM项目的碳汇交易，部分发达国家签订了《京都议定书》。为了实现其温室气体减排量的承诺，这些发达国家一方面通过自身努力在国内减排，另一方面为了降低减排成本，通过向其他国家购买温室气体的"减排量"额度来完成。由于发展中国家没有减排任务，并且减排措施刚刚起步，只需要较低成本就可以实现部分减排，因此可以申请CDM委员会来认可获得"减排额度"，这种减排额度类似前面提到的信用额度，可以在国际温室气体减排市场进行交易，出售给需要购买"额度"的发达国家，从而获得报酬。

4. 直接补偿

一般在生态关联区域之间或者生态受益和服务关系十分明确的较小规模补偿实践可以通过直接补偿方式，形式可以多样。例如生态受益区为了保证周围区域提供的生态服务质量，可以通过协议直接帮助生态服务区治理污染，以提高水质和空气质量；也可以提供异地经济发展补偿其机会成本，或者按照提供的生态服务量直接付费等。

五、生态补偿机制及实施路径

生态补偿的基本机制是将环境外部性内部化。将经济活动中产生的环境外部性转为内部化是降低微观经济主体生产与消费环境成本的一条有效途径。内部化的方法总体来说可以分为制度型和准市场型两大类。

1. 制度路径（协商）

制度经济学的创始人、1991年诺贝尔经济学奖获得者、美国芝加哥大学教授罗纳德·哈里·科斯（Ronald H. Coase）在其经典论文《社会成本问题》中提出（Coase，1960），只要谈判成本可以忽略，受影响各方之间就可以通过谈判达到有效率的结果。产权的初始状况只是决定通过谈判获得净收益的分配，而不影响资源最好配置的状况，因为可以通过自由交换来实现资源最终的有效配置。这也就是通常所说的"科斯定理"用于外部性内部化的途径选择之一。交易成本是科斯理论的核心，在多数情况下科斯的交易成本指的是定价机制的运行成本，即市场运行成本。但实际上，"交易成本"可以是一个含义更为丰富的概念。广义的交易成本常被比喻为经济世界中的"摩擦力"，用以指称全部"社会经济制度的运行费用"。这其中包括协商谈判和履行协议所需的各种资源的使用，如制定谈判策略所需信息的成本、谈判所花的时间以及防止谈判各方欺骗行为的成本等（吴益芳，2016）。科斯定理可以有不同层次的表达，Felder（2001）将其视为一个定理组（罗必良，2017）。

科斯第一定理：权利的初始界定是重要的吗？如果交易成本等于零，回答是否定的。权利的任意配置可以无成本地得到直接相关产权主体的有效率的纠正。因此，从经济效率的角度看，权利的一种初始配置与另一种初始配置无异。

科斯第二定理：权利的初始界定是重要的吗？如果交易成本为正，回答是肯定的。当存在交易成本时，可交易权利的初始配置将影响权利的最终配置，也可能影响社会总体福利。由于交易成本为正，交易的代价很高，因此交易至多只能消除部分而不是全部与权利初始配置相关的社会福利损失。

科斯第三定理：当存在交易成本时，通过重新分配已界定权利所实现的福利改善，可能优于通过产权交易实现的福利改善。该定理假设政府能够近似估计并比较不同权利界定的福利影响，同时它还假定政府至少能公平、公正地界定权利。

值得注意的是，科斯定理与其说强调了在交易成本为零条件下效率与产权无关的结论，不如说是阐述了存在交易成本时产权制度是如何影响经济效率的。

科斯定理的核心含义是：第一，一旦交易成本大于零产权就是重要的；第二，不同的产权界定隐含的交易成本是不同的；第三，尽管可以选择不同的交易方式，但只能消除部分而不是全部与权利初始配置相关的社会福利损失（Coase，1988）。因交易成本为正，产权交易的代价会很高。如何降低交易成本呢？必须寻求交易成本相对较低的产权制度安排。也就是说，如果产权初始界定导致较高的交易成本，就应该重新界定产权。

科斯定理暗含了几个前提：第一，市场交易是有成本的；第二，行为主体的能力是不同质的，不同的产权主体使用同一资源的效率是有差异的；第三，产权应该界定给更有能力或者更有利于降低交易成本的主体，即科斯所说的"权利应该配置给那些能够最富有生产性地使用它们的人"，这样总福利才会最大化（科斯，1992）。所以，科斯的核心思想就是：关于稀缺要素的产权应该赋予或界定给更有能力的主体。这样，交易成本才可能由此降低，甚至省去交易，这就是他所关注的"生产的制度结构"。

根据科斯定理可知，如果区域内各种环境资源的产权都已被明确，则私人可以为了维护自己所拥有的权益而相互协商，从而达成一个各方都能够接受的污染水平和资源配置状态，降低整体外部性影响，或者受到损害的一方可以从污染一方得到相应补偿。

如图 12-5 所示，如果产权开始无界定，污染者不会为自己所带来的外部性负责，则他会选择边际收益等于零的生产水平，则污染达到 M_3。如果其他人拥有完全不受污染侵害的权利，则会选择污染边际成本等于零的水平，即污染为 M_1。但双方可就自己的收益标准在产权基础上进行协商，通过对受污染者的适当补偿（面积 a）来换得自己的污染排放，使污染水平处于 M_2，这样的协商结果对双方都有好处，也是有效率的。

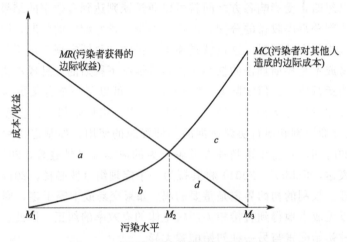

图 12-5 科斯定理解决外部性的协商过程

但是，科斯定理在对环境污染治理运用中所存在的弊端显而易见。一是环境资源的产权界定是科斯定理使用的重要前提，但某些环境产权（如大气和水资源）界定的成本十分高昂，而这种具有完全公共物品特点的环境资源，恰恰也是外部性体现较为明显的。二是许多拥有公共外部性的环境资源，往往是由一个私人生产部门所污染的，然而其外部性会影响周围很多人，并且很难识别出所有的影响相关方和影响程度。当协商参与者数量很多时协商成本就会提高，即存在很高的交易成本，那么科斯定理的前提不成立，也不会出现有效率的协商结果。

2. 准市场路径（庇古税）

20 世纪 20 年代，"福利经济学之父"庇古提出征收环境税（后被称为庇古税）的建议。他认为，企业生产排放的污染物无法在市场上自动消除，政府可采取行动以征税或收费的形式将污染成本加到造成污染的产品的价格上，这可以使企业根据各自的技术创新能力来选择纳税还是技术创新，每个经济主体便具有了更大的选择空间。

实际上，庇古税的方案可以归纳到利用调整相对价格来将外部性内部化的途径中来。也就是利用了市场力量来约束私人的污染水平，因此称之为"准市场"手段。税可以针对生产的投入原料进行征收，也可以针对排放的水平进行征收。目前国际上比较流行的都是后一种情况，也一直是经济学者提倡的控制污染的标准手段。通过征税的方式，可以在某种程度上消除由污染损害造成的私人价格与社会有效价格之间的差别，从而引导污染者将污染成本纳入私人成本，以影响生产决策，调整资源配置。从国家层面看，如果推行全国范围的污染性征税，也可以在某种程度上增加国家财政用于治理污染。但这种做法如果没有在全国范围内普遍实施，即区域间存在污染成本差异，则会导致工业化程度较高区域将污染性产业转移到相对落后区域，从而导致区域间的污染扩散。如果扩展到全世界范围，就是工业化国家向发展中国家进行产业转移的主要原因，也是国内污染成本外部化的表现。

同样运用价格机制来控制污染水平的方案就是污染削减补偿，也可以说这是"庇古税"引申出来的另一种将外部性内部化的途径。即对私人企业所减少的污染排放量付出的额外费用给予一定的补偿，减排越多得到的补贴也随之增加。补贴与征税本质上有一定的相似之处，即它们的短期政策效应作用原理都是一样的。因此，补贴政策的效用解释与征税原理相同，但由于两者的分配效应不同，其产生的长期影响具有一定差别。简单地说，由于补贴量和企业减排量成正比，则企业可以通过两种方式来人为增加减排量：一是扩大企业规模，通过增加原始排放量来提高减排量，但这种做法会抵消短期产生的污染削减量，甚至从长期看会提高排放总量；二是人为虚报初始排放量，以便在计算补贴时获得更为有利的结果，这对实际的污染减量效用没有起到任何作用，反而会无端增加政府开支。

六、生态补偿的实践与模式

1. 国际组织主导型

最具有国际性的生态补偿交易都是由国际组织积极倡导并提供补偿办法而实现的。这种生态补偿往往需要参与国家的合作并且认真执行。例如联合国发起的清洁发展机制（Clean Development Mechanism，CDM）是由各国联合签订《京都议定书》确定的实现全球温室气体排放目标的一种灵活补偿机制，它赋予一国的碳排放额度交易性的特点，通过允许其买卖而达到全球减排的目标。

另外，欧盟的补偿性农业政策也属于此类，欧盟通过制定生态农业作业政策以恢复农田生产力，是补偿的主导者。欧盟各国都按照此政策框架，根据本国实际情况分别制定执行方案，规定监测标准，对于以生态方式进行农业景观项目建设的农民，只要达到标准即给予资金补偿。

2. 国家中央政府主导型

中央政府主导型生态补偿是最为常见的补偿形式。严格意义上说，基本上所有的生态补偿都离不开一国中央政府的支持。对于国际型补偿，如果国家政府没有合作的意愿则不可能开展起来，而补偿的实施与执行更需要中央政府的努力才能够实现。对于国内生态补偿，国家政府要充当政策制定者与执行监督者双重角色。不论是区域间补偿还是私人个体补偿，都需要中央政府在宏观上提供一个补偿交易的框架和标准。而对于跨区域以及纯公益性质的生态补偿，则需要中央政府提供财政支持或直接实施补偿。

3. 区域主导型

当区域间存在明确的生态环境和资源相关性时，相关的区域称为生态关联区域，则生态受益区与生态服务区之间较容易形成以区域主导型为主的补偿关系。流域生态补偿以及经济发展区域对周围地区造成的环境损害补偿都属此类。

区域间补偿关系可以分为间接补偿和直接补偿两种。对于较大规模的流域生态补偿问题，同属一个流域内的处于下游的区域为了获得质量高而稳定的水源，可以通过帮助上游地区的企业和居民处理污水（纽约市与其上游地区的补偿形式）或补偿其为保证水质而付出的机会成本（我国目前正在实践的异地开发模式），从而形成对上游区域提供生态资源的间接补偿。对于规模较小的区域补偿，则可以通过直接计算引入水量，再支付提供水源地区一定的费用（我国许多县域地区使用的补偿方法）。这种直接补偿方式实施简单，支付明确，较适于村镇间区域生态补偿。

4. 民间机构的生态补偿基金

当生态补偿建立合理框架和标准后，许多国家则考虑将其引入市场机制，从而确保其有效运行。生态管理性质的民间组织最初也是由国家支持并提供资金的，但形成具有一定规模的生态补偿基金后，就可以通过市场机制有效运转起来。南美许多国家在这一方面实践得很有特色，由于这些国家的森林等资源有着明确的产权，所以比较容易运用生态补偿基金的形式，例如厄瓜多尔的流域水保基金以及哥斯达黎加森林生态环境效益基金等。

第四节 生态教育及政策

一、生态教育的概念

生态教育就以生态哲学整体论的世界观和方法论为指导，从教育理论和教育实践两方面入手全面优化教育生态，从而构建一种先进的、科学的、高效的、优质的教育环境，确保学生、教师和学校三方共赢。生态教育是可持续发展的重要基础，生态意识和生态道德的形成，依赖于生态教育体系的建立和生态教育的全面展开。环境教育是生态教育的一个部分，生态教育的目的是改变人类中心主义的生态伦理观，从而倡导人与自然和谐共处的生态伦理观。

二、生态教育的兴起与发展

第二次世界大战以来，世界各国不受限制地迅速发展生产，为人类社会带来了负面影响——环境污染、生态破坏、自然资源面临枯竭等。世界环境问题的日益突出，向教育提出了新的挑战。1949 年，国际保护自然和自然资源联合会（IUCN）成立了专门的教育委员会，这意味着人类已经开始注意到教育对环境保护所起的作用，并开始利用生态教育来增进人类的环境意识，使全人类共同关心和保护自己赖以生存的环境。20 世纪 60 年代生态教育在发达国家开始受到重视，1965 年在德国基尔大学召开了一次教育大会，会上人们对环境教育做了专门讨论，提出了环境教育理论、尝试环境教育实践的一些构想。20 世纪 70 年代以来国际环境教育蓬勃发展，1970 年美国成立了全国环境教育协会（EENA），在世界率先倡导开展国家级环境教育。1972 年在瑞典首都斯德哥尔摩召开的联合国人类环境会议上，联合国教科文组织（UNSCO）和联合国环境规划署（UNEP）发起并拟订了国际环境教育方案（IEEP），标志着全球现代生态教育的开始。1975年在贝尔格莱德召开的国际环境教育会议，通过了《贝尔格莱德宪章：环境教育的全球纲领》；1977年在苏联格鲁吉亚共和国的第比利斯召开了首届政府间环境教育会议，发表了《第比利斯环境教育宣言》。这两次会议将国际环境教育引向深入，世界各地的环境教育活动高涨起来。1987年在莫斯科召开了国际环境教育与培训会议，会议倡导20世纪90年代是国际环境教育的10年。1992年，世界环境与发展大会在巴西的里约热内卢召开，会议通过的《21世纪议程》指出：教育是促进可持续发展和提高人们解决环境与发展问题能力的关键，基础教育是环境与发展教育的支柱。环境与发展大会之后，又在加拿大的多伦多召开了国际环境教育与发展会议，会议强调对环境教育要重新定向，以适应可持续发展的要求，增强公众环境意识并推广环境教育培训。

现代生态教育的新动向是生态教育面向可持续发展，将可持续发展、人口问题与资源环境问题纳入生态教育的体系内容中，这是国际生态教育在可持续背景下的新发展。

三、生态教育体系建设的内容

（一）生态教育体系建设的基本原则

1. 终身教育原则

生态环境是人们周围的客观存在物。作为自然的人，人们的出生、生长、成熟、衰老和死亡的整个生命过程都在客观的生态环境中进行。人的生命离不开生态环境，在生命的过程中人们不断地接触和认识绚丽多彩的自然界。这就需要人们活到老学到老，在生命的过程中探索和总结与自然和谐共处的方法。

2. 全民教育原则

生态环境在客观上是联系的，是运动的。一个国家生态环境破坏的后果，将由全世界所有国家一起来承担；一个人对生态环境造成的破坏，也将由所有的人来一起承担。所以，无论身处何方，不论是来自农村还是城市，人们都应该接受生态教育，都应该形成保护地球母亲的生态意识。

3. 分阶段实施原则

国民教育是生态教育的主要阵地之一，从农村到城市，从雪山大漠到天涯海角，从白山黑水到彩云之南，全国已经形成了比较完善的国民教育网络体系。针对不同年龄阶段学生的认知能力循序渐进地进行环境保护、绿色生态意识的灌输，不仅符合学生的实际情况，而且能够形成持续的教育效果。

4. 区别对待，因势利导原则

区别对待包括两方面的含义：一是生态教育对不同学历层次的人群应该进行不同的教育；二是生态教育应该针对农村和城镇不同地域采取不同教学内容和方式。

（二）生态教育体系的基本内容

生态教育既是终身教育又是一项全民教育，根据我国的实际情况，为实现生态教育的全面性目标，应该从学校生态教育和社会生态教育两个方面来构建具有我国特色的生态教育体系。

1. 学校生态教育

（1）幼教阶段　在幼儿阶段进行生态启蒙教育，教育者应利用喜闻乐见的形式让孩子感受花草树木、鸟兽鱼虫的可亲可爱，使他们从小养成亲近自然、热爱自然的良好习惯，为日后进一步认识自然打下基础。

（2）学校教育阶段　少儿阶段（初等教育）实施普遍性生态教育，可在自然、地理、化学、生物、政治等课程中加进与保护生态环境相关的内容，让他们了解自然界形成和演化的一些常识性知识，把握自然的基本规律。结合乡土教育，适当地让学生到大自然中去，体会大自然的意蕴和力量。江苏省无锡市第九中学在生物课的教学中，通过野外观察和采风引导学生全面地、历史地、发展地看待家乡生态状况，激发同学们通过自己的实际行动来保护家乡的生态环境，收到了较好的效果。

（3）高等教育阶段　因其直接承担向社会输送人才的重任，受教育者的生态意识状况将影响到他们走出校门后对待生态环境的态度，因此这一阶段的生态教育应具有理论性、系统性，要从哲学、伦理、美学等多学科角度阐发生态环境与人类生存和发展的内在联系，从而使受过高等教育的人能够深刻理解尊重自然、保护自然的意义和价值。应加强在校本科学生生态教育类课程的设置，《生态学》《人类生态学》等基础课程应该作为公共基础课开设，为不同背景、不同层次的在校学生提供丰富多彩的生态教育。

鼓励各级学校成立生态学习小组、绿色论坛和绿色社团等学生团体组织，组织专家、学者指导各团体的活动，形成专家带头，学生自我管理、自觉学习的生态教育模式。

2. 社会生态教育

（1）家庭生态教育　家庭是社会的基本细胞，也是个人形成生态意识重要的微环境，家庭是实施生态教育的理想场所，从节水、节能、养花种草、关心家庭环境等身边小事入手，通过家长的示范和引导形成孩子最初的生态意识。

（2）岗位生态教育　在市场经济条件下，企业对生产效益的追求和对环境的保护往往是一对矛盾体。通过国家有关法律法规，强化生态环境保护意识在企业领导、企业骨干管理人员心目中的地位，通过他们的守法行动影响、教育企业在岗职工。对违反有关法规、无视环境破坏的企业行为给予严肃处理，同时大力宣传、鼓励在环境保护、维护生态平衡等方面做出突出贡献的企业和个人，给予他们更好的竞争环境和政策倾斜，促进企业、个人的环境保护行为由被动向主动转变。

（3）社区生态教育　社区是现代社会生活的基本单元，是进行生态教育的重要基地。当前，我国的主要城镇、农村都建立了相应的社区网络，应该利用社区在管理、组织方面的有利条件，借助墙报、宣传栏、广播等媒介，通过举行社区主题活动等进行社区居民的生态教育。

（4）大众生态教育　传播媒体具有强大的舆论导向和制约作用，利用这一工具进行广泛的生态意识教育是行之有效的，对危害环境的行为给予揭露、批评，对科学合理利用自然的做法进行宣传，对有效保护生态、利国利民的业绩加以颂扬，在全社会形成一种良好的舆论氛围。各级政府及其职能部门应在生态教育中起到带头作用，利用"植树节""地球日""爱鸟周"等特殊时段，举办大型知识问答、主题义务劳动等，形成全民动手维护秀美山川的大好局面。利用生态旅游、环保旅游等新兴旅游形式寓教于游，拓展生态教育的广阔空间。

3. 城市生态教育与农村生态教育齐抓共进

城市和农村是社会经济发展形成的两种地域经济综合体。由于所处环境不同，人类利用自然的方式不同，人类行为对城市环境和农村环境造成的破坏也是不同的。城市应该以面临的环境问题作为生态教育的生动教科书，充分利用城市"信息中枢"的优势开展生态教育活动。农村特别是中西部农村经济条件差，科学技术、信息落后，生存环境较为恶劣。在农村地区进行生态教育应该结合当地情况，把生态学知识与农民的生产生活结合起来，利用自然界的有关规律和新兴科学技术为农民增收、农村致富和农业发展贡献力量，通过"三农"问题的改善和解决带动农村地区生态教育活动的全面开展。

四、生态教育体系建设的保障措施

（一）生态意识上升为全球意识

从生态伦理学的角度理解人类有两个家园，一个是他的祖国，另一个就是地球。对于一个国家来说，除了加强环境立法，用法制手段保护环境外，必须把生态意识上升为一种民族意识，否则环境立法只会成为一纸空文，流于形式。同时，由于地球——人类生态系统是一个完全开放系统，整个生物圈、大气圈、水圈、岩石圈都在不停地进行物质循环，任何一个国家生态危机都会威胁整个"智慧圈"的安危，因此生态意识又必须上升到一种全球意识。只有每一位公民深刻地认识到这一点，并且朝着这一方向努力，生态教育才能真正落到实处。

（二）加大生态教育事业的投入

生态环境教育是一个庞大的系统工程，它不仅涵盖面广，包括城市和农村地域，而且教育周期长，是一项全民教育和终身教育。一方面需要加大对生态教育的资金投入，完善各级教育体系和城乡教育网络；另一方面，需要加大对专业人才的培养力度，建设一批生态教育的重点课程、重点专业、重点教材和重点培训中心。

（三）继承优良传统，吸收国外先进经验

我国的生态教育自古有之，老子曾提出过"道法自然"的世界观和方法论，而"天人合一"的思想也浸透在几千年华夏文明的书卷之中。这一方面要求我们珍视五千年来的文明成果，总结和继承先辈与自然和谐共处的经验；另一方面，我们也要放下千年文明古国的架子，认真汲取西方国家生态环境教育的精髓。

（四）加快生态教育相关立法工作

生态教育是一项长期性、复杂性的工作，涉及面广，持续时间长。在生态教育的过程中需要强有力的法律、法规作为支撑，可通过鲜明的赏罚事件在社会上营造崇尚生态环境保护

的浓厚氛围，以促进生态教育的顺利实施。

【复习思考题】

一、名词解释
1. 生命周期评价
2. 功能单位
3. 清洁生产
4. 生态补偿
5. 生态产品
6. 庇古税
7. 科斯定理
8. 交易成本
9. 生态教育

二、简答题
1. 简述清洁生产与末端治理的区别。
2. 简述清洁生产审核的基本步骤。
3. 简述庇古税的作用及其局限性。
4. 简述污染削减补偿与庇古税的区别。
5. 简述生态教育的主要内容。

三、论述题
1. 试论述生命周期评价的基本方法与步骤及意义。
2. 试论述生态补偿的原理、原则、交易方式与机制。
3. 试论述科斯定理在生态补偿实践中的应用及其局限性，并举例说明。

参 考 文 献

[1] Ahmad Y J, Serafy S E, et al. Environmental Accounting for Sustainable Development[C]//UNEP. World Bank Symposium, 1989.

[2] Albinsson P A, Perera B Y. Alternative Marketplaces in the 21st Century: Building Community Through Sharing Events[J]. Journal of Consumer Behaviour, 2012, 11(4): 303-315.

[3] Altieri M A. The Ecological Role of Biodiversity in Agroecosystems[J]. Agriculture, Ecosystems and Environment, 1999, 74(1/3): 19-31.

[4] Asman W A H, Sutton M A, Schjorring J K. Ammonia: Emission, Atmospheric Transport and Deposition[J]. New Phytol, 1998, 139: 27-48.

[5] Bardhi F, Eckhardt G M. Access-Based Consumption: The Case of Car Sharing[J]. Journal of Consumer Research, 2012, 39(04): 881-898.

[6] Belk R. Sharing Versus Pseudo-Sharing in Web2. 0[J]. Anthropologist, 2014, 18(01): 7-23.

[7] Belk R. You are What You Can Access: Sharing and Collaborative Consumption Online[J]. Journal of Business Research, 2014, 67(08): 1595-1600.

[8] Benoit S, Baker T, et al. A Triadic Framework for Collaborative Consumption (CC): Motives, Activities and Resources & Capabilities of Actors[J]. Journal of Business Research, 2017, 79(10): 219-227.

[9] Botsman R, Rogers R. What's mine is yours: How Collaborative Consumption is Changing the Way We Live [M]. London: Harper Collins, 2011.

[10] Botsman R, Rogers R. What's mine is yours: The Rise of Collaborative Consumption[M]. New York: Harper Collins, 2010.

[11] Buczynski B. Sharing is Good: How to Save Money, Time and Resources Through Collaborative Consumption [M]. Gabriola Island: New Society Publishers, 2013.

[12] Chen F, Zhang J. Analysis on Capitalization Accounting of Travel Value—a Case Study of' Jiuzhaigou Scenic Spot[J]. Journal of Nanjing University: Natural science edition, 2001, 37(3): 296-303.

[13] Chen Y F. Cost Method-Method a Practical Assessment of Forest Recreation Value[J]. Ecological economy, 1996, (3): 27-31.

[14] Cheng C. Natural Landscape Valuation in China, Research Center for Eco-Environmental Sciences[D]. Beijing: Chinese Academy of Sciences, 2013.

[15] Cheng S, Li Z, Shi H J, et al. A field study on acceptability of 4-in-1 biogas systems in Liaoning Province, China. Energy Procedia, 2011, 5(1): 1382-1387.

[16] Coase R. The Firm, The Market and The Law[M]. Chicago: The University of Chicago Press, 1988.

[17] Coase R. The Problem of Social Cost[J]. Journal of Law and Economics, 1960, 3: 1-44.

[18] Conway G R. The properties of Agroecosystem[J]. Agricultural systems, 1987(4): 95-117.

[19] Costanza R, d'Arge R, de Groot R, et al. The Value of the World's Ecosystem Services and Natural Capital[J]. Nature, 1997, 387(15): 253-260.

[20] Costanza R, Daly H E, Bartholomew J A. Goals. Agenda, and Policy Recommendations for Ecological Economics [C]. Ecological Economics: The science and Management of Sustainability. New York: Columbia University Press, 1991.

[21] Costanza R. Model Goodness of Fit—A Multiple Resolution Procedure[J]. Ecological Modelling, 1989, 47(3-4): 199-215.

[22] Dias G M, Ayer N W, Khosla S, et al. Life Cycle Perspectives on the Sustainability of Ontario Greenhouse Tomato Production: Benchmarking and Improvement Opportunities [J]. Journal of Cleaner Production, 2016, 140: 831-839.

[23] Eigenraam M, Joselito C, Jessica H. Land and Ecosystem Services: Measurement and Accounting in Practice [R]. Ottawa: 18th Meeting of the London Group on Environmental Accounting, 2012.

[24] Falkenmark M. Coping with Water Scarcity under Rapid Population Growth [J]. Conference of SADCM in Ister, Pretoria, 1995: 23-24.

[25] FAO. Carbon Sequestration Options under the Clean Development Mechanism to Address Land Degradation [R]. Rome: World Soil Resources Reports 92, 2000.

[26] Felder J. Coase Theorems 1-2-3 [J]. American Economist, 2001, 45 (1): 54-61.

[27] Folke C, Jansson A, Larsson J, et al. Ecosystem Appropriation by Cities [J]. Ambio A Journal of the Human Environment, 1997, 26 (3): 167-172.

[28] Galli A, Wiedmannb T, Ercinc E, et al. Integrating Ecological, Carbon and Water Footprint into a "Footprint Family" of Indicators: Definition and Role in Tracking Human Pressure on the Planet [J]. Ecological Indicators, 2012, 16: 100-112.

[29] Gao M X, Li J P, Xu J. National Economic Accounting Theory and Practice in China [R]. Beijing: Renmin University of China Press, 2012.

[30] Gary S, Andrew O, Mark E, et al. Creating Physical Environmental Asset Accounts from Markets for Ecosystem Conservation [J]. Ecological Economics, 2012, (82): 1-140.

[31] Gaynor J D, Findlay W I. Soil and Phosphorus Loss from Conservation and Conventional Tillage in Corn Production [J]. Journal of Environmental Quality, 1995, 24: 734-741.

[32] Goulding K W T, Bailey N J, Bradbury N J, et al. Nitrogen Deposition and Its Contribution to Nitrogen Cycling and Associated Soil Processes [J]. New Phytol, 1998, 139: 49-58.

[33] Gouyon A. Rewarding the Upland Poor for Environmental Services: A Review of Initiatives from Developed Countries [R]. Bogor. Indonesia: South-east Asia Regional Office, World Agroforestry Centre (ICRAF), 2003.

[34] Guizhou statistical yearbook 2011 [M]. Beijing: China Statistics Press, 2011.

[35] Hartl B, Hofmann E, Kirchler E. Do We Need Rules for "What's Mine is Yours"? Governance in Collaborative Consumption Communities [J]. Journal of Business Research, 2015, 69 (08): 2756-2763.

[36] Hassanien R H E, Li M, Lin W D. Advanced Applications of Solar Energy in Agricultural Greenhouses [J]. Renewable & Sustainable Energy Reviews, 2016, 54: 989-1001.

[37] He F, Jiang R, Chen Q. Nitrous Oxide Emissions from an Intensively Managed Greenhouse Vegetable Cropping System in Northern China [J]. Environmental Pollution, 2009, 157 (5): 1666-1672.

[38] Heinrichs H. Sharing Economy: A Potential New Pathway to Sustainability [J]. GAIA-Ecological Perspectives for Science and Society, 2013, 22 (04): 228-231.

[39] Herridge D F, Peoples M B, Boddey R M. Global Inputs of Biological Nitrogen Fixation in Agricultural Systems [J]. Plant and Soil, 2008, 311 (2): 1-18.

[40] Hoekstra A Y. The Sustainability of a Single Activity, Production Process or Product [J]. Ecological Indicators, 2015, 57: 82-84.

[41] Hoekstra A Y, Chapagain A K, Aldaya M M, et al. The Water Footprint Assessment Manual: Setting the Global Standard [M]. Oxford, UK: Earthscan, 2011.

[42] Hoekstra A Y, Chapagain A K. Globalization of The Water: Sharing the Planet's Freshwater Resources [M]. Oxford, UK: Wiley-Blackwell Press, 2008.

[43] Hoekstra A Y, Mekonnen M M, Chapagain A K. Global Monthly Water Scarcity: Blue Water Footprints Versus Blue Water Availability [J]. PLoS One, 2012, 7 (2): e32688.

[44] Hoekstra A Y. Human Appropriation of Natural Capital: A Comparison of Ecological Footprint and Water Footprint Analysis [J]. Ecological Economics, 2009, 68: 1963-1974.

[45] Hoekstra A Y. Virtual Water Trade: Proceedings of the International Expert Meeting on Virtual Water Rrade [M]. Delft: IHE, 2003.

[46] Huijbregts M A J, Steinmann Z J N, Elshout P M F, et al. ReCiPe2016: A Harmonised Life Cycle Impact Assessment Method at Midpoint and Endpoint Level [J]. The International Journal of Life Cycle Assessment, 2017, 22 (2): 138-147.

[47] Huijbregts M A J, Thissen U, Guinee J B, et al. Priority Assessment of Toxic Substances in Life Cycle Assessment. Part Ⅰ: Calculation of Toxicity Potentials for 181 Substances with the Nested Multi-Media Fate, Exposure and Effects Model USES-LCA [J]. Chemosphere, 2000, 41: 541-573.

[48] Huijbregts M A J. Normalisation in Product Life Cycle Assessment: An LCA of the Global and European Economic Systems in the year 2000 [J]. Science of the Total Environment, 2008, 390: 227-240.

[49] IPCC. 2006 IPCC Guidelines for National Greenhouse Gas Inventories Volume 2 [M]. Japan: the Institute for Global Environment Strategies, 2006: 2-150.

[50] IPCC. 2007 IPCC AR4, IPCC Fourth Assessment Report [R]. 2007.

[51] Lamberton C P, Rose R L. When is Ours better than Mine? A Framework for Understanding and Altering Participation in Commercial Sharing Systems [J]. Journal of Marketing, 2012, 76 (04): 109-125.

[52] Leach A, Galloway J N, Bleeker A, et al. A Nitrogen Footprint Model to Help Consumers Understand Their Role in Nitrogen Losses to the Environment [J]. Environmental Development, 2012, 1: 40-66.

[53] Li N, Pan W. Using Travel Cost Interval Analysis to Evaluate the Recreational Benefits of Shennongjia Nature Reserve [J]. Ecological economy, 2010, (1): 35-41.

[54] Li X Y. Evaluation of Recreation Value of Canus Scenes Tourism Resources [J]. Forest Resources Management, 2010, 4: 88-92.

[55] Liang L, Lal R, Ridoutt B G, et al. Life Cycle Assessment of China's Agroecosystems [J]. Ecological Indicators, 2018, 88: 341-350.

[56] Liu X H. The Theoretic Improvement and Its Application of CVM in the Valuation of Qixinghe Wetland Services [J]. Ecological economy, 2007, (2): 317-320.

[57] LY/T 1721—2008.

[58] Martin C J. The Sharing Economy: A Pathway to Sustainability or A Nightmarish Form of Neoliberal Capitalism? [J]. Ecological Economics, 2016, 121: 149-159.

[59] Mendes I. Travel and On Site Recreation Time: An Empirical Approach to Value the Recreation Benefits of Peneda-Gerês National Park. Lisbon [J]. IATUR's 2002 Conference, 2002.

[60] Milanova V, Maas P. Sharing Intangibles: Uncovering Individual Motives for Engagement in a Sharing Service Setting [J]. Journal of Business Research, 2017, 75 (06): 159-171.

[61] Ntinas G K, Fragos V P, Nikita-Martzopoulou C. Thermal Analysis of a Hybrid Solar Energy Saving System Inside a Greenhouse [J]. Energy Conversion & Management, 2014, 81: 428-439.

[62] Ntinas G K, Morichovitis Z, Nikita-Martzopoulou C. The Influence of a Hybrid Solar Energy Saving System on the Growth and the Yield of Tomato Crop in Greenhouses [J]. Acta Horticulturae, 2012, 952: 723-729.

[63] Ntinas G K, Neumair M, Tsadilas C D, et al. Carbon Footprint and Cumulative Energy Demand of Greenhouse and Open-Field Tomato Cultivation Systems under Southern and Central European Climatic Conditions [J]. Journal of Cleaner Production, 2017, 142 (4): 3617-3626.

[64] Ouyang Z Y, Zhao T Q, Zhao J Z, et al. Ecological Regulation Services of Hainan Island Ecosystem and Their Valuation [J]. Chinese Journal of Applied Ecology, 2004, 15 (8): 1395-1402.

[65] Ozanne J, Ozanne L. Innovative Community Exchange Systems: Grassroots Social Experiments in Sustainability [J]. Advances in Consumer Research, 2011, 39: 65-68.

[66] Ozanne L K, Ballantine P W. Sharing as a Form of Anticonsumption? An Examination of Toy Library Users [J]. Journal of Consumer Behaviour, 2010, 9 (06): 485-498.

[67] Prothero A, Dobscha S, Freund J, et al. Sustainable Consumption: Opportunities for Consumer Research and Public Policy [J]. Journal of Public Policy & Marketing, 2011, 30 (01): 31-38.

[68] Richter C, Kraus S, Syrj P. The Shareconomy as a Precursor for Digital Entrepreneurship Business Models [J]. International Journal of Entrepreneurship & Small Business, 2015, 25 (01): 18.

[69] Ridoutt B G, Pfister S. A Revised Approach to Water Footprinting to Make Transparent the Impacts of Consumption and Production on Global Freshwater Scarcity [J]. Global Environmental Change, 2010, 20: 113-120.

[70] Rockström J, Falkenmark M, Karlberg L, et al. Future Water Availability for Global Food Production: The Potential of Green Water for Increasing Resilience to Global Change [J]. Water Resources Research, 2009, 45: 1-16.

[71] Roos D, Hahn R. Does Shared Consumption Affect Consumers' Values, Attitudes, and Norms? A Panel Study [J]. Journal of Business Research, 2017, 77: 113-123.

[72] Seegebarth B, Peyer M, Balderjahn I, et al. The Sustainability Roots of Anticonsumption Lifestyles and Initial Insights Regarding Their Effects on Consumers' Well-Being [J]. Journal of Consumer Affairs, 2015, 50 (01): 68-99.

[73] Stoknes K, Scholwin F, Krzesiński W, et al. Efficiency of a Novel "Food to Waste to Food" System Including Anaerobic Digestion of Food Waste and Cultivation of Vegetables on Digestate in a Bubble-Insulated Greenhouse [J]. Waste Management, 2016, 56: 466-476.

[74] European Commission, Oraganization for Economic Co-Operation and Development, LInited Nations, World Bank.

[75] System of Environmental-Economic Accounting 2012: Experimental Ecosystem Accounting [Z]. 2013.

[76] TEEB. Mainstreaming the Economics of Nature: A Synthesis of the Approach [R]. Conclusions and Recommendations of TEEB, 2010.

[77] UNEP. The Environment Management of Industrial Estates, Industry and Environment [R]. Paris, 1997.

[78] Van Calker K J, Berentsen P B M, De Boer I M J, et al. An LP-Model to Analyze Economic and Ecological Sustainability on Dutch Dairy Farms: Model Presentation and Application for Experimental Farm "de Marke" [J]. Agricultural Systems, 2004, 82 (2): 139-160.

[79] Vuuren D P V, Smeets E M W, Kruijf H A M D. The Ecological Footprint of Benin, Bhutan, Costa Rica and the Netherlands [J]. RIVM-Report (Netherlands), 1999, 34 (1): 115-130.

[80] Wackernagel M, Onisto L, Bello P, et al. National Natural Capital Accounting with the Ecological Footprint Concept [J]. Ecological Economics, 1999, 29 (3): 375-390.

[81] Wackernagel M, Rees W. Our Ecological Footprint: Reducing Human Impact on the Earth [M]. Philadelphia: New Society Publishers, 1996.

[82] Wackernagel M, Ress W. Perceptual and Structural Barriers to Investing in Natural Capital: Economics from an Ecological Footprint Perspective [J]. Ecological Economics, 197, 20 (1): 3-24.

[83] Wang Y B, Wu P T, Engel B A, et al. Application of Water Footprint Combined with a Unified Virtual Crop Pattern to Evaluate Crop Water Productivity in Grain Production in China [J]. Science of the Total Environment, 2014, 497-498: 1-9.

[84] Wang Y P, Shang C J, Hao Z B, et al. Research on Disaster Prevention and Mitigation Based on Water Conservancy in Guizhou Province [J]. China Rural Water and Hydropower, 2013, (3): 103-106.

[85] Water Resources Bulletin in Guizhou Province 2010 [R]. Department of Water Resources of Guizhou Province, 2010.

[86] Wei X M, Chen B, Qu Y H et al. Emergy Analysis for 'Four in One' Peach Production System in Beijing [J]. Communications in Nonlinear Science and Numerical Simulation, 2009, 14 (3): 946-958.

[87] West T O, Marland G. A Synthesis of Carbon Sequestration, Carbon Emissions, and Net Carbon Flux in Agriculture: Comparing Tillage Practices in the United States [J]. Agriculture, Ecosystems and Environment, 2002, (91): 217-232.

[88] Wu X, Wu F, Tong X, et al. Emergy and Greenhouse Gas Assessment of a Sustainable, Integrated Agricultural Model (SIAM) for Plant, Animal and Biogas Production: Analysis of the Ecological Recycle of Wastes

[J]. Resources, Conservation and Recycling, 2015, 96: 40-50.

[89] Zarate E. WFN Grey Water Footprint Working Group Final Report: A Joint Study Developed by WFN Partners [R]. Enschede, Netherlands: Water Footprint Network, 2010.

[90] Zeng Z, Liu J G. Historical Trend of Grey Water Footprint of Beijing, China [J]. Journal of Natural Resources, 2013, 28 (7): 1169-1178.

[91] Zhang X L, Ma L, Lu X Z, et al. Research on the Evaluation Method of Recreation Value: A Case Study of Fengyangshan National Nature Reserve [J]. China Population, Resources and Environment, 2011, 21 (3): 213-216.

[92] Zhao T Q, Ouyang Z Y, Jia L Q, et al. Ecosystem Services and Their Valuation of China Grassland [J]. Acta Ecological Sinica, 2004, 24 (6): 1101-1110.

[93] Zoumides C, Bruggeman A, Hadjikakou M, et al. Policy-Relevant Indicators for Semi-Arid Nations: The Water Footprint of Crop Production and Supply Utilization of Cyprus [J]. Ecological Indicators, 2014, 43: 205-214.

[94] 白艳莹,王效科,欧阳志云,等.苏锡常地区生态足迹分析 [J].资源科学, 2003, 25 (6): 31-37.

[95] 布朗著.B模式：拯救地球延续文明 [M].林自新,暴永宁等译.北京：东方出版社, 2003.

[96] 蔡斯.共享经济：重构未来商业新模式 [M].王芮译.杭州：浙江人民出版社, 2015.

[97] 曹国良,张小曳,王亚强,等.中国区域农田秸秆露天焚烧排放量的估算 [J].科学通报, 2007, 52 (15): 1826-1831.

[98] 陈冬冬.生态足迹的农业生态代价评估方法 [D].北京：中国农业大学, 2008: 56-77.

[99] 陈耀邦.可持续发展战略读本 [M].北京：中国计划出版社, 1996.

[100] 成程.全国自然景观价值评估 [D].北京：中国科学院生态环境研究中心, 2013.

[101] Common M, Stagl S. 生态经济学引论 [M].金志农,余发新,吴伟萍等译.北京：高等教育出版社, 2012.

[102] 戴利,埃利森.新生态经济：使环境保护有利可图的探索 [M].郑晓光,刘晓生译.上海：上海科技教育出版社, 2005.

[103] 戴利,法利著.生态经济学：原理和应用（第二版）[M].金志农,陈美球,蔡海生等译.北京：中国人民大学出版社, 2014.

[104] 戴圣鹏.经济文明视域中的生态文明建设 [J].人文杂志, 2020 (6): 1-8.

[105] 戴星翼,俞厚未,董梅.生态服务的价值实现 [M].北京：科学出版社, 2005.

[106] 邓南圣,王小兵.生命周期评价 [M].北京：化学工业出版社, 2003: 134-149.

[107] 丁举贵,等.农业生态经济学 [M].郑州：河南人民出版社, 1988.

[108] 董成惠.共享经济：理论与现实 [J].广东财经大学学报, 2016 (5): 4-15.

[109] 樊兆博.滴灌和漫灌施肥栽培体系下设施番茄产量的水氮利用效率的评价 [D].北京：中国农业大学, 2014.

[110] 范晓晖,朱兆良.旱地土壤中的硝化-反硝化作用 [J].土壤通报, 2002, 33 (5): 385-391.

[111] 付明亮,丁焰,尹航,等.实际作业工况下农用拖拉机的排放特性 [J].农业工程学报, 2013, 29 (6): 42-48.

[112] 付晓,吴钢,尚文艳,等.辽宁省朝阳市农业生态经济系统能值分析 [J].生态学杂志, 2005, 24 (8): 902-906.

[113] 傅国华,许能锐.生态经济学 [M].第2版.北京：经济科学出版社, 2014.

[114] 高敏雪.从国民经济核算到环境经济核算 [J].成人高教学刊, 2003 (3): 26-28.

[115] 谷保静.人类-自然耦合系统氮循环研究——中国案例 [D].杭州：浙江大学, 2011.

[116] 郭慧光,马丕京,刘富兴.生物资源的可持续开发利用 [J].生态经济, 2000 (04): 29-32.

[117] 国家环境保护总局自然生态保护司.全国规模化畜禽养殖业污染情况调查及防治对策 [M].北京：中国环境科学出版社, 2000: 14-103.

[118] 韩青海,张耀辉.我国水资源利用与经济的可持续发展 [J].国土与自然资源研究, 1998 (01): 35-38.

[119] 贺明华,梁晓蓓.共享经济研究述评与未来展望 [J].电子政务, 2018 (4): 49-65.

[120] 亨特布尔格·弗里德希著.人类需要多大的世界：MIPS——生态经济的有效尺度 [M].吴晓东,翁端译.北京：清华大学出版社, 2003.

[121] 胡宝清,严志强,廖赤眉.区域生态经济学理论、方法与实践 [M].北京：中国环境科学出版社, 2005.

[122] 胡保生,王浣尘,朱楚珠,等.关于我国总人口目标的确定 [J].人口与经济, 1981 (05): 15-18.

[123] 胡志远. 车用生物柴油生命周期评价及多目标优化 [D]. 上海：同济大学, 2006.
[124] 环保部重启绿色 GDP 研究 [J]. 城市问题, 2015 (4)： 100-101.
[125] 江爱良, 孙鸿良. 农业经济生态学与农业综合发展研究的几个问题 [J]. 中国农业科学, 1984 (03)： 92-96.
[126] 江苏省连云港市委调研组. 生态优先, 绿色发展, 美丽乡村建设的生动实践——基于浙江安吉、平湖的调研报告 [J]. 江苏农村经济, 2017 (8)： 32-35.
[127] 姜学民等. 生态经济学概论 [M]. 武汉：湖北人民出版社, 1985.
[128] 靳乐山, 李小云, 左停. 生态环境服务付费的国际经验及其对中国的启示 [J]. 生态经济, 2007 (12)： 156-158, 163.
[129] 科斯. 论生产的制度结构 [J]. 银温泉译. 经济社会体制比较, 1992 (3)： 56-60.
[130] Kulshreshtha A C, 何静. 环境经济核算体系——联合国的建议及亚洲国家的实践 [C]. 建立中国绿色国民经济核算体系国际研讨会, 2004.
[131] 蓝盛芳, 钦佩, 陆宏芳. 生态经济系统能值分析 [M]. 北京：化学工业出版社, 2002.
[132] 雷明. 资源—经济一体化核算研究（Ⅰ）——整体架构、连接帐户设计 [J]. 系统工程理论与实践, 1996, 16 (9)： 42-50, 63.
[133] 雷毅. 阿伦·奈斯的深层生态学思想 [J]. 世界哲学, 2010 (4)： 20-29.
[134] 雷毅. 深层生态学研究 [D]. 北京：清华大学, 1999.
[135] 李波, 张俊飚, 李海鹏. 中国农业碳排放时空特征及影响因素分解 [J]. 资源与环境, 2011, (8)： 80-86.
[136] 李金才, 邱建军, 任天志 等. 北方"四位一体"生态农业模式功能与效益分析研究 [J]. 中国农业资源与区划, 2009, 30 (3)： 46-50.
[137] 李瑾. 畜产品消费转型与生产调控问题研究 [M]. 北京：中国农业科学技术出版社, 2010： 176-188.
[138] 李克让. 土地利用变化和温室气体净排放与陆地生态系统碳循环 [M]. 北京：气象出版社, 2002： 261.
[139] 李雷, 赵先德, 简兆权. 网络环境下平台企业的运营策略研究 [J]. 管理科学学报, 2016 (3)： 15-33.
[140] 李若璋. 关于农林业协调发展的立体生态模式的探讨 [J]. 河南财经学院学报, 1987 (2)： 56-58.
[141] 李书田, 金继运. 中国不同区域农田养分输入、输出与平衡 [J]. 中国农业科学, 2011, 44 (20)： 4207-4229.
[142] 李小平, 何乃维, 论区域生态经济要素的合理配置 [J]. 中国农村观察, 1988 (4)： 64.
[143] 李新艳, 李恒鹏. 中国大气 NH_3 和 NO_x 排放的时空分布特征 [J]. 中国环境科学, 2012, 32 (1)： 37-42.
[144] 联合国, 欧洲委员会, 国际货币基金组织, 经济合作与发展组织, 世界银行, 国民核算手册：环境经济综合核算, 2003 [M]. 丁言强, 王艳军译. 北京：中国经济出版社, 2004.
[145] 梁龙. 基于 LCA 的循环农业环境影响评价方法探讨与实证研究 [D]. 北京：中国农业大学, 2009.
[146] 梁山, 赵金龙, 葛文光. 生态经济学 [M]. 北京：中国物价出版社, 2002.
[147] 廖茂林. 共谋全球生态文明建设之路的理论认知及实践路径 [J]. 企业经济, 2020, 39 (7)： 131-137.
[148] 林日强, 宋丹丽. 广东省作物秸秆的利用现状及问题 [J]. 土壤与环境, 2002, 11 (1)： 110-111.
[149] 刘光启. 农业速查速算手册：中 [M]. 北京：化学工业出版社, 2008： 20-196.
[150] 刘凯强, 范和生. 可及型消费：共享经济范式下群体消费逻辑演进的分析框架 [J]. 学习与实践, 2018 (11)： 14-24.
[151] 刘培哲, 等. 可持续发展与中国 21 世纪议程 [M]. 北京：气象出版社, 2001.
[152] 刘奕, 夏杰长. 共享经济理论与政策研究动态 [J]. 经济学动态, 2016 (4)： 116-125.
[153] 卢风, 曹孟勤, 陈杨. 生态文明新时代的新哲学 [M]. 北京：中国社会科学出版社, 2019.
[154] 卢风. 非物质经济、文化与生态文明 [M]. 北京：中国社会科学出版社, 2016.
[155] 卢永根, 骆世明, 中国农业发展的生态合理化方向 [J]. 世界科技研究与发展, 1999, 21 (2)： 1-4.
[156] 罗必良. 科斯定理：反思与拓展——兼论中国农地流转制度改革与选择 [J]. 经济研究, 2017 (11)： 178-193.
[157] 吕海霞. 森林土壤反硝化潜力及产物构成的地域性变异规律 [D]. 重庆：西南大学, 2011.
[158] 吕永龙, 王一超, 苑晶晶, 等. 关于中国推进实施可持续发展目标的若干思考 [J]. 中国人口·资源与环境, 2018, 28 (1)： 1-9.
[159] 马广文, 香宝, 银山, 等. 长江流域农业区非点源氮的平衡变化及其区域性差异 [J]. 环境科学研究, 2009, 22 (2)： 132-137.
[160] 马化腾, 等. 分享经济：供给侧改革的新经济方案 [M]. 北京：中信出版社, 2016.

[161] 马克思恩格斯全集：第23卷［M］．中共中央马克思　恩格斯　列宁　斯大林著作编译局译．北京：人民出版社，1979.

[162] 马世骏,王如松．社会-经济-自然复合生态系统［J］．生态学报，1984，(01)：1-9.

[163] 麦吉本·比尔．幸福经济：从"更多"到"更好"［M］．林丽冠译．海口：南海出版公司，2010.

[164] 毛如柏．论循环经济［M］．北京：经济科学出版社，2003.

[165] 毛显强,钟瑜,张胜．生态补偿的理论探讨［J］．中国人口·资源与环境，2002，12（4）：40-43.

[166] 聂华林,高新才,杨建国．发展生态经济学导论［M］．北京：中国社会科学出版社，2006.

[167] 萨缪尔森·保罗,诺德豪斯·威廉著．经济学［M］．萧琛主译,北京：人民邮电出版社，2008.

[168] 尚杰．农业生态经济学［M］．北京：中国农业出版社，2000.

[169] 申曙光,宝贡敏,蒋和平．生态文明——文明的未来［J］．浙江社会科学，1994（1）：49-53.

[170] 沈满洪,高登奎,王颖．生态经济学［M］．第2版．北京：中国环境出版社，2016.

[171] 时正新．农田生态经济平衡的基本原则［J］．生态经济，1985（02）：5-7.

[172] 时正新．农业生态经济学研究方法简介［J］．科学·经济·社会，1984（02）：65-66.

[173] 世界环境与发展委员会．我们共同的未来［M］．王之佳,柯金良,译．长春：吉林人民出版社，1997.

[174] 宋逸群,王玉海．共享经济的缘起、界定与影响［J］．教学与研究，2016（9）：29-36.

[175] 唐建荣．生态经济学［M］．北京：化学工业出版社，2005.

[176] 唐咸正．马克思的经济细胞学及其现实意义［J］．学习与探索，1982（6）：67-74.

[177] 滕藤,郑玉歆．可持续发展的理念、制度与政策［M］．北京：社会科学文献出版社，2004.

[178] 滕藤．中国可持续发展研究［M］．北京：经济管理出版社，2000.

[179] 田贺忠,郝吉明,陆永琪,等．中国氮氧化物排放清单及分布特征［J］．中国环境科学，2001，21（6）：493-497.

[180] 佟建明．饲料配方手册［M］．北京：中国农业大学出版社，2007：35-400.

[181] 欧阳志云,王如松,符贵南．生态位适宜度模型及其在土地利用适宜性评价中的应用［J］．生态学报，1996（02）：113-120.

[182] 欧阳志云,朱春全,杨广斌,等．生态系统生产总值核算：概念、核算方法与案例研究

[183] 汪琼．一种生物中心主义的环境伦理学体系——从泰勒的《尊重自然》一书看其环境伦理学思想［J］．浙江学刊，2001（02）：31-34.

[184] 汪旭晖,张其林．平台型电商声誉的构建：平台企业和平台卖家价值共创视角［J］．中国工业经济，2017（11）：174-192.

[185] 王芳,黎夏．农作物生物质能的遥感估算——以广东省为例［J］．自然资源学报，2006，21（6）：870-878.

[186] 王金南,万军,张惠远．关于我国生态补偿机制与政策的几点认识［J］．环境保护，2006（19）：24-28.

[187] 王立彦．环境成本核算与环境会计体系［J］．经济科学，1998（6）：53-63.

[188] 王明新,包永红,吴文良,等．华北平原冬小麦生命周期环境影响评价［J］．农业环境科学学报，2006，25（005）：1127-1132.

[189] 王明新．华北高产粮区农业水、氮调控途径与管理政策研究——以山东省桓台县为例［D］．北京：中国农业大学，2006.

[190] 王明新,包永红,吴文良,等．华北平原冬小麦生命周期环境影响评价［J］．农业环境科学学报，2006，2500（005）：1127-1132.

[191] 王少彬,苏维瀚．中国地区氧化亚氮排放量及其变化的估算［J］．环境科学，1993，14（3）：42-46.

[192] 王寿兵,吴峰,刘晶茹．产业生态学［M］．北京：化学工业出版社，2006.

[193] 王寿兵．中国复杂工业产品生命周期生态评价［D］．上海：复旦大学，1999：34-89.

[194] 王水莲,李志刚,杜莹莹．共享经济平台价值创造过程模型研究——以滴滴、爱彼迎和抖音为例［J］．管理评论，2019，31（7）：45-55.

[195] 王松霈．生态经济学［M］．西安：陕西人民教育出版社，2003.

[196] 闻大中．强化农业的生态管理促进我国农业的持续发展［J］．资源生态环境网络研究动态，1993，4（4）：20-24.

[197] 吴季松．循环经济［M］．北京：北京出版社，2002.

[198] 吴健,郭雅楠．生态补偿：概念演进、辨析与几点思考［J］．环境保护，2018（05）：51-55.

[199] 吴明红,严耕.新时代中国的生态文明建设:进展、挑战与展望 [J].学术前沿,2019 (8): 100-103.
[200] 吴益芳.从法经济学到法伦理学——"科斯定理"到"波斯纳定理"的伦理演变 [J].齐鲁学刊,2016 (5): 94-98.
[201] 吴涌文.劳动价值论的跃迁:能量价值论(上/下)[J].探索,2004(1-2):78-81,72-76.[J].生态学报,2013,33 (21): 6747-6761.
[202] 夏晓烨."生物圈 2 号"——人类的梦想?[J].世界科学,1999 (10): 36-37.
[203] 徐道一.《周易》与当代自然科学 [M].广州:广东教育出版社,1995.
[204] 徐中民,张志强,程国栋.生态经济学理论方法与应用 [M].郑州:黄河水利出版社,2003.
[205] 许涤新.生态经济学 [M].杭州:浙江人民出版社,1987.
[206] 严茂超.生态经济学新论 [M].北京:中国致公出版社,2001.
[207] 阳镇,许英杰.共享经济背景下的可持续性消费:范式变迁与推进路径 [J].社会科学,2019 (7): 43-54.
[208] 杨建新.产品生命周期评价方法及应用 [M].北京:气象出版社,2002: 105-115.
[209] 杨晟乐.旅游经济带动的县域新型城镇化发展路径研究——以浙江安吉为例 [J].建筑与文化,2019 (5): 108-109.
[210] 杨印生,林伟.不同玉米种植模式的环境影响评价研究——基于 LCA [J].农机化研究,2015,000 (012): 1-6.
[211] 杨月欣.中国食物成分表 2004:第二册 [M].北京:北京大学医学出版社,2005.
[212] 姚晓丹."月宫一号"团队:梦在星辰大海 [N/OL].光明日报,[2020-07-09].http://epaper.gmw.cn/gmrb/html/2019-05/04/nw.D110000gmrb_20190504_1-02.htm.
[213] 尤飞,王传胜.生态经济学基础理论、研究方法和学科发展趋势探讨 [J].中国软科学,2003 (3) 131-138.
[214] 于果.共享经济商业模式、价值实现及优化策略研究 [J].会计之友,2019 (5): 129-134.
[215] 于法稳.山东省鄄城县社会经济系统的灰色分析 [J].农业系统科学与综合研究,1997 (02): 121-123,143.
[216] 余谋昌.生态哲学 [M].西安:陕西师范大学出版社,2000.
[217] 张楚莹,王书肖,邢佳,等.中国能源相关的氮氧化物排放现状与发展趋势分析 [J].环境科学学报,2008,28 (12): 2470-2479.
[218] 张德昭,李树财.生态经济学的哲学基础 [M].北京:科学出版社,2013.
[219] 张帆.环境与自然资源经济学 [M].上海:社会人民出版社,1998.
[220] 张福春,朱志辉.中国作物的收获指数 [J].中国农业科学,1990,23 (2): 83-87.
[221] 张军连,吴文良,刘鄂.国家绿色预算初探 [J].中国生态农业学报,2003,11 (2): 165-167.
[222] 张立文.中国文化的精髓——和合学源流的考察 [J].中国哲学史,1996,(1-2): 43-57.
[223] 张淑焕.中国农业生态经济系统与可持续发展 [M].北京:社会科学文献出版社,2000.
[224] 张新明,吴文良,李季,等.麦玉两熟高产农田生态系统氮素的合理调控:以山东省桓台县冬小麦套种夏玉米系统为例 [J].应用生态学报,1999,10 (3): 297-300.
[225] 张颖.绿色 GDP 核算的理论与方法 [M].北京:中国林业出版社,2004.
[226] 张永华,王静.邯郸市循环农业碳足迹计算 [J].河北农业科学,2012,16 (12): 60-64,81.
[227] 张忠学,于贵瑞.华北高产粮区农用水资源可持续利用对策研究:以山东省桓台县为例 [J].资源科学,2002,24 (1): 68-71.
[228] 赵桂慎,姜浩如,吴文良.基于能值分析的高产粮区农田生态系统持续性 [J].农业工程学报,2011,27 (8): 318-323.
[229] 赵桂慎,吴文良,卢凤君.论经济生态系统及其演化 [J].中国农业大学学报(社科版),2004 (54): 50-55.
[230] 赵桂慎.基于经济生态学原理的农业企业发展模式及演化机制研究 [D].北京:中国农业大学,2001.
[231] 赵琳琪,陈源泉.基于能值分析京郊蔬菜不同生产经营方式的生态经济可持续性评价 [J].中国农业大学学报,2020,25 (5): 198-208.
[232] 赵庆忠.生态文明看聊城 [M].北京:中国社会科学出版社,2012: 68-70.
[233] 赵爽,董鑫,苏欣慰,等.国内外生态旅游研究现状比较 [J].资源开发与市场,2013,29 (5): 542-545.
[234] 中国生态补偿机制与政策研究课题组.中国生态补偿机制与政策研究 [M].北京:科学出版社,2007.
[235] 中华人民共和国生态环境保护部,叶谦吉的生态文明建设 [Z/OL].[2020-07-30].http://

www.mee.gov.cn/home/ztbd/rdzl/stwm/zjwl/201211/t20121108_241630.shtml,2020-0730.

[236] 钟林生,马向远,曾瑜皙.中国生态旅游研究进展与展望[J].地理科学进展,2016,35(6):679-690.

[237] 周冯琦,陈宁.生态经济学国际理论前沿[M].上海:上海科学院出版社,2017.

[238] 周涛,王云鹏,王芳,等.广东省农业氮足迹分析[J].中国环境科学,2014,34(09):2430-2438.

[239] 朱春全."以自然为本"推进生态文明,中国(聊城)生态文明建设国际论坛主旨演讲,//赵庆忠,生态文明看聊城[M].北京:中国社会科学出版社,2012:68-70.

[240] 庄国泰,高鹏,王学军.中国生态环境补偿费的理论与实践[J].中国环境科学,1995(6):413-418.

[241] 祖元刚.能量生态学引论[M].长春:吉林科学技术出版社,1990.